René Angélil

Le Maître du jeu

Du même auteur

Un minou fait comme un rat, Leméac, 1982.

Croquenote, La Courte Échelle, 1984.

De Laval à Bangkok, Québec/Amérique, 1987.

Guy Lafleur. L'Ombre et la lumière, Art Global et Libre Expression, 1990.

Christophe Colomb. Naufrage sur les côtes du paradis, Québec/Amérique, 1991.

Le Moulin Fleming, LaSalle et ministère des Affaires culturelles, 1991.

Québec-Québec, Art Global, 1992.

Inuit. Les Peuples du froid, Libre Expression et Musée canadien des civilisations, 1995.

Le Génie québécois. Histoire d'une conquête, Libre Expression et Ordre des ingénieurs du Québec, 1996.

Souvenirs de Monica, Libre Expression, 1997, réédité sous le titre *Monica la Mitraille*, 2004.

Céline, Libre Expression, 1997.

Le Château, Art Global, 2001.

Les Coureurs des bois. La Saga des Indiens blancs, Libre Expression et Musée canadien des civilisations, 2003.

Thérèse Dion. La vie est un beau voyage, Libre Expression, 2006.

L'Homme au déficient manteau, Libre Expression, 2007.

Un musée dans la ville, Musée des beaux-arts de Montréal, 2007.

GEORGES-HÉBERT GERMAIN

René Angélil

Le Maître du jeu

Libre Expression

Une compagnie de Quebecor Media

Catalogage avant publication de Bibliothèque et Archives nationales du Québec
et Bibliothèque et Archives Canada

Germain, Georges-Hébert, 1944-
    René Angélil : le maître du jeu
    ISBN 978-2-7648-0418-6
    1. Angelil, René, 1942- . 2. Dion, Céline. 3. Imprésarios - Québec (Province) - Bio-
graphies. 4. Chanteurs - Conjoints - Québec (Province) - Biographies. I. Titre.

ML429.A582G37 2009   782.42164092   C2008-942531-6

Édition : André Bastien
Direction littéraire : Romy Snauwaert
Correction d'épreuves : Carole Mills, Pascale Jeanpierre et Marie-Ève Gélinas
Couverture : Mélanie Huberdeau
Grille graphique intérieure : Axel Pérez de León
Recherche photos : Stéphane Rivest (Productions Feeling)

Remerciements
Les Éditions Libre Expression reconnaissent l'aide financière du gouvernement du
Canada par l'entremise du Programme d'aide au développement de l'industrie de
l'édition (PADIÉ) pour ses activités d'édition. Nous remercions le Conseil des Arts du
Canada et la Société de développement des entreprises culturelles du Québec (SODEC)
du soutien accordé à notre programme de publication. Gouvernement du Québec –
Programme de crédit d'impôt pour l'édition de livres – gestion SODEC.

Les Éditions Libre Expression
Groupe Librex inc.
Une compagnie de Quebecor Media
La Tourelle
1055, boul. René-Lévesque Est
Bureau 800
Montréal (Québec) H2L 4S5
Tél. : 514 849-5259
Téléc. : 514 849-1388

Dépôt légal – Bibliothèque et Archives nationales du Québec et Bibliothèque et Archives
Canada, 2009

ISBN : 978-2-7648-0418-6

Distribution au Canada
Messageries ADP
2315, rue de la Province
Longueuil (Québec) J4G 1G4
Téléphone : 450 640-1234
Sans frais : 1 800 771-3022

Diffusion hors Canada
Interforum

« Le jeu est un corps-à-corps avec le destin. »
Anatole France

Partie 1

Le Champion

Il y a deux René Angélil. L'un est une figure publique bien connue dans le vaste monde du show-business, un homme charmant et ouvert, doté d'un puissant charisme, un être démesurément généreux qui rit ou pleure à la moindre émotion, qui veille au bien-être et au bonheur de ceux qui l'entourent, un businessman à la fois rigoureux et bohème, un artiste et un humaniste. L'autre, son double, maîtrise à la perfection ses pensées et ses sentiments, il ne laisse jamais personne voir son jeu dont il cache jalousement les cartes, il tait ses projets et ses plans, il sait se rendre invisible et illisible quand il le faut et se présente alors comme un inconnu imprévisible et impitoyable, un homme-mystère, un *gambler*.

Ces deux personnages donnent forme à un redoutable négociateur, à un maître-organisateur qui parvient à imposer à tous ses volontés, un grand orchestrateur qui bâtit magistralement de vastes carrières et met sur pied de mémorables événements.

Un vrai gambler ne se laisse jamais vraiment prendre en défaut, jamais tout à fait connaître. Sauf, bien sûr, si l'on figure parmi ses proches. Or René Angélil a beaucoup de très bons amis. Il ne joue jamais sérieusement au poker avec eux, mais ils sont là, ils l'entourent, dans le malheur ou dans la joie.

En cette soirée du 12 décembre 2007, plusieurs d'entre eux se trouvaient au Caesars Palace de Las Vegas, autour de la dernière table d'un tournoi de poker Texas Hold'em sans limite auquel Angélil participait. Ce tournoi avait commencé la veille avec quatre-vingts joueurs à 100 000 dollars l'inscription. Un jour et demi plus tard, Angélil tenait dans ses mains un jeu gagnant. Et il se trouvait à quelques minutes d'une éclatante victoire, la plus belle de toute sa carrière de joueur. Sans doute a-t-il senti monter en lui une joie difficilement répressible, mais il n'en a rien laissé paraître. Il a plutôt bluffé et fait croire qu'il n'avait en main qu'un tout petit jeu ; le rival est tombé dans le panneau, il a relancé et Angélil a tout raflé. Il a remporté, ce soir-là, la plus importante bourse jamais offerte par le vénérable casino.

Tout cet argent, qui eût très certainement transformé la vie du commun des mortels, n'allait strictement rien changer, matériellement, à celle de René Angélil. Il n'en avait nul besoin. Dès qu'il l'a touché, il en a d'ailleurs donné une bonne part à des proches et à des œuvres de charité. Cette victoire, cependant, survenait à un moment charnière de sa vie et prenait à ses yeux et à ceux de ses amis une valeur hautement symbolique.

Quelques jours plus tard, après la dernière représentation du spectacle *A New Day...* dont il avait été l'instigateur (la 723ᵉ représentation, en fait, donnée à guichets fermés comme toutes les autres ; plus de trois millions d'entrées en quatre ans et demi), il allait quitter Las Vegas, qu'il aime tant et depuis si longtemps, pour n'y plus revenir avant plusieurs mois, peut-être même plus d'une année. Avec sa femme et son fils, secondé par une équipe de près de 150 personnes, il allait parcourir le vaste monde aux commandes d'un autre méga-spectacle, *Taking Chances* (plus

de 100 shows dans 95 villes de 24 pays des 5 continents) ;
il n'aurait plus ni le temps ni les occasions de participer à
des tournois de poker. Ce dernier tournoi lui offrait donc
la possibilité de quitter Las Vegas en champion. Pour rien
au monde il n'aurait laissé passer une telle chance. Pour
Angélil, la vie n'est pleinement vécue que si l'on est, à ses
propres yeux et aux yeux de ceux qu'on aime, un champion, un gagnant, un homme heureux.

Ce soir-là, quand son adversaire lui a concédé la victoire,
il y eut des applaudissements, des photos, quelques pleurs
de joie. René Angélil a tout de suite appelé son fils René-
Charles qui, à sept ans, connaît les règles du poker et les
joies de la victoire, pour lui dire qu'il était sacré grand
champion. Il a embrassé les amis venus assister à sa victoire, a laissé 50 000 dollars de pourboire au personnel
du casino et est sorti en courant du *poker room*, écartant
les journalistes pour se rendre au Colosseum. Par la porte
des artistes, il s'est dirigé vers la grande loge de sa femme,
Céline Dion, qu'il a serrée dans ses bras. « C'est un champion qui t'embrasse, ma chérie. » Ils ont ri. « Je te racon-
terai. » Puis le régisseur est venu chercher la chanteuse qui
devait monter sur scène.

René est retourné au *poker room* où on lui a remis un
bracelet de diamants, l'équivalent dans le monde international du poker de la couronne des rois, de la ceinture des
champions mondiaux de boxe, de la coupe qu'on remet à
la meilleure équipe des ligues professionnelles de hockey,
de football, de basket-ball. Il y eut encore des photos, quelques entrevues, puis il est revenu s'asseoir avec ses amis
parmi la foule du Colosseum, radieux. Champion !

René Angélil avait gagné, ce soir-là, sur toute la ligne.
Non seulement ce tournoi, mais aussi le pari qu'il avait
fait six années auparavant quand il avait décidé envers
et contre beaucoup de gens qu'il produirait ce spectacle,
A New Day..., à Las Vegas. On lui avait alors dit qu'il bri-
serait la carrière de Céline, qu'il la déconsidérerait, que

Las Vegas était un lieu pour des artistes en phase terminale qui venaient y récolter de peine et de misère quelques applaudissements, les derniers de leur carrière déclinante. Il savait pourtant, lui, que le contraire pouvait se produire, qu'on peut toujours modifier la donne, qu'on doit même le faire ou tenter de le faire. Il y avait du danger, bien sûr. Dans toute aventure existe un risque. Sa femme le savait, elle aussi. Ils ont quand même joué leur va-tout et ont réalisé ensemble l'un des plus grands succès de toute l'histoire du show-business américain, un spectacle-événement qui a changé Las Vegas…

On l'a dit dans les médias, écrit dans les journaux : René Angélil, par ses activités d'entrepreneur et de manager, a largement contribué à transformer Las Vegas. Céline et lui ont rajeuni cette ville, lui ont donné un second souffle. Pas seuls, bien sûr. Il y a eu aussi le Cirque du Soleil, quelques autres artistes et producteurs. Mais René a été l'un des grands acteurs de ce renouveau. Contrairement à ce que certains avaient prédit, son artiste est restée au sommet, mondialement célèbre et recherchée, faisant de partout courir les foules.

Dans quelques jours, ils quitteront Las Vegas et iront se reposer dans les Caraïbes. Peut-être visiteront-ils le chantier de la maison qu'ils font construire en Floride, dont elle s'occupe beaucoup plus que lui. Elle aime les chantiers de construction ; pas lui. Puis ils iront préparer la mise en scène du nouveau spectacle à Paris, prendront encore quelques jours de repos dans les Maldives, un lieu de rêve, et commenceront la tournée mondiale prévue, l'une des plus importantes jamais entreprises : Afrique du Sud, Moyen-Orient, Extrême-Orient, Océanie, Europe, Amérique… toujours dans de grands stades remplis à craquer. Cela s'est organisé presque tout seul, en ce sens que ce sont les promoteurs qui, dans chaque pays, ont fait la demande et ont investi le capital. René Angélil n'a plus qu'à livrer la marchandise, la plus précieuse qui soit dans le monde du show-business, ce qui n'est tout de même pas une mince tâche. Il y a des mois qu'il y travaille conjointement avec les professionnels du son, de l'image, de la mise en marché, etc.

Le voilà donc assis, en cè soir du 12 décembre 2007, parmi la foule du Colosseum, 4 200 personnes hypnotisées, charmées, qui applaudissent sa femme, son artiste… Il savoure sa victoire, ses victoires. Son bracelet de diamants au poignet. La femme qu'il aime au sommet. Demain, les amis seront là, Marc, Rosaire, Paul, Francine, Aldo, Pierre, Rock, venus assister, comme plusieurs centaines de Québécois, mais aussi des Américains, des Brésiliens, des Chinois, des Allemands, des Français, à la dernière de *A New Day*…

Ce soir, René Angélil est un homme heureux. Et comme toujours quand on a atteint un sommet et remporté une belle victoire, on regarde tout autour de soi, devant et derrière, on jette un regard sur le monde et sur sa vie, la vie qui change, qui passe vite, trop vite. Et comme il faut bien avoir quelques regrets, René Angélil songe à ceux qui ne sont plus, à ses amis disparus. Il aurait tant aimé qu'ils soient là pour savourer avec lui ses triomphes, Ben, Tony, Lloyd, André. Il pense surtout à son père et à sa mère, qui auraient été si contents, si fiers de lui… Il pense aussi à ses débuts de producteur, de gambler.

Faire sauter la banque

« Mon garçon René est devenu fou ! »

C'était il y a bien longtemps, au temps du Flower Power et de la folle jeunesse du monde. Pendant que la moitié de l'humanité surfait sur la vague psychédélique en écoutant le *Sgt. Pepper's Lonely Hearts Club Band* des Beatles, le *Purple Haze* de Hendrix, le *Ball and Chain* de Janis Joplin et, au Québec et en France, le *Lindbergh* de Robert Charlebois, René Angélil, lui aussi vedette de la chanson à cette époque, restait enfermé chez lui des heures durant. Il s'était acheté une roulette qu'il faisait tourner inlassablement. Plongé dans l'étrange poésie, dans l'insondable mystère des chiffres, il notait minutieusement les résultats obtenus sur des feuilles quadrillées.

Pendant des semaines, tous les jours, toutes les nuits plutôt, beau temps, mauvais temps, on entendait dans la maison le cliquetis de la roulette. Et puis un jour, René a dit à sa mère et à sa femme, Denyse Duquette, qu'il venait enfin de découvrir une faille dans le système des casinos et qu'il avait mis au point une martingale permettant de gagner à la roulette à coup sûr. Il voulait aller prendre Las Vegas d'assaut afin d'y faire fortune. Rien de moins ! Il était prêt.

« Denyse, ton mari est plus fou que je pensais. »

Sa mère, sa femme, les plus sensés de ses amis avaient beau lui répéter que ça ne marcherait pas, que des milliers de gamblers, de jokers et de *hustlers* qui connaissaient bien Las Vegas et le monde des casinos avaient déjà essayé et qu'ils s'y étaient tous, sans exception, cassé les dents, il répétait que ce n'était pas une raison pour ne pas essayer à son tour, d'autant plus qu'il détenait, lui, *comment pouvez-vous en douter ?*, LA solution, LE système, LA martingale. C'était si simple ! si évident !

À la roulette, les probabilités que le rouge et le noir sortent un nombre égal de fois (si on joue pour la peine) sont de 100 %. Il faut donc parier sur les lois naturelles et parfaitement symétriques de l'alternance ; et parier un nombre égal de fois sur l'une et l'autre couleur en augmentant les mises chaque fois qu'on a gagné. À partir de ces règles archisimples, René avait échafaudé un système plutôt complexe qui exigeait la présence de deux joueurs à la table de jeu, l'un calculant les mises, l'autre les mettant en jeu. *C'est champion, comment pouvez-vous en douter ?* Il était comme ces alchimistes qui, au Moyen Âge, croyaient avoir trouvé la formule de la pierre philosophale permettant de transmuer n'importe quel vil métal en or le plus pur.

« Fais attention, ton frère René est vraiment devenu fou », avait répété Alice Angélil à son autre garçon, André, lorsqu'il était arrivé à la maison, ce samedi d'automne.

Plus jeune que René de trois ans, André était un garçon sérieux, marié, pas gambler pour deux sous, même s'il aimait bien jouer aux cartes en famille, plus pour le plaisir de la compagnie de ses parents, de sa grand-mère, de ses oncles Louis et Georges, de ses tantes Anita et Marie, que pour la fréquentation du hasard. Il travaillait au quotidien *Montréal-Matin* comme directeur des ventes dans la région montréalaise. Tous les samedis, dans l'après-midi, il passait voir sa mère qui, depuis la mort de son mari survenue deux années plus tôt, habitait chez René, à Saint-Léonard, dans la banlieue est de Montréal. Les deux frères s'entendaient bien; ils étaient pourtant tout le contraire l'un de l'autre. René, l'aîné, était un oiseau de nuit fasciné par le monde interlope, le monde du jeu, du sport, du show-business. Alice Angélil trouvait ce monde à la fois inquiétant et fascinant, mais elle avait une absolue confiance en son fils aîné, et quand elle disait qu'il était devenu fou, c'était toujours avec un petit sourire amusé… Elle aimait le jeu, elle aussi; elle comprenait parfaitement la passion de son aîné.

Ce samedi-là, quand André était arrivé à la maison, René était déjà levé, même s'il s'était couché à cinq ou six heures du matin. Il avait chanté la veille avec les Baronets dans un cabaret des Basses-Laurentides, à une heure de Montréal. Puis il avait travaillé jusqu'à l'aube à fignoler son projet, auquel il avait bien l'intention d'associer son frère.

André Angélil savait que René cherchait depuis des mois la formule magique qui lui permettrait de gagner à la roulette. Ce jour-là, visiblement, son frère croyait avoir enfin réussi. Encore une fois! Quelques années plus tôt, à Puerto Rico, où les Baronets avaient eu un engagement, René avait bien pensé avoir trouvé une formule infaillible. Il avait alors entraîné ses amis, les Baronets Pierre Labelle et Jean Beaulne, et même leur gérant Ben Kaye, dans une aventure qui avait tourné au désastre absolu… ce qui ne l'avait pas le moindrement affecté. Plus incroyable encore, ses amis qu'il avait momentanément ruinés ne semblaient pas lui en vouloir. René Angélil a toujours eu un pouvoir de persuasion hors du commun.

Cette fois encore, il a réussi à convaincre ses amis (qui l'avaient pourtant vu à plusieurs reprises perdre sa chemise et la leur) qu'ils pouvaient réellement battre les croupiers de Las Vegas et amasser une véritable fortune. Il fallait pour cela une audace à toute épreuve et sans doute une impressionnante naïveté, mais pas de doute, jamais de doute.

Cette fois sera la bonne, leur disait-il tout en exhibant ses feuilles quadrillées couvertes de chiffres. Encore une fois, ils l'ont cru. Trois d'entre eux, Pierre Labelle, de même que Gilles Carloni le batteur du groupe, que tous appelaient Carlo, et Jacques Crevier le guitariste, ont accepté d'investir, comme lui, mille dollars chacun dans cette entreprise qui, ils n'en doutaient plus, allait les rendre immensément riches.

Chacun avait son rêve, bien précis, qu'il allait enfin pouvoir réaliser. Avec l'argent que René rapporterait de Las Vegas, Crevier allait ouvrir une école de musique. Labelle et René auraient un studio d'enregistrement, le mieux équipé de la planète, où les plus grands du show-business mondial viendraient enregistrer leurs albums. Carlo, qui faisait déjà, selon René, la meilleure sauce à spaghetti hors d'Italie, avait dressé le menu détaillé de son restaurant italien.

Il a été décidé que deux d'entre eux partiraient éprouver la formule magique. René serait du voyage, évidemment. On laissa le hasard décider qui l'accompagnerait; bon prince, celui-ci désigna Carlo. Du même âge que René à quelques mois près, Carlo était joueur, lui aussi. Cheveux noirs comme René, visage rond, corps mince et souple. Là s'arrêtait la ressemblance. Carlo n'avait en rien la prestance ni l'assurance de René; il était timide, hésitant, prudent. Au fond, les gars se félicitaient que le sort soit tombé sur Carlo, parce qu'il pourrait contrebalancer ce qu'ils appelaient tous, y compris le principal intéressé, la « folie » de René.

Cependant, ni René ni Carlo ne tenaient à rester à Las Vegas, parce qu'ils avaient leur rêve à réaliser et qu'ils voulaient le faire auprès de leurs amis. Plus tard, peut-être, René ouvrirait avec Pierre d'autres studios d'enregistrement à Los Angeles, à Londres ou à New York; plus tard, peut-être, Carlo aurait d'autres restaurants, à Rome, à Naples ou à Venise, mais pour le moment, ils restaient raisonnables. Ils feraient leurs affaires à Montréal. À quoi bon être riches si on ne peut épater ses parents et ses amis?

Il leur fallait donc des «fonctionnaires» qui resteraient à Las Vegas où ils gagneraient, grâce à la formule magique, de l'argent, beaucoup d'argent. René avait pensé à son frère André, homme si raisonnable, intègre, doué avec les chiffres. Pour le seconder, il y aurait Jean-Marc, le frère de Pierre Labelle.

René s'était donc couché aux petites heures du matin, ce samedi d'octobre, en se disant qu'il allait faire à son frère une proposition qu'il ne pourrait, croyait-il, refuser, mais Alice Angélil avait déjà prévenu son fils André.

«Fais attention à toi, André, ton frère René est redevenu fou.»

René était fou, en effet, fou et casse-cou, persuadé qu'il faut toujours tenter sa chance et au besoin la provoquer. En déjeunant, il avait expliqué à son frère ce qu'il attendait de lui. Il avait trouvé un système absolument infaillible pour gagner de l'argent mais, pour pouvoir en profiter, on devait rester sur place pendant des jours, des semaines peut-être. Si André acceptait de s'installer à Las Vegas pour appliquer sa martingale, il lui allongerait dans quelques semaines 100 000 dollars, rien de moins.

Or, contrairement à son frère aîné, André Angélil n'était pas fou. Il ne voulut rien savoir, pas même se faire expliquer le fonctionnement de la fameuse martingale. Il déclina fermement l'offre que René lui faisait si généreusement. C'était un dur coup pour ce dernier, qui se targuait de savoir convaincre les autres.

Avec Marc Verreault, son meilleur ami, qui était à l'époque agent d'une foule de petits groupes yé-yé et d'artistes de variétés, il fréquentait les salles de billard et de quilles du centre-ville et de l'est de Montréal où, feignant la maladresse, il prenait des paris avec d'autres joueurs qu'il finissait presque immanquablement par battre quand les enjeux devenaient assez importants. Certains parfois se fâchaient, mais il parvenait toujours, par la parole, à les calmer, à les faire rire et même à les convaincre de jouer un quitte ou double. Alors, il les plantait de nouveau. Quand il les avait bien lavés, s'il jugeait que l'un d'entre eux faisait réellement pitié ou présentait un danger quelconque, il partageait ses gains avec lui et s'en faisait ainsi un allié, parfois un ami.

Convaincre ou gagner a toujours été pour René Angélil un jeu et un plaisir. En toute chose et en tout temps, il cherchait à amener les autres à penser et à faire comme lui. Il avait réussi à inculquer à ses amis, même à Labelle, pas joueur et plutôt près de ses sous, le goût du risque et du jeu. Il était persuadé que le monde entier ne pouvait faire autrement que d'aimer et d'admirer ce que lui-même aimait et admirait.

Or les Angélil et les Sara, la famille de sa mère, ne vivaient pas tout à fait comme les gens du voisinage. Ils étaient polyglottes, ce qui était plutôt rare dans ces petites communautés canadiennes-françaises tricotées serré où ils vivaient. Joseph et Alice Angélil se parlaient en arabe, langue que René et André comprenaient bien quand ils étaient enfants ; ils parlaient français avec les voisins ; et anglais parfois quand ils sortaient rencontrer des gens de la communauté arabe. Il y avait dans le salon des bibelots, des meubles, des livres qu'on ne trouvait nulle part ailleurs ; mais surtout, il y avait la cuisine syrienne pour laquelle René éprouvait, depuis tout jeune, une véritable passion.

Oncles et tantes, Tété Nour, la grand-mère qui régnait sur la smala comme un soleil (qui se dit *nour* en arabe), tous aimaient beaucoup manger… C'est ainsi que René amenait régulièrement des amis à la maison pour qu'ils goûtent les mets si délicieusement parfumés que préparaient sa mère et ses tantes. Il n'a jamais cherché, comme le font souvent les enfants d'immigrants, à cacher ce qui le différenciait, à ressembler aux autres, mais, bien au contraire, il s'ingéniait à ce que les autres adoptent les habitudes et les goûts qui étaient les siens, persuadé que tout le monde aimait les mets libanais et syriens, le jeu, le risque, les cartes… comme tout le monde aimait Elvis Presley, les Beatles, la tarte aux pommes, les grands-mères et le soleil.

Et voilà que son propre frère lui résistait, lui signifiant clairement qu'il ne croyait pas à son affaire, qu'il n'avait aucune confiance en son système. Cruelle défaite au départ d'une grande aventure !

Contrairement à André Angélil, les trois comparses investisseurs ne décrochèrent pas. Ils avaient déjà trop rêvé, déjà parfaitement fignolé leurs projets. Tant pis pour André qui comprendrait bien un jour, mais trop tard, l'erreur qu'il venait de commettre. Le frère de Labelle ayant décliné lui aussi l'invitation, René partirait donc seul avec Carlo.

Il avait calculé qu'avec son système, ils gagneraient en moyenne 700 dollars par demi-heure, soit environ 10 000 dollars pour une journée de travail. Quand, dans quelques semaines, las de toujours gagner et de toujours s'amuser, ils rentreraient à Montréal, ils seraient pleins aux as… Une fois qu'ils auraient tout flambé, ils n'auraient plus qu'à repartir pour Las Vegas y refaire fortune en vivant comme de bienheureux pachas.

Ils ont réservé au Caesars Palace. Une fois sur place, ils ont laissé leurs bagages à la réception et se sont rendus tout de suite aux tables de jeu, sans même monter à leur chambre. Afin de déterminer sur quelle couleur ils allaient miser en premier, ils ont joué 5 dollars sur le rouge et 5 dollars sur le noir. Le croupier les a regardés d'un air suspicieux. L'absolue certitude était qu'ils allaient gagner 5 dollars d'un bord et en perdre 5 de l'autre. Le croupier a hésité ; ils ont insisté. Le rouge est sorti. Ils ont misé 5 dollars sur le noir. Et ils ont gagné. Ils ont ensuite misé 10 dollars sur le rouge, qui est sorti… Une demi-heure plus tard, ils avaient empoché, comme prévu, quelque 700 dollars. La preuve était faite que le système mis au point par René fonctionnait. Carlo était éperdu d'admiration. Ils sont montés dans leur chambre pour appeler les amis de Montréal.

C'est Carlo qui a parlé, pour leur dire que le système fonctionnait à merveille, que leur ami René était un pur génie et qu'il les rappellerait en fin d'après-midi, dans quatre heures environ, pour leur donner le montant de leurs gains… que René évaluait à quelque 5 000 dollars. À Montréal, les gars se sont remis à rêver.

Après un léger repas, Angélil et Carlo sont descendus dans le casino, totalement euphoriques. Puisque le système fonctionnait, ils n'avaient pas besoin de se presser. Ils ont pris la décision de ne jouer que trois ou quatre heures dans l'après-midi. Et ils se sont acheté des billets pour trois shows, la chanteuse Dionne Warwick, le stand-up comic Don Rickles et le groupe The Fifth Dimension qui faisait alors un malheur avec la chanson *Aquarius*. Puis ils sont allés s'asseoir à la même table de jeu, ont redemandé au croupier de faire tourner sa roulette après avoir misé 5 dollars sur le rouge et 5 dollars sur le noir.

Beaucoup de gens trouvent les grands casinos comme le Caesars Palace impressionnants et intimidants. Plusieurs hésitent même à s'asseoir aux tables ou le font avec une attitude de perdants, si peu sûrs d'eux, craignant si fort de déranger qu'ils ne peuvent pratiquement pas gagner. Angélil n'avait pas souvent mis les pieds dans un tel lieu. Il avait connu les casinos de Puerto Rico quelques années plus tôt et n'avait fait qu'un court séjour à Las Vegas mais, contrairement à Carlo que la timidité tétanisait, il était d'une assurance à toute épreuve, insensible aux regards méprisants dont les couvrait le croupier qui devait les prendre pour des fous. Il était entendu que René ferait les calculs et que Carlo placerait les mises. Ce dernier s'est donc placé devant le croupier; Angélil se tenait à ses côtés, papier et crayon en main.

Trois heures plus tard, ils avaient tout perdu, sauf les 1 000 dollars alloués pour leurs dépenses que Carlo avait eu la sagesse de laisser dans leur chambre. En fait, dès le premier tour, ils s'étaient rendu compte avec stupéfaction que si le système était quasi parfait, son application n'était pas si simple.

Le croupier, vraisemblablement, les avait vus venir. Selon Carlo, il avait tout fait pour les mettre sur les nerfs. Il avait un petit sourire moqueur aux lèvres quand il faisait tourner sa roulette. De plus en plus vite. Angélil calculait. Les mises augmentaient à un rythme effarant. Trop vite au goût de Carlo qui a hésité à quelques reprises. Les jeux étaient faits, la roulette tournait sans qu'il ait eu le temps de miser. De sorte que l'ordre d'alternance des couleurs sur lequel était fondé le système d'Angélil se trouvait rompu. Et puis, tout a déraillé et cafouillé.

En fait, on ne saura jamais ce qui s'est vraiment passé. Angélil a accusé (et accuse toujours) Carlo de ne pas avoir osé placer les mises ou d'avoir trop hésité à le faire, de sorte qu'il ne pouvait plus appliquer son système. Carlo a considéré (et considère encore) que le système mis au point par René avait des failles. Le 0 et le 00, favorables à la banque, tombaient plus souvent que prévu. Et la limite de 500 dollars dont, selon Carlo, René n'avait pas tenu compte venait détruire l'ordre qu'exigeait son système.

René croit encore aujourd'hui que l'erreur, après l'hésitation fatale de Carlo, a été de ne pas retourner à la case départ, assumer les pertes et repartir de zéro. Il a plutôt tenté de se refaire, de se rattraper en proposant de grosses mises qui les ont rapidement ruinés.

Ils sont remontés dans leur chambre, furieux l'un contre l'autre, s'accusant mutuellement d'avoir commis l'irréparable erreur. Tous les quarts d'heure, le téléphone sonnait. C'étaient très certainement les gars de Montréal qui appelaient pour savoir à combien se chiffrait leur fortune. Ni Carlo ni René ne voulaient répondre.

« C'est ton système qui est défectueux, c'est toi qui leur dis.

– T'as eu peur. On est sortis du système à cause de toi. Réponds. »

Il leur restait cependant de quoi tenir jusqu'à ce qu'ils puissent prendre l'avion, six jours plus tard, à condition de ne pas faire de folie. Ils avaient en outre des billets de spectacle qu'Angélil aurait bien aimé revendre. Mais Carlo s'y est farouchement opposé. Ils ont donc vu Don Rickles, The Fifth Dimension et Dionne Warwick. Pendant le show de cette dernière, René s'est absenté sous prétexte d'aller aux toilettes. Il est revenu la mine basse, au bout d'une bonne demi-heure. Il a fini par avouer à Carlo qu'il avait flambé les 500 dollars qui leur restaient en tentant de se refaire à une table de black-jack. La carte chanceuse n'était pas sortie.

Le lendemain, Angélil a téléphoné à sa mère qui lui a fait parvenir 1 000 dollars, suffisamment pour payer leurs chambres d'hôtel et quelques repas, de quoi tenir jusqu'à l'avion du retour.

À Montréal, ils ont retrouvé leurs amis déconfits, déçus, mais René n'était pas du tout découragé. Selon lui, ils avaient perdu parce qu'ils n'avaient pas suivi le système. Comme l'alchimiste ou le chercheur qui n'a pas encore obtenu le résultat escompté, mais qui reste tendu vers son but qu'il croit dur comme fer pouvoir atteindre, il était toujours aussi passionné et stimulé, persuadé qu'il suffisait de mieux maîtriser le système pour, un beau jour, inévitablement, faire sauter la banque.

« Ton mari est revenu. Il est toujours aussi fou », disait Alice à Denyse.

Alice Angélil n'était pas pour autant en colère contre son fils aîné, ni même inquiète pour son avenir. Elle avait toujours eu pour lui énormément de tendresse et de compréhension. Ce qu'elle appelait, comme tout le monde, sa folie lui apparaissait comme une sorte de talent. Et, surtout, elle voyait bien qu'il n'était pas malheureux et qu'il savait toujours, d'une manière ou d'une autre, se sortir du pétrin où il s'était mis. Enfin, il faut toujours se dire qu'une grosse gaffe est plus intéressante qu'une petite réussite. Qui ne risque rien n'a rien et René, s'il n'avait pas la sagesse de son frère André, voyait grand et loin. Il risquait beaucoup, le tout pour le tout, chaque fois qu'il en avait l'occasion.

À sa mère, il avait d'ailleurs raconté dans le menu détail et en riant sa mésaventure à Las Vegas, émerveillé et stimulé par ce qu'il avait vu ; il lui avait dit comment, pourquoi et combien ils avaient perdu, Carlo et lui. Il lui décrivait, ébloui, le Caesars Palace, les casinos, le Strip, les shows auxquels ils avaient assisté… Il lui répétait comment et pourquoi il allait gagner un jour, fatalement. C'est une loi. On ne peut pas toujours perdre ; on finit toujours par gagner.

Son père n'aurait pas fait preuve d'autant d'optimisme. Joseph Angélil aurait préféré que son garçon soit avocat ou comptable, plutôt que chanteur populaire ou, pis, gambler ; il aurait voulu qu'il gagne honorablement sa vie, en travaillant dans un grand bureau pour une multinationale. S'il avait encore été de ce monde, quand René était rentré de Las Vegas en cet automne de 1969, son père lui aurait sans doute manifesté sa déception, non pas en l'engueulant, mais en affichant une parfaite et froide indifférence pour ce qu'il avait fait. Alice, au contraire, admirait ce que son fils tentait. Elle croyait en lui, en son étoile, en sa folie, et cette confiance a sans doute conforté René Angélil dans toutes ses entreprises de gambler, de joueur, d'entrepreneur à risques…

Quarante années plus tard, il venait de participer à l'événement le plus prestigieux de la capitale du jeu, en compagnie de joueurs extrêmement talentueux venus du monde entier, donnant raison à sa mère, tort à son père. Il était devenu un personnage dans cette ville qu'il aimait tant, un personnage au Québec aussi, respecté, richissime, ayant du succès dans sa carrière, sa famille et sa vie. Mais sa mère Alice n'était plus là, ni son père Joseph. Quand il réalisait de vrais bons coups, comme ce jour-là, il pensait toujours à eux. Il aurait aimé que son père le voie, qu'il sache que même un gambler peut réussir dans la vie.

Le tournoi que René venait de remporter était d'ailleurs à l'image de sa vie, avec des revirements, des moments difficiles. Dans un tournoi, il y a très souvent, pour ne pas dire toujours, un moment charnière durant lequel le joueur se sent perdu, seul. Il a alors le sentiment de ne plus pouvoir suffire à la tâche, de ne plus comprendre le jeu, il a la certitude d'avoir été percé à jour et d'être en train de perdre. La panique s'invite alors dans son esprit et il doit l'éloigner à tout prix. Comme il doit congédier toute idée de capitulation résignée qui s'offre à lui.

C'est dans ces moments cruciaux que le pro se distingue de l'amateur, le champion du perdant. Face à cet abîme, peu de joueurs ont assez de force pour retourner le match en leur faveur et transformer une défaite assurée en victoire et ainsi effectuer un vrai come-back. Or René Angélil a toujours été l'homme des come-back. Il a connu des échecs, il a fait des erreurs, il a eu de la malchance, il a été frappé par de graves maladies ; il s'en est toujours sorti.

La donne

René Angélil est né le 16 janvier 1942, au 7760, rue Saint-Denis à Montréal, au cœur d'un quartier populaire presque exclusivement francophone, Villeray, qu'on appelle aujourd'hui la Petite-Patrie. Son père, tailleur de son métier, était arrivé au pays cinq années plus tôt avec son frère aîné. Originaires de Damas, en Syrie, les frères Angélil avaient vécu quelques années à Beyrouth, puis à Paris. Ils connaissaient à Montréal la famille Sara, mêmes origines, même culture, même religion. Un mariage fut arrangé entre Joseph Angélil et Alice Sara, de quinze années sa cadette. Ils auront deux enfants.

Un vague souvenir, le plus ancien que René a en mémoire : il marche rue Saint-Denis, avec sa tante Marie, qui lui explique que sa mère Alice, dont c'est l'anniversaire ce jour-là, est partie à l'hôpital chercher un petit bébé. André Angélil, le jeune frère de René, est né le jour des trente ans de sa mère, le 4 mai 1945.

Un an plus tard, la famille déménageait au 7860, rue Casgrain. Dans la ruelle, un autre souvenir d'enfance, tout aussi flou, s'est joué. C'est l'hiver; il y a une bagarre générale entre enfants. René s'enfuit, il tombe et se casse un poignet. À ses parents, il n'avouera jamais qu'il fuyait; il dira qu'il était tombé du haut du toboggan du parc voisin.

À cinq ans et demi, il entre à l'école Saint-Vincent-Ferrier, à deux pas de chez lui, angle Jarry et Drolet. La maîtresse, Mlle Cardinal, était douce et rieuse. René, le plus jeune de la classe, en était aussi le premier. Il s'est vite fait des amis. Il a pris l'habitude de les amener chez lui, pour leur faire connaître sa mère, « la plus belle et la plus gentille mère au monde », son petit frère, « le plus charmant bébé au monde », leur faire goûter des mets syriens, « la meilleure cuisine au monde », leur faire entendre l'accent si amusant de son père, « le meilleur père au monde ». Les fils Angélil n'ont jamais vu leurs parents se disputer.

Joseph Angélil avait gardé une certaine nostalgie de son pays natal, mais plus encore de Beyrouth qu'il décrivait à ses fils comme un endroit magnifique, « la plus belle place de spectacles jamais vue », disait-il. Il aurait bien aimé y emmener un jour sa famille et revoir avec sa femme et ses enfants la Corniche et cette longue plage tout au fond de la baie Saint-Georges, sous le vieux centre-ville, où les gens descendaient en fin de journée, depuis les souks, la place des Martyrs ou le Grand Sérail, voir le soleil se coucher sur la Méditerranée. Il y avait de la musique et des palmiers, toute la douceur du monde...

La première fois que René était allé à Las Vegas, en février 1967, il avait à son retour raconté à son père tout ce qu'il avait vu là-bas, les casinos, les tables de jeu, une grande revue au MGM avec des chanteurs, des acrobates, des danseurs. Son père l'avait alors relancé en lui décrivant les spectacles qu'il avait vus à Beyrouth, avec des chanteurs et des acrobates, des éléphants et des chameaux. Ils ont aussi parlé des femmes, entre hommes. Pour une rare fois, ils ont été très proches l'un de l'autre, comme des amis, ou presque.

De son père, René garde le souvenir d'un homme courageux qui a travaillé fort toute sa vie sans jamais se plaindre. Il a toujours eu énormément de respect pour lui. Joseph Angélil n'élevait jamais la voix, mais il avait une autorité naturelle impressionnante. Il a peut-être été la seule personne avec laquelle René n'a jamais argumenté. Il aurait pourtant préféré savoir le faire, car lorsqu'ils n'étaient pas d'accord, ils ne se parlaient tout simplement pas.

Les Angélil et les Sara étaient catholiques de rite melkite. Ils allaient entendre la messe du dimanche à l'église Saint-Sauveur, tout en bas de la rue Saint-Denis près de la rue Viger, où ils retrouvaient les membres des communautés libanaise et syrienne de Montréal. Tous les dimanches, Joseph Angélil chantait avec la chorale. Il avait une voix de ténor, forte et juste. René, enfant de chœur, était toujours fier d'entendre la voix de son père remplir la voûte de l'église. Joseph Angélil était un homme de devoir, sérieux et distant, très religieux. L'atelier où il travaillait était situé rue de Maisonneuve, très exactement là où se trouvent aujourd'hui les studios de TVA, la station de télévision privée la plus puissante du Québec.

Par tradition, par culture et par disposition, les Angélil formaient un couple et une famille hors normes, très fortement unie, très liée à la communauté syrienne de Montréal. Chez les Angélil, comme chez les Sara, on mangeait syrien un jour sur deux. Il n'y avait jamais d'alcool à table, pas même les jours de fête. Pas beaucoup de musique non plus, à part quelques très vieux disques de chants arabes que le père écoutait de temps en temps. À l'heure du souper, on écoutait le hit-parade de CKVL, à 850 au cadran. Et parfois, à sept heures, on s'agenouillait pour écouter en famille le chapelet radiophonique de Mgr Paul-Émile Léger.

Le dimanche, comme beaucoup de gens, les Angélil faisaient de temps en temps une excursion en auto, René et son frère sagement assis à l'arrière. Un dimanche à Ottawa, un autre à Québec, un dans la vallée du Richelieu ou à

Plattsburgh, un dans Lanaudière ou dans les Laurentides. Puis, une année, à Pâques, ils sont partis pour New York. Le père Angélil, toujours silencieux, montrait le monde à ses garçons. Ils ont marché sur Broadway, ils ont vu les grands théâtres avec leurs marquises illuminées, Central Park et Times Square. Un soir, dans un *supper club*, ils ont assisté à un spectacle de Peggy Lee que René n'oubliera jamais, le premier vrai show qu'il a vu de sa vie. Elle chantait *Fever*, avec un big band, des cuivres et des cordes, de gros drums…

Presque tous les soirs, après souper, rue Casgrain ou rue Saint-Denis, à deux pas du marché Jean-Talon, où René Angélil a passé son enfance, son adolescence et les premières années de sa vie adulte, parents, oncles et tantes, jouaient à la canasta ou au poker, soit chez Alice et Joseph, soit chez la tante Marie et Tété Nour ou encore chez l'oncle Georges et la tante Anita qui habitaient tous rue Saint-Denis, tout près les uns des autres. Au temps des fêtes et les jours de congé, ils organisaient des tournois couple contre couple, hommes contre femmes. Ils pouvaient s'entêter et argumenter beaucoup, passionnément, pendant des heures. Pour des vétilles. Argumenter, pour les Angélil et les Sara, faisait partie de la vie quotidienne. C'était un art. Avoir raison, un *must*. Gagner, un devoir. Ils gageaient des allumettes ou des jetons, parfois de très petites sommes. À dix ans, René leur a dit que gager si peu était ridicule : « Si vous gagez des cennes noires, vous n'allez gagner rien que des cennes noires. » Il comprendra plus tard, quand il sera devenu un vrai gambler, qu'on ne joue pas à l'argent contre les siens, contre ses frères et ses amis. C'est là un principe qu'il inculquera à ses enfants quand il leur enseignera les règles du black-jack et du poker.

Tété Nour, d'ailleurs, disait que les gains n'avaient pas vraiment d'importance. L'important, c'était de gagner, que ce soit des allumettes ou des millions. Elle pouvait refaire de mémoire le scénario d'une partie de canasta, de fouine ou de poker disputée la veille en rappelant à chacun ses erreurs et ses bons coups. Ainsi, les enfants, René, son jeune frère André, tout comme leurs cousins Robert et Paul et leur cousine Ginette, les enfants de l'oncle Georges et de la tante Anita, ont été initiés très jeunes aux jeux de hasard, cartes ou backgammon. On jouait avec sérieux, dans un grand respect du jeu et des règles, avec pour seul et unique but de gagner. Sinon, il n'y a plus de jeu. C'est de la tricherie. Un vrai joueur respecte les règles et ne triche jamais, même s'il en a l'occasion.

Dès l'âge de cinq ans, René connaissait donc les cartes. Il savait ce que c'était que bluffer, il savait qu'il faut parfois feindre des émotions qu'on n'éprouve pas vraiment, créer l'illusion, laisser croire selon les besoins qu'on est mieux ou moins bien loti qu'en réalité. D'aussi loin qu'il se souvienne, il a toujours voulu être un grand joueur, un gambler, un champion. Être champion, c'est être plus vivant que les autres. Comme l'était alors Maurice Richard, le plus grand joueur de hockey de tous les temps, la star par excellence, l'idole du peuple canadien-français, le héros de Joseph Angélil qui, avec ses fils et sa femme, écoutait religieusement chaque match des Canadiens de Montréal à la radio.

Au printemps de 1950, à huit ans, René a vécu en deux temps une expérience inoubliable qui allait le marquer pour la vie. Son père l'avait emmené au Forum de Montréal voir jouer les Canadiens. Avant le match, on avait remis à Maurice Richard une Chrysler de l'année immatriculée à son chiffre, le numéro neuf.

Quelques jours plus tard, René se trouvait en auto avec son père, rue Saint-Denis, ils se sont arrêtés à un feu rouge. Alors, juste à sa droite, René a aperçu Maurice Richard en chair et en os, au volant de sa Chrysler. Il attendait comme eux au feu rouge. L'idole du peuple a tourné la tête et a fait un grand sourire au jeune garçon très brun aux yeux marron qui se trouvait dans la voiture d'à côté. Pour la première fois de sa vie, René prenait conscience que les étoiles et les idoles, si grandes soient-elles, ne sont pas nécessairement inaccessibles ni intouchables. Il aurait pu, si la timidité ne l'avait empêché ou s'il en avait eu le temps, s'approcher de cette idole vénérée et lui parler, lui dire par exemple qu'il aimait lui aussi le hockey et le baseball, la balle molle et le basket-ball et tous les sports, et qu'il l'avait vu jouer quelques jours plus tôt au Forum.

Encouragé par son père, René s'est joint, à neuf ans, à la chorale de l'école Saint-Vincent-Ferrier, dont faisait déjà partie un garçon très déluré, très drôle, Pierre Labelle, d'un an son aîné, qui habitait presque en face de chez les Angélil. Né à Windsor, en Ontario, Labelle parlait bien anglais. Son père avait été violoncelliste dans l'orchestre symphonique de Detroit. Il accompagnait maintenant des artistes français, Charles Aznavour, Charles Trenet, Édith Piaf et quelques autres qui depuis la fin de la guerre venaient en tournée au Canada. Il dirigeait aussi l'orchestre du théâtre Mercier, rue Sainte-Catherine, où l'on présentait des shows de variétés très courus.

Les deux amis ont pris très tôt l'habitude de fréquenter le Mercier et les boîtes où travaillait le père de Labelle. Ils flânaient dans les coulisses et les loges, ils assistaient aux répétitions et aux shows assis par terre dans la fosse d'orchestre. Ils ont vu, à leurs débuts, les fantaisistes et les monologuistes qui quelques années plus tard allaient faire les belles années de la télévision de variétés, Manda Parent, Olivier Guimond, André Lejeune, la Poune. Cet univers les fascinait infiniment plus que celui qu'explorait le directeur musical de la chorale de l'école qui puisait dans le vieux fonds folklorique que Labelle, plus tourné vers le jazz, le boogie-woogie et le rock and roll, considérait comme le comble de l'ennui. Bill Haley & the Comets chantant *Rock around the Clock* avait nettement plus de charme pour les deux garçons que tout le répertoire de la Bonne Chanson.

René et Pierre ont sauté leur septième année et sont entrés tous deux au collège André-Grasset tenu par les sulpiciens, mais ni l'un ni l'autre ne se sentaient attirés par la vie religieuse, ni passionnés par le latin et le grec ancien. Deux ans plus tard, ils se retrouvaient en dixième année à l'école Saint-Viateur, angle Jean-Talon et de Lanaudière. René n'avait que treize ans et demi au moment de la rentrée, ce qui constituait un record de jeunesse dans les annales de la Commission scolaire des écoles catholiques de Montréal. Sa mère a longtemps (peut-être toujours) gardé parmi ses souvenirs la photo de son garçon parue dans *La Presse* à cette occasion… « René Angélil, à 13 ans, en dixième année. »

Celui-ci, toujours premier de classe malgré son jeune âge, était d'un naturel plutôt dissipé. Avec ses copains, Tommy Turp, Gilles Petit, Pierre Labelle, il faisait partie d'un groupe que le préfet de discipline, le frère Blondin, avait surnommé le « gang des bouffons » qu'il s'était promis de garder à l'œil. Toutefois, l'école se devait de tolérer des garçons comme Labelle et Angélil, parce qu'ils avaient tous deux de très bonnes notes dans toutes les matières. Labelle était relativement discret, mais René faisait ce que le frère Blondin appelait du mauvais esprit, c'est-à-dire qu'il était toujours en train d'organiser, même pendant les cours, des activités, des jeux, des concours, des fêtes.

René n'avait alors aucune idée de ce qu'il ferait de sa vie. Il savait seulement qu'il ne travaillerait pas dans un petit atelier comme son père, ni dans une usine, ni manuellement. Il aurait voulu chanter, en fait. Pas dans une chorale, mais avec un orchestre comme celui du père de Labelle. Chanter des chansons d'amour qui auraient fait se pâmer les filles. Il avait hélas hérité de la voix des Sara, juste, mais mate et feutrée. Pierre Labelle, lui, avait un projet d'avenir assez précis : il voulait devenir dessinateur commercial comme un de ses oncles qui peignait les affiches ornant les marquises des cinémas Odéon de la rue Saint-Denis et de l'avenue du Mont-Royal.

Chaque semaine, les garçons s'achetaient des disques de jazz et de rock, des 45 tours à 49 cents. Ils vouaient un véritable culte à Elvis Presley, connaissaient toutes ses chansons par cœur, voyaient tous ses films, d'abord en anglais, puis en version française.

Chaque dimanche, à midi, au cinéma Château, rue Saint-Denis, à deux pas de chez Pierre et René, avait lieu un concours d'amateurs, « Les découvertes de Billy Monroe », radiodiffusé par la station CKVL, suivi par un programme double de films de gangsters, de cow-boys ou de pirates. Pierre et René décidèrent un jour de s'inscrire au concours. Ils avaient choisi d'interpréter *Diana* de Paul Anka, jeune chanteur originaire d'Ottawa qui, en cette fin des années 1950, connaissait un succès mondial.

Labelle et Angélil se sont présentés à la première ronde éliminatoire qui avait lieu le dimanche matin, hors des ondes et sans public. Ils étaient tellement sûrs de gagner qu'ils en avaient parlé à tout le monde. Le but de cette opération (comme du show-business en général tel que le concevait alors Angélil) n'était-il pas d'impressionner les filles ? Trop confiants, donc mal préparés, ils se sont trompés dans les paroles et n'ont pas été retenus.

Or leurs copains et leurs blondes, ignorant que le fameux duo avait été éliminé, s'étaient emparés des premières rangées de fauteuils de la salle du Château. Ils ont attendu en vain les héros du jour qui, honteux, étaient allés marcher rue Saint-Denis en attendant le début des projections. Ils se disputaient (et se sont disputés longtemps amicalement) pour savoir lequel des deux s'était trompé le premier.

Le roi des bouffons

En septembre 1958, quand René est entré en douzième année, toujours à Saint-Viateur, ses amis lui ont proposé de briguer la présidence de l'école. Ayant eu vent de ce projet, le frère Blondin lui a interdit de se présenter. Il se doutait bien qu'une fois au pouvoir Angélil organiserait un party après l'autre, des concours de danse et de chant, des tournois de billard et de ping-pong et des matchs de basket-ball et de hockey. Écarté, le jeune Angélil est devenu l'organisateur en chef d'un dénommé Gilles Petit. Il a recruté les gars les plus délurés et formé un parti très puissant qui attirerait bientôt la très grande majorité des élèves. Ils ont mené une vraie campagne électorale, avec discours bien préparés, affiches dessinées par Labelle, slogans imaginés par René, et leur candidat fut élu président.

René Angélil ne serait donc pas l'homme en vue, il ne serait pas le président en titre, il ne figurerait pas dans l'histoire officielle de l'école Saint-Viateur; mais dans l'ombre, il exerçait et savourait le pouvoir. En fait, l'ombre n'était pas bien épaisse. Tout le monde à l'école savait fort bien qui tirait les ficelles du pouvoir, qui était le légitime roi des bouffons, l'orchestrateur en chef des événements les plus courus.

René avait toujours de bonnes notes sans jamais travailler trop fort, mais c'était dans la cour de récréation et dans le secteur du parascolaire qu'il se distinguait. Il jouait au basket-ball, au baseball, au hockey, à la balle molle. Il se passionnait pour les sports d'intérieur, billard, quilles, ping-pong surtout. Au ping-pong, il s'était entraîné à servir tant de la main gauche que de la droite et il était vite devenu le champion de l'école. Le ping-pong est un jeu de réflexes très rapide. Angélil étonnait et désarçonnait d'autant plus qu'il semblait toujours d'un calme olympien, il parlait lentement, de cette voix éteinte si particulière qu'il avait déjà à l'époque.

Ceux qui l'ont connu alors se souviennent qu'il théorisait sur tout, proférant des vérités de La Palisse qui, malgré leur évidence, impressionnaient les autres, parce que René Angélil avait une autorité naturelle, un charme qui toujours opérait.

« Le secret au ping-pong, ce n'est pas de bouger vite, c'est de contrôler la balle » ou « Le secret en politique, ce n'est pas d'être élu, c'est d'avoir le contrôle ».

Il se distinguait aussi par son attitude ; même s'il était un « gars de gang » qu'on ne voyait pratiquement jamais seul, il restait très individualiste. Alors que beaucoup de garçons et de filles fumaient, il ne touchait pas à la cigarette. Dans les fêtes qu'il organisait ou celles qu'il fréquentait, il ne buvait jamais que du coca ou de l'eau, alors que la majorité des jeunes de son âge commençaient à siffler bières et autres alcools.

Angélil convainquit Gilles Petit, le président de l'école qu'il avait fait élire, de monter un show d'amateurs et de former un groupe pour accompagner les chanteurs. Petit, qui aimait bien chanter lui aussi, avait proposé d'interpréter une chanson très populaire à l'époque, *In the Still of the Night*, du quatuor The Satans. Ils ont formé un groupe avec Pierre Labelle et un autre garçon de l'école, Jean Beaulne. Leur performance ayant été appréciée, ils ont eu l'idée de se présenter de nouveau aux découvertes de Billy Monroe avec, cette fois, la version française d'un succès des Teardrops, *Je promets*, une chanson dégoulinante de guimauve au beau milieu de laquelle l'un des chanteurs déclamait un récitatif pendant que les autres faisaient les harmonies, des hou hou hou, des ouah ouah ouah.

Je promets, si tu me reviens
De ne plus jamais te tromper
De garder le bon chemin...

Pierre, Jean, Gilles et René ont répété, en toute discrétion cette fois, avec l'orchestre maison, le dimanche matin au cinéma Château. Les organisateurs leur avaient demandé de se trouver un nom. En feuilletant le *Montréal-Matin* de la veille, Gilles Petit avait remarqué dans la page des résultats sportifs qu'une obscure équipe de hockey de Québec s'appelait les Baronets, un nom évocateur qui faisait très classe et sonnait aussi bien en anglais qu'en français. Ce nom fut adopté sur-le-champ.

Les Baronets nouveau-nés ont remporté le concours et se sont partagé la faramineuse somme de 20 dollars. Dans l'après-midi, plutôt que de regarder le western et le film de pirates qu'on projetait au Château, ils se sont rendus à la Casaloma, rue Sainte-Catherine, à deux pas de la Main, où un certain Jean Simon (un autre nom qui sonnait aussi bien dans l'une et l'autre langues officielles du pays) animait un autre show de découvertes. Ils ont encore gagné. Toujours avec *Je promets*. En soirée, ils se produisaient à l'El Dorado, accompagnés de trois musiciens (piano, guitare basse et batterie) dirigés par un artiste fameux, un bon pianiste, Georges Tremblay. Ils ont encore gagné. Trois victoires en une journée !

Le lendemain matin, à l'école, Angélil s'est ingénié à faire connaître leur exploit. À quoi bon réussir si ça ne se sait pas, si ça n'attire pas les regards et les sourires des filles?

L'automne suivant, René est entré à l'École des hautes études commerciales (HEC). Il était plus jeune (et sans doute plus déluré) que la moyenne des étudiants. Avec Labelle et compagnie, il fréquentait les soirs de week-end les bars, les cafés, les salles de billard et les lupanars de la Main, ainsi que le Red Light, le cabaret Casaloma, le Béret bleu et le Café 123 où, malgré leur jeune âge, ils avaient leurs entrées, ils voyaient des spectacles de danseuses, des numéros de stand-up, des strip-teases… La vraie vie! Comme, à l'époque, le monde de la pègre et celui du show-business montréalais étaient très intimement liés, ils croisaient des gangsters et des stars.

Trois mois après être entré aux HEC, René s'y ennuyait à mourir. Avec Labelle, Beaulne et Petit, il continuait à courir les concours d'amateurs. Ils avaient appris deux chansons des Coasters dont les Jérolas, un duo qu'ils admiraient, avaient fait des reprises qui étaient devenues au Québec d'énormes succès: *Jones s'est montré* et *Charlie Brown*. Ainsi, peu à peu, les Baronets se sont constitué un répertoire de chansons bien connues du grand public, dont *Little Darling* (des Four Diamonds), *Love is a Many Splendored Thing* (des Four Aces), *N'oublie jamais* (des Three Bars), *Je promets, Diana*. Pas question, à cette époque et dans ce milieu, de se présenter sur scène avec des chansons originales.

Le pianiste Georges Tremblay, qu'ils ont eu la chance de croiser à quelques reprises, les a aidés à fignoler leurs harmonies, mais il y eut surtout, parmi leurs formateurs, un musicien plus classique et très sérieux, Roland Séguin, un professeur de chant en fait, que les gars sont allés rencontrer chez lui, à Outremont. Roland Séguin était un bon vieux monsieur, peut-être un peu trop technique, un peu trop cérébral à leur goût, qui leur a cependant dit un jour une chose fort troublante qu'Angélil n'allait jamais oublier, et dont il a souvent reparlé par la suite : « Les gars, si vous voulez réussir dans ce métier, il ne faut pas penser à l'argent. Pensez d'abord et avant tout à avoir du fun. » Pour Angélil, il y avait là une évidence, une règle de vie à laquelle il n'allait jamais déroger : pour réussir, il faut trouver du plaisir à ce qu'on fait.

Ça tombait bien, ce n'était pas l'argent que visaient Angélil et ses amis. À cet âge, la gloire et la reconnaissance sont infiniment plus attrayantes que l'argent. Ils avaient dix-huit ou dix-neuf ans, ils voulaient être connus, populaires auprès des filles, séduire.

Cependant, pour grandir et réussir dans ce monde, il fallait aussi intéresser des producteurs, des agents, il fallait avoir des scènes où se faire valoir. Les Baronets couraient les salles de spectacles ; ils voyaient tous les shows, bons ou mauvais, présentés à Montréal, et ne manquaient jamais une occasion de se produire dans les concours d'amateurs.

Un jour, enfin, un producteur les a remarqués et les a trouvés assez bons pour leur proposer un engagement dans un hôtel de Grand-Mère, en Mauricie, à une heure et demie de Montréal, où les gars se sont rendus en autobus. Trois soirs, trois représentations par soir, 100 dollars chacun, nourris, logés au chic hôtel Saint-Maurice. Le pactole !

Angélil, sans doute parce qu'il avait plus de bagout que les autres et une certaine expérience des chiffres acquise aux HEC, agissait comme intermédiaire auprès des boîtes intéressées à produire le groupe. Il tenait les comptes, négociait les cachets qu'on partageait en quatre parts égales. Il flambait la sienne en quelques heures et passait le reste de la semaine sans un seul sou en poche.

Son père lui avait signifié que s'il voulait continuer à s'acheter des disques, des chemises et des chaussures à la mode, il devait se trouver un travail le soir ou le week-end. René n'avait aucun goût et aucun talent pour le travail manuel, aucune envie d'être livreur pour l'épicerie du coin, ni de tondre des pelouses ou de pelleter de la neige, ni de laver des voitures.

Il avait travaillé un été pour la Compagnie de transport de Montréal. De minuit à huit heures du matin, dans le garage de la rue de la Savane où les chauffeurs déposaient les recettes de la journée, il comptait l'argent et les billets, mais comme il courait maintenant les boîtes de nuit, il pouvait difficilement travailler tôt le matin, encore moins de minuit à huit heures du matin. Il s'était quand même trouvé un travail à mi-temps dans une succursale de la Banque de Montréal ; travail agréable, bien rémunéré, dans un univers qu'il aimait bien, celui propre et ordonné des chiffres.

Il a commencé à sécher les cours, de temps en temps, puis, dès la mi-novembre, presque tous les jours. Il jouait aux cartes pendant des heures à la cafétéria, il apprenait à parier. Contrairement à ses parents, à ses oncles et à ses tantes, qui gageaient plutôt de toutes petites sommes, des allumettes ou des cennes noires, il était toujours tenté de surenchérir, de gager plus gros, seule manière, professait-il non sans raison, de gagner gros. Il a ainsi acquis l'inoubliable goût du risque… et le dégoût des études qu'il a progressivement délaissées, au grand dam de son père qui lui en a beaucoup voulu. Il ne l'a pas réprimandé, cependant ; il a fait pire peut-être, il est resté silencieux, froid, et s'est fait de plus en plus distant. René était peiné de décevoir ainsi son père, mais il ne voulait pas perdre son temps à l'école. Il avait mieux à faire, selon lui : jouer, chanter…

A Star Is Born

Les Baronets chantaient maintenant presque toutes les fins de semaine, le plus souvent dans des boîtes de nuit de l'île Jésus (futur Laval) ou des Laurentides. Trois représentations par soir, les vendredis et les samedis. Ce n'était pas encore très payant, mais ils se faisaient tranquillement connaître dans le milieu qui n'était pas du tout structuré comme il l'est aujourd'hui. À l'époque, contrairement à ce qui se passe maintenant, on devait se faire connaître sur scène, dans les cabarets et les clubs, avant de pouvoir enregistrer ses chansons. La radio diffusait presque uniquement des chansons déjà connues du grand public.

Leur plan de carrière était donc fort simple, et c'était le même pour tous. Tu fais de la scène, tu te constitues un public qui connaît tes chansons, puis tu enregistres un disque et tu passes à la radio, puis à la télé. Le monde à l'envers, la télé et la radio ne servant pas, comme aujourd'hui, à la promotion des artistes et de leurs produits.

À la mi-février 1961, un agent, Gordie Wilson, proposa aux Baronets de passer en vedette à la Feuille d'Érable, un cabaret très populaire de l'île Jésus que fréquentait un public jeune et dynamique. Pour la première fois, ce soir-là, Joseph Angélil est allé voir chanter son garçon. Il a compris que celui-ci ne serait jamais comptable ni avocat. Il voyait bien, lui-même bon chanteur, que son fils ne possédait pas une grande voix, mais il avait sur scène un charisme et une présence irrésistibles. C'était lui surtout qui parlait entre les numéros, qui faisait rire les gens, se pâmer les filles. René Angélil était très à l'aise dans ce monde que son père n'aimait pas beaucoup. Ce dernier, de toute évidence, désapprouvait la conduite et les choix de vie de son fils. De son côté, René ne pouvait s'empêcher de penser qu'il décevait l'homme qu'il aimait et admirait le plus au monde, et il lui en a un peu voulu. Il n'est jamais facile d'aimer les gens qu'on a déçus. Il aurait aimé dire à son père qu'il était toujours un bon garçon, que même s'il fréquentait de drôles d'endroits, il restait fidèle aux valeurs que ses parents lui avaient inculquées dès son enfance, mais entre les deux hommes un silence durable s'était installé.

Malgré tout, l'été de 1961 fut extraordinairement excitant. Les Baronets ne faisaient plus de premières parties dans de minuscules boîtes de l'arrière-pays. Ils se produisaient presque chaque semaine en vedettes établies dans des boîtes bien remplies…

Et puis, ce fut la catastrophe !

René s'est réveillé un beau matin avec des ganglions très enflés dans le cou, et mal au cœur et à la tête. Le docteur a diagnostiqué une mononucléose, la maladie du baiser, assez fréquente chez les jeunes de quinze à vingt-cinq ans. René fut mis au repos pendant trois mois : il avait laissé ses cours et son travail à la banque et, ce qui était infiniment plus grave et plus déchirant, les spectacles avec les Baronets, qui ont dû suspendre toute activité. Juste au moment où tout devenait possible !

René comprendra plus tard que cet arrêt obligé lui avait été salutaire à bien des égards. Tété Nour avait raison : «À quelque chose malheur est bon.» Seul à la maison, René écoutait les disques que lui apportaient ses amis. Il a découvert avec eux les chansonniers français, Charles Aznavour, Gilbert Bécaud, Jacques Brel, surtout, dont il aimait l'intensité dramatique dans *Ne me quitte pas, Quand on n'a que l'amour,* qu'il fera chanter vingt-cinq années plus tard à Céline Dion sur la scène du Circus Maximus de Las Vegas. Il regardait beaucoup la télé qui deviendra à tout jamais son indéfectible amie. Il prendra vite l'habitude, jamais perdue, de s'endormir toutes les nuits avec une télévision allumée au pied de son lit.

À l'époque, il découvrit aussi Lucille Ball, la merveilleuse folle d'un des premiers gros sitcoms de la télé américaine, *I Love Lucy,* qu'il aimera toujours et fera connaître beaucoup plus tard à sa jeune femme ; Jackie Gleason, ce gros nounours sympathique ; et un modèle, Perry Mason. Cet avocat au cœur d'or, aux nerfs d'acier, ce justicier bienveillant, ce plaideur flamboyant, interprété par le très austère Raymond Burr, qui savait dénouer les intrigues les plus tordues et, après d'incroyables arguties judiciaires, faisait éclater la vérité et punir les méchants, sauvant la veuve et l'orphelin, était exactement le type de héros qui fascinait René Angélil. En effet, les casse-cou athlétiques et armés jusqu'aux dents (il n'a jamais aimé les armes à feu) comme Jungle Jim, le Saint ou James Bond que proposaient le cinéma et la télévision de l'époque ne l'intéressaient pas.

Pendant un temps, René a caressé l'idée de faire son droit. Son père lui répétait qu'il avait tout ce qu'il fallait pour être un bon avocat. Il aimait argumenter, plaider. Il aimait et il savait avoir raison. Il adorait la présence stimulante du public. Il pourrait être un bon avocat criminaliste. Il plaiderait devant des juges très coriaces des causes désespérées et les remporterait, c'était sûr et certain. Il défendrait lui aussi veuves et orphelins, et il aurait enfin l'approbation et la bénédiction de son père.

Dès qu'il a recouvré la santé, René a tout de suite repris ses sorties avec Labelle, Petit et Beaulne. Il a vite répondu à l'appel du show-business et ses velléités d'études de droit ont rapidement disparu. Pis, au grand désarroi de son père, il a décidé de ne pas reprendre son poste de commis à mi-temps à la Banque de Montréal, pour être artiste profes-sionnel à plein temps. Il a convaincu Labelle et Beaulne de faire comme lui. Gilles Petit, lui, a décidé de passer son tour et d'abandonner à tout jamais le monde du spectacle. Le métier d'artiste n'étant pas assez stable à son goût, il a choisi de faire carrière dans les assurances, comme son père.

Toute sa vie, René Angélil fera des come-back de ce genre. Après chaque épreuve, chaque égarement, chaque défaite ou chaque erreur, il est revenu à la vie, au show-business, aux affaires, au jeu, toujours plus déterminé, plus joueur, plus chanceux. Cette fois-là, son come-back a grandement stimulé la carrière des Baronets.

Dans l'atelier de son oncle, Labelle a réalisé une affiche du trio à partir de photos en noir et blanc tirées dans un photomaton de la pharmacie Montréal, rue Sainte-Catherine. Puis les gars se sont inscrits à l'AGVA (American Guild of Variety Artists), ancêtre de la toute-puissante Guilde des Musi-ciens. Bientôt, ils ont commencé à faire parler d'eux dans le milieu des cabarets, où ils étaient de plus en plus demandés et de mieux en mieux rémunérés. Le moment était venu de confier leur carrière à un agent professionnel.

À cette époque, tous les agents d'artistes avaient leurs bureaux dans le centre-ville, à quelques pas de l'intersection des rues Sainte-Catherine et Saint-Denis, dont l'angle nord-ouest était occupé par un restaurant très connu, Le Sélect, où Angélil, Beaulne et Labelle se sont donné rendez-vous un beau jour de l'automne de 1961 dans le but de se trouver un agent. Ils connaissaient, du moins de réputation, les plus importants de ces agents et savaient que chacun d'eux était lié à des clubs et à des cabarets dans lesquels il plaçait ses artistes. Les amis ont tiré au sort, et celui-ci a décidé que René irait voir Roy Cooper, Jean se rendrait chez Johnny Reed et Pierre retournerait voir Gordie Wilson qui, le printemps précédent, les avait produits à la Feuille d'Érable.

Deux heures plus tard, comme convenu, ils se retrouvaient au Sélect et découvraient, à la fois ravis et embêtés, qu'ils avaient tous les trois pris des engagements pour la fin de semaine suivante, dans des cabarets différents. La proposition la plus intéressante était celle que Johnny Reed avait faite à Beaulne : l'Hôtel Central à Chomedey, grosse salle, bon public. Labelle et Angélil ont dû retourner voir Wilson et Cooper pour annuler les engagements qu'ils avaient pris. Cooper, plutôt mécontent, leur a fait comprendre qu'ils auraient intérêt à se trouver un manager.

« Un manager !

– Un imprésario, qui s'occuperait de votre répertoire, de vos engagements, de vos déplacements et de vos finances, même de votre look. »

Angélil et ses amis venaient de découvrir que dans le show-business, il y a plusieurs métiers incontournables : agent, booker, gérant, producteur, chacun occupant des fonctions bien précises au sein d'une structure complexe. Le manager est le plus important, il est celui qui coordonne toutes ces fonctions.

Roy Cooper, l'agent qu'Angélil avait sollicité, lui avait parlé d'un type qu'il connaissait bien et qui selon lui ferait un bon manager, un certain Ben Kaye. « Il est peut-être trop occupé pour s'intéresser à vous, mais ça vaudrait la peine d'essayer. » Le groupe voulait bien, mais personne ne savait comment entrer en contact avec ce fameux Ben Kaye. En moins de quarante-huit heures, le hasard allait arranger cela.

L'agent le plus influent du monde du spectacle montréalais s'appelait Ziggy Wiseman. Il faisait régulièrement venir à Montréal des chanteurs américains comme Bobby Rydel, Frankie Avalon, Bobby Vinton et même James Brown, qu'il produisait dans les salles de danse du Parc Belmont ou au Palais du Commerce de la rue Berri (où se trouve aujourd'hui la Grande Bibliothèque), lieux hautement fréquentés par la jeunesse de l'époque.

Labelle et Beaulne sont allés lui dire qu'ils voulaient faire la première partie de l'un ou l'autre des gros shows qu'il produisait au Palais du Commerce ou même au Forum. Ziggy leur a répondu qu'ils avaient encore du chemin à faire, mais il les a mis en contact avec son assistant qui, selon lui, ferait un excellent manager pour leur groupe, un certain… Ben Kaye.

Dès la fin de semaine suivante, celle de l'Action de grâce, Ben Kaye est allé voir les Baronets à l'Hôtel Central de Chomedey. Kaye, vingt-quatre ans, était tout petit, il avait l'œil malicieux, le sourire en coin, l'accent anglais, le gros cigare au bec. Il semblait toujours au-dessus de ses affaires ; au-dessus des affaires de tout le monde, en fait. Les trois Baronets étaient convaincus qu'ils étaient désormais en de bonnes mains. À leurs yeux, Ben Kaye avait tout du colonel Parker, l'homme qui avait créé Elvis Presley et qui était devenu l'idole de tous les managers et de tous les artistes. Il parlait avec énormément de facilité et de plaisir à tout le monde, tant au portier qu'au propriétaire des lieux, tant au bandit notoire qu'à la chanteuse la plus snob, sur le même ton, avec la même verve, le même humour…

Ils se sont entendus sur-le-champ ; René et lui se sont très rapidement liés d'amitié. Désormais, Ben ferait le tri des propositions, il s'ingénierait à élargir au maximum le territoire des Baronets et à leur obtenir les cachets les plus élevés. Il prendrait 25 % des profits nets. Il leur fit vite comprendre qu'il y avait dans ce métier beaucoup de baratin. Par exemple, quand il appelait une salle de spectacles à Ottawa pour les booker, il disait que le groupe venait de faire un malheur à Québec, et vice-versa. Ça marchait à tout coup. « Il faut impressionner », disait-il. Bientôt, les Baronets étaient demandés partout. Leur répertoire n'avait toujours absolument rien d'original, mais ils avaient un son bien à eux.

Labelle avait une belle voix de ténor. Beaulne avait le sens du rythme, une solide voix de basse. Angélil avait un filet de voix, mais il possédait un charme extraordinairement efficace. Sur scène, il se sentait toujours très à l'aise, il aimait parler, faire rire. Et les gens l'écoutaient. Il se chargeait donc presque toujours des présentations. Ben a vite remarqué qu'il avait beaucoup de succès auprès des femmes.

«Parle aux femmes, lui disait-il. *Charm the women!*»

À ses yeux, il avait aussi une autre qualité. « *He was a believer*», dira-t-il plus tard, quand René sera devenu l'icône qu'on connaît. René Angélil croyait en effet que tout était vraiment possible, et même qu'un jour, avec ou sans les Baronets, il se retrouverait sur les plus prestigieuses scènes du monde. Les Jérolas n'avaient-ils pas participé au Ed Sullivan Show, le show télévisé le plus important du monde ? Pourquoi les Baronets n'en feraient-ils pas autant ?

Angélil a toujours cru qu'il n'y avait rien d'impossible. « Si on croit en notre affaire, disait-il, ça ne pourra pas faire autrement qu'arriver. » Beaulne et Labelle le trouvaient un brin naïf, mais il avait en même temps un formidable pouvoir de persuasion. En plus, les Baronets étaient en passe de devenir un groupe très demandé. Ils gagnaient de l'argent, chacun avait une belle voiture décapotable, au moins une blonde, et c'était la fête.

René adorait la vie que leur imposait Ben Kaye. Quand il n'était pas en tournée, il restait rarement à la maison. Il continuait de fréquenter les boîtes de nuit et les salles de billard avec ses amis.

En 1962, Ben Kaye bookait les Baronets dans un hôtel de Puerto Rico, qui n'était pas une destination soleil très fréquentée par les Québécois, mais où il avait quelques contacts. Les Baronets, qui y sont restés deux semaines, n'y ont probablement pas laissé de souvenirs impérissables, mais René Angélil, à vingt ans, y a vécu une expérience mémorable.

Mise en jeu

La première chose à laquelle René Angélil a pensé, quand Ben Kaye a parlé de Puerto Rico, c'était qu'il y avait là-bas de vrais casinos. Ben, qui avait une âme de gambler lui aussi et qui connaissait la passion de René pour le jeu, lui a fortement recommandé de ne jamais mettre les pieds dans ce genre d'endroit. Angélil avait promis, mais il savait bien qu'une fois sur place rien ni personne ne pourrait le retenir.

Les Baronets et leur gérant seraient nourris, logés et payés (750 dollars par semaine divisés par quatre) pour chanter au Caribe Hilton. Leur avion s'est posé sur l'Isla Bonita le mardi, en fin de journée. Ils devaient commencer à présenter leur numéro le jeudi suivant. Au programme, soleil et plage le jour, repas somptueux, fins de soirée en beauté dans quelque discothèque remplie de jolies filles.

Carlos Gomez, le gérant du Caribe Hilton, est venu les cueillir à l'aéroport. Après avoir déposé son bagage, Angélil s'est esquivé, a pris un taxi et a demandé au chauffeur de le conduire dans un casino pas trop éloigné du Caribe, mais tout de même assez pour que Ben ne puisse le repérer.

Quelques minutes plus tard, il entrait le cœur battant à la Concha. Il s'est promené un moment entre les tables de jeu et les machines à sous, puis il s'est assis à une table de black-jack. « Je joue 20 dollars en tout et pour tout, se dit-il, et que je gagne ou que je perde, je sors d'ici. »

Une demi-heure plus tard, il avait empoché 100 dollars et il courait rejoindre ses amis au Caribe Hilton. Il les entraîna cette fois au casino de l'hôtel où, en moins d'une heure, ils avaient perdu tout l'argent qu'ils avaient. René est retourné dans la chambre qu'il partageait avec Labelle. Ce dernier, qui n'avait pas une âme de gambler, a décidé qu'il ne jouerait plus jamais de sa vie. Assis sur son lit, il écrivait à sa petite amie ontarienne en s'inspirant des modèles de lettres d'amour torrides que publiait alors le magazine *Playboy*. René n'avait pas de temps pour de telles futilités. Il est allé voir Ben et a réussi à le convaincre de demander une avance au gérant Carlos Gomez, « pour qu'on puisse se refaire ». Il ne pouvait accepter qu'on cesse de jouer alors qu'on venait de perdre. « On peut niaiser ici pendant trois jours, lui a-t-il dit. Si on veut s'amuser, on ferait mieux de gagner un peu d'argent. » Ben est parti à la recherche du gérant.

En attendant, René s'est mis à chercher un système de jeu qui lui permettrait de gagner. Il connaissait une manière de jouer, la martingale classique qui consiste à toujours miser le double de ce qu'on a perdu. Plus audacieux, ou plus naïf, il eut l'idée de jouer non pas le double de sa perte, mais le double de sa mise précédente, quels qu'aient été les résultats.

Avec des allumettes en guise de jetons et Jean Beaulne dans le rôle du croupier, il a démontré que son système fonctionnait fort bien et qu'il était relativement simple. On mise d'abord un dollar. Si on perd, on en mise deux, puis quatre, huit... On finit fatalement par gagner, et alors on aura fait un dollar de profit qu'on mettra de côté. Sûr et certain !

Dans les casinos de Puerto Rico, la mise maximale était alors de 200 dollars, de sorte que le joueur ayant perdu huit fois de suite ne pouvait se refaire d'un coup, puisqu'il n'y avait plus moyen de doubler la mise. Cependant, Angélil considérait que les risques de perdre huit fois de suite étaient infimes, pour ne pas dire inexistants.

Ben, roi du bagout, a facilement obtenu du gérant de l'hôtel une avance de 500 dollars pour ses protégés; ceux-ci sont redescendus au casino de l'hôtel, bien décidés à se refaire grâce au système mis au point par René. Labelle avait changé d'idée et acceptait de risquer sa part lui aussi. Angélil s'est installé à une table de black-jack, ses amis à ses côtés et l'invraisemblable s'est produit: il a perdu huit coups de suite.

Ils ont passé les jours suivants à manger les petits sandwichs au poulet et au thon et à boire la ginger ale tiède que la maison offrait gratuitement aux joueurs. René, incrédule, réussit cependant à convaincre Ben Kaye d'aller chercher ce qui restait de leurs cachets, soit 250 dollars, qu'ils se sont partagés. Ben, Jean et Pierre se sont payés quelques bons repas. Angélil est retourné au casino. Il a décidé cette fois de jouer le tout pour le tout, à l'aveuglette, sans suivre son système, se fiant à la chance qui lui devait bien une petite revanche, et il a tout perdu une fois de plus. Dure expérience dont il n'allait comprendre la leçon que beaucoup plus tard: le black-jack, comme tous les jeux de hasard, est un jeu de séquences. On peut en effet gagner 10 coups d'affilée ou en perdre 12. Le secret, selon Angélil, est de profiter de ses coups de chance, de jouer gros quand on se trouve dans une bonne séquence. Quant à savoir à quel moment vient la bonne séquence, c'est une très mystérieuse question de pratique, de confiance, d'audace...

Angélil croit toujours, et croira sans doute jusqu'à la fin de ses jours, qu'il peut battre la banque. Quelque part dans les statistiques, il y a cette absolue certitude. Il s'agit simplement d'être là au bon moment et d'avoir misé beaucoup. On ne lui enlèvera jamais cette idée de la tête: au jeu, tout est possible, et ce qui est possible finit toujours par arriver.

Au cours de l'hiver de 1962-1963, les Baronets ont été occupés tous les week-ends. Ben les bookait en effet, du jeudi au dimanche soir, dans tout le Québec, les Maritimes, l'est de l'Ontario et parfois même aux États-Unis. Angélil était toujours heureux de se retrouver sur scène, mais il s'intéressait de plus en plus au métier de Ben Kaye, celui qui tirait les ficelles, prenait toutes les décisions, bookait les représentations, engageait les musiciens accompagnateurs, touchait et partageait les cachets, décidait même du répertoire. René apprenait de lui, avec lui, le métier qu'il allait exercer plus tard… Ben lui révélait ses stratégies, lui apprenait à user de la restriction mentale, du baratin, du bluff, parfois même carrément du mensonge.

En juin 1963, par exemple, il avait obtenu pour les Baronets un engagement de deux semaines au King's Club de l'hôtel Adolphus, à Dallas. Il a montré à René la lettre dithyrambique qu'il avait fait parvenir au directeur. Il lui avait écrit, entre autres choses, que les Baronets venaient de faire une tournée triomphale en France. En fait, ils n'étaient sortis du pays que trois ou quatre fois, pour chanter à Puerto Rico, dans des boîtes de Plattsburgh, de Burlington et une fois en banlieue de Boston…

Quand il est venu cueillir les Baronets à l'aéroport, le directeur du King's Club leur a laissé entendre qu'il n'était pas aussi naïf que Ben le pensait. « Si vous êtes la moitié aussi bons que ce que prétend votre gérant dans sa lettre, a-t-il dit avec un sourire en coin, vous devriez faire un malheur, et pas seulement à Dallas. D'après lui, vous seriez ce qui s'est fait de mieux au Canada depuis Robert Goulet. » Goulet était un *crooner* d'origine franco-américaine qui marchait alors très fort aux États-Unis. Angélil avait compris que le gérant du King's Club n'était pas dupe, mais qu'il acceptait de jouer le jeu. Comme si, dans ce métier, il était normal de jeter (et de recevoir) de la poudre aux yeux.

Ben Kaye avait proposé aux Baronets de jouer un pot-pourri de mélodies françaises que les Américains connaissaient déjà. Angélil et Labelle en avaient fait le choix avec lui. Au programme donc : *Les Feuilles mortes* que chantait Yves Montand, lequel venait de tourner dans *Le Milliardaire* aux côtés de Marilyn Monroe, *La Vie en rose* d'Édith Piaf, décédée un an plus tôt et que les Américains vénéraient, puis *C'est magnifique* et *C'est si bon* qu'avait fait connaître Eartha Kitt aux États-Unis, et encore *Et maintenant* de Gilbert Bécaud.

Ben avait écrit les grandes lignes de la présentation que René ferait devant le public. Il y faisait bien sûr allusion à leur fameuse tournée européenne. « La dernière fois qu'on a chanté à Paris... » Toujours à l'initiative de Ben, les Baronets entonnaient également des chansons juives de l'Europe de l'Est. C'était fou, tout était possible, tout était permis.

Les Baronets avaient désormais le vent dans les voiles. Au Steel Pier d'Atlantic City, ils ont fait la première partie de Lesley Gore, la grande vedette du moment portée par le mégahit *It's My Party*. Ils portaient de longues redingotes, comme les Four Aces, dont ils n'étaient, il faut bien l'avouer, que de pâles imitations. Ils tentaient de reproduire leur son le plus fidèlement possible, copiaient leurs gestes, leurs harmonies, reprenaient leur répertoire plus ou moins fidèlement.

Les Four Aces, quatre garçons toujours super chic, bons musiciens, excellents chanteurs, se produisaient sur des navires de croisière, dans de grands hôtels et, ce qui faisait rêver Angélil, dans des casinos de Las Vegas et d'Atlantic City. Ils avaient composé quelques années plus tôt une chanson qui allait à jamais figurer parmi les standards les plus appréciés de la génération des Baronets, *Love Is a Many Splendored Thing* (l'une des premières chansons écrites pour un film) et, depuis, ils enchaînaient les hits les uns après les autres : *Shangri-la, Stranger in Paradise,* etc. Ils étaient les modèles par excellence des Baronets, et leur nom était joliment évocateur pour un joueur comme René. Pourtant, les Baronets allaient bientôt changer d'allégeance.

Nouvelle donne

C'est arrivé au printemps de 1964, partout, dans le monde entier, comme un irrépressible raz-de-marée, un tsunami qui allait tout balayer, tout bouleverser : les idées, la morale, la mode et le show-business. Désormais, on ne parlait plus que d'un groupe de musiciens de Liverpool, les Beatles, dont les chansons déferlaient sur la planète. Angélil et Labelle avaient acheté leurs disques, qu'ils écoutaient jour et nuit. René devint vite un fan absolu autant sinon plus de Brian Epstein et de George Martin, leur agent et leur producteur de disques, que des *Fab Four* eux-mêmes.

Il avait plusieurs fois croisé dans le milieu un garçon bourré de talent, bon pianiste, Tony Roman, avec qui il s'était lié d'amitié. Cette année-là, avec Les Dauphins, son groupe, Tony avait enregistré une reprise de la chanson *Doo Wah Diddy* qui les avait propulsés au sommet des palmarès québécois où ils resteront bien campés tout au long de ces années.

René et Tony avaient beaucoup de choses en commun. Ils avaient tous deux des origines multiculturelles, ils avaient

55

le sens des affaires et adoraient le show-business. Comme René, Tony Roman, de son vrai nom Antonio D'Ambrosio, était débrouillard, positif, ambitieux, il adorait le King et les Beatles. Il comprenait mieux que personne les rouages de l'industrie du disque. Il était propriétaire d'une étiquette, Canusa (contraction de Canada-USA), qui produisait exclusivement des reprises de chansons américaines qu'il lançait sur le marché québécois.

À Montréal, l'industrie du disque, jusque-là totalement tenue par des entreprises françaises et américaines, commençait à se structurer. Les professionnels du show-business québécois ont en effet obtenu leur indépendance avant les artistes, grâce à des hommes comme Pierre Nolès, Tony Roman, Yvan Dufresne, Denis Pantis et Gilles Talbot. À quelques exceptions près (Félix Leclerc, Raymond Lévesque), la grande majorité des chanteurs de l'époque se contentaient de faire des reprises plus ou moins fidèles des gros succès américains ou français. Plusieurs d'entre eux, de même que leurs gérants et les disc-jockeys qui faisaient tourner leurs disques, prenaient des noms à consonance anglaise.

C'est Tony Roman qui a suggéré aux Baronets l'idée de reprendre en français quelques-uns des grands succès des Beatles, et de le faire vite, avant que d'autres aient la même idée. Ils ont travaillé les textes ensemble, Tony, Ben, Pierre et René. Puis ils se sont rendus au studio Stereo Sound, chemin de la Côte-des-Neiges, où en une nuit, sur une console à deux pistes, ils ont enregistré *C'est fou, mais c'est tout* (*Hold Me Tight*) et *Ça recommence* (*It Won't Be Long*) qui ont été d'énormes hits. Pendant un certain temps, les Baronets ont même devancé les Beatles sur le marché local, ce que Ben a fait savoir un peu partout.

En un rien de temps, ils avaient radicalement changé de style, de son et de look, troquant la redingote, si chère à leurs premières idoles, les Four Aces, pour le veston Mao. Ils se sont laissé pousser les cheveux comme leurs nouveaux modèles. Tout comme les Beatles avaient littéralement tué les Four Aces, les Baronets allaient faire pâlir pendant un bon moment tous ceux qui chantaient au Québec.

Profitant de leur succès, Ben Kaye a organisé une grande tournée de spectacles dans tout le Canada francophone. Les Baronets, tous trois au début de la vingtaine, gagnaient alors beaucoup d'argent, ils menaient la grande vie, roulaient en Thunderbird décapotable rose, séduisaient partout les plus jolies filles et dépensaient évidemment tout ce qu'ils gagnaient. Même un peu plus, dans le cas de René Angélil.

Les vedettes exercent toujours un formidable pouvoir d'attraction. Partout où passaient les Baronets, les jeunes « dans le vent », comme on disait à l'époque, tentaient de s'approcher d'eux, de leur parler. Le phénomène des groupies existait déjà, amplifié par des émissions de télé comme *Jeunesse d'aujourd'hui*, animée par Pierre Lalonde et Joël Denis, qui allait constituer pendant des années la tribune par excellence de la musique yé-yé.

À Alma, les Baronets ont fait la connaissance d'un certain Guy Cloutier qui n'était pas un fan comme les autres. Personnage vertigineusement haut en couleur, il était intelligent, drôle, fou de musique et de sport (il était joueur étoile des Aiglons, l'équipe de hockey locale), insatiablement fou de filles. De toute évidence, il voulait appartenir au monde des Baronets, entrer lui aussi dans le monde du spectacle, y jouer un rôle, y briller. Derrière son rire parfois tonitruant, il cachait peut-être quelque blessure, une certaine insécurité, mais il fonçait. Guy avait grandi dans un orphelinat, à Québec. Ses parents avaient divorcé, chose extrêmement rare à l'époque. C'était un homme tourné vers l'extérieur, étourdissant, mais drôle. Quand les Baronets sont allés à Alma, il les a convaincus de passer signer des autographes dans son magasin de disques. Ce fut un vif succès, presque l'émeute. Angélil et lui sont vite devenus de grands amis.

René n'entretenait jamais de relations soutenues ou prolongées avec les filles rencontrées en tournée, jamais rien de sérieux. Peut-être avait-il ainsi l'impression qu'il ne trompait pas sa blonde en titre, la belle Denyse Duquette. Ils s'étaient connus au buffet Versailles, une salle de danse de la rue Saint-Hubert. Denyse était une fille saine, solide et sage, qui ne ressemblait en rien aux autres filles que René avait connues. Elle aimait la nature et le grand air, la campagne, les animaux, les randonnées en forêt… Elle se couchait de bonne heure, se levait tôt. Elle a été la première fille que René a présentée à ses parents et avec qui il a eu une liaison soutenue. Elle était souvent chez les Angélil, dans cette maison toujours bondée devenue le quartier général des Baronets et le rendez-vous des amis de René : papa, maman, André, René et Denyse, très souvent Kaye et Verreault, très souvent Labelle et Beaulne, Roman et Pantis et les blondes de tout ce monde-là, et des musiciens, des artistes. René Angélil a toujours aimé vivre entouré de ses amis et de ses collaborateurs. Même à cette époque, il vivait et se déplaçait toujours en groupe.

Guy Cloutier, qui avait vendu son magasin d'Alma pour tenter sa chance à Montréal, a habité chez les Angélil pendant quelques mois. Il s'est occupé avec Ben Kaye de la promotion des Baronets, de l'organisation de leurs tournées, exerçant tous les petits métiers du spectacle : régisseur, éclairagiste, portier, commis, coursier. Il a vite compris comment fonctionnait la machine productrice de disques et de spectacles, et il en a pris les commandes chaque fois qu'il en a eu l'occasion.

René était déjà à cette époque une vedette établie, et il s'intéressait lui aussi de plus en plus à la production de disques, qui consistait à choisir les chansons, faire préparer des orchestrations ou carrément copier celles de la version originale, réserver du temps de studio, de nuit de préférence, y faire entrer chanteurs, techniciens et musiciens, et, en quelques heures, enregistrer un disque, en faire tirer quelques milliers d'exemplaires, les confier à un distributeur.

Quelques mois après son arrivée à Montréal, Guy Cloutier s'occupait de la promotion de plusieurs artistes qu'il accompagnait dans tout le Québec, qu'il présentait aux disc-jockeys des stations de radio, aux tenanciers de cabarets et de discothèques. Avec René, il a commencé à s'occuper des Classels, un groupe dont les mégahits ont retenti tout au long des années yé-yé : *Avant de te dire adieu, Le Sentier de neige, Ton amour a changé ma vie.* Comme beaucoup de groupes, les Classels s'habillaient de façon excentrique : tout en blanc, perruques, chaussures et complets. Ils avaient, grâce à la voix puissante de leur chanteur, Gilles Girard, un son très particulier. René trouvait leur réussite, à laquelle il avait participé comme conseiller et comme manager, aussi stimulante que celle qu'il connaissait sur scène avec les Baronets.

Parmi tous les groupes qui proliféraient à cette époque, les Baronets ont toujours figuré en très bonne place, mais il y avait chez eux une sorte d'ironie, un sourire en coin, une manière de ne pas se prendre au sérieux, d'être là pour la fête. Ils avaient adopté une attitude désinvolte et semblaient chanter en dilettantes, pour le plaisir d'abord et avant tout.

Cloutier voulait connaître cette joie et chanter lui aussi. Sur les conseils d'Angélil, il a enregistré quelques titres, dont une reprise d'un hit américain, *Donna*, popularisé par le chanteur latino Ritchie Valens. *Donna* a si bien marché que dans les tournées de promotion que faisait Cloutier avec ses artistes, c'était lui que les stations de radio voulaient interviewer, c'était *Donna* plutôt que les chansons de ses protégés qu'ils diffusaient, ce qui mettait Cloutier à la fois dans l'embarras et au comble du bonheur.

Jean Beaulne se passionnait lui aussi pour le show-business. Il avait décidé de produire un groupe, les Bel Canto, qui allaient devenir au milieu des années 1960 de dangereux rivaux des Baronets, ce qui a entraîné des tiraillements et des disputes avec Kaye, Angélil et Labelle qui, en 1966, ont formé les Nouveaux Baronets en remplaçant Beaulne par le bassiste Jean-Guy Chapados, époux de la chanteuse Renée Martel.

À l'époque, il n'y avait pas de règles dans l'industrie du disque. C'était le chaos absolu. Personne par exemple ne se préoccupait de payer des droits d'auteur ou d'édition. On n'y pensait pas. Personne en tout cas ne demandait la permission de faire des reprises des hits français ou américains.

On imagine la stupeur du petit milieu du disque québécois quand un avocat américain, Harry Fox, est venu remettre les pendules à l'heure, rappelant, ou plutôt apprenant aux apprentis producteurs qu'il y avait des droits d'auteur et de compositeur à payer pour toute chanson qu'on désirait enregistrer. Ce fut une formidable leçon. À partir de ce jour, l'industrie du disque québécois a dû se structurer, se professionnaliser et, selon Angélil, le milieu et le métier sont dès lors devenus infiniment plus intéressants, parce qu'on n'était plus confiné au petit milieu montréalais. On appartenait désormais à un ensemble international, à une véritable industrie. C'est à ce moment où apparemment les choses devenaient plus difficiles, plus complexes, qu'il a commencé à penser qu'il ferait peut-être carrière comme manager ou producteur plutôt que comme chanteur.

En attendant, la fête continuait. René avait toujours sa blonde officielle, Denyse Duquette, qui vivait avec lui chez ses parents, mais comme les stars rock de l'époque, il tenait à garder sa liaison secrète. Il ne voulait pas se marier parce qu'il croyait que cela nuirait à sa carrière et que les blondes qu'il pouvait avoir çà et là ne voudraient plus rien savoir de lui… Denyse le laissait vivre sa vie. Ainsi le voulait une certaine sentimentalité à la mode de l'époque. René aimait qu'elle soit dans sa vie. Elle était très relax et remarquablement belle, jamais compliquée, sauf peut-être qu'elle aspirait à une vie rangée. Tout le contraire de ce que cherchait René.

Denyse s'entendait bien avec les parents de René, mais Joseph Angélil trouvait immoral, pour ne pas dire intolérable, qu'elle dorme sous son toit, dans le même lit que son fils. Il leur fit donc savoir qu'ils avaient tout intérêt à régulariser leur situation le plus tôt possible...

Le 11 décembre 1966, beaucoup pour faire plaisir à ses parents et à condition qu'ils puissent continuer à habiter chez eux, René a épousé Denyse. Labelle, Beaulne, Chapados, Cloutier et même Verreault, qu'il voyait pourtant presque tous les jours, ne l'ont su que plusieurs mois plus tard quand, au début de l'été de 1967, René leur a annoncé que sa femme était enceinte.

Au Café de l'Est

Le 13 mars 1967, Jean Beaulne ayant réintégré le trio, les Baronets ont fait leur grand retour au Café de l'Est, avec un gros orchestre, de nouvelles chansons, des textes d'enchaînement très travaillés, plusieurs numéros comiques. Le lendemain matin, même s'il s'était couché très tard, René s'était levé tôt pour entendre ce qu'on disait à la radio du spectacle des Baronets. De partout venaient les éloges et les compliments.

À midi, son père s'est levé de table pour aller aux toilettes, une main sur le cœur. Sa femme, inquiète, l'a suivi des yeux ; un an plus tôt, Joseph Angélil avait eu une attaque cardiaque. Ils ont entendu le bruit mat de sa chute dans la salle de bains. René a dû défoncer la porte. Joseph Angélil était tombé, foudroyé à soixante-sept ans par un infarctus, mort sans déranger personne, comme il avait vécu.

René allait regretter amèrement de ne pas avoir dit à son père qu'il l'aimait et l'admirait, et il garderait toujours l'impression de l'avoir déçu. Ils ne s'étaient plus jamais vraiment parlé depuis qu'il avait choisi de faire carrière dans le show-business. René avait beaucoup voyagé au Québec, puis en Floride et à Nassau avec sa femme et ses amis. Lorsqu'il rentrait à Montréal, il allait voir sa mère pour lui raconter ce qu'il avait vu et vécu, mais il ne parlait jamais beaucoup à son père. Il trouvait admirable et exemplaire la vie que celui-ci avait menée, mais il ne parvenait pas à combler le fossé qui s'était creusé entre eux.

Quand son fils Patrick est né, le 28 janvier 1968, René s'est dit qu'il devait nouer avec lui des liens plus satisfaisants que ceux qu'il avait plus ou moins mal entretenus avec son père. Le nouveau papa, qui venait tout juste d'avoir vingt-six ans, a donc remisé sa roulette, et pendant quelque temps il a cessé de penser au jeu, tout occupé à comprendre et à jouer son rôle de père de famille. Pas longtemps, cependant ; le monde de la nuit et des clubs, la scène, le showbizz, tout cela continuait de le fasciner et de l'occuper... Il savait qu'il ferait sa vie dans ce monde.

Cependant, la profusion de groupes, les Classels, les Hou-Lops, les Excentriques, César et ses Romains, les Gants Blancs, les Sultans, les Bel Canto, chacun se présentant comme le clone d'un groupe américain ou tentant par son accoutrement d'attirer l'attention, avait fait pâlir l'étoile des Baronets. L'arrivée sur la scène du rock et de la pop musique de groupes et de chanteurs d'un genre tout à fait nouveau, les *protest singers* américains, Bob Dylan, Jefferson Airplane et autres Grateful Dead, ainsi que Charlebois au Québec, avait brutalement changé les règles du jeu...

Sur leur erre, Angélil et Labelle ont continué de monter sur scène pendant un certain temps, même après le départ de Chapados et de Beaulne et la dissolution définitive des Baronets. Ils ont joué dans des films de série B, *L'Apparition*, *Après-Ski*, du cinéma extrêmement léger et légèrement osé. Ils ont concocté ensemble un album-concept, une longue histoire dans laquelle on pouvait sentir les effluves de la marijuana, si populaire à l'époque, *Y a toujours de la place pour un Québécois au paradis*.

Puis ils ont peu à peu délaissé la chanson et mêlé des numéros comiques à leurs spectacles. Labelle se révélait un irrésistible stand up comic, possédant un à-propos du tonnerre. Angélil se voyait de plus en plus souvent confiné au rôle de faire-valoir, et il commençait à comprendre qu'il n'avait peut-être pas tout ce qu'il fallait pour faire une véritable carrière sur scène. Il n'oublierait jamais la griserie des planches, mais il savait désormais qu'il devrait tôt ou tard s'en passer… et aller voir ailleurs si la chance avait quelque chose d'intéressant à lui offrir.

Il voyait alors beaucoup Marc Verreault qui resterait son ami le plus intime. De trois ans plus âgé que René, dernier-né et seul garçon d'une famille de cinq enfants dont il était resté très proche, Marc habitait près du parc Lafontaine et était lié lui aussi au monde du show-business. À quinze ans, il travaillait comme commis pour les magasins Woolworth qui lui avaient confié la section des disques. Il faisait affaire avec les distributeurs et les producteurs (Claude Ranalo, Yvan Dufresne, Gilles Talbot, les gens de Columbia Records, de Decca, de RCA, d'Apex), et il connaissait bien les rouages de la mise en marché des spectacles et des disques. Il connaissait aussi les boîtes de nuit où se produisaient les artistes. Toujours tiré à quatre épingles, Marc était d'ailleurs videur et maître de cérémonie au Café de l'Est, rue Notre-Dame.

Le Café de l'Est et la Casaloma étaient, dans ces années 1960, les clubs les plus fréquentés par les artistes de variétés et par le monde interlope. Les spectacles présentés en soirée comprenaient d'abord ce qu'on appelait « l'acte de nouveauté » (un jongleur ou un acrobate), une danseuse, un artiste en vedette américaine, puis la grande vedette, qui appartenait au monde de la musique country, de la comédie, du burlesque, de la chanson française ou du yé-yé.

Les mauvais garçons de Montréal se donnaient rendez-vous à l'Intro, au-dessus du Café de l'Est, où Marc Verreault assurait la sécurité. Pas grand, ni gros ni fort, il avait cependant une autorité naturelle et un calme qui en imposaient. Il était en fait un videur d'un style particulier. Quand il voyait qu'un client portait un « morceau » (un revolver) sur lui, il exigeait bien gentiment qu'il le lui remette, il le cachait sous les foulards ou les chapeaux. « Je te le rendrai quand tu sortiras, mon grand. » Grâce à lui, le Café de l'Est et l'Intro, repaires de malfrats et de pégreux, étaient des lieux relativement paisibles.

René aimait le calme de Marc, sa maturité, sa sagesse. Marc, c'était le prototype du bon gars, serviable, protecteur, foncièrement honnête. Il prenait soin de ses parents, de ses sœurs, de ses voisins. René se sentait responsable de sa famille, lui aussi, de sa femme, de son fils, de sa mère, mais il faisait figure d'éternel ado qui ne prenait rien ni personne vraiment au sérieux. Marc représentait à ses yeux la stabilité, il lui demandait conseil, non sur sa carrière et ses affaires, mais sur sa vie.

C'est grâce aux amitiés qu'il avait nouées au Café de l'Est que René a développé deux grandes passions qui occuperont des places importantes dans sa vie.

D'abord, Marc Verreault l'a initié au golf, un sport qui allait marquer toutes les relations d'amitié et d'affaires que René a par la suite entretenues et qui allait sans doute contribuer à la formation du gambler qu'il est devenu. Le golf est un art de vivre dans lequel il y a un ordre et un rituel bien codifiés, un ensemble de règles que chacun doit respecter, une discipline exigeant détermination et rigueur. Le golfeur, comme le joueur, doit apprendre à maîtriser ses émotions, ses gestes, sa force. Il doit savoir composer avec le vent, avec les accidents de terrain, avec le soleil, mais aussi et surtout avec ses humeurs, ses inquiétudes et ses élans de joie, afin de faire de tout cela quelque chose d'harmonieux.

Ce sera désormais sur des terrains de golf, et uniquement sur des terrains de golf, que René Angélil entretiendra quelque lien avec la nature. On ne peut en effet l'imaginer marchant dans une forêt, binant un jardin ou taquinant la truite sur un lac. La nature qu'il aime est celle, parfaitement domestiquée, des innombrables terrains de golf qu'il a fréquentés.

Contrairement à Marc, pour qui le golf est un lieu et un moment de détente, René a toujours joué pour gagner. Il a pris d'ailleurs, très tôt, même avec Marc, l'habitude de gager de petites sommes sur un parcours, rien qui puisse grever le portefeuille de son ami, mais de quoi créer entre eux une rivalité de bon aloi, nécessaire et stimulante pour lui. Rien de plus ; on ne gage jamais de grosses sommes avec un frère ou un ami.

L'autre passion, qui quelquefois faillit lui être funeste, lui a été révélée par Tony Mandanice, le fils du patron du Café de l'Est, qui lui a fait découvrir le monde des *bookies* et des *shylocks*, des prêteurs usuriers, monde inquiétant, pour ne pas dire dangereux, mais qui pendant plusieurs années allait fasciner René Angélil tout autant sinon plus que le golf.

Un soir où les Canadiens de Montréal, qui dominaient alors presque outrageusement la Ligue nationale de hockey, jouaient contre les Rangers de New York, René était arrivé au Café de l'Est en disant qu'ils allaient encore gagner, même si deux ou trois bons joueurs étaient blessés. « Si t'es si sûr de ton affaire, tu devrais gager », avait dit Tony en lui expliquant qu'on pouvait miser par téléphone auprès d'un bookmaker. Il a établi le contact, René a ouvert un compte et a misé 100 dollars sur les Canadiens et il a gagné. Il s'est toutefois trouvé plutôt petit joueur quand il a compris, en fin de soirée, que Tony, lui, avait misé 5 000 dollars et qu'il avait par conséquent remporté un joli magot. Leçon inoubliable qu'il connaissait pourtant depuis toujours et qu'il avait lui-même maintes fois servie à ses parents et amis : « Gage petit, tu gagneras petit ; gage gros, tu gagneras gros. »

Dès lors, René s'est mis à gager très régulièrement sur tous les matchs de baseball, de basket-ball et de hockey, même des ligues intermédiaires. Il ne gageait pas à l'aveuglette ; il lisait minutieusement la presse sportive, il connaissait les équipes, les enjeux, les joueurs et les entraîneurs. Il avait rapidement acquis une très grande culture sportive qu'il continuera toujours de raffiner. Il allait cependant découvrir que le jeu présentait de graves dangers.

Tony Mandanice ne connaissait pas bien, comme René, le basket-ball et le hockey. Son dada à lui, c'était les courses de chevaux. S'il gagnait parfois gros, il perdait parfois plus gros encore. Et il s'endettait auprès d'usuriers, appartenant parfois à la pègre. Son père avait bien tenté de le faire renoncer au jeu en épongeant ses dettes à plusieurs reprises et en lui promettant finalement que s'il cessait de gager pendant un an, il lui donnerait le Café de l'Est. Tony a cessé de fréquenter les hippodromes, mais il continuait à consulter les journaux pour connaître les résultats des courses. Tous les soirs, au moment où le départ des premières courses était donné, il devenait songeur et croyait entendre des hennissements et la rumeur de la foule… Il a flanché au bout d'un mois. Il s'est encore endetté. Cette fois, dans l'espoir de lui donner une leçon, son père a refusé de payer. On a retrouvé Tony le corps criblé de balles, dans le coffre de sa voiture. Il n'avait pas trente ans. Deux mois plus tard, incapable de supporter l'idée qu'il était indirectement responsable de la mort de son fils ou qu'il aurait pu l'éviter, le père Mandanice se suicidait.

René commençait alors à comprendre que la fréquentation des bookies, lorsqu'on s'y adonnait de façon compulsive, pouvait être dangereuse, voire fatale. Pendant quelque temps, il a pratiquement coupé tout contact avec eux mais, chaque jour, lorsqu'il prenait connaissance des résultats des matchs de baseball ou de hockey, il faisait mentalement le calcul des gains qu'il aurait faits s'il avait joué. Il finit par se convaincre qu'il n'y avait pas vraiment de danger pour lui, puisqu'il connaissait bien le sport. Il connaissait son affaire, comme disait ce pauvre Tony, il savait évaluer les chances et les forces des équipes qui s'affrontaient. La nature humaine étant ainsi faite, il a peu à peu recommencé à miser sur les matchs de baseball et de hockey, de petites sommes, puis des sommes plus importantes, chaque semaine d'abord, puis chaque jour.

Il était souvent, pour ne pas dire tout le temps, à court d'argent, même si par moments, il en gagnait beaucoup. Son cousin Paul Sara l'avait plusieurs fois dépanné. Paul était devenu quelques années plus tôt, à l'âge de dix-neuf ans, le plus jeune gérant de banque au Canada, en l'occurrence la succursale de la CIBC où René avait son compte. Malgré les très bons revenus qu'il avait eus du temps des Baronets, et même depuis qu'il formait un duo avec Pierre Labelle, il était presque continuellement dans le rouge. Paul avait plusieurs fois aidé René pour qui il avait éprouvé, plus jeune, une réelle admiration ; René, plus âgé que lui de six années, était déjà un artiste connu et flamboyant, une sorte de héros dans la grande famille des Angélil et des Sara, quand Paul n'avait qu'une quinzaine d'années. Peu à peu, une amitié solide s'était instaurée entre les cousins. Paul, lui-même joueur, comme tous les Angélil et les Sara, couvrait René à la banque quand il subissait des coups durs. Il avait confiance. René savait gagner de l'argent. Il finissait toujours par rebondir et rembourser la banque.

La Belle Amanchure

Au cours de l'été de 1970, Clémence DesRochers, poé-
tesse, humoriste et chanteuse renommée, s'est rendue à
Saint-Gabriel-de-Brandon où se produisaient en duo les
ex-Baronets Pierre Labelle et René Angélil. Elle leur a
proposé de jouer avec elle et la comédienne Françoise
Lemieux dans une revue qu'elle avait écrite, *La Belle Amanchure*, qui prendrait l'affiche à l'automne dans une boîte de
la rue Sainte-Catherine, le Patriote, haut lieu de la chanson
et du théâtre québécois. À l'époque, le monde des cabarets (tourné vers le showbiz à l'américaine) et celui des
boîtes à chansons (plutôt intellectuel et farouchement
nationaliste, plus littéraire, plus français) cherchaient à se
rapprocher.

L'année précédente, au printemps, un autre spectacle
écrit et interprété par Clémence avait créé un fort émoi au
Québec. *Les Girls*, revue résolument féministe, réunissait
cinq femmes (dont Diane Dufresne et Chantal Renaud)
qui parlaient avec un humour très osé de leur vie, de leurs
désirs, de leurs déceptions, de leurs fantasmes, ébranlant la

vision traditionnelle de la place des femmes dans la société. Avec *La Belle Amanchure*, on allait enfoncer d'autres portes, créer d'autres malaises et, assurément, faire partout salle comble.

On croyait en effet qu'une revue réunissant Labelle et Angélil, venus du monde de la variété, et deux actrices de théâtre saurait concilier les divers publics montréalais. *La Belle Amanchure* était composée d'une série de sketches à caractère satirique, souvent très irrévérencieux. Dans l'un d'eux, René Angélil, que la politique n'intéressait pas vraiment, jouait le rôle d'un candidat indépendantiste qui voulait changer le monde.

Or, le monde était justement en train de changer. Au moment où *La Belle Amanchure* prenait l'affiche au Patriote, des bombes éclataient à Montréal; Richard Cross, le consul britannique, était enlevé, de même que le ministre du Travail, Pierre Laporte. Le FLQ, Front de Libération du Québec, qui revendiquait ces enlèvements, réclamait des changements sociaux radicaux. Laporte fut exécuté. Ce qu'on allait appeler la crise d'Octobre secouait tout le Canada. Terrorisés par les felquistes et par les soldats de l'armée canadienne qui, en raison des mesures de guerre décrétées par Pierre Elliott Trudeau, le premier ministre du Canada, occupaient Montréal, les gens ne sortaient plus. Bien évidemment, le show-business, le cinéma et les commerces en souffraient. Le Patriote, d'habitude bondé, était quasi désert. Certains soirs, il n'y avait pas même vingt personnes. Les patrons de la boîte distribuaient la paye le dimanche soir, jamais plus de 125 dollars par personne, parfois moins de 75 dollars.

Pendant ce temps, Angélil gageait chaque jour des sommes dix, vingt ou même cinquante fois plus élevées que ses émoluments hebdomadaires. Il n'en parlait à personne (la chose étant illégale et devenant, à ses yeux, presque honteuse), sauf parfois à son ami et confident Marc Verreault. Il était de plus en plus conscient que ce qu'il faisait n'avait aucun sens. Il avait pratiquement perdu la maîtrise de sa vie. Il était devenu un joueur compulsif, obsédé.

Un dimanche soir, il a tout misé, plus de 5 000 dollars, sur une victoire des Canadiens de Montréal qui rencontraient les Sabres de Buffalo. Les Canadiens étant favoris ce soir-là par un demi-point seulement, un match nul serait désastreux pour Angélil. Il misait donc sur une victoire décisive. Il espérait ainsi payer ses dettes… et alors, il cesserait de gager. Chaque fois qu'il pouvait sortir de scène, il téléphonait à Verreault pour connaître le score. Vers le milieu du show, pendant que Clémence faisait un numéro en solo, il apprenait que Marc Tardif avait déjoué Roger Crozier, le gardien de but des Sabres de Buffalo. C'était 1 à 0 pour les Canadiens et la troisième période était déjà largement entamée. Il est retourné en scène le sourire aux lèvres. Quinze minutes plus tard, entre deux numéros, il s'est précipité dans la loge des artistes juste à temps pour entendre à la radio la description des derniers instants du match. Une minute avant la fin, Gilbert Perreault, des Sabres (son joueur préféré), déjouait Charlie Hodge, le gardien des Canadiens, égalisant la marque et ruinant Angélil qui devait retourner sur scène pour rire et faire rire les deux pelés et les trois tondus qui se trouvaient ce soir-là au Patriote, dans un sketch intitulé, ironie du sort, *La Partie de cartes.*

Sa mère et sa tante Marie l'ont aidé, se portant garantes pour lui à la banque, et son cousin Marc lui a de nouveau accordé un prêt à condition qu'il ne parie plus jamais auprès des bookmakers et n'emprunte plus aux shylocks. René a tenu parole, mais il n'a jamais perdu sa passion du jeu.

Angélil était alors très proche de Guy Cloutier, qui se débrouillait fort bien. Guy avait même déjà une bonne longueur d'avance sur lui dans l'art de la gérance d'artistes et de la production de spectacles. Il avait ouvert une maison de disques et gérait la carrière de plusieurs jeunes artistes, dont Patrick Zabé, qui avait repris avec bonheur le grand succès de la Compagnie Créole, *C'est bon pour le moral*, fait une fameuse reprise de la chanson thème du Club Med, *Agadou*, et un puissant hit avec *Señor Météo*, chansons dont Angélil avait assuré la production. La voix en contre-chant qu'on entend sur *Señor Météo*, c'est celle de René. Et la chorégraphie aujourd'hui bien connue d'*Agadou, dou, dou, pousse l'ananas et mouds le café*, c'est Angélil qui l'a élaborée avec Cloutier et Zabé dans l'heure qui précédait le passage de ce dernier à l'émission *Jeunesse d'aujourd'hui*.

Cloutier gérait aussi la carrière d'un gars de Québec, Johnny Farago, qui depuis quatre ou cinq ans enregistrait régulièrement, sous l'étiquette Canusa, des chansons, *Je t'aime, je te veux, T'ai-je dit ?, J'ai ta photo dans ma chambre, Trois petits coups* (reprise de *Knock Three Times*), qui montaient l'une après l'autre en tête des palmarès. Farago était déjà un habitué des émissions de variétés comme *Jeunesse d'aujourd'hui*. René, qui l'aimait bien, trouvait cependant qu'il n'avait pas encore trouvé sa voie ; selon lui, Farago devait chanter autre chose que des ballades et des chansons à l'eau de rose.

Manon Kirouac qui, à vingt ans, avait déjà une bonne connaissance de la scène et de la télé est alors entrée aux Productions Guy Cloutier. Elle a repris son vrai prénom, Anne-Renée, et a connu très rapidement de nouveaux succès, dont *Le Jonc d'amitié*, longtemps en tête des palmarès. En 1971, Anne-Renée était élue la révélation féminine de l'année au Gala des artistes. Cloutier et Angélil, qui assuraient ensemble la production de ses disques, en firent l'une des chanteuses les plus populaires de la scène québécoise avec de très gros hits comme *Un amour d'adolescent, Vacances d'été* et *On trouve l'amour*.

Anne-Renée et René se sont vite sentis irrésistiblement attirés l'un vers l'autre. Elle était mignonne comme tout, elle avait beaucoup de succès ; René était célèbre lui aussi et il avait un charme fou. Il était fasciné par le professionnalisme de la jeune femme. Contrairement à Denyse, elle aimait le monde des cabarets, des studios et des boîtes de nuit, de la scène et de la télé.

René était bouleversé, à la fois heureux et peiné, rongé de remords et en même temps ravi par ce nouvel amour. Tôt ou tard, il le savait, il allait laisser la douce Denyse et leur fils Patrick, qui en seraient certainement blessés. Il s'en voulait. Mais il ne s'appartenait plus.

René Angélil menait alors une double carrière (il formait un duo comique avec Labelle et travaillait comme producteur de disques pour Guy Cloutier) et une double vie (il était marié à Denyse et amoureux d'Anne). En plus, il avait ses activités de gambler. Rompant les promesses qu'il avait faites, il avait recommencé à parier auprès des bookmakers et, pour s'amuser un peu, il jouait lui-même au bookmaker avec Marc Verreault.

Chaque soir, au Café de l'Est, ils prenaient les paris des clients sur des courses disputées à l'hippodrome Blue Bonnets. Ni Marc ni René ne s'intéressaient aux courses de chevaux qui étaient selon eux une affaire de perdants et de petits joueurs, des « clients », comme ils disaient, qui ne misaient jamais que de petits montants ridicules. Marc prenait les paris ; René tenait les livres. Au mieux, ils gagnaient 200 ou 300 dollars par semaine, mais ils s'amusaient. Un jour, des clients qui n'étaient pas des « perdants » ont misé gros sur le bon cheval ; Marc et René ont perdu tous les profits accumulés depuis des semaines. Ils ont payé et ils ont cessé leurs activités de bookmakers. Ils n'auront jamais aimé les courses de chevaux, ni jamais eu beaucoup de sympathie pour les parieurs des hippodromes.

Au Café de l'Est, à la Casaloma, dans les *blind pigs* où René et ses amis se rendaient presque tous les soirs, plein de gars et de filles se soûlaient copieusement, fumaient du pot ou prenaient des amphétamines frelatées qu'on appelait des « pinottes ». Originaux sympathiques, ils ne touchaient à rien de tout cela. Ils croisaient dans ces lieux les vedettes adulées du monde criminel, Monica la Mitraille, les frères Blass, les frères Provençal, les frères Dubois, Mesrine et compagnie, des braqueurs de banque, des voleurs de voitures, des receleurs… Jamais, ils n'étaient invités ou tentés de participer à l'une ou à l'autre des opérations criminelles dont ils entendaient parler à travers les branches. Ils étaient considérés comme des artistes, des amuseurs, des bouffons…

Quand le Café de l'Est fermait, Marc et René allaient certaines nuits jouer au billard et aux quilles. À l'aube, ils passaient chez Réal Smoked Meat, à l'angle de Jean-Talon et de Pie-IX, manger une pizza ou des pâtes. Ils rentraient chez eux quand le jour se levait, et y retrouvaient femme et enfants.

René Angélil avait maintenant franchi le cap de la trentaine. Sa carrière de chanteur et d'humoriste semblait sur le point de s'achever. En 1973, il se séparait définitivement de son vieux comparse Pierre Labelle qui voulait monter des one man shows. Il n'avait pas de revenus fixes, pas vraiment de projet. Il ne savait jamais de quoi serait fait le lendemain mais, aux dires de ses amis de l'époque, il ne semblait pas du tout s'en inquiéter.

La grande virée

Marc Verreault avait longuement mûri une idée avec René Angélil et Guy Cloutier, une brillante idée. Ils allaient monter une grande tournée du Québec avec d'anciens joueurs des Canadiens de Montréal, qui disputeraient des matchs amicaux contre des équipes locales, et quelques vedettes du spectacle dont Patrick Zabé, Johnny Farago, Mimi Hétu, Michel Stax, Michel Pilon, Renée Martel, Anne-Renée, Martin Stevens et plusieurs autres. Hockey et chansons, deux univers qu'ils connaissaient fort bien tous les trois et qui étaient selon eux plus que susceptibles d'attirer de bonnes grosses foules dans toutes les villes du Québec.

Ils allèrent rencontrer les gens de la brasserie O'Keefe, dont le patron était Ronald Corey, futur directeur-gérant des Canadiens, qu'ils voulaient associer à leur projet. Ils se doutaient bien qu'ils soulèveraient facilement l'intérêt chez lui avec les noms des athlètes et des artistes qui participeraient à cette tournée. Marc, qui avait ses entrées chez les Canadiens, avait en effet composé une équipe du tonnerre.

Maurice Richard, la plus grande légende du hockey, agirait comme arbitre. L'équipe des Anciens serait composée de son frère Henri, de Phil Goyette, de Claude Provost, de Jean-Guy Talbot, de Dollard Saint-Laurent, et de quelques autres ex-membres de la plus grande équipe de hockey du monde, icônes vénérables, légendes vivantes.

Marc, le plus raisonnable et le mieux organisé des trois, allait agir comme directeur de tournée, et s'occuperait du booking. Dans chaque ville visitée, les joueurs et les artistes commenceraient par rencontrer le maire et les édiles, ils signeraient le livre d'or, disputeraient en début de soirée un match amical avec les joueurs locaux. Il y aurait ensuite, pendant le souper, un grand show donné par les artistes. Une partie des profits serait versée à des œuvres ou à des fonds de charité désignés par l'administration de la ville.

La brasserie O'Keefe fut emballée par le projet. Réjean Bergeron, le responsable du marketing, a confié l'organisation de la tournée à son assistant Pierre Lacroix, vingt-cinq ans. Originaire de Rosemont, marié, deux enfants, Lacroix était, un peu comme Marc Verreault, le prototype du bon gars, brillant, gentil, raisonnable et sage, en même temps que très joyeux drille et infatigable joueur de tours pendables. Il n'avait pas le côté flamboyant et dissipé de René ou de Guy, il n'était pas parieur pour deux sous, mais il aimait lui aussi manger et rire, et il avait un sens inné des affaires. Il avait de l'ambition et il était passionné de hockey. René et lui sont vite devenus de très grands amis et ils le sont toujours.

Ils sont partis tous ensemble en tournée, René Angélil, Marc Verreault, Guy Cloutier, Pierre Lacroix, avec leurs athlètes et leurs artistes, leurs patins, leurs bâtons de hockey, leurs jambières et leurs épaulettes, car ils auraient tous les quatre l'insigne honneur de jouer aux côtés des anciens Canadiens. René Angélil, ailier gauche, faisait partie d'un trio formé d'Henri Richard au centre et de Claude Provost à l'aile droite.

Ce fut une puissante et inoubliable fête. Angélil adorait la vie en tournée qu'il avait abondamment pratiquée du temps des Baronets et par la suite avec des artistes des Productions Guy Cloutier. La tournée, c'était la liberté, l'insouciance, les fous rires, la fête, l'amitié. Cette fois-là, ils avaient en plus la chance inouïe de côtoyer les idoles de leur enfance et de leur adolescence, de manger à leur table et de jouer au hockey avec eux.

Au temps de la gloire des Baronets, René avait aimé la griserie de la scène et de la renommée. Il avait aussi conçu un goût prononcé pour la fréquentation des idoles, tous genres confondus. Au Café de l'Est et dans les boîtes de nuit, il rencontrait celles du monde du spectacle et celles de la pègre. Avec les anciens des Canadiens, il était en contact avec celles du sport. Angélil a une grande admiration pour ces gens si particuliers, les stars, les vedettes, qui formaient (et forment toujours) à ses yeux un panthéon fascinant, infiniment respectable.

Il avait emporté avec lui *Le Plus Grand*, la volumineuse biographie que venait de publier Mohammed Ali. Tous les soirs, il en lisait quelques chapitres et le lendemain matin, à bord du car qui emmenait l'équipe à Coaticook, à La Malbaie ou à Shawinigan, il s'emparait du micro et racontait à ses amis, dans ses mots, en dramatisant son récit, la vie du « plus grand » dont il croiserait plus tard le chemin à quelques reprises. Tous l'écoutaient, Zabé, Stax, les frères Richard, Lacroix et même Cloutier, qui cherchait toujours à attirer l'attention sur lui.

René était ainsi redevenu le roi des bouffons, l'orchestrateur des activités du groupe, celui qui décidait où, quand et de quoi on allait souper, dans quel motel on descendait, lesquelles des personnalités locales on invitait. Il s'ingéniait à jouer des tours dans le seul et unique but d'épater ses amis. Il reprenait certains numéros qu'il avait faits avec Cloutier du temps des tournées des Baronets. Quand il y avait une voiture de police devant eux, il demandait au chauffeur (qui était souvent Guy Cloutier) de la dépasser et lorsqu'il se trouvait à sa hauteur, d'un geste très autoritaire, il faisait signe au policier qui se trouvait au volant de se ranger sur l'accotement. Dès que celui-ci, intrigué, avait obtempéré, René allait lui demander son permis de conduire et les papiers du véhicule. Immanquablement, le policier reconnaissait le Baronet René Angélil et choisissait de rire avec lui.

À Chibougamau, à La Sarre, à Gaspé ou à Mégantic, quand ils voyaient un commerce à vendre, il se faisait un plaisir d'aller s'informer à ce propos, après s'être constitué un petit public parmi les athlètes et les artistes de la tournée. Il rencontrait les propriétaires, demandait à voir les registres, à connaître l'historique de l'entreprise, le profil de la clientèle. Puis il faisait une offre d'achat… à la hausse. Il a ainsi négocié une pharmacie, deux ou trois garages, quelques dépanneurs, plusieurs voitures d'occasion.

À Rimouski, un jour, il a annoncé à ses coéquipiers qu'il avait misé 50 dollars de la part de chacun d'eux sur le match qu'ils allaient disputer en soirée. Tous en étaient pour le moins estomaqués. Ils avaient beau avoir des pros dans leurs rangs, l'équipe qu'ils rencontraient était jeune, agressive, bien entraînée. Ils risquaient fort de se faire planter et de perdre chacun 50 dollars par la faute de René. Celui-ci a joué comme un enragé, galvanisant ses troupes, les menant à la victoire, prétendant par la suite qu'ils auraient perdu s'il ne les avait pas mis en danger.

On peut donc comprendre que René soit à son tour devenu la cible de quelques plaisanteries. Il commençait alors à perdre ses cheveux, ce qui l'ennuyait beaucoup. En secret, Patrick Zabé et lui s'étaient fait faire à grands frais de petites perruques qui, tissées avec des cheveux naturels, couvraient la zone dégarnie au sommet du crâne. Ils croyaient, l'un comme l'autre, que personne n'en saurait jamais rien.

Un soir, pendant le match, Henri Richard et Claude Provost se sont ingéniés à faire de belles passes à René et à lui remettre la rondelle chaque fois qu'ils se trouvaient devant le filet adverse. René marqua ainsi six buts. C'était le 16 janvier 1973, jour de son trente et unième anniversaire. Plus tard, dans le vestiaire des joueurs, en passant derrière lui, Henri l'a félicité et gentiment ébouriffé. Il s'est esclaffé dès qu'il a senti sous sa main la petite perruque. Il y a eu un fou rire général et René n'a plus jamais cherché à cacher sa calvitie.

Cloutier, Verreault, Lacroix et Angélil ont gardé de ces tournées de quoi remplir de volumineux albums de souvenirs tous trempés dans l'amitié, les rires... L'une des péripéties souvent évoquées aurait pu être dramatique n'eut été l'intelligence et la tolérance des protagonistes. Il s'agit de la rencontre de Denyse, la femme de René, et d'Anne-Renée, sa maîtresse.

Se doutant bien que son mari avait une liaison avec cette dernière, Denyse s'était rendue dans une ville gaspésienne où s'était arrêtée la tournée Hockey Musique O'Keefe. Et elle est venue frapper un matin à la porte de la chambre du motel qu'occupaient Anne-Renée et René. Celui-ci, surpris, mais pas vraiment pris au dépourvu, a fait les présentations et a laissé les deux jeunes femmes en tête à tête. De son côté, il est allé déjeuner avec ses amis au restaurant du motel. Anne et Denyse se sont parlé... elles se sont comprises et entendues. Denyse savait de toute manière depuis longtemps qu'elle ne ferait pas sa vie avec René. Ils n'étaient pas vraiment du même monde, n'avaient pas les mêmes goûts ni les mêmes rêves. Au fond, c'était bien ainsi. La façon dont les choses se sont arrangées entre sa future ex-femme et sa nouvelle flamme a valu à René l'admiration de ses amis.

Le divorce s'est fait sans heurt ni trop de douleur. René a quitté la maison où sa mère, Tété Alice, restait toujours avec Denyse et son fils Patrick. Patrick, cinq ans, s'est à peine aperçu du changement. Son père n'était pas moins absent. Il venait voir sa mère de temps en temps. Il emmenait son garçon au restaurant, comme avant. En outre, Patrick s'entendait bien avec la nouvelle femme de son père, Anne-Renée, et avec la famille Kirouac, avec qui Denyse elle-même s'était liée d'amitié.

Anne suivait la mode, elle adorait le glamour, les sorties. Ils formaient avec René un couple en vue, très uni, porté non seulement par l'amour, mais aussi par leurs passions communes. Du temps de Denyse, René sortait très régulièrement seul avec ses amis masculins; Anne-Renée, elle, l'accompagnait très souvent dans les boîtes de nuit, dans les studios où il produisait des disques, dans tous les voyages qu'il faisait. Elle connaissait ses projets. Elle en discutait avec lui.

Le grand orchestrateur

Un peu avant que ne commence la tournée Hockey Musique O'Keefe, Guy Cloutier avait découvert un phénomène qui allait fasciner le Québec, un tout jeune garçon possédant une voix remarquable et un puissant charisme, René Simard, dont il a fait, avec l'aide de René Angélil, une vedette extrêmement populaire.

Né en 1961 dans une famille modeste, René Simard avait grandi à l'île d'Orléans, près de Québec. En 1970, il avait gagné un concours télévisé qu'animait Jen Roger. Quelques mois plus tard, il passait à l'émission *Madame est servie* diffusée par Télé-Métropole. Guy Cloutier l'a alors pris en charge et lui a fait enregistrer un premier album qui a connu un immense succès avec des chansons comme *L'Oiseau* et *Ange de mon berceau*. À dix ans, René Simard remplissait la Place des Arts. En 1972, il remportait deux trophées au Gala des artistes et faisait l'objet de plusieurs émissions spéciales, en solo ou avec son frère Régis. Le père des petits Simard pressait Cloutier de s'occuper de la carrière de ce dernier. C'est René Angélil qui s'est chargé de la délicate mission de lui expliquer qu'il serait improductif de faire de ses deux garçons des rivaux. Et que de toute façon, Régis n'avait ni le charme ni la voix de son frère aîné.

René produisait avec Cloutier les disques de René Simard, de Zabé, de Farago et, bien sûr, d'Anne-Renée. Malgré l'amitié qu'il portait à Zabé et à Farago et le tendre attachement qu'il avait pour Anne, il était bien conscient que le seul artiste de Guy Cloutier qui pouvait connaître une carrière internationale était celui que les Québécois appelaient « le p'tit Simard ». Il s'ingéniait donc à mettre dans la tête de son ami l'idée de le lancer sur le marché américain ou français. À l'époque, à peu près seuls les chansonniers ayant eu la bénédiction et l'appui logistique et financier du ministère des Affaires culturelles du Québec avaient quelques chances de s'établir et de se maintenir sur le marché français, et personne, jamais, n'avait réussi une vraie percée aux États-Unis. Robert Goulet, dont on disait qu'il était canadien-français, était né au Massachusetts ; il avait vécu par la suite en Alberta avant d'adopter la nationalité américaine.

Angélil se disait depuis longtemps qu'il devait y avoir une voie pour accéder aux grands marchés, aux scènes prestigieuses et aux hauts plateaux de Broadway, d'Hollywood ou de Las Vegas. Comment se faisait-il que dans le hockey, par exemple, des hommes comme Guy Lafleur, Jean Béliveau ou même Maurice Richard avaient pu jouir de la faveur du public d'un bout à l'autre du Canada et des États-Unis, alors que dans le show-business, à part quelques rarissimes percées en France, les artistes restaient toujours confinés au Québec ? Cette quête, cette conquête des grands marchés allait devenir l'obsession première de René Angélil, le vaste projet auquel il consacrerait beaucoup d'énergie pendant plus de vingt ans.

Il pressait donc Cloutier, qui s'occupait toujours activement de René Simard devenu la coqueluche du Québec, de lui trouver des tribunes, des scènes, ailleurs, en France, au Canada anglais et aux États-Unis. Cependant, Cloutier parlait plutôt mal anglais. S'il avait une parfaite connaissance de l'industrie québécoise du disque et du spectacle, il n'aurait su qui contacter hors des frontières de la Belle Province. Pour développer son entreprise, il avait besoin de René Angélil qui parlait bien anglais, qui avait déjà, surtout grâce à Ben Kaye, des contacts dans certains milieux du show-business américain.

En 1974, Cloutier obtenait que son protégé, René Simard, treize ans, représente le Canada au festival de la chanson populaire, à Tokyo. Ils avaient enfin l'impression de pouvoir déboucher sur le vaste monde, le *Big Time*, comme ils disaient. Fin juin, Angélil, Cloutier et leur petit Simard partaient pour le Japon. Anne-Renée avait accouché trois mois plus tôt, le 23 mars, d'un garçon, Jean-Pierre.

Le 1er juillet, René Simard remportait le premier prix du festival de Tokyo qui lui fut remis par nul autre que Frank Sinatra. Debout dans les coulisses, Angélil et Cloutier ont regardé passer le grand homme, et ils l'ont salué… Au retour, quand des journalistes leur ont demandé comment était Blue Eyes, ils ont parlé de sa gentillesse, de sa simplicité, laissant entendre qu'ils avaient conversé avec lui. En fait, pas un mot n'avait été échangé entre eux et Sinatra, mais ils avaient été tous les deux tellement impressionnés de s'être trouvés à quelques pas de lui… Par ailleurs, ils ne mentaient peut-être pas en disant qu'il était gentil.

René Simard qui, lui, avait vraiment serré la main de Blue Eyes, était devenu du jour au lendemain extrêmement populaire au pays du Soleil Levant. Il a même enregistré une chanson en japonais qui est passée à la radio. Rentrés au pays, Angélil et Cloutier, maîtres en promotion, ont exagéré à outrance l'importance de l'événement. Ils savaient, pour avoir travaillé avec Ben Kaye, qu'il fallait s'emparer de l'opinion, faire connaître ses bons coups, et taire les mauvais, évidemment.

La victoire de Tokyo allait considérablement augmenter la popularité de leur protégé au Québec, mais le rêve de René Angélil, qui était aussi devenu celui de Guy Cloutier, était toujours de réussir aux États-Unis. Leur Mecque était Las Vegas et leur première idole, Elvis Presley. Un jour, Cloutier l'avait rencontré à Las Vegas, trente secondes, entre deux ascenseurs ; il s'était fait photographier debout, à côté du King, il lui avait serré la main… Ç'avait été le plus grand jour de sa vie.

À l'automne de 1974, René amorçait ce qu'il appelait, pour faire rire ses amis, son world tour. Il s'agissait en fait de son voyage de noces avec Anne-Renée qu'ils avaient dû, pour diverses raisons professionnelles, remettre à plusieurs reprises. Ils ont laissé leur enfant à la garde de Tété. René allait jouer au black-jack dans les casinos de Nassau, de Freeport et de Las Vegas. Son cousin Paul Sara, qui à l'époque gérait toujours la succursale de la CIBC où René avait son unique compte de chèques, lui avait fortement conseillé d'y aller mollo, de ne surtout pas prendre de « markers ». Les markers, ce sont ces marges de crédit que les casinos accordent, qu'ils proposent même, aux gros joueurs, et qui, après un certain temps, prennent valeur de chèques payables à leurs détenteurs.

René lui promit vaguement d'être raisonnable, mais il savait bien, et son cousin aussi, qu'il se laisserait prendre au jeu dès les premiers jours. À Nassau, où débutait sa tournée, il s'est vite aperçu que la chance n'était pas avec lui, et il a entrepris de la faire tourner à son avantage. Tous les matins, quand il entrait au bureau, Paul constatait que son cousin René avait tiré des chèques sur son compte. Il réussissait parfois à le joindre au téléphone et tentait de le raisonner, mais il connaissait René, il sentait dans sa voix qu'il était dans sa bulle de joueur et qu'il continuerait de prendre des markers tant et aussi longtemps que les casinos accepteraient. Il disait chaque fois qu'il allait se refaire, que la chance finirait bien par tourner un jour ou l'autre.

Cependant, ni à Nassau, ni à Freeport la semaine suivante, et encore moins à Las Vegas, elle n'a fait mine de lui sourire. « Pas grave, disait-il à Paul Sara qui constatait, effaré, que René n'avait plus un sou dans son compte. Pas grave. J'ai une idée pour me refaire. »

Brillante et lucrative idée en effet !

La télévision prenait à l'époque beaucoup d'importance dans la mise en marché de certains produits. Au Québec, deux hommes d'affaires avaient fondé une compagnie de télé-marketing, K-Tel, qui proposait au grand public des gadgets, des jouets, des appareils électroménagers, des outils qu'on pouvait commander par téléphone et qui étaient livrés par la poste. Angélil avait eu l'idée de proposer à K-Tel d'ajouter des albums de chansons à leur liste de produits. Il a commencé, avec Tony Roman et Denis Pantis, autre triculturel (grec, anglais, français), à produire des compilations, les premières compilations de chansons québécoises ; en fait, il s'agissait de reprises, interprétées en bonne partie par des artistes des Productions Guy Cloutier, Patrick Zabé, Johnny Farago, Anne-Renée, René Simard, Renée Martel et quelques autres.

C'est ainsi que René se refit une santé financière et réussit un autre de ses fameux et très gratifiants come-back. Rien ne le rendait plus fier en effet que de faire la preuve devant ses amis qu'il pouvait se sortir d'une mauvaise passe et remettre sa vie sur des rails. Il s'était persuadé que gambler n'était pas un problème. « Si t'es un gagnant, si tu arrives à exécuter des come-back, si t'as d'autres ressources, tu peux toujours tout perdre, tu vas toujours pouvoir recommencer. » Le secret, autrement dit, aussi simpliste que ça puisse paraître, était de gagner.

« Mais comment savoir qu'on est un gagnant ? lui demandaient ses amis.

– Ça se sent », répondait-il.

Échec après échec, ruine après ruine, faillite après faillite, René Angélil acquérait ainsi l'inébranlable certitude qu'il était un gagnant, parce que chacun des échecs qu'il avait connus, sentimental, professionnel ou financier, avait toujours été et serait toujours suivi d'un de ces come-back qui lui valaient l'admiration de tous et qui faisaient que la vie restait une fête perpétuelle.

Pendant son world tour de noces, René avait fait la connais-sance d'un jeune avocat montréalais, Jacques Desmarais, vingt-neuf ans, qui devint vite un très bon ami. Jacques était joueur, lui aussi. Il aimait rire, il était insouciant et auda-cieux, libre. Dès leur première rencontre, René a entre-pris d'en faire un fervent utilisateur de son système. Il l'a introduit dans son cercle d'amis, l'a présenté à Marc Ver-reault, à Ben Kaye, à Paul Sara, à Guy Cloutier, à sa femme, à sa mère, à ses voisins… Bientôt, Desmarais faisait partie de l'entourage rapproché de René, formant avec Pierre Lacroix, Paul Sara et Marc Verreault ce fameux quatuor qu'on appellerait les Trois Mousquetaires.

Desmarais avait compris que dans le monde où il évo-luait, René était le grand organisateur, le grand orches-trateur. De temps en temps, ce dernier téléphonait à ses amis pour leur annoncer qu'il y avait un départ pour Las Vegas, Nassau ou Atlantic City. Il tenait toujours à faire lui-même les réservations d'avions, d'hôtels, de restaurants, de taxis, de golf. Il prévoyait toujours tout, il agissait comme s'il était l'hôte bienveillant, avant tout préoccupé par le bien-être de ses invités. Il y aura, au cours des années, des dizaines de voyages de ce genre. Toujours prévus et organisés par Angélil. Année après année, le cercle d'amis s'agran-dira, mais son noyau dur restera le même.

L'erreur féconde

Le rêve de réussir sur les grands marchés internationaux a bien failli se réaliser cette année-là, mais ça ne s'est pas fait. Beaucoup par la faute de René Angélil, par sa très grande faute.

Après avoir représenté le Canada à Tokyo, le petit Simard a fait l'Olympia de Paris en décembre 1974, en première partie de Daniel Guichard. Il a chanté le mois suivant au gala de clôture du Midem, le Marché de l'industrie du disque et des éditions musicales, qui réunit chaque année à Cannes des industriels du show-business et du disque du monde entier. Il a été choisi pour interpréter *Bienvenue à Montréal*, chanson officielle des Jeux olympiques de 1976. Il a fait de fréquentes apparitions à la télévision américaine aux côtés d'artistes mondialement connus, Bing Crosby, Bob Hope, Andy Williams, Liza Minnelli. Il se produisait à Las Vegas et dans plusieurs villes américaines avec le pianiste Liberace. Tout allait bien et Angélil croyait voir son rêve professionnel sur le point de se réaliser. Il n'était pas le manager de René Simard, mais c'était lui qui négociait sur le territoire américain où il s'était créé un réseau de contacts fort utiles. Il ferait bientôt entrer le petit Simard dans les ligues majeures; il ouvrirait ainsi la voie que pourraient suivre d'autres artistes québécois dont il serait le gérant. Le rêve!

Au Québec, Guy Cloutier était devenu ce qu'il avait toujours rêvé d'être, une vedette qu'on reconnaissait, qu'on saluait dans la rue, qu'entouraient les groupies. Il signait des autographes, grisé, dopé par sa propre popularité. René, qui avait connu la renommée à moins de vingt ans, s'amusait de la réaction quelque peu ingénue de son ami. Celui-ci fêtait de plus en plus fort. Il buvait parfois un coup de trop, comme s'il voulait s'étourdir. Beaucoup de gens le trouvaient envahissant, un peu retors sur les bords, souvent arrogant, mais René l'aimait bien. Cloutier s'était fait tout seul et René avait toujours eu un infini respect pour les *self-made men*. Cloutier avait de l'audace, de l'imagination et un irrésistible sens de l'humour. Ils travaillaient donc en étroite et harmonieuse collaboration. De tous leurs projets, ceux qui intéressaient le plus René restaient les ouvertures vers les marchés étrangers. Il allait d'ailleurs entraîner Cloutier et son artiste René Simard dans une mésaventure mémorable.

S'il avait été à l'époque un meilleur joueur de poker, il n'aurait peut-être pas commis une telle erreur. Au poker, on appelle *slow play* la stratégie qui consiste à jouer très lentement quand on a de très bons atouts en main, de manière à faire monter les enchères avant de tout rafler. Or, plutôt que le *slow play*, Angélil va donner dans la surenchère et tout perdre. Cloutier et lui ont mal joué les cartes qu'ils avaient en main, trop vite, « en amateurs », dira plus tard Angélil. Pourtant, tout avait si bien commencé.

Ils avaient orchestré au Québec une campagne de promotion monstre. Angélil avait dit à un journaliste de *Time Canada* venu à Montréal enquêter sur le phénomène René Simard que celui-ci vendait au Québec autant de disques que les Beatles et Elvis réunis, ce qui avait été vrai pendant quelques semaines ou quelques jours. Ce n'était donc pas tout à fait un mensonge. Tout au plus, une habile et audacieuse restriction mentale. Coup de chance inouï, le très sérieux *Wall Street Journal* avait repris la déclaration d'Angélil à la une avec une caricature du « phénoménal » petit Simard. La semaine suivante, les recherchistes du Mike Douglas Show, la plus importante vitrine du show-business aux États-Unis, tentaient de le joindre. Bob Hope venait donner un spectacle avec Bing Crosby à Montréal et invitait Simard sur son plateau. Howard Cosell, le grand commentateur sportif, le reçut à son talk-show de variétés. L'entrevue fut plutôt désastreuse, le petit Simard ne parlant pratiquement pas anglais, mais sa prestation avait ébahi l'auditoire.

C'est alors que CBS, l'une des grosses maisons de disques américaines, a manifesté son intérêt. Guy et René, flairant le pactole, et ne voulant surtout pas faire les choses à moitié, ont alors engagé nul autre que Walter Hofer, l'avocat des Beatles à New York.

Ils ont donné rendez-vous à CBS au très chic restaurant Twenty-One, à New York, pour parler affaires. Quand il a été question de chiffres, l'avocat des Beatles a fait savoir qu'Angélil et Cloutier demandaient rien de moins qu'un million de dollars pour le p'tit Simard. Beau chiffre rond représentant, au milieu des années 1970, surtout pour un chanteur très peu connu aux États-Unis et qui de surcroît ne parlait pratiquement pas anglais, une somme plus que faramineuse. Les bonzes de CBS, dont un certain Bruce Lendal que René allait mieux connaître plus tard, sont restés polis et gentils. Le repas terminé, ils ont seulement dit qu'ils devaient réfléchir… Ils n'ont jamais rappelé ni répondu aux innombrables messages laissés par l'avocat des Beatles et par les deux gérants de René Simard.

Angélil et Cloutier ont compris, mais trop tard, qu'ils avaient commis une irréparable erreur. Dans de telles circonstances, ils auraient mieux fait de ne rien demander du tout et ils auraient ainsi pu profiter de l'énorme machine de CBS. Lorsqu'un artiste entre dans les ligues majeures, il n'est pas en mesure d'exiger quoi que ce soit de qui que ce soit. Il peut juste espérer qu'une grande compagnie de production s'occupe bien de lui, qu'elle s'implique, l'entoure, le conseille. Lorsqu'ils s'y mettent, lorsqu'ils croient en quelqu'un, les stratèges des grandes multinationales du show-business investissent talent, temps et énergie pour leurs artistes. Ils ont un incroyable savoir-faire, des moyens techniques et financiers pratiquement illimités. En étant trop gourmands et trop pressés, Angélil et Cloutier les avaient perdus.

Par ailleurs, plutôt que de faire affaire directement, d'homme à homme, en jouant sur la complicité, en établissant des liens d'amitié, ils avaient fait appel à un avocat qui avait agi comme intermédiaire entre eux et les gens de CBS. Ce fut, selon Angélil, une fatale erreur. À ce stade, ils auraient dû se contenter de nouer des liens. Plus jamais d'ailleurs il ne fonctionnera de cette façon. Plus tard, aux États-Unis comme en France, au Caesars Palace comme à l'Olympia, même quand il sera devenu le manager d'une star mondialement connue, il construira tout sur des liens de confiance et d'amitié. Bien souvent, il ne signera même pas de contrat, juste une bonne poignée de main à l'issue d'un long repas où les discussions d'affaires n'auront occupé que quelques minutes.

Rentrant de New York, Angélil s'est souvenu, mais trop tard, de la leçon de Roland Séguin, le professeur qui jadis avait enseigné aux Baronets les rudiments du métier. Plutôt que de penser à avoir du plaisir, ils s'étaient laissé mener par l'argent. Et ils avaient tout perdu.

Ils ont néanmoins décidé, Cloutier et lui, de produire eux-mêmes un album anglais de René Simard et de le lancer aux États-Unis. Ça n'a pas vraiment bien fonctionné. C'était une autre leçon : sur les grands marchés, il faut avoir de grands moyens, des contacts, des complices. Personne ne peut débarquer à New York ou à Paris pour faire sa loi et prétendre agir seul.

Des années plus tard, devenu un manager célèbre, René croisera à plusieurs occasions Bruce Lendal, toujours à l'emploi de CBS devenu Sony. Il ne lui rappellera jamais cette affaire, trop conscient que Cloutier et lui avaient été ridicules et naïfs. Ils avaient fait plusieurs erreurs stratégiques auxquelles il a souvent repensé par la suite. Il savait désormais que pour s'établir parmi les grands, il faut d'abord se trouver des alliés, des gens de confiance compétents et fervents qui croient au talent et à la chance de l'artiste.

Il a su tirer de cette mésaventure des leçons qui lui seront plus tard fort utiles mais, en attendant, il devra faire une petite descente aux enfers.

La mort du King

Avec l'échec de leurs aventures américaines, dont Angélil était en bonne partie responsable, la belle amitié qui depuis près de quinze années le liait à Guy Cloutier s'était quelque peu refroidie. Angélil touchait alors un pourcentage (autour de 15 %) des revenus que généraient les disques dont il dirigeait la production en studio. Or ces disques se vendaient presque toujours fort bien, de même que les compilations qu'il préparait pour K-Tel. Le comptable des Productions Guy Cloutier, considérant que René gagnait trop d'argent, a décidé un jour de négocier son pourcentage à la baisse.

« Ça tombe mal, lui répondit Angélil, je voulais justement renégocier à la hausse. »

Il n'y avait pas d'entente possible et Angélil quitta les Productions Guy Cloutier. Il se retrouvait, à trente-cinq ans, à peu près sans rien. Bien sûr, il avait une bonne connaissance de l'industrie et de bons contacts à Las Vegas et même à New York, mais il n'avait pas d'artiste, à part ceux qui l'avaient suivi quand il avait quitté les Productions Guy Cloutier : sa femme, Anne-Renée, qui était de nouveau enceinte et devrait quitter la scène pendant un certain temps, et Johnny Farago dont la carrière semblait, depuis quelque temps déjà, sur son déclin.

Au moment où Anne-Marie est née, le 12 juin 1977, son père n'aurait su dire comment il allait assurer l'avenir de sa famille au cours des mois suivants. Tout autre que lui eut été pétri d'angoisse, mais pas lui. Il se disait que tôt ou tard une occasion d'affaires se présenterait et qu'il saurait en profiter. Selon les amis qu'il voyait le plus à l'époque, Paul Sara, Marc Verreault, Pierre Lacroix et Jacques Desmarais, Angélil a toujours cru, même quand il n'y avait rien à l'horizon, qu'il finirait par trouver quelque chose. Quoi? Il ne le savait pas, mais il avait la conviction que la chance lui ferait signe et qu'il saurait en profiter. Il lui est quelquefois arrivé à cette époque de ne pas avoir un sou vaillant pendant quelques jours, quelques semaines, mais il n'était pas pauvre pour autant! Même dans ces moments-là, il ne se comportait jamais comme un pauvre. S'il n'avait pas les moyens de mettre de l'essence dans sa voiture, on prenait celle de Marc, de Pierre ou d'un autre ami et on sortait quand même. On allait voir des spectacles, on jouait aux quilles, au billard ou aux cartes jusqu'aux petites heures du matin. Même quand ils s'étaient couchés très tard, Marc et René se retrouvaient régulièrement vers les neuf heures du matin au terrain de golf municipal. René avait un drive du tonnerre; celui de Marc était moins solide, mais son approche sur le green était plus fine. De sorte qu'ils étaient à peu près de force égale. Pour l'un comme pour l'autre, la vie était belle.

Le 16 août 1977, deux mois après la naissance d'Anne-Marie, celui à qui Farago devait son image, son inspiration, celui qui était sa passion et celle de René Angélil, le King, Elvis Presley, mourait à Memphis, sa ville natale. Ses innombrables imitateurs dans le monde, dont Farago bien sûr, connurent alors un énorme regain de popularité.

Angélil et Farago se sont rendus à ses funérailles, comme guides d'un voyage de fans d'Elvis organisé par CJMS, populaire station de radio de Montréal. En présentant leurs permis de conduire, ils se sont fait passer pour des journalistes de Radio-Canada et ils ont pu monter dans les cars qui emportaient les journalistes accrédités à l'intérieur du cimetière. Ils se sont mêlés au cortège, ils ont suivi de près le corbillard, ils ont vu le cercueil du King descendre dans la tombe. Ils ont aperçu le colonel Parker et Ann-Margaret, des gens du *Big Time*...

Angélil admirait profondément Elvis; il aimait sa voix, son look et tout le culte dont il était entouré; les millions d'admirateurs regroupés en fans clubs dans le monde entier, les centaines d'imitateurs, la formidable réussite. Cependant, il découvrait avec stupeur que le King, cet être adulé entre tous, n'avait pas su être heureux. Il avait connu une triste fin.

René avait vu Elvis en concert à quelques reprises. Il avait été bouleversé par son charisme, sa manière d'habiter la scène, de communiquer avec le public. Pourtant, en décembre 1976, peu après que le petit Simard eut chanté avec Liberace dans la capitale du jeu, ils avaient assisté, René, Guy Cloutier, son assistante Claudine Bachand et son protégé René Simard, à l'un des derniers spectacles du King. Il était gros et bouffi. Il avait chanté *My Way* une feuille à la main; il ne s'était même pas donné la peine ou il n'avait pas eu la force d'en apprendre les paroles par cœur. René avait été très déçu. Neuf mois plus tard, Elvis mourait vraisemblablement d'une overdose de médicaments, à quarante-deux ans.

Il y avait là un mystère qui défiait le bon sens. Comment être si malheureux alors qu'on a la fortune et la gloire et qu'on est l'idole de millions de fans? René constatait que le colonel Parker avait fait des erreurs. Il avait confiné son artiste aux États-Unis, refusant pour d'obscures raisons les engagements à l'étranger, alors qu'on le réclamait partout, en Allemagne, au Japon, au Mexique... Depuis plusieurs années, Elvis ne se produisait plus qu'à Las Vegas. En fait, sa carrière avait plafonné depuis très longtemps déjà. Sa légende, elle, n'allait pas mourir de sitôt.

De retour à Montréal, Angélil entreprit de produire un show de Johnny Farago, *Hommage à Elvis*, qu'ils ont promené pendant des mois au Québec et présenté en grande finale à la Place des Arts, faisant partout salle comble. Angélil put payer ses dettes et renflouer ses coffres.

Il était fort heureux de tout cela, mais il savait pertinemment qu'il ne pourrait jamais toucher avec Farago de très hauts sommets et que ses chances d'atteindre son but premier, sortir du Québec et réussir sur les grands marchés, étaient infimes. Il se disait qu'il devrait tôt ou tard trouver autre chose. Mais quoi?

Il n'a pas eu à chercher bien longtemps. La chance elle-même courait après lui… et finit par le rattraper.

À nous, Paris !

Depuis plusieurs années déjà, même du temps où il était avec Denyse, même quand il n'en avait pas vraiment les moyens, René avait l'habitude de passer les fêtes dans le Sud, en Floride ou aux Bahamas, parfois au Mexique ou en Martinique, avec sa mère, sa femme et ses enfants. Une année, il avait même fait un voyage avec Denyse, son ex-femme, et leur fils Patrick, ainsi qu'avec Anne-Renée et leurs enfants Jean-Pierre et Anne-Marie. Il aimait le Sud, le soleil et la plage, la vie d'hôtel. S'il y avait un casino dans le coin, c'était le bonheur.

En décembre 1978, avec l'aide de l'entrepreneur Pierre Parent, il avait produit Johnny Farago à l'hôtel El Presidente d'Acapulco que fréquentaient de nombreux Québécois et où il était descendu avec sa famille. Un beau jour, à l'heure du souper des enfants, il a entendu appeler son nom depuis les jardins de l'hôtel, il s'est penché au balcon et a aperçu, trois étages plus bas, la chanteuse Ginette Reno… Celle-ci était déjà depuis des années une grande vedette au Québec, et était également fort appréciée dans le Canada anglais. Elle possédait une voix au timbre très riche, puissante, capable d'aller chercher l'émotion très loin dans le cœur des gens. René l'avait croisée maintes fois au Café de l'Est et à la Casaloma.

« René, je veux que tu sois mon manager », lui annonça-t-elle ce soir-là. René savait qu'être le manager de Ginette ne devait vraiment pas être de tout repos. On disait dans le milieu qu'elle était épouvantablement exigeante et capricieuse, qu'elle avait été insatisfaite de Bob Watier, son amant et son gérant. Il a néanmoins immédiatement accepté sa proposition, parce qu'il admirait son talent et sa réussite, et qu'il aimait sa démesure. Elle était peut-être difficile, mais au moins elle avait du cœur et de la voix.

Dès son retour au Québec, il est allé la voir en spectacle et il a entendu pour la première fois une chanson qui l'a bouleversé, *Je ne suis qu'une chanson*, dont les paroles et la musique étaient d'une jeune artiste, Diane Juster. Le talent d'un bon manager est de savoir reconnaître une bonne mélodie, des paroles accrocheuses, bref, les ingrédients d'une bonne chanson qui touchera le grand public. En entendant *Je ne suis qu'une chanson*, Angélil a tout de suite su que ce serait le prochain succès de Ginette, mais celle-ci disait que ce n'était qu'une chanson de scène qui ne passerait jamais bien à la radio. Elle la chantait depuis deux ou trois ans sans que jamais personne ait sérieusement songé à l'enregistrer. Elle terminait d'ailleurs son spectacle en reprenant a cappella les paroles du refrain : *Mais moi, je ne suis qu'une chanson, je ris, je pleure à la moindre émotion…* Chaque fois, immanquablement, elle obtenait une ovation. Angélil eut l'idée non pas de refaire les orchestrations, mais de l'enregistrer telle quelle, comme une chanson de scène, avec les dernières mesures a cappella, les clameurs et les applaudissements de la foule.

Ginette a longtemps été réticente. Angélil a insisté, avançant un à un ses arguments jusqu'à ce que la chanteuse accepte. *Je ne suis qu'une chanson* a propulsé l'album qu'a produit Angélil vers des sommets jamais atteints dans l'histoire du show-business québécois : 350 000 disques vendus au cours de la saison 1978-1979, un record absolu. Angélil a vite compris que cet énorme succès auquel il avait contribué resterait longtemps la référence, le record à battre. Cela constituerait un défi non seulement pour beaucoup d'artistes et de producteurs, mais aussi et surtout pour lui-même. Quand pourrait-il réunir de nouveau les ingrédients d'un succès aussi considérable : une voix, des paroles et une musique mises au bon moment dans l'oreille des gens ?

Il n'était toutefois pas du genre à se laisser arrêter par ces considérations. Il avait en main un produit fantastique, une artiste hors du commun. Le temps était venu de l'emmener ailleurs. Fort de la mésaventure qu'il avait vécue avec René Simard, il a minutieusement préparé sa stratégie avant de partir à la conquête d'autres marchés. Il allait d'abord mettre en place autour de son artiste une machine réellement performante.

En affaires, Angélil avait certaines intuitions qu'il savait bien fondées, des certitudes qu'il avait acquises en fréquentant des gens comme Pierre Lacroix. Il avait la conviction que pour qu'une affaire soit vraiment bonne, il fallait que tout le monde y trouve son compte. Il était normal et légitime, selon lui, que les ingrédients et les matériaux du succès coûtent cher, parce qu'ils devaient être de la meilleure qualité et que la qualité ne se bradait jamais. Les meilleurs musiciens coûtaient plus cher que les médiocres ; c'était les premiers qu'il voulait pour travailler sur les albums qu'il produisait et pour accompagner son artiste en tournée. Donc, tous ceux qui participeraient au succès de Ginette, les musiciens, les compositeurs, les arrangeurs, les auteurs évidemment, devaient être bien payés. Or à l'époque, les producteurs ne versaient aux auteurs que deux cents (0,02 dollar) de droits mécaniques par album vendu, ce qui faisait l'objet d'un orageux débat que tisonnait très activement un groupe d'auteurs et de compositeurs réunis autour de Luc Plamondon et de Diane Juster.

Tout à fait d'accord avec eux, Angélil avait convaincu Ginette d'accorder à Diane Juster cinq cents (0,05 dollar) pour *Je ne suis qu'une chanson* qui avait servi incontestablement de locomotive à l'album. Il s'assurait ainsi de la précieuse amitié et de la fidélité de la très puissante et talentueuse Juster. Il savait qu'elle serait là pour le prochain album qu'il voudrait produire et lancer sur le grand marché francophone européen. Il avait en effet décidé cette fois de tenter une percée en France, plutôt que d'attaquer le marché américain.

En attendant, il fallait profiter du succès obtenu au Québec, le faire durer, orchestrer la promotion, organiser une tournée. Angélil a négocié la production de deux émissions spéciales consacrées à Ginette Reno, une à TVA, l'autre à Radio-Canada, sortes de portraits-spectacles faits d'entrevues entrecoupées de chansons.

Il fallait également constituer un répertoire pour son artiste. Il a donc entrepris des démarches auprès de producteurs français. Il s'est procuré un magnétoscope permettant de visionner sur les systèmes PAL européens des cassettes enregistrées en NTSC, le standard nord-américain, et il est parti à Paris avec son appareil, le disque *Je ne suis qu'une chanson* et un enregistrement vidéo de Ginette Reno chantant sur le mont Royal, aux fêtes de la Saint-Jean du 24 juin 1975, *Un peu plus haut un peu plus loin*, de Jean-Pierre Ferland, l'un des moments les plus bouleversants de toute l'histoire du show-business québécois.

Évidemment, il se gardait bien de dire aux gens à qui il présentait cette vidéo qu'il s'agissait du spectacle de la Fête nationale du Québec auquel participait une douzaine d'artistes. Il laissait ses interlocuteurs français croire que les quelque 200 000 personnes qu'on voyait en pâmoison sur la vidéo n'étaient montées sur la montagne que pour applaudir Ginette Reno. Elle était déjà une très grande star au Québec; Angélil, en bluffant, la grandissait davantage.

Tous les producteurs français qu'il a rencontrés ont été réellement impressionnés. Ils trouvaient tous que Ginette Reno avait une voix extraordinaire et ils croyaient qu'elle pourrait connaître en France un grand succès. Personne cependant n'était prêt à commercialiser l'album tel qu'il était. Jean-Michel Fava de CBS a expliqué à Angélil que les chansons de l'album, même *Je ne suis qu'une chanson*, avaient beau être magnifiques, elles n'étaient pas faites pour la France. Ginette n'ayant pas là-bas le statut de superstar, d'idole et de symbole qu'elle avait au Québec, les paroles ne seraient jamais aussi percutantes et signifiantes. Si la musique n'a pas de frontière, les paroles, elles, peuvent parfois en avoir. Elles étaient, en tout cas, plus difficilement exportables.

S'il voulait percer sur le marché francophone européen, Angélil devait donc trouver un parolier français. Il s'est tourné vers Fava et les gens de CBS-France qui lui ont parlé d'un auteur, Eddy Marnay, qui écrivait à l'époque pour Mireille Mathieu et Nana Mouskouri, et qui avait, au cours des trente années précédentes, travaillé avec les plus grands, dont Yves Montand, Michel Legrand, Édith Piaf, Frida Boccara et beaucoup d'autres. Il avait également signé les paroles originales du disque français de Barbra Streisand, *Je m'appelle Barbra*. Il avait une connaissance stupéfiante de la chanson française et il connaissait bien celle du Québec, Vigneault, Ferland, Léveillée, Charlebois, Beau Dommage, Harmonium.

Jean-Michel Fava a arrangé une rencontre entre René et Eddy Marnay. Un beau matin, René s'est rendu seul, en taxi, l'album de Ginette, son magnétoscope et sa fameuse cassette VHS sous le bras, au 5 de la rue Frédéric-Passy, à Neuilly, où Marnay venait d'emménager. C'était un petit homme chauve qui semblait tout délicat, tout fragile, une sorte de professeur Tournesol. Toutefois, il se dégageait de lui une force tranquille, sereine. Quand René l'a rencontré, il était en plein changement de vie. Il venait de se séparer de sa conjointe. Il avait campé un temps dans le Marais : un matelas par terre, un tréteau sur deux chevalets pour écrire, des caisses de livres. Riche et célèbre, très libre, Marnay menait, à tout près de soixante ans (il était né le 18 décembre 1920), une vie de bohème. Il marchait tous les jours, où qu'il soit, deux, trois, parfois cinq heures durant. René et lui, pourtant si différents l'un de l'autre, ont sympathisé tout de suite.

René lui a fait entendre *Je ne suis qu'une chanson* et visionner la vidéo d'*Un peu plus haut, un peu plus loin* dont Fava avait déjà parlé au parolier. Ce dernier a été franchement emballé. Il a tout de suite voulu rencontrer Ginette Reno. Angélil lui a dit qu'elle chantait au Grand Théâtre de Québec le mardi suivant, cinq jours plus tard. Marnay a promis d'y être.

Eddy Marnay était tendrement branché sur le Québec, même s'il n'y avait pas souvent mis les pieds. Quelques mois plus tôt, à Bruxelles, lors d'une conférence sur la chanson française, il avait rencontré une belle jeune femme, Suzanne-Mia Dumont, agente du ministère des Affaires culturelles du Québec et responsable de la promotion en Europe du coffret *Musique du Québec*. Il allait, grâce à René, renouer avec Mia.

Le mardi suivant, Angélil, qui était rentré l'avant-veille de Paris, est allé cueillir Marnay à l'aéroport de Mirabel et l'a emmené, le jour même, directement à Québec. Il faisait un froid de loup. La Buick de René était mal chauffée, son pare-brise était couvert de givre, sauf une petite zone en demi-lune à travers laquelle il cherchait la route des yeux. Il n'avait pas de gants, il conduisait d'une main, l'autre sous sa cuisse ou dans son manteau pour la tenir au chaud. En plus, il avait peine à ne pas s'endormir. Marnay était fatigué lui aussi, mais la peur le tenait éveillé…

Malgré le décalage horaire et les angoisses de la route, il a été très impressionné par le talent de Ginette Reno, et les doutes qu'il entretenait furent rapidement dissipés. Chez CBS, on lui avait dit que, malgré sa voix puissante et riche, elle ne passerait pas parce qu'elle était trop ronde et qu'elle avait un trop fort accent. Or Eddy avait souvent travaillé avec des artistes qui paraissaient désavantagés au premier abord. Quand, par exemple, la jeune Nana Mouskouri était venue le supplier de lui écrire des chansons, elle avait une vingtaine de kilos en trop, elle portait des lunettes affreuses et elle avait un lourd accent. Frida Boccara aussi était trop ronde. Barbra Streisand louchait et ne comprenait pas toujours ce qu'elle chantait en français. Quoi qu'il en soit, Marnay venait de découvrir une voix qui le stimulait. Ginette était ronde, d'accord, mais elle avait selon lui un charisme à tout casser et une voix exceptionnelle.

Marnay est resté quelques semaines au Québec et a vite écrit plusieurs chansons pour Ginette. Au cours des mois suivants, il lui en a trouvé d'autres en France et au Québec, dont deux de Diane Juster. À la fin de l'été de 1979, pendant qu'on préparait les enregistrements au studio Saint-Charles à Longueuil, Angélil et Marnay constituaient une société de production à laquelle ils allaient associer un ami de Marnay, l'éditeur et producteur français Claude Pascal, artisan de l'énorme succès que connaissait alors Nicole Croisille avec *Femme*.

Chacun des trois producteurs, Pascal, Marnay et Ginette Reno (qu'Angélil représentait), toucherait un tiers des profits. Pascal apportait de l'argent ; Eddy, son talent et ses contacts. Ginette n'avait pas un dollar à investir, juste son talent. Le disque sortirait en France chez Pathé-Marconi et au Québec sous l'étiquette de Ginette, Melon-Miel. Celle-ci devrait cependant verser à Pascal et à Marnay 15 % de royautés sur les disques vendus dans la Belle Province. René touchait 20 % des royautés de Ginette. Bonne affaire, satisfaisante pour tous, croyait-il, persuadé que le prochain album de Ginette fracasserait, comme le précédent, de nouveaux records et surtout qu'il ferait cette percée tant

105

espérée sur le marché français. C'était l'époque de *Rocky II*. Pour le Québec, René choisit d'appeler l'album *Je ne suis qu'une chanson II*.

Il n'était pas peu fier de la machine qu'il avait mise en place. Il aurait seulement aimé que Ginette, de temps en temps, lui manifeste un peu de reconnaissance ou qu'elle semble s'intéresser un peu plus à ce qu'il avait réussi. Cependant, chaque fois qu'il tentait de lui expliquer quelle sorte d'arrangements il avait conclus avec les Français, elle l'interrompait en lui disant que tout cela était normal, que c'était son travail de bien mener leur barque et qu'il n'avait qu'à continuer ainsi. Elle ajoutait qu'elle lui faisait entièrement confiance. Elle lui dit seulement un jour qu'elle ne voulait surtout pas qu'il lui parle affaires ou stratégie devant son amant, Alain Charbonneau, pâtissier de son métier, qui, disait-elle, voulait se mêler de sa carrière, alors qu'il ne comprenait strictement rien au show-business.

Dès que les enregistrements furent terminés, Ginette est partie en vacances avec son chum. Pendant leur absence, Angélil a fini d'organiser une grande tournée de spectacles au Québec, en Ontario et dans les Maritimes. On devait ensuite aller à Paris préparer la sortie de l'album et la campagne de promotion. Il avait tout prévu. Sauf ce qui allait arriver.

Ils se trouvaient à La Sarre, en Abitibi, où ils amorçaient la tournée, début septembre, quand Ginette a fait savoir à René qu'Alain Charbonneau exigeait de partager avec lui la gérance de sa carrière. René eut beau lui rappeler qu'elle affirmait, quelques mois plus tôt, que celui-ci n'y comprenait rien, elle a insisté. Alain et elle s'étaient beaucoup parlé, il avait appris et compris les rudiments et les raffinements du métier, et il voulait désormais partager les responsabilités de manager ainsi que la commission de 20 % qu'Angélil touchait sur les revenus de l'artiste. Il n'était pas question de discuter, c'était à prendre ou à laisser. Angélil était abasourdi et s'en voulait de ne pas y avoir pensé plus tôt. Il aurait dû savoir, il aurait dû prévoir le coup. Pourquoi, surtout connaissant Ginette Reno, n'y avait-il pas pensé plus tôt?

Les liens qui unissent un manager à un artiste sont toujours très étroits, nécessairement, très intimes et très exclusifs. Il le savait, lui, plus que tout autre; il avait été le manager de la femme qu'il aimait, Anne-Renée. Il savait qu'un amant le moindrement possessif peut difficilement supporter qu'un autre homme occupe dans la vie de la femme qu'il aime une place aussi importante, qu'il partage avec elle autant de secrets, de rêves, d'émotions... et d'argent. L'histoire du show-business est parsemée d'irréparables conflits entre managers et conjoints d'artistes. Angélil qui se targuait d'avoir une grande connaissance de cette histoire était passé à côté.

Il a fait alors ce qu'il avait fait quand Cloutier lui avait refusé un partage équitable, et ce qu'il fera toujours chaque fois qu'il se trouvera dans une épreuve, il s'est tourné vers ses amis, non seulement pour leur demander conseil, mais pour être entouré, compris, consolé. Il est allé un soir à Valleyfield, le soir de la dernière chance, tenter de faire comprendre à Ginette que sa proposition n'avait aucun sens. En chemin, il a raconté toute l'histoire à son ami Pierre Lacroix, qui l'accompagnait, les deals qu'il avait faits avec les producteurs français, les tournées de promotion et de spectacles qu'il avait organisées. Il lui a aussi dit qu'il avait réfléchi et qu'il s'en allait dire à Ginette qu'il refusait de s'associer à qui que ce soit. C'était tout ou rien. Il croyait sans doute que, pesant le pour et le contre, elle se rendrait vite compte qu'elle avait besoin de lui et qu'elle ne pouvait laisser sa carrière aux mains de quelqu'un qui ne connaissait à peu près rien au show-business. «Elle n'est pas folle, elle ne peut pas faire ça, disait-il. Elle se mettrait elle-même en danger.»

Il a rencontré Ginette dans sa loge, quelques minutes avant son spectacle. Elle est restée intraitable. Quand René lui a annoncé qu'il se retirait et laissait Charbonneau gérer seul sa carrière, elle n'a pas semblé s'en inquiéter. Elle lui a simplement proposé un forfait de 15 000 dollars pour le travail de préparation, de production et de réalisation qu'il avait fait sur l'album.

René a refusé. « Je ne veux rien de toi. » Il s'est levé, il est allé retrouver Pierre et ils sont rentrés à Montréal sans voir le spectacle.

« Quinze mille dollars ! Elle veut rire de moi. »

Pierre était fâché, scandalisé, mais il a été franchement ébahi quand, sur le chemin du retour, René s'est mis à lui dire que Ginette était malgré tout une grande artiste, « la meilleure qu'on a ici, peut-être la meilleure du monde », et qu'il ne pouvait pas lui en vouloir, parce qu'elle avait fait ça par amour ; elle voulait que son Charbonneau réalise un rêve et gagne un peu d'argent.

« Je suis sûr que Ginette va comprendre un jour qu'elle a fait une erreur, disait-il. Peut-être même qu'elle le sait déjà, mais elle agit par amour. À cause de ça, je ne peux pas vraiment lui en vouloir. C'est une femme de cœur. Elle a manqué de confiance en moi mais, au moins, elle a été fidèle à l'homme qu'elle aime. Je ne peux pas faire autrement que respecter ça. »

Il persistait à dire que Ginette Reno restait et resterait sans doute encore pendant des années l'artiste la plus stimulante du Québec. Il avait maintenant assez d'expérience pour savoir que la vraie valeur d'un artiste n'a rien à voir avec sa moralité ou sa conduite. Dans leur vie, les plus géniaux sont souvent des êtres inquiets, torturés, épouvantablement égocentriques. L'amour du public, qui seul compte, est aveugle. Ginette avait blessé René. Bien sûr, elle le mettait dans un sérieux pétrin, mais il ne pouvait nier l'évidence : les gens l'aimaient d'un amour indéfectible. Et l'amour du public, à ses yeux, était sacré. Le public ne se trompe jamais.

Il y avait un côté de René que ses amis ne pouvaient comprendre : il était parfois incapable d'en vouloir à quelqu'un qui l'avait blessé ou trahi ; pis, il lui trouvait des excuses. Plusieurs de ses proches considéraient que Guy Cloutier par exemple n'avait pas été correct avec lui quand il avait voulu réduire les pourcentages de René. Ce dernier lui avait été très utile dans la gérance de la carrière de René Simard et dans la production des disques de ses artistes, mais Cloutier l'avait laissé lamentablement tomber. Or René persistait à dire, devant ses amis médusés, que Cloutier était « un gars correct » ; il était dur en affaires, bien sûr, mais ce n'était pas un défaut, bien au contraire. Alors que certains de ses amis boudaient Cloutier, il avait continué de le voir, d'aller au hockey avec lui, de rire de ses farces.

« T'es drôlement fait », lui avait dit Pierre, ce soir-là, quand ils rentraient de Valleyfield.

Drôlement fait, parce qu'il ne parvenait pas à en vouloir à certaines personnes avec qui il avait entretenu des liens d'amitié ; drôlement fait parce qu'il avait l'audace ou l'inconscience de refuser 15 000 dollars sachant qu'il allait une fois de plus se retrouver sans rien. Farago avait beau être le meilleur gars du monde, il n'avait plus tellement la cote, et Elvis n'allait pas mourir de nouveau, même si çà et là dans le monde des illuminés croyaient qu'il était toujours vivant. Par ailleurs, Anne-Renée, la seule autre artiste de René, avait décidé d'abandonner sa carrière de chanteuse. Elle coanimait depuis quelques semaines une émission de télé populaire, *Les Tannants*, avec Pierre Marcotte. Ce soir-là, René s'en allait lui dire qu'elle serait soutien de famille le temps qu'il se refasse.

Anne-Renée savait qu'il y avait dans la vie d'un manager, comme dans celle d'un artiste, des hauts et des bas. Si son mari vivait présentement un bas, il y aurait tôt ou tard un haut, et il n'y avait pas vraiment lieu de s'inquiéter. Tous les amis de René avaient confiance en lui. Ils savaient qu'il était capable de faire de beaux come-back. Ce n'était pas la première fois de sa vie que René Angélil se mettait en danger et risquait le tout pour le tout.

Temps mort

Quand il a appris que Ginette avait laissé tomber Angélil, Eddy Marnay, stupéfait et incrédule, a assuré ce dernier de son amitié et lui a dit qu'il parlerait à Ginette en octobre, au gala de l'Adisq (Association du disque et de l'industrie du spectacle du Québec), et que les choses s'arrangeraient. Angélil était touché, mais il connaissait Ginette et il savait que toute démarche était peine perdue. Il a convaincu Marnay de ne pas se retirer du projet. Ce dernier avait travaillé pendant un an à écrire de magnifiques chansons que seule Ginette pouvait chanter ; il serait dommage de les mettre au rancart.

Au gala de l'Adisq, Ginette Reno a récolté pas moins de cinq Félix, tous liés à l'album *Je ne suis qu'une chanson* qu'Angélil avait entièrement produit. Le lendemain, en compagnie de son nouveau manager, elle rencontrait Claude Pascal et Eddy Marnay pour signer les contrats. Tout a cafouillé quand Charbonneau leur a dit qu'il n'était pas du tout satisfait des ententes qu'Angélil avait négociées avec eux et qu'il ne voyait pas pourquoi ils devraient

111

verser aux producteurs français 15 % des profits que l'album allait générer au Québec. Il croyait sans doute que Marnay ne voudrait pas sacrifier des mois de travail et qu'il accepterait de revoir ces ententes. C'était bien mal le connaître.

Quand Claude Pascal a gentiment soutenu qu'il était normal que les investisseurs, qui avaient assumé tous les frais et pris tous les risques, touchent une part des profits et qu'elle pouvait faire confiance à Eddy, Ginette a répondu qu'en affaires elle ne faisait confiance à personne.

« Dans ces conditions, a dit Marnay, je reprends mes chansons. » La discussion était close. Pascal et Marnay sont rentrés à Paris.

Quelques jours plus tard, ignorant la situation, Diane Juster contactait Angélil pour négocier ses royautés sur les deux chansons qu'elle avait écrites pour le nouvel album. Angélil lui a annoncé qu'il n'était plus le gérant de Ginette et qu'elle devait désormais faire affaire avec Alain Charbonneau. Ce dernier refusa d'augmenter les droits mécaniques de deux à cinq cents, comme avait voulu faire Angélil. Juster, par principe, a retiré elle aussi ses chansons.

Charbonneau a bien tenté de rafistoler la machine en rencontrant les producteurs français à Paris mais, là-bas aussi, il s'est heurté à un mur. Marnay tenait Angélil au courant de la déconfiture du nouveau gérant de Ginette, mais Angélil n'en éprouvait pas vraiment de plaisir. En fait, ça ne lui faisait ni chaud ni froid.

Pour se consoler, il a fait un saut à Las Vegas où, pendant trois jours, il a perdu main après main, jour après jour, les petites sommes qu'il avait alors les moyens de miser. De toute évidence, la chance ne le prenait pas en pitié. Il était dans une très mauvaise passe, un perdant, un *looser* n'ayant plus foi en son étoile, plus confiance en lui. Or, un *looser* ne doit pas jouer, jamais. Pour Angélil, chacun est tantôt un gagnant, tantôt un perdant ; le secret de la réussite est de savoir quand la chance est de son côté et quand elle ne l'est pas. Ces jours-là, visiblement, elle n'était pas avec lui.

Rentré à Montréal, il a dit à sa femme qu'il songeait à se retirer du show-business et à reprendre des études. À son grand désarroi, elle lui a répondu que ça lui paraissait une bonne idée. Il en a été presque blessé : ainsi, elle ne croyait plus qu'il pouvait réussir comme manager ! Au moins, elle était prête à l'aider. Elle gagnait à elle seule suffisamment d'argent pour soutenir la famille pendant que son mari ferait son droit.

Il reprendrait ainsi ce vieux rêve que lui avait jadis inspiré Perry Mason quand il avait eu sa mononucléose. Il se spécialiserait comme lui en droit criminel. Il avait consulté ses amis, Pierre, Marc, Paul et Jacques, lui-même avocat et comptable agréé, et même Guy Cloutier, tous comprenaient parfaitement et approuvaient sa décision. Il ne pouvait plus rien espérer du show-business. Pour la première fois de sa vie, il ne voyait plus comment il pourrait y faire son come-back.

Il commençait sérieusement à penser qu'il n'y avait plus rien à faire dans le merveilleux monde du show-business pour quelqu'un comme lui. Il avait adoré le travail de gérance qu'il avait fait avec Ginette, et il l'avait remarquablement bien fait, mais il n'avait plus sa place auprès d'elle. Malheureusement, il n'y avait pas d'autres Ginette en vue, pas d'artiste de cette envergure à l'horizon. Après avoir fréquenté les plus hauts sommets, dirigé la production et la mise en marché de l'album le plus vendu de l'histoire du disque au Québec, il ne pouvait tout de même pas recommencer au bas de l'échelle avec des artistes mineurs.

Le grand public ne savait pas encore qu'il n'était plus le manager de Ginette Reno, mais bientôt, des journalistes l'appelleraient pour lui demander ce qui s'était passé. Que leur dirait-il ?

Pendant qu'il glissait ainsi dans l'ombre et la défaite, ses proches amis connaissaient tous le succès dans leurs affaires, leurs entreprises étaient florissantes et l'argent entrait à flots. Le business de Marc Verreault fonctionnait fort bien. Paul, qui avait quitté le domaine bancaire, gérait une demi-douzaine de restaurants Harvey's. Cloutier se considérait désormais comme le coq en chef du show-business québé-cois ; il dirigeait plusieurs grosses carrières, dont celle de René Simard et de sa sœur Nathalie devenue elle aussi à douze ans la coqueluche des Québécois. Jacques Desmarais était maintenant associé à un bureau d'avocats d'envergure. Quant à Pierre Lacroix, il avait laissé la brasserie O'Keefe pour fonder sa propre agence de gérance d'athlètes. Ses premiers clients étaient Robert Sauvé, Mike Bossy, Denis Savard, de grandes stars de la Ligue nationale de hockey. René admirait l'audace de son ami et sa réussite. Pierre avait risqué gros. Il s'était mis en danger et il avait gagné. En moins de deux années, il était devenu l'un des deux ou trois gérants les plus importants de la LNH. Il négociait avec les équipes de Los Angeles, de Chicago, de New York, de Dallas et de Vancouver. Il avait ses bureaux au Centre Laval, au-dessus d'un petit restaurant Le Gourmet où Pierre et René se retrouvaient souvent pour dîner.

Pierre parlait à René des négociations qu'il était en train de mener. Ce dernier était parfois ému aux larmes de voir que, malgré l'échec qu'il venait de connaître, son ami lui fai-sait toujours confiance et l'aimait toujours autant. D'ailleurs, jamais cette confiance ne s'est démentie. Lacroix tenait toujours à avoir l'avis de René, il le consultait sur les straté-gies à adopter dans ses négociations et il l'écoutait. Même chose avec Marc Verreault, Paul Sara et Jacques Desmarais. Presque chaque soir, l'un ou l'autre ou tous ensemble, ils passaient chez René et l'emmenaient voir un show ou un match de hockey. Puis ils allaient dîner chez Schwartz, chez Moishe's ou chez Ben's où ils retrouvaient parfois Ben Kaye, Tony Roman et Denis Pantis. René n'était plus alors qu'une ex-vedette et un ex-manager que les gens saluaient encore dans les cafés, les restaurants ou dans la rue. Heureusement, il avait un cercle d'amis indéfectibles, ce qu'il considérera toujours comme une immense richesse, comme un inépuisable réservoir d'espoir et d'énergie.

Cependant le temps passait et il ne faisait aucune démarche pour s'inscrire en droit. Il attendait. Il aurait donné cher pour être déjà avocat et pouvoir exercer ce beau métier. Mais certains jours il se disait qu'il était trop tard. Il ne se voyait pas vraiment, à trente-sept ans, retourner à l'université, quitter tout à fait ce monde de la nuit qu'il aimait tant, les boîtes, les studios, les théâtres et les clubs, le Café de l'Est, tous ses amis, pour s'enfermer dans des salles de cours.

Il se rendait encore de temps à autre à son bureau de la rue de Maisonneuve. Pendant des heures, assis dans la pénombre, il attendait, mais personne n'appelait, personne ne venait.

Partie 2

La bataille des Plaines

Le 22 août 2008 eut lieu à Québec un mégaspectacle réunissant une quarantaine d'artistes, *Céline sur les Plaines*, dont René Angélil a été le grand maître d'œuvre : conception, contenu, emplacement, aménagement du site, logistique, mise en marché des billets, mise en scène, composition de l'orchestre, choix du chef, choix des chanteurs et des chanteuses qui allaient entourer Céline Dion, choix et ordre des chansons qu'ils allaient interpréter seuls ou avec elle, négociations à la hausse des cachets de chaque artiste, choix des commanditaires, relations de presse… Ce mémorable événement a été, beaucoup grâce à lui, un véritable chef-d'œuvre.

Tout avait commencé un an et demi plus tôt, au printemps de 2007, quand Pierre Boulanger et Dany Pelchat, du comité organisateur des fêtes du 400ᵉ anniversaire de Québec, sont allés rencontrer René Angélil à Las Vegas. Ils souhaitaient que Céline fasse le spectacle d'ouverture du 31 décembre. Ce n'était pas possible, Céline et son équipe seraient alors à Paris en train de préparer la tournée *Taking*

Chances, dont la première devait avoir lieu en Afrique du Sud à la mi-février 2008. En revanche, le 3 juillet, jour précis de l'arrivée de Champlain à Québec en 1608 ? Pas possible non plus ; après l'Afrique du Sud et l'Extrême-Orient, *Taking Chances* se trouverait en Europe. On a alors pensé à présenter au Colisée de Québec le show de la tournée qui, en août, passait par Montréal. On s'est vite rendu compte que le Colisée ne serait pas assez grand. Enfin, l'idée de produire un gros show gratuit sur les plaines d'Abraham a émergé.

Le programme de tournée étant déjà très chargé, il ne restait qu'une seule date disponible, le 22 août. Angélil s'est tout de suite dit qu'on ne pouvait pas offrir gratuitement le spectacle pour lequel les gens auraient payé le gros prix quelques jours plus tôt au Centre Bell. Il fallait prévoir autre chose, monter un nouveau spectacle, créer un événement unique. Or Céline donnait déjà, au cours de la semaine précédant le 22 août, plusieurs représentations de son show en anglais à Boston et de son show en français à Montréal. Où et quand trouverait-elle le temps et l'énergie d'apprendre un autre spectacle en entier ?

Angélil a demandé à réfléchir. « Je vais trouver une idée et revenir vous voir », a-t-il dit aux gens de Québec.

Il a d'abord joué avec l'idée que Céline soit l'artiste invitée d'un grand spectacle au cours duquel elle interpréterait cinq chansons. Puis les organisateurs de Québec l'ont informé que, après réflexion, ils n'avaient pas vraiment les moyens de produire un show gratuit. Ils avaient donc pensé à faire payer 15 dollars pour l'accès au site, comme on le faisait régulièrement pendant le festival d'été, sans que personne en soit offusqué. Angélil n'avait pas d'objection, mais il n'était pas vraiment emballé et n'avait toujours pas d'idée porteuse.

On a quand même établi un contrat. Angélil a tenu à ce qu'il soit bien spécifié que ce ne serait pas un spectacle de Céline Dion, mais qu'elle en serait l'artiste invitée et n'y ferait que cinq chansons. De plus, il a exigé que le communiqué lui soit soumis avant d'être publié.

Quelques jours avant l'émission de ce communiqué, il apprenait par le réseau de télévision LCN que le show des Plaines auquel Céline devait participer serait gratuit et non pas à 15 dollars comme convenu. Un journaliste du quotidien *Le Soleil* prétendait tenir cette information d'un membre du comité d'organisation des fêtes du 400ᵉ anniversaire de Québec. René a contacté les organisateurs pour leur dire qu'il était trop tard désormais pour changer d'idée. Puisqu'ils avaient laissé filer cette rumeur ou n'avaient pas pu l'empêcher de se répandre, il fallait maintenant qu'ils vivent avec : le show devrait être gratuit. Malgré les protestations et les inquiétudes de ses interlocuteurs, il fut intraitable à ce chapitre : pas de retour en arrière.

Le 15 octobre 2007, les gens de Québec l'appelaient à Lake Las Vegas pour solliciter une rencontre. Il leur donna rendez-vous à Chicago où, le mois suivant, Céline devait participer au show d'Oprah Winfrey. Il ne savait pas vraiment ce qu'il leur dirait. Toutes ces complications, ces changements de dates et d'idées, commençaient à l'ennuyer un peu.

Quelques jours plus tard, un matin en se faisant la barbe, il eut un flash, une idée trop excitante et trop belle pour la laisser filer, pour ne pas tout faire pour la réaliser. Il a vu en un éclair tout le spectacle. Ce serait énormément de travail mais, quand il a fait part de son idée à Céline, elle a été, elle aussi, conquise et fort excitée.

En novembre, quand il a rencontré Boulanger et Pelchat à Chicago, il leur a annoncé que Céline ne leur coûterait rien. « Elle vous donne son cachet, mais vous allez payer toute la production. » Puis il leur a dit qu'il avait une idée de show, qu'il en assurerait lui-même la production artistique, que de nombreux artistes y participeraient et qu'il y aurait à la fin un numéro inoubliable, une vraie apothéose. Il refusa d'en dire davantage.

Depuis le début, les organisateurs disaient que 100 000 spectateurs auraient accès au site. Ils prétendaient savoir comment distribuer les billets ; ils avaient, semble-t-il, l'habitude de ce genre d'événement. Il n'y aurait donc pas de heurt, pas de dispute. Le quart de ces billets, soit 25 000, seraient distribués par des commanditaires. Angélil a alors fait ajouter une clause au contrat stipulant qu'il avait un droit de regard sur ces commanditaires et exigea de plus que 10 % de l'argent que ceux-ci verseraient soient distribués à des œuvres caritatives locales.

En décembre, peu après avoir remporté le prestigieux tournoi de poker du Caesars Palace et quitté Las Vegas avec femme et enfant pour les Maldives avant de se lancer dans la grande tournée *Taking Chances*, René était porté par son idée qui chaque jour se précisait et s'embellissait. Il « voyait » son show et le faisait voir à Céline, mais il lui fallait maintenant convaincre les artistes qu'il désirait embarquer dans son aventure.

Il a d'abord appelé Jean-Pierre Ferland. Deux ans plus tôt, celui-ci avait présenté au Centre Bell son spectacle d'adieu et promis haut et fort de ne plus faire de scène. « Quand je t'aurai expliqué mon idée, lui a dit Angélil, tu vas vouloir revenir sur ta promesse, et je peux te jurer que personne ne t'en voudra. »

Son idée, c'était l'extraordinaire spectacle qui serait présenté le 22 août, *Céline sur les Plaines*, une célébration de la chanson québécoise en même temps qu'un hommage à Ferland et à une autre icône du show-business et de la culture du Québec. Une quinzaine de chanteurs et de chanteuses, accompagnés d'un big band d'une trentaine de musiciens sous la direction de Scott Price, allaient interpréter devant une foule monstre leurs plus gros hits, les chansons les plus aimées des vingt-cinq ou des cinquante dernières années. Céline chanterait en duo avec chacun d'eux. Jean-Pierre et elle feraient, quelque part au milieu du show, *Une chance qu'on s'a*, une chanson qu'elle a toujours particulièrement aimée. À la fin, Jean-Pierre reviendrait sur scène pour entonner avec elle *Un peu plus haut, un peu plus loin*, la plus mythique des chansons, celle-là même que Ginette Reno avait interprétée trente-trois années plus tôt sur le mont Royal et qui avait servi de détonateur à Angélil quand il avait voulu, deux ans plus tard, creuser une niche à Ginette au cœur du show-business français.

« Mais le plus beau, tiens-toi bien, Jean-Pierre, je vais appeler Ginette, tu n'en parles à personne, c'est un secret absolu, et je vais lui demander de venir terminer la chanson avec vous deux. »

Tout ce programme a emballé Ferland, qui a accepté de sortir de sa retraite. « Si tu convaincs Ginette, je serai là, c'est sûr. »

Quelques jours plus tard, depuis Manchester, où Céline commençait sa tournée des îles britanniques, Angélil a appelé Ginette. Ils ont conversé un moment comme de vieux amis. Ils pensaient évidemment tous les deux à ce qui s'était passé autrefois. René savait que Ginette avait des regrets. Il en avait parfois éprouvé, lui aussi. Il n'avait pas su, à l'époque, lui tenir tête et lui faire comprendre qu'elle commettait une erreur, mais il avait toujours gardé beaucoup de respect et de sympathie pour elle, pour la femme autant que pour l'artiste. Il lui a expliqué son idée. Il lui a dit : « Fais-moi confiance, cette fois-là. »

Au cours des jours suivants, il a lui-même contacté un à un tous les artistes auxquels Céline et lui avaient pensé : Garou, Marc Dupré, Nanette Workman, Dan Bigras, Mes Aïeux, la famille Dion, Zachary Richard, Éric Lapointe, Claude Dubois. Il a demandé à chacun de choisir deux de ses chansons les plus connues qu'ils devraient interpréter le 22 au soir en respectant au plus près les orchestrations originales.

Pendant ce temps, on commençait, à Québec, à distribuer les billets. Au compte-gouttes et de façon totalement anarchique. Les gens qui, pour des raisons incompréhensibles, ne pouvaient s'en procurer étaient outrés, fâchés, ce qui indisposa Angélil, déjà pas très favorablement impressionné par les organisateurs des fêtes du 400ᵉ. En plus, un beau matin, alors qu'il se trouvait dans le sud de la France, il apprit que Paul McCartney allait chanter lui aussi sur les Plaines, quelques jours avant Céline, et qu'il le ferait, selon les journaux, non pas comme elle devant 100 000 personnes, mais devant 250 000. Tout le monde était invité, gratuitement.

Il a alors appelé Daniel Gélinas, qui avait remplacé Boulanger à la direction des festivités. Il lui a durement reproché d'avoir manqué de respect à Céline. Comment pouvaient-ils inviter le monde entier au spectacle de sir Paul et compliquer la vie des fans de Céline ? Il exigea alors que le show qu'il préparait soit présenté sur le même site et dans les mêmes conditions que celui de McCartney.

Après vérification, Gélinas lui apprit qu'il n'y aurait en fait que 70 000 personnes qui pourraient voir McCartney en direct. Les autres devraient suivre le spectacle sur des écrans géants dressés en dehors du site. René était franchement inquiet. Chaque jour, les données changeaient. Personne ne semblait être aux commandes, personne ne semblait savoir où les shows, celui de Céline comme celui de McCartney, seraient présentés, comment serait contrôlé l'accès aux sites, comment serait assurée la sécurité…

Denis Savage, directeur de production de la tournée *Taking Chances*, s'est rendu à Québec pour constater que les choses se présentaient en effet fort mal. Il eut alors l'idée de faire appel à Pierre Lemieux qui avait travaillé plusieurs fois à l'organisation de très gros spectacles, dont ceux des Rolling Stones. Lemieux est allé à Québec et a pris les choses en main. Il a fait changer la scène de place. Il a dirigé l'aménagement des lieux. Et quand on lui a mis des bâtons dans les roues, Angélil a appelé le premier ministre Jean Charest, qui est intervenu personnellement afin de faire activer les choses.

Rassuré, René a continué de fignoler son show. Il fallait qu'il soit parfait, qu'il n'y ait aucun temps mort, pas de creux, jamais d'hésitation, parce qu'on ne pourrait pas se reprendre. Il a donc exigé qu'il y ait trois vagues de répétitions. « Le secret de toute réussite, c'est le travail », disait-il. On a d'abord répété les duos un à un au studio Piccolo, les 1er et 2 août. Scott Price avait préparé les orchestrations. Après les répétitions, on a remis un CD à chacun des artistes, afin qu'il garde bien en tête les tonalités et le montage de ses chansons. Deux semaines plus tard, les 17 et 18 août, dans le grand studio de Solotech, les artistes ont travaillé tous ensemble avec l'orchestre au complet. Et chacun est encore parti avec un CD.

Ces premières séances de répétitions ont créé chez tous une grande ferveur, une sorte d'euphorie stimulante et rassurante. Angélil avait loué la cantine mobile du restaurant Dick Ann's garée en permanence près des studios.

Le 21 août, jusque très tard dans la nuit, ils ont répété tous ensemble sur la grande scène montée à l'extrémité ouest des Plaines d'Abraham. Avec Josée Fortier qui le secondait à la mise en scène, Angélil a cherché à faire de chaque moment de ce spectacle une fête inoubliable. Les artistes devaient se sentir chez eux, appartenir à une famille unie, heureuse.

Le lendemain soir, quand ils ont vu la foule géante qui emplissait les plaines à perte de vue, ils n'ont pas eu peur, ils ont été au contraire stimulés, parce qu'ils se tenaient tous ensemble.

Finalement, quelque 200 000 personnes ont eu accès au site. Plus de 100 000 autres ont suivi l'événement sur des écrans géants, dont 80 000 de l'autre côté du Saint-Laurent, à Lévis.

Céline sur les Plaines a été sans doute l'un des événements les plus percutants que René Angélil a organisés, certainement l'un des plus mémorables et des plus touchants de toute l'histoire culturelle du Québec. Il venait clore un important chapitre de son histoire à lui.

Il lui arrivait de penser que Céline avait d'une certaine manière usurpé la place qu'il avait jadis créée pour Ginette.

Il croyait en tout cas qu'ils devaient quelque chose à cette dernière. Avec ce spectacle qu'il avait conçu et dans lequel Céline l'avait invitée, ils lui manifestaient tous deux leur reconnaissance. À Céline, Angélil donnait l'occasion de saluer bien haut celle qui avait été son inspiratrice, son modèle. Ginette avait souvent dit aux médias qu'elle avait été jalouse du succès que connaissait la jeune protégée de René, qu'elle était obsédée par sa réussite, pétrie de regrets quand elle se rappelait qu'elle n'avait pas su profiter de cette niche que lui avait préparée Angélil.

« Peut-être que j'ai eu peur, a-t-elle avoué un jour aux journalistes. Peut-être que ce qu'il me proposait était trop grand, trop *Big Time* pour moi. Ma mère me disait toujours que j'étais née pour un petit pain. J'ai agi, effectivement, comme une fille née pour un petit pain. » Peut-être a-t-elle eu peur en effet de ce que René Angélil appelait lui-même sa folie. C'était trop gros pour elle. Céline n'a jamais eu ce problème, elle n'a jamais éprouvé cette peur : sa mère, Thérèse Dion, qui savait voir grand, ne lui a jamais dit qu'elle était née pour un petit pain, bien au contraire.

Au soir du 22 août 2008, sur la magnifique chanson de Ferland, devant 300 000 personnes exaltées, émues aux larmes, les deux stars ont chanté ensemble. Sous les applaudissements, les cris et les pleurs de la foule, Céline, qui avait entonné *Un peu plus haut, un peu plus loin*, avec Ferland, est allée chercher Ginette en haut du majestueux escalier de la scène qu'elles ont descendu ensemble, main dans la main. Elle lui a laissé toute la place et Ginette a eu, cette fois, la générosité et le courage de l'accepter. La boucle était bouclée, enfin, ramenant Angélil et Céline à leur toute première rencontre, vingt-sept années plus tôt, par une froide et grise journée de l'hiver de 1981.

Un rêve en couleurs

Angélil venait d'avoir trente-neuf ans, le 16 janvier 1981. Il se sentait comme au lendemain d'une longue et somptueuse fête. Il était triste et désœuvré. Il n'avait pas de projet. Dans son bureau où il continuait, comme un automate, de se rendre tous les jours, le téléphone ne sonnait à peu près jamais ou, s'il le faisait, c'était sa femme ou l'un de ses amis qui appelait pour le réconforter et lui dire que les choses allaient s'arranger. Il n'y croyait plus vraiment.

Or, par un froid matin de février, quelqu'un est venu frapper à sa porte, un jeune homme qui lui a dit s'appeler Gilles Cadieux et qui lui a remis une enveloppe brune entourée d'un élastique rouge.

« Il y a une cassette là-dedans, lui dit-il. Avec trois chansons d'une petite fille de douze ans qu'on voudrait que vous entendiez. »

Angélil n'a pas eu le temps de lui demander plus de détails que l'autre avait disparu après l'avoir informé qu'il y avait un numéro de téléphone au dos de l'enveloppe. René a rangé distraitement cette dernière. Quel besoin avait-il de connaître une petite fille de douze ans ? Il y en avait déjà une, Nathalie Simard, qui prenait toute la place.

Deux semaines plus tard, comme il entrait dans son bureau le téléphone sonna. C'était Michel Dion, le chanteur du groupe Le Show qui connaissait alors un certain succès. Il voulait simplement rappeler à René Angélil qu'on lui avait envoyé une cassette il y a quelque temps.

« Qui ça, on ?

– Ma mère.

– Qu'est-ce qu'il y a là-dessus ?

– Trois chansons. C'est l'affaire de dix minutes, et ça pourrait changer ta vie. »

Ses paroles ont fait sourire Angélil. Comment Michel Dion pouvait-il imaginer qu'il avait besoin de changer de vie ? Il n'avait pas crié sur les toits que Ginette l'avait laissé tomber, et tout le monde croyait encore qu'il était le manager le plus occupé et le plus heureux de Montréal.

« Qu'est-ce qui te dit que je ne les ai pas écoutées, tes chansons ?

– Si tu l'avais fait, tu nous aurais donné des nouvelles. »

Angélil a bien aimé cette réplique. Il a même failli pouffer de rire, mais il savait que Michel Dion, lui-même chanteur et musicien, ne parlait pas à tort et à travers.

« C'est des chansons de qui, si ce n'est pas de toi ?

– C'est ma sœur.

– Quel âge elle a, ta sœur ? »

Michel Dion hésita un moment.

« Son âge n'a rien à voir là-dedans.

– Elle a quand même un âge. Quel âge elle a, ta sœur ? »

Hésitation encore, et Michel a donné cette réponse que René craignait d'entendre.

« Elle va avoir treize ans, le 30 mars.

– Mais il y a déjà une petite fille de cet âge-là qui chante très bien… Il n'y a pas de place pour deux.

– Ce que fait ma sœur n'a rien à voir avec Nathalie Simard, l'a interrompu Michel Dion. Écoute la cassette, je te dis. Dix minutes et, je te le répète, ça pourrait changer ta vie. »

Angélil a aimé la proposition de Dion. Il a eu envie de lui demander : « Qu'est-ce qui te fait penser que je veux changer ma vie ? », mais il s'est ravisé. On ne boude pas sa chance, même quand elle fait signe de très loin. Il n'avait rien à perdre, rien à faire et effectivement, il voulait changer sa vie. Il devait même à tout prix changer sa vie. Comme au poker ou au black-jack, quand on a une trop mauvaise main, on jette ses cartes, on passe son tour, on attend le prochain jeu.

Debout tout seul dans son bureau, il a écouté la cassette en regardant le jour gris par la fenêtre. Trois morceaux : deux pièces inédites d'abord, *Ce n'était qu'un rêve* et *Grand-Maman*, et *Chante-la ta chanson* popularisée par l'ex-Jérolas Jean Lapointe. Il ne croyait pas ce qu'il entendait, surtout la première chanson. Une voix puissante, vibrante, parfaitement maîtrisée. Il a alors pensé qu'il y avait quelque chose d'étrange, « comme une petite fille de douze ans qui aurait du soul ».

Il a tout de suite rappelé Michel Dion et lui a demandé quand il pourrait voir sa sœur. Rendez-vous fut pris pour l'après-midi même.

Quand il a retrouvé Pierre Lacroix, à l'heure du lunch, René ne semblait plus toucher terre. Il était sceptique, cependant. Il savait qu'on peut trafiquer une voix en studio, lui donner de la puissance et de l'éclat.

« C'est presque pas normal. Elle chante comme une femme de dix-huit ou vingt ans. Je veux la voir chanter. »

Lacroix n'était pas musicien, et il avait confiance dans le jugement de René, mais il ne partageait pas ses doutes.

« Pourquoi le gars qui t'a appelé t'aurait dit qu'elle a douze ans si elle en a dix-huit ou vingt ?

– Tu as raison, mais j'ai demandé à la voir parce que je peux pas croire ce que j'ai entendu. »

Lacroix souriait. Son chum Angélil, complètement défait deux semaines plus tôt, deux jours, deux heures plus tôt, était radieux, excité.

Vers quatorze heures, Thérèse Dion est arrivée avec sa fille, toute petite, pas vraiment jolie, les canines proéminentes, le menton en galoche, les sourcils très épais, mais des yeux extraordinaires, très mobiles, de grands yeux noisette intelligents. Angélil lui a parlé très doucement. La petite fille, très timide, parlait peu. Elle lui a seulement avoué, croyant lui faire plaisir, que sa chanteuse préférée était Ginette Reno dont elle connaissait par cœur toutes les chansons et qu'elle avait vue une fois à la Place des Arts.

« Justement, peux-tu faire comme si tu étais sur la scène de la Place des Arts et chanter *Ce n'était qu'un rêve?* »

Elle lui a dit qu'elle avait l'habitude de chanter avec un micro ou un semblant de micro à la main. Angélil lui a tendu un crayon. Elle s'est levée, s'est éloignée de quelques pas et s'est mise à chanter la chanson qui avait bouleversé Angélil quelques heures plus tôt. C'était comme si elle avait pris le contrôle d'une grande scène, comme si elle était réellement devant le public de la Place des Arts, elle regardait les balcons derrière Angélil qui, toujours assis à son bureau, n'en croyait pas ses yeux ni ses oreilles. Elle avait tout, l'instinct, la puissance de la voix, la maîtrise…

« C'était une autre personne, dira-t-il plus tard à Lacroix. C'est ça qui m'a touché. Elle avait du *feeling.* »

Angélil s'est alors dit qu'il ne serait jamais avocat. Il avait les larmes aux yeux. Non plus parce qu'il était déprimé, que sa vie lui apparaissait comme un lamentable échec, une suite de rêves brisés, mais parce que ce qu'il entendait était terriblement touchant et lui ouvrait des horizons qu'il n'espérait plus revoir. Il était tellement impressionné que, lorsque la petite fille s'est tue, il n'a pas osé s'adresser à elle. Il n'était même pas sûr de savoir son nom. C'était quoi au juste? Christine? Céline? Cécile?

Pendant qu'elle chantait, il avait aussi songé à Eddy Marnay. Il s'était dit que si Eddy acceptait d'écrire pour elle, ce serait terrible. Une straight flush, et un si extraordinaire come-back pour lui. Il a pensé que si tout se passait bien, la petite fille occuperait un jour la niche qu'il avait si soigneusement aménagée pour Ginette…

Mme Dion ne semblait pas du tout étonnée par l'emballement que manifestait René Angélil, comme si tout allait de soi. Elle lui a parlé de sa famille, de ses enfants qui étaient dans le show-business. Du Vieux Baril où Céline avait commencé à chanter. Angélil a été estomaqué quand elle lui a dit qu'elle avait elle-même écrit *Ce n'était qu'un rêve* parce qu'elle voulait que sa fille se présente avec des chansons originales qui mettraient sa voix en valeur. Mme Dion, artiste dans l'âme, avait compris que créer une chanson et en copier une, ce n'est pas du tout la même chose.

Voilà qui était rassurant. Cette femme avait de toute évidence une profonde connaissance du show-business. Elle n'était pas comme toutes ces mamans venues voir Angélil en lui disant que leur fille rêvait de chanter et de devenir aussi populaire que Ginette Reno. Mme Dion lui était arrivée avec une chanteuse d'expérience, formée par de vrais musiciens et qui avait, malgré ce que disait sa chanson, autre chose que du rêve en elle. Cette femme avait vraisemblablement un plan, un projet bien défini.

Il a alors commis une petite imprudence, du genre de celles qui échappent parfois aux joueurs de poker quand, se croyant perdus, ils se retrouvent avec une main gagnante. Emballé ou désespéré ou croyant avoir entendu la chance murmurer à son oreille qu'elle était de nouveau avec lui, un joueur prend quelquefois dans ces cas-là un risque énorme, il annonce qu'il a un jeu du tonnerre et qu'il va tout balayer. Ce jour-là, René Angélil a garanti à Mme Dion que si elle lui accordait sa confiance, il ferait de sa fille, «en pas plus de cinq ans, une vedette importante au Québec et en France».

Il n'avait pas osé dire ailleurs dans le monde. À cette époque, personne au Québec n'avait de réels contacts dans les hautes sphères du show-business américain, ni même au Canada anglais. Personne ne disposait d'une machine assez puissante pour projeter un artiste sur les grands circuits internationaux.

Mais c'était jouable ! C'était trouvable ! Il était, cette fois, bien placé pour réaliser son projet.

Ce come-back était pratiquement inespéré. C'étaient le hasard et sa bonne étoile qui avaient tout mis en place. En fin de compte, le rejet dont il avait été victime de la part de Ginette pourrait bien lui être bénéfique. Si celle-ci l'avait gardé comme manager, il n'aurait probablement jamais pu accepter l'offre providentielle qu'on venait de lui faire. En fait, Ginette avait préparé le terrain à celle qui allait la supplanter, l'obséder et, pendant un moment, littéralement l'éclipser. Si elle n'avait pas laissé tomber René, celui-ci n'aurait jamais consenti à rencontrer Céline. Dans son esprit, un manager devait absolument se consacrer corps et âme à un seul artiste, s'occuper de son répertoire, de la mise en scène de ses shows, du son, du look, des tournées, de la promotion, etc.

Dès que Mme Dion et sa fille sont parties, René a téléphoné à Marnay. Il était près de minuit à Paris, mais Marnay était, comme René, un couche-tard et un lève-tôt. *Slow play.* René a commencé par demander des nouvelles, ils ont parlé un moment de la pluie et du beau temps qu'il faisait sur le merveilleux monde du show-business… Puis René, mine de rien, essayant de ne pas paraître trop excité, a dit à Eddy qu'il avait entendu une voix de femme extraordinaire. Il ne lui a évidemment pas dit qu'il s'agissait d'une «femme» de pas même treize ans. Il craignait en effet que Marnay, connaissant l'échec qu'il avait vécu avec Ginette, se mette à penser qu'il s'accrochait à la première chanteuse entendue comme un noyé à une bouée. Il décrivit simplement, avec un certain détachement même, la voix au timbre riche, puissante, parfaitement maîtrisée. Eddy l'écoutait gentiment et finit par promettre : «Je serai à Montréal dans deux semaines, tu me feras entendre ta chanteuse. »

Le soir même, ils savaient tous que René avait fait dans la journée son dernier come-back. Pierre, Paul, Marc, Jacques, Ben, il les avait tous appelés un à un pour leur parler de l'extraordinaire découverte qu'il venait de faire. Il a fait entendre *Ce n'était qu'un rêve* à Anne-Renée qui fut emballée elle aussi. « Tu connais ton affaire, lui dit-elle, si tu penses que cette enfant-là a réellement du talent, arrange-toi pour le mettre en valeur. Tu n'as qu'à prendre les bonnes décisions. »

Deux semaines plus tard, Angélil allait cueillir Marnay à Mirabel et l'emmenait directement à son bureau de la rue de Maisonneuve où il s'était arrangé pour que Mme Dion et sa fille soient présentes. Il tenait à ce que la première fois où Eddy Marnay entendrait chanter Céline, ce soit en *live*. Ce n'est que dans l'ascenseur qu'il lui a avoué que la jeune fille qu'il allait lui faire entendre aurait bientôt treize ans. Marnay, poli et délicat comme tout, n'a pas relevé la remarque. S'il était déçu ou inquiet, il n'en a rien laissé paraître. Plus tard seulement, il révélera à René qu'il avait, à ce moment-là, douté du jugement de son ami, mais ses doutes n'avaient duré que quelques minutes.

Tout de suite après avoir fait les présentations, René a demandé à Céline de chanter *Ce n'était qu'un rêve*. Il a suffi de cette courte audition pour que le parolier soit conquis et qu'il pleure, lui aussi. René a de même versé quelques larmes quand Marnay lui a dit que ce n'était pas uniquement la puissance de la voix de Céline qui l'avait touché, mais son contenu, sa vibration, ce qu'elle évoquait, ce qu'elle provoquait. « Je n'ai jamais entendu autant d'émotion et de vécu dans une voix si jeune. » René se souviendra toujours de ces paroles. Marnay avait remarqué bien sûr que la voix était un peu nasillarde dans les aigus, mais c'était là, selon lui, un défaut de jeunesse qui se corrigeait aisément.

Le lendemain matin, Eddy appelait Angélil chez lui pour lui dire qu'il avait écrit dans la nuit une chanson, paroles et ébauche de musique. Il l'avait fait pour une fille de treize ans qu'il n'avait rencontrée qu'une seule fois, quelques minutes seulement. C'était Mia qui, la veille au soir, avait eu l'idée de *La Voix du bon Dieu* qu'ils ont écrite ensemble sur une musique qu'Eddy avait en tête. Angélil exultait. En plus, Marnay s'est formellement engagé ce matin-là à écrire un plein album pour la jeune chanteuse.

La petite Dion se trouvait ainsi fort bien entourée. Eddy Marnay, soixante et un ans, très vieille Europe, vieille culture, juif pratiquant, tourné vers la chanson française. René Angélil, trente-neuf ans, Nord-Américain d'origine syrienne, joueur compulsif, très mondain, chrétien pas très pieux mais respectueux des grands enseignements de la religion de ses parents, passionné de rock and roll et de sport… Que ça ait marché à ce point entre ces deux hommes si dissemblables par la culture et les origines tenait du miracle, un miracle dont allait profiter Céline Dion.

Il y a des moments dans la vie (comme aux cartes) où une situation désespérée permet ou même oblige à réaliser de grandes choses. Angélil, sans projet et pratiquement sans espoir deux semaines plus tôt, décida de tout miser sur Céline. La petite Dion était sa bouée de sauvetage, son ultime chance, sa dernière carte. Elle serait son numéro gagnant. Comme elle était beaucoup plus jeune que lui, il pourrait passer sa vie, et même finir ses jours, dans le show-business, son pays, dont il croyait quelques jours plus tôt devoir s'exiler à tout jamais. Il avait plus d'expérience que tous les gérants qu'il connaissait, il avait fait de la scène, du cabaret, du studio, des disques, de la télé, du cinéma, de la gérance. Il aurait maintenu très longtemps Ginette Reno dans les ligues majeures, et il l'aurait même établie plus haut encore si elle s'était fiée à lui. Il avait des contacts en France, il savait reconnaître une chanson gagnante, il avait tout pour réussir. Tant pis pour Ginette, tant mieux pour Céline qui profiterait de tout cela.

Toutefois, les débuts de son artiste, si tout se passait comme il le désirait, allaient requérir énormément d'argent, or Angélil était pratiquement sans le sou. Du temps où il était un Baronet et, par la suite, quand il travaillait avec Guy Cloutier, puis pour la carrière de Ginette Reno, il avait toujours fait, famille oblige, affaire avec son cousin Paul, qui travaillait à la CIBC. Paul lui faisait confiance, mais il s'occupait à présent des franchises de restaurant. Le nouveau directeur de la banque avait visiblement peur des artistes, et plus encore des gamblers. Il savait, comme tout le monde, qui était Angélil. Il avait beaucoup d'admiration pour lui, mais il n'avait pas confiance en l'artiste qu'il était, un artiste qui avait la réputation de faire passer les plaisirs de la vie avant l'argent.

Une autre chose embêtait Angélil: il n'était pas le seul sur les rangs. Quelques jours plus tôt, Mme Dion lui avait appris qu'elle et son mari avaient signé, le 5 décembre précédent, un contrat de gérance de cinq ans avec un certain Paul Lévesque. Elle avait même arrangé une rencontre entre l'associé de Lévesque, Gilles Cadieux, et René Angélil.

C'est par Cadieux, celui-là même qui était venu lui porter la fameuse enveloppe brune entourée d'un élastique rouge, que René a appris que Lévesque avait fait réaliser par Georges Tremblay au studio Pélo de Longueuil les maquettes des trois chansons qu'il avait écoutées.

Il était fortement déçu. Il avait cru un moment que Mme Dion était venue lui demander de gérer la carrière de sa fille. Tout ce qu'elle cherchait en fait, c'était un producteur de disques. Or Angélil était de plus en plus persuadé qu'une même personne devait cumuler les fonctions de manager, de producteur de disques et de spectacles, d'agent, de gérant. Le modèle idéal devait selon lui ressembler au colonel Parker, qui avait en main la carrière d'Elvis Presley, ou à Johnny Stark, l'homme responsable des carrières de Mireille Mathieu et de Johnny Hallyday. Un bon manager devait tout faire lui-même, prendre toutes les décisions, sur tous les plans. Voilà pourquoi il avait refusé toute association avec Alain Charbonneau.

Bien que déçu d'apprendre qu'il n'était pas seul en lice, il a choisi de bluffer, se disant qu'il y aurait bien moyen tôt ou tard de s'emparer de la manne. Il avait compris qu'il devait se faire une alliée de Mme Dion. Elle était la femme forte de cette histoire et il était évident que, du moins à court terme, on ne pouvait rien faire sans son approbation.

Quant à Paul Lévesque, il se trouvait dans une position plutôt inconfortable. Il avait ce contrat, bien sûr, mais il n'était plus dans les bonnes grâces de Mme Dion. Celle-ci tenait mordicus à trouver des chansons originales pour sa fille et elle était montée sur ses grands chevaux quand Lévesque ou Cadieux avait proposé un jour de lui faire enregistrer des chansons déjà popularisées par René Simard. En fait, Lévesque gérait sans doute très correctement la carrière de quelques groupes rock, comme Morse Code ou Mahogany Rush, qui évoluaient aux antipodes du territoire dans lequel Mme Dion espérait voir sa fille faire carrière; mais il ne semblait pas savoir comment agir avec une chanteuse à peine sortie de l'enfance.

En fait, Angélil considérait qu'il tenait le gros bout du bâton, alors il a mis les choses au clair: il voulait être seul aux commandes. Bien sûr, il partagerait avec Lévesque puisque celui-ci avait un contrat en bonne et due forme, mais s'il devait s'occuper de Céline, il voulait pouvoir établir librement son plan de carrière, choisir les stratégies de mise en marché sans devoir répondre auprès de qui que ce soit de ses décisions. Il n'y avait pas selon lui d'autre manière d'être manager, c'était tout ou rien.

« On partage *half and half*, disait-il, mais c'est moi qui décide de tout et c'est moi qui produis les disques tout seul, avec les chansons que j'ai choisies; et c'est moi qui organise les shows. Je suis le manager et le producteur. Toi, tu restes chez toi, tu recevras ta part. »

Lévesque a semblé satisfait de cette proposition. Angélil a fait préparer un contrat par son ami Jacques Desmarais et il s'est mis au travail avec enthousiasme. Cadieux est resté dans les parages comme chauffeur et coursier. Il allait chercher Céline et sa mère chez elles, les emmenait rencontrer Eddy. Quant à Lévesque, il semblait avoir compris qu'il ne devait se mêler de rien et même se faire rare, parce que Mme Dion ne le portait vraiment pas dans son cœur.

Il avait signé un contrat avec les parents Dion, mais n'avait jamais livré la marchandise. Angélil, lui, avait fait infiniment plus en quelques semaines seulement, et sans contrat. Il avait mis Céline en contact avec un éminent parolier français qui lui créerait un répertoire bien à elle et lui ouvrirait des portes en France.

Si Mme Dion était venue le voir, c'était en effet parce qu'elle était bien consciente qu'il fallait d'abord et avant tout constituer un répertoire à la mesure de la voix unique qu'elle avait su développer chez sa fille. Voilà pourquoi Angélil avait tout de suite pensé à son vieil ami Eddy Marnay qu'il avait facilement convaincu de faire un saut à Montréal pour entendre sa merveille… et bien sûr revoir la belle Mia.

René Angélil ne fait pas vraiment de plan. Il essaie plutôt, comme un joueur d'échec qui entrevoit plusieurs coups à l'avance, d'anticiper comment les choses devraient idéalement se passer. Il savait que Marnay, emballé, allait écrire des paroles sur mesure pour une petite fille de treize ans, trouver des musiques, rencontrer des producteurs, leur raconter qu'il avait trouvé au Canada une petite fille qui avait une voix extraordinaire. Cependant, les producteurs ne répondraient pas nécessairement, et les musiciens ne seraient peut-être pas inspirés parce qu'ils ne connaissaient pas cette voix dont leur parlait Marnay. Dans un premier temps, le projet d'Angélil serait donc de faire résonner la voix de sa chanteuse dans les studios et les bureaux des industriels français du disque.

Il a d'abord demandé au pianiste Daniel Hétu de reprendre les arrangements de *Ce n'était qu'un rêve* et d'en faire un nouvel enregistrement en mettant la voix de la petite Céline plus à l'avant, c'est-à-dire de manière que la musique porte la voix et ne la couvre jamais. Une fois satisfait, il a fait une demi-douzaine de cassettes qu'il a remises à Marnay avec mission de les faire entendre en France, à Claude Pascal et aux musiciens avec qui il avait l'habitude de travailler.

Angélil a souvent dit que Marnay avait été pour lui comme un deuxième père. Il lui faisait totalement confiance, d'instinct. Il savait qu'il ne pouvait se tromper. Marnay avait écrit des chansons sur mesure pour Ginette, qui cadraient parfaitement avec sa voix, sa personnalité. Avec Céline, ce serait maintenant un projet d'écriture tout à fait différent, il allait bâtir un répertoire inspiré de l'univers adolescent, pas celui des teenagers déjà largement exploré, mais celui des plus jeunes qui, émerveillés et effarés, quittent le monde de l'enfance pour entrer dans le monde adulte. Dans le même temps, il fallait que ces chansons rejoignent un public adulte. La tâche était infiniment délicate, mais Marnay s'y appliqua avec joie.

En moins d'un mois, la vie de René Angélil avait changé. La chance était revenue et avec elle, l'énergie, la force. Une chose l'émerveillait: tous ceux et celles qui entendaient la voix de la petite Dion cherchaient pour elle ce qu'il y avait de mieux. Même Paul Lévesque n'avait pu faire autrement qu'être d'accord avec Mme Dion quand elle l'avait sommé de contacter le meilleur manager et producteur de disques, sachant bien qu'il devrait partager les profits avec lui... Angélil avait également réagi de cette manière. Il savait qu'il ne pouvait pas faire chanter n'importe quelle fadaise à Céline. Il ne voulait pas non plus qu'elle reprenne des chansons connues, ce que Mme Dion avait appelé du « déjà porté ». Tout ce qu'elle faisait devait être distinct, différent, exceptionnel. « Il faut toujours faire du jamais entendu, disait-il. Sinon, ça ne vaut pas la peine et on ne va nulle part. »

Dès le début, même s'il était pratiquement sans le sou, il a pris la décision de traiter cette artiste, qui n'était pas encore tout à fait son artiste, comme une star, une sorte d'icône précieuse qui le fascinait et l'intimidait même un peu. Elle savait écouter, ce qui ne gâchait rien. Elle avait soif d'apprendre, une grande qualité aux yeux d'Angélil.

Il avait remarqué certains défauts ou faiblesses chez la jeune chanteuse. Parce qu'elle aimait chanter et qu'elle était musicienne dans l'âme, elle oubliait parfois d'articuler, de phraser, et elle noyait souvent les mots sous les vocalises. Il a convaincu Marnay de rester au Québec quelque temps pour travailler à l'éducation musicale de Céline, lui apprendre à peser les mots, à les évaluer correctement. Marnay lui a montré comment ponctuer le discours musical par des respirations et des pauses, comment donner aux mots leur sens et leur plein rayonnement, comment les placer sur la musique afin qu'ils sonnent bien.

Ainsi, en quelques semaines, tout était prêt. Le moulin à chansons, paroles et musique, qu'actionnait Marnay, fonctionnait à plein régime. À la demande de René, Mia a rédigé un communiqué dès le printemps de 1981, trois mois à peine après la rencontre entre le manager et l'artiste. On y apprenait que Céline Dion venait d'avoir treize ans, que sa seconde passion, après la chanson, était l'équitation, qu'elle aimait aussi le ski nautique et la mode. On y disait également qu'elle était bien entourée. « Ses deux gérants Gilles Cadieux et Paul Lévesque veillent sur elle, tandis que ses producteurs Daniel Hétu et René Angélil lui apprennent toutes les ficelles du métier. »

Ces mots avaient été très certainement longuement pesés et soupesés. Angélil voulait faire savoir que, premièrement, Lévesque et Cadieux ne faisaient que « veiller » et que, deuxièmement, lui-même « agissait » et « formait » la jeune artiste.

René Angélil n'écrivait pas de communiqués. Il en a cependant émis des centaines dans sa carrière de manager. Il ne les écrivait pas, mais il les corrigeait, les fignolait, les faisait réécrire maintes et maintes fois, jusqu'à ce qu'ils disent ou laissent entendre exactement ce qu'il voulait faire savoir et comprendre. Ce communiqué du printemps de 1981, le premier de sa carrière, est déjà typiquement de René ; il ne s'agit pas que d'informer, mais aussi de mettre les pendules à l'heure. Si Lévesque et Cadieux l'avaient lu attentivement et s'ils avaient mieux connu René Angélil, ils auraient sans doute compris qu'il avait la ferme intention d'être seul maître à bord. D'ailleurs, Angélil le leur avait dit. Cependant, l'avenir prouvera leur erreur de jugement. Pour Angélil, les choses étaient pourtant claires et nettes.

Avec la complicité de Mia, et sans jamais consulter ceux qu'il avait appelés les « gérants », il a fait parler de Céline avant même qu'elle n'ait chanté une seule fois en public, alors qu'elle n'avait encore aucune chanson sur le marché, qu'on ne l'avait jamais entendue à la radio ni vue à la télé. Dans un deuxième communiqué, il annonçait les couleurs.

« Son répertoire est varié, il comporte des textes ayant, pour la plupart, un côté réaliste qui raconte la vie de tous les jours des adolescents, leurs joies, leurs peines, leurs espoirs… »

Les textes dont parlait ce communiqué n'étaient pas encore écrits, sauf *La Voix du bon Dieu*. Voilà qui était bien dans les manières de René Angélil, toujours capable de vendre la peau de l'ours avant de l'avoir tué, parce qu'il savait bien qu'il était bon chasseur et qu'il finirait par descendre le fameux ours. En fait, il ne doutait plus de rien.

Six mois après que Jacques Desmarais eut rédigé et expédié le contrat que Angélil et Lévesque avaient conclu de vive voix, ce dernier ne l'avait toujours pas signé. Angélil, confiant en la parole donnée, agissait cependant comme si c'était chose faite. Il prenait seul et librement toutes les décisions, établissait lui-même les stratégies, décidait de tout, du répertoire, du programme, des lancements.

Bien sûr, il n'a rien fait pour rétablir Paul Lévesque dans l'estime de la famille Dion. Il le considérait comme un incapable qui ne connaissait pas bien la production de disques et ne savait certainement pas gérer la carrière d'une jeune chanteuse. Aux parents de Céline, il donnait quotidiennement la preuve qu'il était, lui, infiniment plus efficace et généreux et, ce qui ne nuisait jamais, d'agréable compagnie.

Il achetait à Céline tous les disques qu'elle voulait écouter, des chandails, des robes, un walkman. Il l'emmenait au restaurant avec ses parents, ses frères et ses sœurs… Mieux encore, il s'était ingénié à lui trouver des scènes et des tribunes, car il était persuadé d'une chose : qui entendrait chanter cette fille ne pourrait faire autrement qu'être fasciné et séduit. Dans cette optique, quoi de plus fort que la télévision ? Chaque fois qu'elle chanterait devant les caméras, il en était plus que persuadé, elle gagnerait d'irréductibles fans.

Le grand départ

À l'époque, le plus important talk-show de la télévision québécoise était animé par Michel Jasmin, qu'Angélil aimait bien. Jasmin était un bon communicateur, toujours apte à mettre ses invités en valeur. Quelques années plus tôt, jeune disc-jockey vivant à cent à l'heure, il avait eu les jambes broyées dans un accident de la route. Les médecins lui avaient dit qu'il ne pourrait plus jamais marcher. Il s'était acharné à leur donner tort, et il marchait. Il jouait même au golf. Il s'était ainsi attiré l'admiration des Québécois auprès desquels il s'était imposé comme un symbole de courage et de persévérance. Il était exactement le genre d'homme qu'Angélil respectait, pour ses qualités, bien sûr, mais surtout parce qu'il avait réussi cet extraordinaire come-back.

Il voulait donc que ce soit Jasmin qui le premier présente Céline aux Québécois. Cet homme-là avait du goût, de l'autorité, de l'empathie. Quand il disait à ses téléspectateurs d'écouter, ils écoutaient. «Je le connais, disait-il à Mia. Il suffit qu'il entende Céline trente secondes pour vouloir l'inviter à son show.»

141

Il a lui-même contacté Jasmin qui est venu à son bureau en compagnie des recherchistes de l'émission, René-Pierre Beaudry et Diane Bonneau. Angélil leur a fait entendre l'enregistrement de *Ce n'était qu'un rêve* que Céline avait chanté sous la direction de Daniel Hétu. Pendant qu'ils écoutaient, René regardait Jasmin et il a su dès le premier couplet que c'était gagné. Très ému, Jasmin a affirmé que cette petite fille serait une très grande chanteuse. Il a dit à René : « Je la prends dans mon show quand tu veux. »

Angélil a proposé de faire le lancement du 45 tours de *Ce n'était qu'un rêve* à l'émission de Jasmin. Celui-ci, qui avait du flair, a saisi l'occasion. Il rendait un fier service à Angélil, mais il savait aussi que la jeune chanteuse ferait sensation et que ce serait bon pour son émission.

Le vendredi 19 juin 1981, Céline Dion faisait donc sa première apparition télévisée de sa vie et lançait son premier disque sur TBS, un label qui appartenait à René Angélil. Il avait trouvé ce nom lors d'un voyage au Japon avec Guy Cloutier et René Simard, en 1974. TBS (pour Tokyo Broadcasting System) était une station de télévision jeune et dynamique dont l'organisation et l'efficacité l'avaient grandement impressionné.

Dans l'après-midi de ce 19 juin, il s'est rendu dans les studios de TVA longtemps à l'avance avec Céline et sa mère. Il les a présentées au réalisateur Pierre Sainte-Marie, au régisseur, aux recherchistes, aux caméramans, à Jasmin, à la maquilleuse, à la coiffeuse, au chanteur Michel Louvain qui, cette semaine-là, coanimait l'émission… Puis il a promené son artiste dans le studio afin qu'elle se familiarise avec les lieux, les caméras. Il avait demandé à Anne-Renée, qui avait beaucoup d'expérience dans ce domaine, de coacher Céline.

« Ne te regarde pas dans le moniteur, lui disait-elle, regarde la caméra… Dis-toi qu'à travers elle, tu chantes pour ta mère et pour ta famille qui te regardent et qui t'aiment. »

Céline était visiblement nerveuse. Elle a fini par avouer que ce n'était pas chanter qui lui faisait peur, c'était après, quand il lui faudrait parler. Elle ne saurait pas quoi dire. Angélil n'avait pas pensé à ça. Céline lui répétait qu'elle n'avait rien à dire, et il était trop tard pour demander à Jasmin quelles questions il allait poser. René était nerveux lui aussi, mais il devait calmer et rassurer son artiste.

« Touche du bois ! » lui dit-il, très sérieusement. Comme tous les gamblers, Angélil était extrêmement superstitieux. Il voyait des présages et des signes partout. À table, par exemple, les fourchettes en croix, les couteaux tombés, la salière renversée, le nombre de convives, tout pouvait avoir une influence favorable ou néfaste sur la suite des événements. Il n'y avait rien comme le bois pour conjurer le mauvais sort et rassurer une jeune artiste…

Il n'y avait pas beaucoup de bois dans le studio ; les sols et les murs étaient en ciment ou en matériaux synthétiques, les fauteuils en aluminium et en plastique. Par chance, l'un des invités, le chanteur Fernand Gignac, avait posé sa pipe de bruyère dans un cendrier. Angélil s'en est emparé, Céline l'a touchée. « Tu vas voir, tout va bien aller. »

Juste avant que son artiste ne se produise, il s'est rendu dans la régie afin de voir les images qu'on ferait d'elle et surtout comment elle se comporterait devant les caméras. Céline a remarquablement bien chanté. Pendant la pause publicitaire, sous les applaudissements nourris du public, le régisseur l'a menée vers la petite table où l'attendait Michel Jasmin qui l'a copieusement complimentée.

Parce qu'elle était intimidée, Céline a été brusque et a répondu un peu n'importe comment aux questions qu'il lui a posées. Quand il lui a demandé si elle aimerait prendre des cours de chant, elle a haussé les épaules et a répondu « non » comme s'il allait de soi qu'elle n'en avait nul besoin. Elle a dit qu'elle venait de Repentigny, plutôt que du village voisin de Charlemagne, moins connu. Dans la régie, Angélil a tout de suite pensé que les gens de Charlemagne, qui connaissaient la famille Dion, seraient froissés et croiraient que Céline avait voulu les snober. « Pas bon », pensat-il. Au départ d'une carrière, il faut emmener tous ses proches avec soi. Il faut séduire un à un tous ses voisins, ne jamais laisser entendre qu'on s'est fait tout seul, ne jamais dire qu'on n'a pas besoin d'apprendre. Voilà ce qu'il ferait comprendre à son artiste dans les prochains jours. Pour le reste, c'était gagné.

Cette première émission du 19 juin 1981 restera pour René Angélil le véritable point de départ de la carrière de Céline Dion, et il en sera à jamais reconnaissant à Michel Jasmin. Céline avait peut-être manqué de charme et de candeur, mais la démonstration était faite qu'elle chantait de façon extraordinaire, et c'était là le but. Après lui avoir constitué un répertoire original, auquel travaillait fébrilement Eddy Marnay, Angélil s'occuperait de lui trouver des tribunes, de la faire entendre à chaque occasion par le plus de monde possible.

Ainsi, sur ce même plateau de télé du 19 juin 1981, le hasard avait réuni, outre Fernand Gignac, le chanteur Bruce Huard, ex-vedette des ex-Sultans, qui avait laissé tomber le show-business après avoir redécouvert Dieu et était venu parler à Jasmin de son cheminement spirituel, et Rodger Brulotte, directeur des relations publiques du club de baseball des Expos de Montréal. Après avoir entendu chanter Céline, Rodger était allé voir Angélil pour lui dire qu'il avait trouvé sa protégée formidable et lui a proposé de faire interpréter par Céline les hymnes nationaux lors d'un prochain match des Expos au Stade olympique.

C'est ainsi que, au cours de l'été de 1981, la jeune Céline, qui ne connaissait rien au baseball et n'en voulait rien savoir, a chanté à plusieurs reprises au Stade olympique de Montréal. Pour Angélil, qui se passionnait pour le baseball, il y avait là une tribune de première importance. Selon lui, le vrai grand public aime le sport tout autant que la chanson.

Céline portait un uniforme des Expos. Deux minutes avant le match, un présentateur annonçait que les hymnes nationaux du Canada et des États-Unis seraient interprétés par « une jeune fille de treize ans, Céline Dion ». Elle s'avançait alors en courant, son micro à la main, jusqu'au monticule. Face à la foule et aux joueurs, à l'immense amphithéâtre, aux caméras de télévision, elle entonnait le *Ô Canada* et le *Stars & Stripes* dont elle ne comprenait pas les paroles, mais qu'Angélil lui avait fait apprendre par cœur. Chaque fois, la voix de la petite Céline Dion faisait son chemin, et Angélil disait à Rodger Brulotte : « Si tu as besoin qu'elle revienne, c'est quand tu veux. » Partout où il produisait son artiste, elle provoquait émoi et intérêt.

Pendant cet été-là, René l'a produite à plusieurs reprises dans des centres commerciaux et dans ce qu'on appelait des balcons-villes, des événements organisés par des stations de radio, CJMS le plus souvent, qui diffusaient directement d'une ruelle, d'une cour, des terrasses et des balcons de diverses gens des quartiers populaires de Montréal. Partout où elle se produisait, on pouvait acheter son 45 tours lancé le 19 juin.

À la fin de l'été, après le passage à l'émission de Jasmin, les apparitions au stade, les chansons dans des centres commerciaux et dans plusieurs balcons-villes, on n'avait écoulé que 25 000 exemplaires de *Ce n'était qu'un rêve*. Beaucoup de producteurs et d'artistes en auraient été satisfaits, mais pas Angélil. Il était à ce point persuadé de la valeur et de la qualité de son artiste qu'il s'était attendu à trois, quatre, dix fois plus de ventes. À ses amis, aux gens de l'industrie et des médias, il servait toujours la même rengaine : « Plus le monde va l'entendre, plus ses disques vont se vendre, sûr et certain. »

Cependant, il n'avait toujours pas d'argent pour produire disques et spectacles. En d'autres temps, il aurait songé au jeu, mais il avait été plutôt malchanceux au cours des mois précédents quand il s'était approché d'une table de black-jack. Par superstition sans doute, il préférait, pour une fois qu'il avait un réel besoin d'argent, ne pas prendre trop de risques. On ne va pas jouer quand on a réellement besoin d'argent, car alors ce n'est plus un jeu, mais un boulot.

La voix du bon sens lui recommandait de prendre bien sagement et à peu de frais le même chemin que tout le monde, de continuer à emmener Céline chanter dans des centres commerciaux, des mariages, des balcons-villes, des festivals champêtres et au stade de temps en temps, de solliciter gentiment les industriels du disque et du spectacle qui finiraient bien par lui donner des avances. Dans quatre ou cinq années, son artiste aurait un hit ou deux à la radio, il lui trouverait quelques émissions de télévision et il organiserait alors une tournée. Dans dix ou douze ans, quand elle aurait autour de vingt-cinq ans, Céline Dion chanterait dans de grandes salles, à la Place des Arts peut-être.

Toutefois, il ne voulait pas attendre sagement que le succès vienne à lui. Il a pris la décision, «folle raide», a-t-on chuchoté dans le milieu, de sortir à l'automne, outre l'album de chansons originales que préparait Marnay, un recueil de chansons de Noël, deux albums d'une pure inconnue lancés l'un après l'autre sur le marché. Pour produire ces albums, il a hypothéqué sa maison de la rue Victoire, à Laval. Au poker, quand on mise tout ce qu'on a, on dit: « *All in.* » Parce qu'on a un jeu gagnant, qu'on croit qu'il est à peu près impossible de perdre. Le show-business n'est pas le poker. Il y a encore plus d'impondérables. Surtout avec une chanteuse adolescente qui peut perdre l'envie de chanter ou dont la voix peut changer brusquement. Angélil connaissait assez Céline pour savoir que même si elle n'avait que treize ans et demi, elle était une valeur sûre; elle investirait elle aussi dans cette aventure tout son talent.

Tout le monde, dans son entourage, connaissait le flair et l'intelligence de René. À tous et à chacun, il avait donné jour après jour des preuves du grand talent de Céline et de la foi inébranlable qu'il avait en elle, en sa bonne étoile, en son génie.

Un soir, Pierre Lacroix et sa femme Colombe, que tous appelaient Coco, accompagnés de leurs garçons, Martin, onze ans, et Éric, neuf ans, sont venus voir travailler Céline en studio. Coco a photographié ses garçons avec la jeune chanteuse, et René lui a dit de garder cette photo précieusement, parce qu'un jour Céline serait la plus grande chanteuse du monde. Il n'avait jamais aucun doute. Il disait qu'un succès dans la vie, quel que soit le domaine, commençait avec une passion, une vision. « La vision, je l'ai, et j'ai un plan. Ça va marcher, vous allez voir. »

De là à parler de la plus grande chanteuse du monde ! Certains, même parmi ses très proches, restaient sceptiques et inquiets. Tant de choses pouvaient se produire dans la vie d'une fille de treize ans et demi…

« René est devenu fou », se disaient alors ses amis qui tentaient de le protéger contre lui-même.

Un soir, il était allé voir Marc Verreault à son bureau de la rue Sherbrooke. Marc était alors producteur des Anciens Canadiens, les Old Timers, dont il organisait avec beaucoup de succès les tournées dans tout l'est du Canada. Ses affaires allaient bien, il avait de l'argent. Bien amicalement, il a tenté de faire la leçon à son ami René. « Tu dis toi-même qu'il ne faut jamais mettre tous ses œufs dans le même panier. »

Mais Marc connaissait assez René pour savoir qu'aucun argument ne pourrait l'ébranler. Quand son idée était faite, il n'écoutait plus personne. Marc savait aussi que René était profondément attristé de voir que certains de ses amis ne semblaient pas l'appuyer.

« Vous l'avez entendue, disait-il. Comment pouvez-vous douter que ça marchera ? »

Devant Marc, sur le pas de sa porte, il a pleuré, parce que son ami ne le comprenait pas, sans doute aussi parce qu'il avait un peu peur. Il venait de se mettre en grand danger, de mettre sa famille en danger. Si jamais cette voix extraordinaire, cette voix que Mia et Marnay avaient appelée « la voix du bon Dieu » se cassait, ce sont des choses qui arrivent, des voix qui se déchirent tout d'un coup, surtout à cet âge… Il serait face au vide, ruiné, sans ressources. Cependant, il avait confiance non seulement dans la solidité de cette voix, mais aussi dans la solidité de la petite chanteuse. Il la savait déterminée, sereine et solide.

Il y avait la mère de Céline aussi, Thérèse Dion, qui saurait la protéger, la stimuler et heureusement, il y avait Eddy, Mia, et toute la famille Dion, des croyants, de fervents *believers*, qui l'appuyaient et qui ne doutaient pas, eux. Dans l'industrie, ceux qui avaient entendu *Ce n'était qu'un rêve* savaient qu'il y avait là une grande voix, mais personne n'osait encore investir sur elle. Sauf le distributeur Trans-Canada où René avait un ami, Denys Bergeron, qui lui obtint une avance de 30 000 dollars, de quoi louer pendant quatre nuits le studio Saint-Charles, où furent enregistrés les deux premiers albums de Céline Dion.

René a toujours été, depuis la petite école, un gars de gang. Les séances d'enregistrement au studio Saint-Charles allaient donc se faire en présence de nombreux parents et amis. En fin de journée, il se rendait à Charlemagne chercher Céline et sa mère, parfois son père, parfois quelques-uns de ses frères et sœurs et plusieurs de leurs amis, pour les emmener au studio Saint-Charles où il retrouvait son cousin Paul Sara, ses amis Marc Verreault, Ben Kaye, Pierre Lacroix, plusieurs autres, des gens de l'industrie et des médias. Parfois, ses propres enfants, sa femme Anne-Renée, Eddy et Mia étaient là aussi.

René s'arrangeait pour toujours payer pour tout, comme s'il avait été plein aux as, le studio, les taxis, les restaurants, même la demi-douzaine de pizzas extra-larges ou les mets chinois qu'il commandait au milieu de la nuit pour les techniciens et le public du studio d'enregistrement. Il allait payer également pour le look de Céline, pour la séance de photo, pour le design de la pochette et pour le lancement, bien sûr.

Il a confié les relations de presse à Mia Dumont, la fiancée d'Eddy Marnay, qui venait de créer un bureau de relations publiques, Communimage. Elle s'occupait, entre autres, de Gilles Vigneault et de Fabienne Thibeault, deux personnalités déjà bien établies, bien structurées, qui donnaient toutes deux dans la chanson beaucoup plus «culturelle» et «intellectuelle». La toute jeune Céline Dion n'avait pas de discours, pas d'idéologie, que des rêves géants et confus. On voulait l'imposer comme une grande voix qui interprétait des chansons de qualité. Ensemble, Mia et René ont organisé et orchestré le lancement des deux albums.

Paul Lévesque n'avait toujours pas réagi à la proposition que lui avait fait parvenir Angélil qui, tout occupé à la production et à la promotion des deux albums de Céline, n'avait pas cru bon de le relancer. Mais voilà qu'en octobre, quelques jours avant le lancement de *La Voix du bon Dieu*, Lévesque lui faisait savoir qu'après mûre réflexion il avait décidé de gérer tout seul la carrière de Céline.

« Tu peux continuer à produire ses disques, lui dit-il. On partagera moitié-moitié, mais je garde pour moi le contrat de gérance. Le manager, ce n'est pas toi, c'est moi. »

Angélil a vite durci le ton. Il a dit à Lévesque qu'il lui donnait quarante-huit heures pour signer le contrat. « Si c'est pas fait dans deux jours, tu n'auras plus rien, lui disait-il, et t'auras plus jamais affaire à Céline Dion, tu pourras même plus lui parler, fie-toi à moi. » Lévesque savait bien qu'Angélil bluffait ; il avait entre les mains un contrat en béton, tout à fait légal, et dûment approuvé par le conseil de famille des Dion, qui le liait encore à Céline pour une durée de près de quatre années.

Cependant, Angélil avait lui aussi de fort bonnes cartes dans son jeu. Il avait la confiance de toute la famille Dion, la collaboration assurée d'Eddy Marnay, de Mia, d'Anne-Renée. Il avait créé une machine solide, hautement performante. En plus, ce que Lévesque ignorait, c'est que René venait de recevoir une offre qui pourrait bien ressembler à un carré d'as. Marnay l'avait en effet informé que le producteur Claude Pascal lui proposait le même deal que celui prévu pour Ginette Reno. Ainsi, René allait récolter les fruits des efforts déployés deux ans plus tôt. Il était assuré à 99 % qu'un album de Céline sortirait en France et qu'il pourrait tenir la folle promesse faite à Mme Dion quelques mois plus tôt de faire de sa fille une vedette dans toute la francophonie.

Deux jours plus tard, Lévesque n'avait toujours pas bougé. «Je t'annonce que c'est fini pour toi, lui a dit Angélil au téléphone, et c'est la dernière fois que je te parle. Je ne veux plus que tu adresses la parole à Céline ni à Mme Dion. Et je ne veux plus te voir dans le décor.»

Il s'est ensuite rendu chez les Dion avec qui, au cours des mois précédents, il avait développé de solides liens de confiance. Ceux-ci appréciaient le travail qu'il avait fait. À plusieurs reprises, leur fille était passée à la télé, elle avait chanté au Stade olympique, elle avait enregistré douze chansons originales et un album de Noël. On parlait d'elle dans le milieu et, grâce à René, elle avait déjà des contacts en France où des portes lui seraient bientôt grandes ouvertes.

René n'attendait qu'une chose pour agir: que les parents Dion informent Lévesque qu'ils lui retiraient leur confiance et qu'ils voulaient désormais confier la carrière de leur fille à René Angélil exclusivement. Or, c'est justement ce même soir d'automne, pendant que René se trouvait chez les Dion, à Charlemagne, que Paul Lévesque a eu la mauvaise idée de téléphoner chez eux… pour se faire dire par M. Dion qu'on ne voulait plus le voir. Lévesque a compris qu'il n'avait pas le choix et que même s'il avait de bons atouts en main, dont un contrat en bonne et due forme, il venait de perdre. On ne peut forcer un artiste à travailler avec un gérant en qui il n'a pas confiance. Il faudrait cependant partager les profits et payer les dommages.

Angélil et Jacques Desmarais ont rencontré Paul Lévesque chez son avocate, Louise Paul, le 16 juin 1982. Ils avaient préparé toute une mise en scène, le genre de chose que René Angélil, maître ès canulars, adorait. Si Lévesque se révélait intraitable et persistait à exiger le respect de son contrat, il lui dirait : « Dans ce cas, je me retire. Tu t'arrangeras tout seul. » À ce moment, il ferait mine de partir avec les bandes d'enregistrements qui connaîtraient le sort de celles qu'il avait produites avec Marnay pour Ginette Reno. Lévesque se retrouverait avec une artiste qui ne voulait rien savoir de lui et pour laquelle il n'avait ni répertoire ni projet. Il n'était pas en mesure de mener seul la carrière de la jeune chanteuse. S'il avait quelque connaissance du marché du spectacle américain où évoluaient ses groupes rock, il n'avait pas beaucoup de contacts en France. Il ne connaissait certainement pas de bons paroliers capables de constituer à Céline un répertoire original, et René savait que Marnay lui resterait fidèle.

L'avocate de Lévesque a informé René et Desmarais que son client exigeait 75 000 dollars comptant plus 50 % des revenus bruts jusqu'à l'expiration du contrat, et Angélil serait tenu de produire à la fin de chaque mois un rapport très détaillé des activités rémunérées de l'artiste.

Cependant, Angélil n'avait alors aucun revenu. « Je n'ai fait aucun profit, a-t-il dit, rien que des investissements. Pas de revenus, rien à partager pour le moment. » L'avocate de Lévesque a rapidement fait quelques concessions, elle a renoncé au forfait de 75 000 dollars, mais elle a continué d'exiger un pourcentage élevé des profits. Au bout d'une dizaine de minutes de discussion, Angélil s'est levé, il a dit à Lévesque qu'il ne céderait rien de plus que 12,5 % sur les premiers 10 000 dollars (et 6,25 % au-delà) des revenus bruts qu'il tirerait des activités de Céline Dion pendant la durée de son contrat. Puis il a ajouté : « Et compte-toi chanceux, parce que dans mon livre à moi, tu ne mérites pas un cent. Si ça ne fait pas ton affaire, tu prends tout et je me retire. » Il a rappelé à Lévesque qu'il était brouillé avec la famille Dion, qui ne voulait plus de lui, et il est sorti du bureau en claquant la porte.

Resté seul avec Lévesque et son avocate, Desmarais leur a fortement conseillé d'accepter l'offre de son client. « Je le connais, il ne changera pas d'idée, et vous risquez de tout perdre. » Lévesque a finalement accepté la proposition.

Quelques minutes plus tard, comme convenu dans le scénario qu'ils avaient établi, Desmarais sortait à son tour en disant qu'il allait tenter de rattraper son client et de le calmer. Les deux hommes se sont retrouvés devant l'ascenseur, Jacques félicitant René pour son numéro. « Tu mériterais l'oscar du meilleur acteur. »

Puis ils sont retournés dans l'étude où, dans un silence tendu, les avocats ont préparé un contrat. Angélil a signé le premier. Puis il est sorti sans tendre la main ni même saluer l'ex-gérant de Céline Dion.

Il avait désormais la haute main sur la carrière de la chanteuse la plus prometteuse du monde. « C'était la première chose à faire, disait-il à ses amis. Si je n'avais pas eu le contrôle, je n'aurais été qu'un exécutant et ça ne m'intéressait pas. »

Il avait voulu être seul maître à bord. C'était désormais chose faite.

Partie 3

La balle au bond

Au printemps de 2005, à Las Vegas, le célèbre imprésario René Angélil et son grand ami Pierre Lacroix, directeur général et président de l'Avalanche du Colorado, ont joué au golf en compagnie des deux grands patrons du journal *La Presse* de Montréal, Guy Crevier et André Provencher. Angélil connaissait assez bien ce dernier qui, pendant plusieurs années, avait été vice-président des programmes du réseau de télévision TVA.

Tout s'est passé à merveille : belle journée, bons joueurs, quelques très beaux coups. Ils se sont promis de rejouer ensemble, un de ces jours, au Québec, en Floride ou encore à Las Vegas. Provencher et Crevier étaient enchantés, même s'ils avaient subi une incontestable défaite.

Au moment où ils allaient se quitter dans le stationnement, Guy Crevier, l'éditeur du grand journal, a dit à René en lui tendant sa carte professionnelle : « Si jamais je peux faire quelque chose pour toi, tu m'appelles. » René a saisi la balle au bond et lui a dit que justement, il en avait plus qu'assez que les journalistes de *La Presse* écrivent des insanités et des faussetés sur sa femme, qu'ils soient incapables de se rendre compte qu'elle avait acquis une stature internationale et qu'elle était une immense artiste à qui on devait le respect.

À peine avait-il terminé ses récriminations que Pierre Lacroix s'emparait à son tour de la balle et accusait les journalistes sportifs de *La Presse* de s'acharner à ridiculiser les joueurs et l'organisation de l'Avalanche du Colorado, « alors qu'on sait qu'il y a plus de Québécois dans l'Avalanche que chez les Canadiens de Montréal. Vos journalistes nous traitent de traîtres et de vendus parce qu'on réussit ailleurs qu'au Québec ».

Crevier, stupéfait, a rétorqué qu'il n'avait aucun pouvoir sur le syndicat et qu'il ne pouvait aller à l'encontre de la liberté de presse, mais il est cependant resté très cool, très courtois. Il a doucement rappelé à René que les journalistes de *La Presse* n'avaient pas écrit que des bêtises sur Céline, mais aussi beaucoup d'éloges.

Quelques semaines plus tard, René recevait à Las Vegas deux magnifiques albums reliés et cartonnés, dans lesquels étaient compilés sur papier glacé tous les articles concernant Céline Dion parus dans le grand quotidien montréalais. Dans une lettre jointe à l'envoi, Guy Crevier lui disait son admiration pour sa réussite et le grand respect que la direction de *La Presse* et lui avaient pour son artiste.

En feuilletant ces albums, René a pu constater que Crevier n'avait pas tout à fait tort en disant que ses journalistes n'étaient pas tous des détracteurs de Céline. Il a saisi, en survolant ainsi la carrière de son artiste et la sienne, si intimement liées, à quel point ils avaient tous deux été suivis de près, presque au jour le jour, par les médias québécois, et aussi à quel point le temps passait. Tout était là, les fulgurants débuts de Céline, les colères de René, ses disputes avec les médias, sa crise cardiaque de 1992, leur mariage fastueux en décembre 1994, son cancer à la gorge en 1999, le récit de chacune des tournées qu'il avait montées, des critiques de dizaines et de dizaines de shows qu'il avait produits, depuis le temps des petites salles de province jusqu'au Stade de France… toute sa vie était là.

Ce fut, pendant plusieurs jours, un très émouvant retour en arrière, et Angélil s'en est beaucoup voulu d'avoir été si vindicatif avec Crevier. Il l'a appelé pour le remercier, et il a fait ce qu'il fait souvent quand il veut manifester à quelqu'un son attachement ou sa vive sympathie, il lui a dit: «Je vais te passer Céline qui veut te parler.» Céline a remercié elle aussi Guy Crevier et lui a répété à quel point son cadeau les avait émus.

Ces deux albums couvraient plus d'un quart de siècle de leur vie. Le tout premier article datait en effet du 31 octobre 1981. Gros titre en page D1 de *La Presse*, «Céline Dion, 13 ans, une nouvelle Judy Garland». Tout était là pour la première fois. Le journaliste Denis Lavoie parlait de la famille de quatorze enfants originaire de Charlemagne, de la mère, femme d'affaires, musicienne, parolière, du père bâtisseur de maisons. Il relatait la rencontre avec René Angélil, avec Eddy Marnay; il décrivait le talent, l'intelligence, la détermination de tout ce monde et il citait abondamment Marnay.

En lisant ce texte, René s'est souvenu que c'était ce qu'il avait voulu, pour ne pas dire exigé. Marnay parlait bien, il était doux, chaleureux, sympathique, brillant, si extraordinairement intelligent. Il allait donner le ton à ces premières entrevues, le ton à la carrière débutante de Céline. Dans ces lignes, René croyait entendre la voix de son vieil ami qui parlait de *La Voix du bon Dieu* et disait à Denis Lavoie que la petite Céline possédait un trésor incomparable, un magnétisme qu'on n'obtient pas par l'expérience, mais qu'on a de naissance.

Le grand public lecteur de journaux savait donc déjà à quoi s'en tenir quand, le 9 novembre 1981, à midi, eut lieu le lancement du premier album de Céline Dion, dans la salle Le Portage de l'hôtel Bonaventure. René avait choisi cet endroit parce qu'il s'agissait d'un lieu de prestige, mais aussi parce que sa femme Anne-Renée y avait déjà chanté et que tout s'était bien passé.

Il tenait à un lancement de grande classe, même si son artiste était encore pratiquement inconnue et s'il n'avait pas vraiment les moyens de louer une salle de cette dimension ni d'inviter autant de gens. Mia avait donc convié toute la presse télévisée et écrite. Elle avait fait préparer des bouquets de mimosa qu'on remettait à chacun, en même temps qu'un cahier de presse et un exemplaire de l'album. René avait invité, outre les médias, des gens de l'industrie, des distributeurs, des disquaires, tous ses amis, son cousin Paul et, évidemment, Desmarais, Verreault, Lacroix, toute la famille de Céline, plus de 150 personnes en tout. Il en sera toujours ainsi ; toutes les conférences de presse et tous les lancements qu'organiserait René Angélil au cours de sa carrière seraient des événements destinés non seulement à informer ou à influencer les médias, mais également à réunir les proches et les amis. On y trouvera toujours beaucoup, pour ne pas dire excessivement, à boire et à manger.

Au cours de ce premier lancement, il a innové de plusieurs manières. D'abord, en proposant une performance live de son artiste, ce qu'aucun producteur jusque-là n'avait eu l'idée ou l'audace de faire. Céline pratiquait depuis sa tendre enfance l'art de chanter sur des bandes musicales et elle le faisait avec un parfait synchronisme. Toutes les occasions étaient bonnes pour faire chanter Céline en public, et cela pour deux raisons, disait Angélil à Mia et à Eddy : « D'abord, les gens sont émerveillés quand ils la voient chanter ; ensuite, ça lui permet de prendre de l'expérience et de l'assurance. »

Effectivement, dans tous les journaux du lendemain, comme dans les magazines radios et télés, avant même de donner de plus amples détails sur le nouvel album, on parlait de l'extraordinaire voix de la jeune chanteuse qui avait interprété *Ce n'était qu'un rêve* et *La Voix du bon Dieu*.

À treize ans, Céline chantait comme une professionnelle. Parler en public était en revanche plus problématique. Du temps de Ginette, René établissait bien sûr la stratégie médiatique, sans briefer son artiste chaque fois qu'elle rencontrait les journalistes. Ginette avait autant sinon plus d'expérience que lui dans ce domaine et elle adorait parler d'elle-même, de ses peines d'amour, de ses accouchements, de ses problèmes d'obésité! Dans le cas de Céline, c'était tout autre chose. Elle était encore très jeune et, de son propre aveu, elle n'avait rien à dire et pas vraiment envie de parler. René devait donc se mêler de tout. Il rencontrait les journalistes avant qu'ils parlent à Céline, orientant leurs questions vers des sujets sur lesquels elle saurait s'exprimer. Il consultait beaucoup Eddy et Mia mais, en dernier recours, c'était lui qui décidait de tout, des entrevues qu'accorderait la jeune chanteuse, de leur contenu et de leur durée.

De même, il avait choisi avec le plus grand soin les photos de la pochette de l'album, de manière à présenter deux côtés de la personnalité de Céline. Au recto, on voit une enfant sage et rêveuse avec, sur ses joues, le reste de rondeurs enfantines. Elle regarde ailleurs comme si elle écoutait quelqu'un (son mentor? sa maman?). Au dos, voilà la jeune fille éveillée, maquillée, visiblement très sûre d'elle. Elle regarde le monde de haut, droit dans les yeux.

La seule chose dont Angélil ne s'est pas mêlé du tout et dont il ne se mêlera jamais vraiment (sauf plus tard quand il chercherait à refréner le goût de Céline pour les tenues qu'il jugeait trop sexy), ce fut les vêtements qu'allait porter son artiste pour les séances de photo et les rencontres avec les journalistes. Il a laissé Anne-Renée et Mia courir les boutiques avec elle. Tout ce qu'il leur demandait, c'était que Céline ait l'air d'une jeune fille bien. « Habillez-la comme vous voulez, mais que ça ne soit pas voyant ni vulgaire, je veux que ça soit classe et sage. »

Il voyait bien que Céline aimait le clinquant et le brillant, les froufrous et les falbalas. Il voyait bien qu'elle était fascinée par la mode et ça lui semblait tout à fait normal ; comme toutes les petites filles de treize ans, elle aurait aimé avoir l'air et les allures d'une rockeuse flamboyante ou pouvoir s'attifer comme une vamp de trente ans, avec boa, jupe longue fendue jusqu'en haut de la cuisse, talons aiguilles, etc. Cependant, le concept des chansons de l'album dressait le portrait d'une toute jeune fille sage et douce qui découvre la vie, qui s'interroge sur l'amour, qui parle de sa grand-maman, de ses rêves. L'artiste, selon Angélil, devait se conformer à cette image, et les médias avaient tout intérêt à respecter cette image.

C'est ainsi qu'il acquit bien vite, auprès d'une certaine presse, la réputation d'être hyper-contrôlant, mais il possédait un charme et un ascendant auxquels cette même presse n'était pas du tout insensible. Il était déjà connu dans tout le Québec depuis près d'une vingtaine d'années. On le savait joueur. On le croyait trop artiste pour être bon homme d'affaires. Il avait encore, dans certains milieux, la réputation d'être le roi des bouffons, et encore besoin auprès de certains de faire ses preuves de bon show-businessman.

Angélil a sorti *Céline Dion chante Noël* au début de décembre 1981. Il ne connaissait la jeune fille prodige que depuis dix mois, mais il en avait déjà fait une chanteuse dont on commençait à parler et dans les médias et dans le public. Pendant l'hiver de 1981-1982, les deux albums se sont vendus à plusieurs dizaines de milliers d'exemplaires. Angélil avait gagné son pari. Il avait de quoi payer ses dettes et rembourser l'hypothèque qu'il avait levée sur sa maison. Il avait surtout de quoi confondre tous ceux qui n'avaient pas cru à son entreprise, et il ne pardonnerait pas à ceux qui avaient douté, à part bien sûr à ses proches et bien-aimés amis comme Marc Verreault. En revanche, ceux de l'industrie qui n'avaient pas cru en son artiste n'auraient plus jamais l'occasion de travailler avec elle. Avec Angélil, la devise était : Crois ou va voir ailleurs si j'y suis.

En moins d'un an, il avait bien établi son artiste au Québec. L'album de Noël avait connu un bon succès comme pratiquement tous les albums de Noël qui sortaient au Québec ; et *La Voix du bon Dieu* allait bientôt franchir la barre des 100 000 disques vendus. Un an plus tôt, il avait promis à Mme Dion de faire de sa fille une vedette au Québec et en France, si elle lui faisait confiance. Mme Dion lui avait accordé toute sa confiance. Elle ne s'était jamais gênée pour donner son opinion, elle avait même parfois manifesté certaines réticences, mais elle avait laissé Angélil tout à fait libre, seul maître à bord, et elle s'en félicitait.

Celui-ci était fasciné par l'audace et l'énergie de la jeune chanteuse. Elle était toujours très réservée dans la vie, très timide, elle parlait peu, ne s'éloignait jamais de sa maman mais, avec un micro dans la main, sur scène ou en studio, elle se révélait une tout autre personne. Cette personne extravertie émerveillait et éblouissait René Angélil.

Les parents de René, Alice Sara et Joseph Angélil,
le jour de leur mariage, en 1937. «Avoir des parents qui
s'aiment donne confiance en soi et en la vie.»

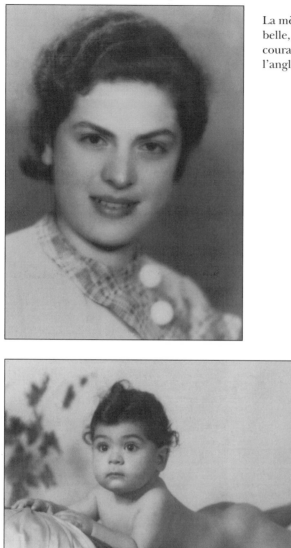

La mère de René,
belle, cultivée, parlait
couramment le français,
l'anglais et l'arabe.

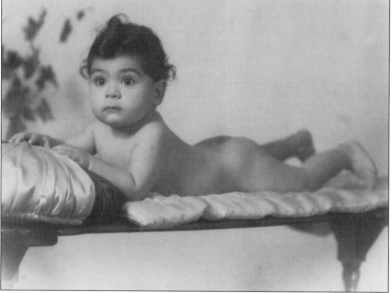

Premier enfant de sa génération dans le clan Sara-Angélil, René
a passé sa tendre enfance dans Villeray, un quartier populaire et
francophone de Montréal.

René et sa mère,
à l'été de 1942, sur le
balcon de la maison
de la rue Saint-Denis,
dont il garde de vagues
et touchants souvenirs.

Son père l'a initié très jeune au backgammon.
Presque tous les soirs, après souper, parents, oncles
et tantes se réunissaient pour jouer aux cartes.

Joseph Angélil et ses fils, René à gauche et André, au milieu des années 1950. « Si j'ai un regret dans ma vie, c'est d'avoir trop peu parlé avec mon père. »

Deux grandes dames de la vie de René Angélil : Tété Nour, sa grand-maman, et Alice, sa maman, deux redoutables championnes de cartes.

Le clan Sara-Angélil était très uni. Dans les bras de René, sa cousine Ginette ; à sa gauche, ses cousins Paul et Robert, son frère André.

Les frères Sara et les frères Angélil jouant au Monopoly.
De gauche à droite : André, Paul, René, Robert.

René a toujours été un grand amateur de sports. Il pose ici, quatrième à
partir de la droite, avec l'équipe de basket-ball de l'école Saint-Viateur,
dirigée par le frère Blondin, deuxième à partir de la gauche.

Couronné « roi des bouffons » par le préfet de discipline, René s'amusait à imiter Jerry Lewis… Faire rire est un excellent moyen de charmer les filles.

René Angélil, organisateur politique, harangue ses confrères de l'école Saint-Viateur. Malgré l'opposition de la direction, il fera élire son candidat.

les inimitables
Baronets

Les Baronets, trio formé de René, de Pierre Labelle et de Jean Beaulne, se sont longtemps maintenus au sommet des palmarès au cours des années 1960.

René a toujours été très attaché à sa mère. Elle l'accompagnait souvent dans ses voyages d'affaires ou de vacances. «Pas un jour sans que je ne pense à elle.»

Au début des années 1970, René produisait avec Guy Cloutier les disques de René Simard, Patrick Zabé, Johnny Farago, Anne-Renée et plusieurs autres artistes.

Ginette Reno et René Angélil ont créé ensemble un album-événement, *Je ne suis qu'une chanson,* dont le record de ventes ne sera battu que bien des années plus tard... par Céline Dion.

C'est Marc Verreault, à gauche, qui a initié René au golf. Le troisième homme est Johnny Farago, dont René dirigeait alors la carrière.

Tony Roman, au centre, avait donné aux Baronets l'idée de chanter des versions françaises des Beatles. Il est par la suite resté proche du duo qu'ont formé Pierre Labelle et René Angélil.

À l'automne de 1982, Céline a remporté le premier prix au festival Yamaha de Tokyo. René Lévesque, premier ministre du Québec, a tenu à rencontrer la jeune chanteuse et son manager à leur retour au pays.

L'une des grandes réussites de René est d'avoir amené Eddy Marnay à écrire des chansons sur mesure pour sa protégée. Eddy, homme de culture et de sagesse, allait devenir pour lui «comme un second père».

À l'époque de la tournée Hockey Musique O'Keefe, René jouait à l'aile gauche, avec Henri Richard en joueur de centre, dont le frère aîné, le légendaire Maurice Richard, agissait comme arbitre.

Rencontre avec le pape Jean-Paul II. Quelques mois plus tôt, le 11 septembre 1984, Céline avait chanté *Une colombe* au Stade olympique, lors du passage du souverain pontife à Montréal.

Le 17 décembre 1994, Céline et René célébraient enfin leurs
amours longtemps tenues secrètes. Un mariage princier,
très romantique, dans un décor magnifique.

René a développé une grande complicité avec les parents de Céline, Adhémar et Thérèse Dion, qui ont joué un rôle important dans la carrière de leur fille.

René, le gambler, a su proposer à Céline des défis que celle-ci a toujours eu l'audace de relever. « Quand on est ensemble, qu'on unit nos forces et nos volontés, elle et moi, tout devient possible. »

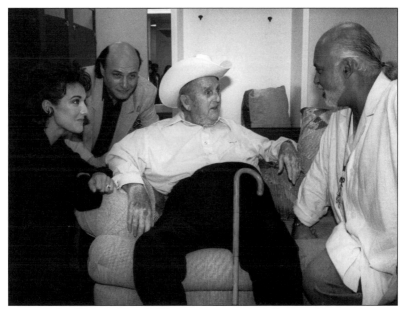

René et son ami Ben Kaye, autrefois manager des Baronets, ont toujours eu une grande admiration pour le colonel Parker, qui a géré la carrière d'Elvis Presley... et est plus tard devenu un fan de Céline.

Le président Clinton a insisté pour que ce soit Céline Dion qui chante l'hymne composé par David Foster, *The Power of the Dream*, lors du spectacle d'ouverture des Jeux olympiques d'Atlanta.

Printemps 1997, au studio Hit Factory de New York, en compagnie
des Bee Gees et de l'acteur Joe Pesci, deuxième à partir de la gauche.

Pour l'album *Let's Talk About Love*, René a réuni autour de Céline des invités
de grand prestige, dont sir George Martin et Carole King. Ici, au mythique
studio Abbey Road, à Londres.

Aux portes du *Big Time*

Eddy Marnay s'était chargé d'agir auprès de l'industrie et des médias et de faire arriver les choses en France, où il était depuis longtemps un auteur établi et respecté. Ce ne fut pas tout à fait aussi facile qu'il aurait cru. Le marché parisien était, à l'époque, très fermé. « Quand on leur arrive avec un projet ou une idée, les Français commencent toujours par dire non, disait-il à René. Surtout à ce qui vient de l'extérieur. Au Québec, c'est le contraire, vous commencez par dire oui. En fin de compte, ce n'est peut-être pas mieux, mais au commencement, ça facilite drôlement les choses. »

Pathé-Marconi avait quand même accepté de sortir, au cours de l'hiver de 1982, un 45 tours de *Ce n'était qu'un rêve*, la chanson que Mme Dion avait écrite pour sa fille. Angélil savait bien, et Marnay aussi, que ce n'était pas une chanson susceptible de connaître en France un succès populaire, que ce n'était pas la bonne façon d'attaquer le marché français. Pour eux, cette chanson avait toutefois une valeur symbolique essentielle. Elle était au départ de toute cette aventure, et René tenait à ce que Céline entre avec elle sur le marché français.

Effectivement, *Ce n'était qu'un rêve* n'a pas eu beaucoup de succès en France. Les radios n'ont pas vraiment accroché, et le public non plus. Les gens de Pathé-Marconi, qui ne voulaient pas de l'album de Noël, étaient réticents à lancer *La Voix du bon Dieu* sur leur territoire, même si Angélil leur répétait que cet album s'était vendu au Québec à plus de 100 000 exemplaires en quelques mois. On leur objectait que les chansons n'étaient pas assez commerciales, que Céline avait, en plus de son accent, des intonations et un profil social (famille nombreuse, milieu ouvrier, provincial) qui rappelaient trop Mireille Mathieu, ce qui révulsait Marnay.

« C'est faux, disait-il. Elle n'a pas du tout les intonations de Mathieu. Et même si c'était vrai, Mireille Mathieu avait bien des intonations de Piaf quand elle a commencé et personne, à part quelques journalistes, ne lui en a fait le reproche. Elle a fini par trouver sa voix. Céline Dion a une jeune voix extraordinairement prometteuse qu'elle maîtrise déjà remarquablement bien. »

Il savait, tout le monde savait, qu'il suffisait de deux ou trois chansons fortes pour que l'auditoire français soit séduit. Depuis des mois, justement, Marnay avait en tête une très belle musique de Jean-Pierre Lang et de Roland Vincent. Il eut l'idée d'écrire une chanson qui était le portrait d'une adolescente de quatorze ans, indécise et rêveuse, qui cherchait à comprendre ce qui troublait son cœur. C'est ainsi qu'est née la chanson *D'amour ou d'amitié* qui a immédiatement plu aux producteurs français. Au printemps, ils ont informé Angélil qu'ils avaient réservé des studios à Paris, dans lesquels Céline irait enregistrer au cours de l'été.

En attendant, Angélil continuait de vanter dans tout le Québec l'immense talent de son artiste et profitait de la moindre occasion pour la faire entendre.

Quand, au début du printemps de 1982, Liette, une sœur de Céline et la mère de Karine, une petite fille atteinte de la fibrose kystique, lui a dit que Denis Mouton, le président de l'Association québécoise de la fibrose kystique, cherchait une marraine pour une campagne de financement, il a tout de suite proposé Céline. Celle-ci avait toujours été très proche de sa nièce Karine. De plus, c'étaient des enfants, des jeunes, qui étaient atteints de cette terrible maladie. Leur espérance de vie était de moins de trente ans et la vie qu'ils menaient, jusqu'à l'inéluctable échéance, n'avait jamais rien de rose. Ils devaient se battre, tous les jours, contre le mal qui finirait par avoir raison d'eux. Tous ensemble, la science aidant, ils pourraient bien contribuer à vaincre un jour cet atroce mal. Pour Angélil, ces enfants étaient des héros, des battants, des modèles. Associer son artiste à eux, c'était en faire une gagnante et, du même coup, les aider aussi à se battre.

Angélil a toujours cru qu'un chanteur ou une chanteuse, ou qui que ce soit qui a réussi dans quelque domaine que ce soit, doit rendre aux autres un peu du bonheur, de l'argent et du pouvoir qu'il a reçus. Pour lui, la fibrose kystique était une cause sur mesure pour Céline : elle était jeune, comme tous ceux qui étaient atteints de cette maladie qu'elle connaissait bien et elle voulait réellement s'impliquer, beaucoup en raison de ce que vivait sa nièce Karine. Elle a donc parrainé la campagne de l'association avec Gilles Vigneault, ce dont se félicitait Angélil. Personne, dans la sphère du show-business, n'était plus éloigné de Céline Dion que Gilles Vigneault. Il avait quatre fois son âge ; il était politiquement très engagé, se faisant le plus flamboyant porte-parole de l'indépendance du Québec. Mais Angélil ne voulait pas confiner sa protégée à un genre ou à un style de musique, mais la mettre en contact avec le plus grand nombre d'artistes possible.

En avril 1982, Gilbert Rozon, futur patron du Festival Juste pour rire, alors jeune producteur à ses débuts, proposa à René que Céline participe à un spectacle-bénéfice qu'il organisait à l'hippodrome du parc Richelieu. Y participeraient plusieurs des plus grands noms de la chanson québécoise, comme Jean-Pierre Ferland, Claude Léveillée, Yvon Deschamps, Louise Forestier, Richard Séguin. René Angélil, ex-Baronet, était infiniment plus familier des boîtes de nuit que des boîtes à chansons que fréquentaient alors ces artistes, mais il avait pour eux la plus vive admiration et il était content que son artiste, si jeune encore, puisse frayer avec eux.

Il y avait encore à cette époque (il y aurait toujours un peu) un clivage, un fossé difficilement franchissable entre deux types d'artistes de show-business : les culturels, souvent taxés de snobisme, d'un bord ; les populaires, souvent traités de « quétaines » ou de ringards, de l'autre. Angélil n'avait surtout pas l'intention de camper son artiste d'un seul côté de ce fossé. Il saisirait toutes les occasions qui se présenteraient d'aller d'un bord et de l'autre. Ce spectacle-bénéfice, comme le parrainage de la campagne de l'Association québécoise de la fibrose kystique, étaient des étapes dans l'appropriation du vaste territoire qui serait un jour celui de Céline Dion.

Le show produit par Gilbert Rozon fut un fiasco parce que les gens de Montréal n'avaient pas l'habitude d'aller voir des chanteurs à l'hippodrome Richelieu, mais Céline y avait côtoyé des grands du monde du show-business, ce qui, pour Angélil, valait son pesant d'or.

C'est dans le même but, le même état d'esprit, qu'il proposa que Céline fasse partie pendant cet été de 1982 de la tournée Super-Musique O'Keefe, aux côtés d'un chanteur belge complètement déjanté, Plastic Bertrand, de la rockeuse Nanette Workman, de Daniel Hétu et de Martine St-Clair. Céline était de loin la plus jeune et la plus sage du groupe. Elle ne passait cependant jamais inaperçue. De toute manière, chaque fois qu'il lui arrivait quelque chose ou que sa carrière prenait un nouveau tournant, Angélil le faisait savoir aux médias. Ceux-ci n'ignoraient donc pas que la jeune Céline Dion allait bientôt enregistrer à Paris, au studio Family Song, trois des chansons de son prochain album dont les sorties françaises et québécoises étaient prévues pour l'automne.

René Angélil a toujours tenu à mener, parallèlement à ses activités professionnelles, une vie d'amitié dans laquelle il y a beaucoup de discussions sur tout et sur rien, beaucoup de jeux, de rires, d'émotions, de bouffes. Pour bien travailler à Paris, il fallait, croyait-il, des attaches autres que celles qu'offraient l'industrie ou le métier. Il fallait que la vraie vie continue, avec ses fêtes, ses fous rires, ses repas.

Du temps où il préparait avec Marnay l'album de Ginette Reno qui n'a jamais vu le jour, il avait fait la connaissance de Guy Morali, le chanteur des Scorpions, un groupe qui écumait la France à l'époque où les Baronets faisaient fureur au Québec. Angélil et lui aimaient tous deux la bonne chère et s'étaient rapidement liés d'amitié. Avec sa femme Dodo, Morali tenait maintenant un petit restaurant, rue Cadet, dans le IXe arrondissement.

Ils étaient venus passer les fêtes de 1981 au Québec et, pendant de longues soirées à Charlemagne, les Dion avaient chanté et fait de la musique avec eux. Le 1er juillet 1982, quand René est parti à Paris en compagnie de Céline et de sa mère, ils avaient donc des alliés en terre française. La mère et la fille allaient habiter à Neuilly chez Eddy et Mia. René descendrait dans un petit hôtel voisin, qui portait, charmante coïncidence, le nom de Charlemagne. Tous les soirs, la tribu Dion-Angélil se retrouverait chez Guy et Dodo.

Guy Morali n'était plus vraiment branché sur l'industrie du disque et du spectacle français, mais son restaurant constituait une sorte de cocon chaleureux et rassurant dans le grand monde parisien. La tribu faisait partie là-bas d'une grande famille, comme au Québec, d'une smala si chère et si nécessaire aux yeux de René Angélil.

Certains artistes aiment travailler dans l'intimité la plus totale, dans la pénombre, cachés parfois derrière des paravents ou dans des cubicules, de façon que personne ne puisse les voir. Céline Dion n'eut pas vraiment le choix. Son manager était à ce point un fan d'elle et un si fervent prosélyte qu'il voulait que tous ceux qu'il aimait et tous ceux qu'il croyait utiles à la carrière de son artiste la voient chanter. Le soir de la mi-juillet où les enregistrements ont commencé, le studio Family Song était donc archi-bondé : René, Mme Dion, Eddy, Mia, Guy et Dodo, la mère et le frère de Guy, le compositeur Hubert Giraud, l'arrangeur Guy Mattéoni, des techniciens, des gens de chez Pathé-Marconi.

Outre la belle musique de *D'amour ou d'amitié*, Eddy en avait trouvé deux autres sur lesquelles il avait mis des paroles, *Tellement j'ai d'amour pour toi* et *Visa pour les beaux jours*. Les trois chansons ont été enregistrées dans la joie la plus totale. Les producteurs français étaient enfin satisfaits et disaient à René qu'ils sortiraient bientôt l'album de sa protégée.

Chaque soir, tout le monde se retrouvait dans le petit restaurant de la rue Cadet et on écoutait et on réécoutait les chansons que Céline venait d'enregistrer. Trois semaines plus tard, on enregistrait six autres titres au studio Saint-Charles de Longueuil, bondé lui aussi d'auteurs, de compositeurs, de frères, de sœurs, de belles-sœurs, de beaux-frères et d'amis. L'album *Tellement j'ai d'amour pour toi* sortirait au Québec quelques semaines plus tard. En France, on verrait. Pathé-Marconi, qui ne semblait pas pressé, avait décidé d'attendre le moment propice, ce qui agaçait quelque peu Angélil et Marnay.

La fin de l'été et la rentrée scolaire étaient arrivées. Céline devait retourner à l'école, ce qu'elle détestait plus que tout au monde. René Angélil ne faisait rien pour l'encourager aux études. Selon lui, il tombait sous le sens que les expériences qu'avait vécues la jeune fille étaient au moins aussi riches d'enseignements que les cours qu'on lui donnait à l'école. Elle avait déjà une carrière, un gérant, un comptable, des paroliers, des compositeurs et des arrangeurs, plein de gens qui travaillaient pour elle, avec elle. Elle voyageait, voyait le monde. Il avait été en mesure de constater qu'elle était supérieurement intelligente, sans doute beaucoup trop pour se plaire sur les bancs d'école. Il l'avait vue apprendre des chansons par cœur, paroles et musique, en quelques minutes. Elle comprenait l'organisation et le fonctionnement de l'industrie du disque. Elle était surtout une grande artiste, extrêmement douée, et ayant une immense soif d'apprendre. Céline lui avait déjà confié qu'elle avait de très mauvaises notes dans presque toutes les matières. Il savait aussi qu'elle détestait autant la cour de récréation que les salles de classe, et qu'elle ne s'était jamais fait d'amis à l'école, ni garçons ni filles.

Les années précédentes, elle avait souvent manqué l'école, sans que personne dans sa famille ne s'en formalise. Quand elle y allait, elle avait peine à suivre parce qu'elle se couchait souvent trop tard. Elle passait en effet, autant que possible, ses soirées au Vieux Baril, le restaurant-bar familial où se produisaient ses frères et ses sœurs. Certains enseignants avaient signalé ses absences répétées et le désintérêt constant qu'elle manifestait les rares fois où elle assistait aux cours ; des travailleurs sociaux étaient venus rencontrer les parents Dion et s'étaient inquiétés de la manière trop bohème à leur goût dont ils élevaient leur enfant, mais ils n'avaient pu que constater qu'elle était tendrement aimée et que le milieu où elle vivait était franchement stimulant.

Avec tout ce qui se préparait pour elle, les tournées, les émissions de télé, les promotions, elle ne pourrait plus fréquenter l'école comme les autres enfants. Pour Angélil, il n'était pas question qu'elle rate la moindre occasion de chanter. Il fallait donc lui trouver un statut particulier. Paul Lévesque, du temps où il était gérant de la carrière de

Céline, avait à plusieurs reprises enjoint les parents Dion d'être plus sévères et de voir à ce que leur fille ne manque pas l'école. Angélil adopta une tout autre attitude. Plutôt que d'intervenir auprès des parents de la jeune chanteuse et d'exiger qu'ils changent d'attitude et de manière, ce fut à l'école qu'il alla demander de s'adapter.

En compagnie de Mme Dion et de Céline, il est donc allé rencontrer le directeur du Collège français, qu'avaient fréquenté ses propres enfants, dans le but d'obtenir un programme adapté pour sa protégée. Dès son entrée dans le bureau du directeur, M. Louis Portal, René Angélil a entrepris, tout doucement et poliment, de lui expliquer les raisons pour lesquelles il ne pouvait garder Céline Dion à l'école et ainsi empêcher une grande artiste de s'épanouir. Il lui a rappelé que tous les garçons et les filles de la classe de Céline avaient passé l'été à Charlemagne ou dans les environs, ils avaient fait un peu de bicyclette, regardé la télé, certains avaient travaillé chez MacDonald, dans une pépinière, dans une ferme ou dans un golf… Céline Dion, pendant ce temps, était allée à Paris, elle avait enregistré un album avec des artistes professionnels, elle avait chanté sur une dizaine de scènes au Québec, rencontré des journalistes, ses chansons passaient à la radio. Elle gagnait plus d'argent en un mois que son père dans toute une année. Elle était d'ores et déjà au Québec une vedette considérable, et on doit le respect aux vedettes et à tous ceux et celles que le public aime.

Angélil demandait donc de faire préparer pour Céline un programme d'études particulier qu'ils se chargeraient, Mme Dion et lui, de lui faire suivre. Croyant peut-être que son interlocuteur changerait d'idée, le directeur a sorti le dossier de Céline et lui a tendu son bulletin. Angélil l'a regardé distraitement.

Il a posé le bulletin sur le bureau et a dit en riant qu'il voyait là la preuve que, de toute façon, où qu'elle soit, Céline ne pourrait pas apprendre moins qu'à l'école. « Dans mon livre à moi, dans le bulletin que je lui fais, elle n'a que des A+. » Le directeur a finalement accepté d'intervenir auprès du ministère de l'Éducation pour qu'un programme spécial soit établi pour la chanteuse Céline Dion. La voie était libre désormais pour entrer par la grande porte dans ce que René Angélil appelait le *Big Time*.

Angélil s'imposait désormais comme le mentor et le précepteur de Céline. Il lui apprenait tout ce qu'il savait du show-business. Il lui faisait écouter toutes les musiques, il lui faisait apprendre par cœur, pêle-mêle, des chansons de Stevie Wonder, de Barbra Streisand, de Robert Charlebois, d'Aretha Franklin, de Leonard Cohen, de Brassens et de Brel. Il n'avait jamais besoin d'user d'autorité : Céline apprenait avec plaisir, avec passion.

Angélil vivait auprès d'elle et grâce à elle des moments d'euphorie extraordinaire. Son artiste lui réservait chaque jour d'étonnantes surprises. Le timbre de sa voix était toujours plus ferme, rond et plein. Elle apprenait, assimilait, découvrait sans cesse, avec une énergie à tout casser qu'elle communiquait aux autres. René Angélil, quarante ans, s'était pris d'une réelle admiration pour une petite fille de quatorze ans.

Cette année-là, Céline a grandi de près de 10 centimètres. Elle était maintenant plus grande que ses huit sœurs aînées, presque autant sinon plus que ses cinq frères. Elle n'allait plus à l'école, mais elle travaillait sa voix et étudiait le chant, l'histoire du show-business, les grands répertoires populaires, tous les jours, de son lever (toujours très tard, parfois passé midi) à son coucher (généralement aux petites heures du matin).

Elle avait parfaitement compris le rôle qu'un manager pouvait jouer dans une carrière. Elle a dit un jour à Angélil que tout ce qu'elle lui demandait, c'était de s'arranger pour qu'elle puisse chanter toute sa vie. Plusieurs de ses frères et de ses sœurs avaient aussi entretenu ce rêve, mais aucun n'avait pu le réaliser parce qu'ils n'avaient pas été correctement encadrés.

« Tu chantes, je m'occupe du reste, lui avait alors dit Angélil. Je te trouve des chansons originales, des auteurs, des compositeurs qui travailleront pour toi, je loue les salles, je passe des ententes avec les promoteurs, j'engage les relationnistes, les photographes, les stylistes, les musiciens, j'achète la pub, tout ce qu'il faut. »

Il considérait désormais, une fois cette promesse faite, qu'il avait un devoir, une mission sacrée : il allait faire chanter Céline dans les meilleures conditions, avec les meilleurs musiciens, devant le public le plus large possible, et tout cela en pensant à long terme.

« En assurant son avenir, j'assure le mien », avait-il dit à Anne-Renée.

Il n'allait donc pas regarder à la dépense, ni aux profits. Il ne discutait jamais sur les cachets qu'on offrait à sa protégée pour chanter une chanson à la télé ou au stade, même quand ils étaient ridicules. Ce n'était pas encore le moment. Pendant ces premières années, il ferait du *slow play*, comme au poker quand on ne veut pas montrer trop vite qu'on a d'excellentes cartes. Il fallait d'abord bien établir son artiste, la faire connaître des médias et du grand public. Il lui cherchait sans cesse des tribunes, des scènes, des plateaux. Il en ferait une très grande vedette ; c'était son ultime projet, dévorant, unique. Il ne voulait pas d'un succès isolé, éphémère, mais de tout un enchaînement, d'une structure, d'une carrière à l'architecture solide, durable, qui serait l'œuvre de sa vie.

Un événement imprévu, coup de chance inouï, allait donner une formidable accélération à la carrière de Céline Dion et à celle de René Angélil, désormais indissociables.

Tandem

René avait raconté à Eddy Marnay dans le menu détail comment ils avaient réussi, Guy Cloutier et lui, à présenter René Simard au Festival de Tokyo, en 1974. Et la déconfiture qui avait suivi quand, après que celui-ci eut remporté le premier prix, ils avaient tenté bien maladroitement de percer sur le marché américain. Marnay avait gentiment ri de leur maladresse et de leur naïveté. Il aimait bien ces histoires quand elles étaient racontées par ceux ou celles qui les avaient vécues, et qui à travers elles savaient se révéler et surtout, fût-ce à leur propre détriment, en tirer d'utiles leçons.

« Si tu as su apprendre de cette erreur, tu n'es pas du tout un perdant », lui a-t-il dit.

Marnay était un fin parolier, mais il était aussi, comme René, un éternel étudiant en show-business, c'est-à-dire qu'il cherchait toujours à comprendre les mécanismes de l'industrie, les façons de faire, les règles et les codes. Le disque de Céline devait bientôt sortir en France, peut-être même à l'automne de 1982, et les deux hommes cherchaient comment ils pourraient attirer l'attention des médias sur leur chanteuse.

On ne sait lequel des deux a eu l'idée. Chose certaine, depuis 1974, depuis la victoire de René Simard, chaque année, au moment du festival Yamaha, René se remémorait les bons moments qu'il avait connus là-bas et la loufoque et stérile tentative qu'il avait faite par la suite auprès des grands patrons de CBS. Il se disait que si jamais cette porte s'ouvrait de nouveau, il saurait cette fois en profiter. Un beau jour, Marnay lui a appris que la France n'avait pas de chanson pour la représenter au prochain festival Yamaha qui devait se tenir fin octobre 1982 à Tokyo et qu'aucun règlement ne stipulait que l'artiste qui chantait la chanson présentée par un pays devait être originaire de ce pays.

Eddy allait faire jouer ses contacts. En septembre, il appelait René pour lui dire que la chanson *Tellement j'ai d'amour pour toi*, paroles et musique *made in* France, avait été retenue pour représenter la France et que le comité chargé de la sélection avait choisi la Canadienne Céline Dion pour l'interpréter. Une paire d'as !

Angélil a toujours aimé donner à qui le mérite le crédit d'une opération réussie. Ça ne lui enlevait rien à lui-même et ça créait de bonnes relations. Il a donc dit à Eddy qu'il devait annoncer la nouvelle lui-même à Céline et à sa mère. Il a attendu quelques minutes, le temps que Marnay fasse depuis Paris son annonce à Céline et à Mme Dion, puis il leur a téléphoné à son tour. Il avait tous les détails, les chiffres, les dates, les noms. Il s'agissait du 13e Festival mondial de la chanson populaire Yamaha (The Yamaha World Popular Song Festival) de Tokyo. Trente chansons avaient été retenues parmi les 1907 soumises par 49 pays. Céline Dion chanterait dans un amphithéâtre de 12 000 places, le Budokan, situé dans les jardins du Palais impérial.

Il a également tenu à lui dire que plusieurs centaines de millions de personnes la verraient à la télévision. C'était mettre énormément de pression sur une jeune fille de quatorze ans, mais il avait choisi de ne jamais être rassurant, persuadé qu'un artiste de haut calibre, comme un athlète d'élite, grandissait avec l'obstacle et n'était jamais aussi bon que lorsqu'il se sentait menacé ou qu'il se retrouvait devant un défi effrayant. Autant que possible, il allait donc mettre la barre un peu (parfois beaucoup) plus haut. En même temps, il répétait à sa chanteuse qu'elle était la meilleure de tous les artistes, filles et garçons, qui participeraient au festival. Plutôt que de diminuer à ses yeux le danger, la hauteur, la foule, il lui disait qu'elle était forte, déterminée, capable d'affronter le plus exigeant des publics et qu'il était sûr qu'elle avait tout pour aller chercher le premier prix.

À la mi-octobre, on s'est préparé au départ pour Tokyo. René et Mia Dumont devaient accompagner Céline et sa mère. Eddy, qui se trouvait à Paris, viendrait se joindre au groupe à Tokyo. Mais pour rire et sortir dans les restaurants et les casinos, René tenait à avoir un compagnon. Ben Kaye lui semblait tout désigné. Il avait un bon sens de l'organisation, il avait beaucoup voyagé, c'était un homme d'affaires avisé qui connaissait à fond les rouages du show-business, il n'avait pas froid aux yeux et, ce qui ne gâchait rien, il était drôle comme pas un. En plus, il avait toujours cette qualité que René admirait entre toutes et qu'il mettait en œuvre dans la mesure du possible : il parlait à tout le monde et il obtenait de tout un chacun quelque chose, un sourire, un service, un renseignement ou simplement une participation à l'un ou à l'autre des canulars qu'il concoctait. Dans les restaurants, par exemple, il demandait l'attention de tous les convives et leur faisait chanter des airs à la mode ou des chansons à répondre, des standards des années 1930 ou des mélopées juives ou tziganes de l'Europe de l'Est. René imaginait avec joie la stupéfaction des Japonais si réservés quand Ben entreprendrait de former ses chorales improvisées.

L'avant-veille du départ, Eddy a appelé pour dire qu'il s'était fait très mal au dos. Le lendemain, il était incapable de marcher. Ni le médecin, ni le chiro, ni le masseur, ni l'ostéopathe, ni même l'acupuncteur n'avaient pu faire quoi que ce soit pour le soulager de son mal. On le bourra de médicaments et on l'informa qu'il ne pourrait marcher sans cette douleur intolérable avant plusieurs jours. Mia a renoncé au voyage à Tokyo et est allée rejoindre son homme à Paris. Céline est partie en compagnie de sa mère, de René Angélil et de Ben Kaye.

Ils voyageaient en classe affaires, René ayant obtenu qu'ils soient surclassés. S'il n'avait pas réussi, il aurait payé. Il se comportait en millionnaire afin de le devenir tôt ou tard, et traitait son artiste comme une star, persuadé que rien ne pourrait empêcher qu'elle le soit un jour.

À bord de l'avion des Japan Airlines, entre Vancouver et Tokyo, les passagers avaient le choix entre un repas occidental (du poulet, en l'occurrence) et des mets japonais. Comme Angélil s'y attendait, Céline et sa mère ont choisi le poulet. Ben et lui ont préféré les sunomonos, les crevettes tempura, les sushis, les sashimis. Et, comme elles s'y attendaient, parce que c'était toujours, immanquablement, ce qu'il faisait, Angélil a commencé à vouloir leur faire goûter aux mets japonais. Il n'y avait aucun doute dans son esprit : si elles goûtaient, elles aimeraient. Elles ont refusé toutes les deux.

Mme Dion faisait beaucoup à manger, mais c'était de la solide cuisine familiale, pâtés et tourtières, hachis, bouillis, pains de viande. C'était délicieux, quoique jamais assez relevé au goût de René. Au restaurant, même chez Guy et Dodo, Céline et sa mère ne mangeaient pratiquement que du poulet, des pâtes et des steaks frites. René les avait quelquefois emmenées dans des restaurants libanais, à Montréal et deux ou trois fois à Paris. Il leur avait fait découvrir le babaganoush, le hummus, le kibbé. De même qu'il cherchait à leur communiquer sa passion du jeu, il les poussait à aimer manger, à essayer autre chose. En toutes matières, Angélil est le champion du prosélytisme. Il veut toujours

convertir tout le monde à ses habitudes et à ses goûts, surtout en matière gastronomique, si importante pour lui. Avec
Mme Dion et sa fille, il n'insistait jamais trop longtemps.
Cette fois, cependant, il crut bon d'avertir Céline qu'elle
serait invitée à un dîner de gala (après qu'elle aurait, bien
évidemment selon lui, remporté le premier prix du festival),
et qu'on n'y servirait sans doute ni hamburger, ni steak, ni
spaghetti à la bolognaise, ni poulet à la King.

« On verra quand on en sera là », avait dit Céline.

Le festival Yamaha durait plusieurs jours. Éliminatoires le
vendredi et le samedi, grande finale télévisée le dimanche.
Le Budokan, où Angélil était allé, huit ans plus tôt, avec René
Simard et Guy Cloutier, était un fort bel endroit, propre,
joliment décoré, situé au cœur d'un magnifique parc de
verdure. S'il craignait que sa protégée soit dépaysée, ce
n'était pas à cause du lieu même, mais plutôt des foules
qui allaient le remplir pendant trois jours. Il avisa Céline
que ça n'aurait rien à voir avec celles, surexcitées, qu'elle
avait entendues au Forum de Montréal lors du spectacle
d'Olivia Newton-Jones ou des Bee Gees. Les foules japo-
naises sont sages comme des images.

Pour déterminer leur ordre de passage, chaque concurrent devait piocher un numéro au hasard. Le vendredi
matin, Céline a tiré le cinq. L'interprète lui a dit que cinq
se prononçait *go* en japonais. René, qui a toujours aimé les
présages et les coïncidences, était plus que ravi. Il croyait
entendre la voix du sort : « *Go Girl!* » Il avait toujours aimé
les chiffres, mais le *go* allait devenir, dès ce jour-là et à tout
jamais, son chiffre fétiche. Depuis ce temps, il exige dans
la mesure du possible des cinq dans ses numéros de téléphone ou de chambre d'hôtel, dans les dates qu'il choisit
pour les premières, les inaugurations ou les lancements.

Le *go* semble avoir été sensible à la sympathie qu'ils lui
portaient, Céline et lui. Elle a été retenue pour la grande
finale du dimanche après-midi. Encore une fois, incroyable

175

hasard, elle a tiré le numéro cinq, le fameux *go*. Mieux ! Le dimanche après-midi, juste au pied de l'escalier qui menait à la scène, au moment où le présentateur prononçait son nom, Céline a aperçu par terre ce qu'elle a d'abord pris pour une médaille : c'était en fait une pièce de monnaie... de cinq yens. Elle l'a glissée sur le côté de son soulier. Puis elle s'est avancée sous les projecteurs pour chanter *Tellement j'ai d'amour pour toi* et elle a gagné le premier prix.

Dans les coulisses, René, Céline et sa mère, même Ben, ont pleuré à chaudes larmes en se jetant dans les bras les uns des autres, au grand étonnement des techniciens de scène, des caméramans et des producteurs qui se trouvaient autour d'eux et qui, comme ils étaient nippons, n'avaient pas l'habitude de voir de semblables effusions en public. Par pudeur, ils se sont détournés et éloignés, au grand amusement de Ben Kaye qui mêlait des éclats de rire à ses sanglots.

Puis René a pris Céline par la main et l'a emmenée dans la salle, devant la scène. Un appareil téléphonique trônait sur un coussin entre deux moniteurs. Il lui a tendu le récepteur.

« C'est pour toi ! »

C'était Eddy et Mia.

Angélil aime autant partager le rire et la bouffe que sa joie et ses succès. Afin que Mia et Eddy, toujours confinés dans leur appartement de Neuilly, puissent entendre la chanson de Céline et la réaction du public, il avait fait brancher une installation téléphonique juste au pied de la scène. Le son n'était peut-être pas génial, mais à Paris, où le jour se levait à peine, Mia et Eddy avaient entendu chanter Céline, puis les applaudissements de la foule et enfin la voix de l'annonceur disant en japonais puis en anglais qu'elle avait décroché le premier prix. En plus, les 62 musiciens, impressionnés par son charisme et son talent, lui décernaient le prix spécial de l'orchestre...

Depuis ce jour, le téléphone est devenu pour René Angélil un instrument irremplaçable dont il joue en virtuose. Plus tard, quand il ne pourra être en tournée ou assister à un show de Céline, il en fera, depuis l'autre bout du monde, l'écoute par téléphone. Et il organisera régulièrement avec ses collaborateurs et ses amis des conférences téléphoniques.

Nul doute que le *go*, qu'il avait découvert au Festival de Tokyo, avait joué un rôle dans la réussite qu'ils venaient de vivre, et il scellait quelque chose entre Céline et lui. Ils avaient la tête tournée dans la même direction. Ils avaient les mêmes buts, les mêmes projets. Désormais, ce *go* allait agir entre eux comme un talisman garant de leur bonheur commun. Il sera leur chiffre chanceux, leur signe. Céline se souviendra plus tard qu'au lendemain de la victoire de Tokyo, René lui a dit: « Tu sais que ça va changer notre vie. »

Notre vie! Il avait dit: « Notre vie! »

Céline Dion et René Angélil formaient alors un tandem remarquablement solide et efficace, ils vivaient, couple d'artistes, dans un monde à part, une aventure unique…

En tant que championne du Festival, Céline avait effectivement été invitée à participer à un grand gala où se trouvaient réunis des industriels du disque et du spectacle, des hauts fonctionnaires et des ministres du gouvernement japonais. Au banquet qui a suivi, elle était assise à la table d'honneur, avec sa mère à sa droite. Ben et René se trouvaient deux ou trois chaises plus loin. Dès qu'il a pu, René a discrètement attiré son attention et lui a fait un petit sourire moqueur tout en levant un morceau de poisson cru entre ses baguettes. Elle a compris qu'elle devait plonger, qu'elle n'avait plus le choix.

Ses voisins de table s'empiffraient de bouchées de poisson cru qu'ils trempaient dans une petite sauce noire. Il y avait aussi ce qui semblait être une espèce de purée de navet ou de pois chiches comme on servait dans les restaurants libanais. Elle en a pris une bouchée. C'était en fait du wasabi, une sorte de moutarde forte, très forte. Elle s'est mise à tousser, à râler, à suffoquer, à hoqueter si fort que toutes les têtes se sont tournées vers elle, même les gens des autres tables...

Sa mère et René se sont levés pour venir à son secours. On lui a apporté des serviettes humides pour qu'elle se mouche et essuie son visage ruisselant de larmes. Son interprète a parlé et a sans doute expliqué ce qui s'était passé, car il y a eu un moment de stupeur parmi les convives. René est resté près d'elle, à genoux à côté de sa chaise, inquiet, jusqu'à ce qu'elle puisse parler et lui dire que tout allait bien. Elle s'est blottie contre lui, et il l'a serrée très fort dans ses bras.

À leur retour, à la mi-novembre, ils ont été accueillis à la descente d'avion par les médias montréalais et une foule d'admirateurs. On a remis à Céline des gerbes de fleurs, des oursons et des grenouilles en peluche ; on a braqué des micros et des caméras sur René et sur elle... Le lendemain matin, elle était à la une des journaux et dans tous les bulletins de nouvelles. René Lévesque, alors premier ministre du Québec, a tenu à la rencontrer personnellement et à la féliciter au nom de tous les Québécois.

Comme pour René Simard en 1974, la victoire de Tokyo avait fait d'elle une grande vedette au Québec. Quelques jours plus tard, au Forum de Montréal, elle participait, avec une kyrielle d'artistes (chanteurs, comédiens, humoristes, danseurs) à un mégaspectacle pour la survie de Québécair, la compagnie aérienne québécoise qui connaissait alors de graves difficultés (dont elle finira par mourir tout à fait). Quand elle est arrivée sur scène, la foule l'a saluée par une ovation monstre. Le lendemain, elle a fait de nouveau la une de tous les quotidiens parce qu'elle venait de remporter ce prix à Tokyo, mais aussi parce qu'elle avait, plus que tout autre artiste présent à ce spectacle, charmé le public du Forum par sa candeur et par la force étonnante de sa voix.

En un an et demi de carrière, l'artiste de René Angélil était devenue un personnage incontournable du show-business québécois. En outre, plus personne au Québec ne considérait que son gérant, René Angélil, n'était pas un brillant homme d'affaires, pas même son ex-ami et rival Guy Cloutier qu'il ne fréquentait plus, mais qui ne s'était pas gêné pour passer des commentaires désobligeants sur René ou faire des prévisions pessimistes pour son artiste : « Il la pousse trop, il va l'épuiser, il court deux lièvres à la fois. »

Dans la foulée du succès de Tokyo et de la prestation au Forum, les ventes de l'album *Tellement j'ai d'amour pour toi* ont décollé comme jamais, franchissant avant les fêtes les 125 000 disques. Angélil a été très tenté de recommencer à jouer au black-jack ; il se voyait participant à des tournois, à Las Vegas ou à Nassau. Prudemment, il a résisté à la tentation. Il avait maintenant dans sa vie un projet qui lui tenait vraiment à cœur, une artiste brillante et attachante, extrêmement appliquée, à qui en plus tout semblait sourire.

En revanche, le grand prix de Tokyo n'avait pas eu au pays de Mireille Mathieu le retentissement qu'il avait connu au Québec. Au début de l'année 1983, le nom de Céline Dion y était encore pratiquement inconnu. Pathé-Marconi avait bien sûr décidé d'investir dans sa carrière, mais avec une extrême prudence. Après avoir lancé *D'amour ou d'amitié* en 45 tours, avec *Visa pour les beaux jours* sur la face B, on semblait attendre ce qui allait se passer avant de lancer l'album sur le marché. Or il ne se passait pratiquement rien. Les radios n'accrochaient pas du tout, et le public, qui n'avait jamais eu l'occasion de voir chanter Céline, non plus. Les stratèges de Pathé-Marconi remettaient de semaine en semaine la sortie de l'album *Tellement j'ai d'amour pour toi*, comme s'ils n'étaient plus très sûrs, comme s'ils n'y croyaient plus assez.

« Pour que les choses arrivent, dira plus tard Angélil en pensant à cette époque, il faut que tu y croies, que tu en parles, que tu fasses comme si c'est impossible qu'elles n'arrivent pas. Il faut que tu parviennes à être certain, absolument certain, que tout va se passer comme tu l'imagines et comme tu le dis. Le doute, c'est la pire chose qui peut arriver à un artiste ou à un manager. C'est destructeur. Le travail d'un manager, c'est de croire et de faire croire. »

Pour lui, aucun doute : tout débloquerait si seulement le grand public pouvait voir et entendre sa protégée. Il n'avait pas une grande connaissance du terrain, il n'était pas encore habitué aux us et coutumes de l'industrie et des médias français mais, avec l'aide d'Eddy, de Mia et de Claude Pascal, il cherchait à gauche et à droite une tribune, une scène, une télé.

Il finit par trouver.

Partie 4

Vers les étoiles

Le 29 janvier 2008, on lançait le nouveau parfum de Céline, *Sensationnal*, au Studio Gabriel, avenue des Champs-Élysées à Paris. Céline, sa mère, son fils René-Charles et son époux René Angélil, plusieurs proches amis de René, dont Marc, Paul et Rosaire, se trouvaient dans la Ville lumière depuis quelques jours.

Soudain, comme frappé d'une illumination, René a dit à Céline, puis à tout le monde : « Vous rendez-vous compte ! Ça fait vingt-cinq ans aujourd'hui, jour pour jour, qu'on a fait *Champs-Élysées*, l'émission de Michel Drucker, ici même dans ce studio. »

Angélil a une remarquable mémoire des dates et il a toujours été émerveillé par les coïncidences, les éphémérides, les anniversaires. Ce jour-là, à Paris, il ne cessait de répéter autour de lui, aux relationnistes, aux journalistes, aux amis, que le 29 janvier 1983, vingt-cinq années plus tôt, jour pour jour, un samedi, Céline Dion avait chanté *D'amour ou d'amitié* sur le plateau de Michel Drucker et que c'était une date charnière dans sa carrière. Cette double coïncidence de date et de lieu faisait donc sa joie, mais il y eut encore mieux. Quelqu'un l'ayant entendu relater le vénérable souvenir est venu lui dire que Michel Drucker était, au même moment, en réunion dans une salle juste au-dessus du studio où avait lieu le lancement du nouveau parfum de Céline. René l'a fait chercher ; Drucker est arrivé, tout sourire et tout charme, en compagnie de sa productrice Françoise Cocket, qui était là elle aussi, vingt-cinq années plus tôt. On s'est embrassé, on a pleuré un peu, on a fait des photos, on s'est souvenu.

Tout avait commencé un peu avant les fêtes de 1982. René avait travaillé fort pour que Céline Dion, révélation de l'année au Québec, représente le Canada au Midem, le Marché international du disque et de l'édition musicale, qui réunit chaque début d'année à Cannes producteurs de disques, gérants d'artistes, auteurs et compositeurs du monde entier.

Entre Noël et le jour de l'An, il se trouvait avec sa mère, sa femme et ses enfants dans les Caraïbes, dans une île dotée d'un casino, lorsqu'il en reçut la confirmation. Il a tout de suite appelé Céline et, fidèle à son habitude, lui a mis de la pression en lui racontant qu'elle allait chanter devant des professionnels du monde entier et en prenant soin de lui rappeler, histoire de bien s'assurer que la barre était placée très haut, qu'ils constituaient le public le plus exigeant du monde.

« On se contentera pas de faire entendre tes disques, je vais te trouver une scène et tu vas chanter sur tes pistes d'orchestre. »

Céline avait passé son enfance à chanter sur des bandes d'orchestre et sur des disques, et elle le faisait toujours avec un synchronisme hallucinant de justesse. Pas d'inquiétude donc de ce côté, mais Angélil était tout de même nerveux. Il songeait que si pour une raison ou pour une autre, mauvaise sono, défaillance de la chanteuse, la chanson ne passait pas, ils ne se retrouveraient même pas à la case départ, ils ne seraient tout simplement plus dans la course. Un spectacle raté dans une petite salle de province ne change pas grand-chose à la trajectoire d'une vedette ; devant un public formé de producteurs, de journalistes et d'artistes, c'est un fiasco. Il répétait donc à Céline : « C'est notre chance. Faudra surtout pas la manquer. » Notre chance !

Les gens de chez Pathé-Marconi s'étaient enfin impliqués. Ils avaient fait installer plusieurs affiches et bannières montrant, candide et souriant, le visage de Céline et projetant sur la Croisette son nom en lettres géantes.

Le 23 janvier 1983, elle a chanté *D'amour ou d'amitié* devant 3 500 professionnels du métier qui lui ont offert une solide ovation. Un jeune auteur-compositeur français encore peu connu, bon guitariste, mais si timide qu'on ne l'a pas vraiment remarqué, un certain Jean-Jacques Goldman, avait participé, sans beaucoup d'éclat, au super-gala de ce Midem.

Angélil avait gagné son pari. Les gens du milieu et des médias qui avaient acclamé Céline à Cannes allaient rester attentifs et réceptifs. Ils constitueraient désormais un public complice, une sorte de seconde famille au sein de laquelle elle se sentirait toujours très à l'aise, même si c'était le public le plus difficile qui soit. Il a tout entendu, tout vu. Il est souvent, et parfois pour toujours, revenu de tout, mais c'est aussi le plus puissant et le plus productif des publics. Le séduire, c'est s'offrir un accès à un très vaste marché. L'explorateur Angélil avait compris qu'on n'allait pas directement au grand public et qu'on n'entrait pas sans s'être annoncé sur un nouveau territoire. On s'y rendait par le truchement et avec la complicité de ces professionnels de l'industrie et ces représentants des médias spécialisés, ce sont les sherpas qui accompagnent les vedettes vers les sommets. Désormais, il va s'ingénier à créer des passerelles entre son artiste et ceux-ci.

Dès le lendemain, RTL, l'une des plus importantes stations de radio de l'Europe francophone, étroitement associée à l'organisation du Midem, a commencé à faire passer *D'amour ou d'amitié* sur ses ondes. Bientôt, d'autres stations de l'Hexagone, puis celles de la Belgique et de la Suisse francophones ont suivi.

À Cannes, moins d'une heure après la performance de Céline, des recherchistes de l'émission *Champs-Élysées* avaient contacté René Angélil. Michel Drucker, l'animateur de l'émission, qu'avait contacté Eddy Marnay, désirait recevoir Céline, le 29 janvier, six jours après le Midem. *Champs-Élysées*, diffusé le samedi soir, était alors le plus gros show de variétés d'Europe. Il était regardé par près de quinze millions de téléspectateurs français, belges, suisses, et même par des Allemands, des Italiens et des Espagnols. Ce n'était pas un tremplin pour débutants, c'était littéralement la consécration, mais il fallait être à la hauteur.

Pour les besoins de l'opération, Pathé-Marconi, Claude Pascal et René Angélil ont constitué autour de la chanteuse une bonne équipe composée d'une responsable de la promotion, d'une attachée de presse, d'une styliste, de divers conseillers qui allaient assister René et Mia.

Le 29 janvier à midi, René est passé chez Guy et Dodo, rue Cadet, après avoir laissé Céline au Studio Gabriel en compagnie de Mia. On se demandait encore si Céline devait mettre la même robe qui lui avait porté chance à Tokyo, ou le pantalon noir et la chemise blanche que Mia lui avait fait acheter, ou le veston pied-de-poule qui lui plaisait, mais faisait le désespoir des caméramans. On répétait inlassablement des entrevues fictives, on imaginait les réponses qu'elle pourrait ou devrait donner aux questions de Drucker, puis à celles des journalistes qui, après l'émission, voudraient sans doute l'interviewer.

Cependant, rien n'était assuré. Thérèse Zeidman, l'attachée de presse des Éditions musicales Claude Pascal, habituée des plateaux de télé parisiens, avait expliqué à René qu'on pouvait savoir d'après l'attitude qu'adoptait Drucker pendant les répétitions s'il était ou non favorablement impressionné. René avait rapporté ces propos à Céline.

«Si après ta chanson il vient vers toi et te touche, s'il te met la main sur l'épaule, par exemple, c'est qu'il a été vraiment impressionné. S'il te parle, tu viens de gagner gros.»

Guy Morali et René ont quitté les lieux à la dernière minute pour se rendre au Studio Gabriel. Angélil conduisait. Au rond-point des Champs-Élysées, nerveux et distrait (il faut dire qu'il n'a jamais été un bien brillant conducteur), il a embouti l'aile d'une voiture qui venait sur sa droite. «Tu es dans ton tort», lui a dit Morali. René n'a pas hésité une fraction de seconde. Il est sorti de la voiture. Il a crié à Morali: «Je te laisse t'arranger avec ça.» Ignorant les hurlements de l'autre chauffeur, qui croyait assister à un délit de fuite, il a couru entre les voitures, hélé un taxi qui l'a déposé, quelques minutes plus tard, devant le Studio Gabriel où toute la smala l'attendait, Céline et sa mère, Eddy, Mia, l'équipe de Pathé-Marconi, Claude Pascal, l'attachée de presse, la styliste… et une meute de journalistes.

En répétition, Céline a chanté *D'amour ou d'amitié*. Drucker, qui avait suivi sa prestation sur un moniteur, est sorti de sa loge et est venue la voir et la féliciter très chaleureusement. Il lui a dit qu'il lui poserait des questions vers la fin de l'émission.

René était un peu déçu. Quelle idée de donner une récompense avant que la prouesse soit accomplie! C'était comme si Drucker était venu abaisser la barre. René a tenu à la remettre à sa place, pas mal plus haut.

«O. K, il a été impressionné, a-t-il dit à Céline. Ça ne signifie pas que c'est gagné. Chanter en répétition et chanter devant quinze millions de personnes, c'est deux choses. N'oublie surtout pas que Drucker passe sa vie à recevoir les plus grandes vedettes au monde. Il faut que tu arrives à l'émouvoir vraiment, qu'il soit sonné. Il faut que tu l'impressionnes encore plus, que tu le jettes par terre.»

Fidèle à ce principe hérité de Ben Kaye qu'il faut toujours claironner ses bons coups, René avait contacté depuis Cannes la direction d'*Échos-Vedettes*, magazine *people* du Québec, pour qu'on publie un reportage sur le passage de Céline à *Champs-Élysées*. Le journaliste Marc Chatel, arrivé à Paris l'avant-veille, la suivait partout en compagnie de son photographe. C'était la première d'une longue série d'opérations médiatiques qu'Angélil allait monter au cours des vingt-cinq années suivantes. Avec une certaine presse, il agit pratiquement comme s'il était le rédacteur en chef ou l'éditeur. Il choisit le journaliste qui rencontrera Céline, les photos qui seront publiées, et à quel moment et dans quel contexte ; au besoin, il demande la une. Il demande parfois à voir les textes avant publication, propose des ajouts ou exige des corrections. Les journaux, les magazines, les radios ou les télés qui refusent de marcher selon ses plans peuvent bien écrire et publier ce qu'ils veulent, mais ils n'obtiendront rien de sa part, pas de confidences, pas d'images originales, aucune collaboration de son artiste. S'ils font la moindre erreur, ils s'exposent évidemment à de dures représailles.

Dès le départ, René s'est rangé du côté de la presse *people*, infiniment plus conciliante et malléable, toujours facilement contrôlable. Mais peu à peu, avec le temps, il établira avec pratiquement tous les médias québécois, puis canadiens, puis avec beaucoup de médias américains et français, des relations particulières, très souvent fondées sur l'amitié, comme ses relations d'affaires. Avec Michel Drucker ou Julie Snyder, par exemple, avec Oprah Winfrey, Larry King ou Barbara Walters ou même avec cette grande animatrice chinoise, Yang Lan, à l'émission de laquelle il a accepté de participer en compagnie de son épouse, au printemps de 2008. Avec la presse écrite, il a choisi à qui il parlait et qui parlerait à son artiste… Si on évoquait la déontologie ou l'éthique journalistique, il répondait qu'il n'en avait rien à cirer. Il n'était pas journaliste, lui. Et son artiste donnait son miel à qui elle voulait. Il gardait ainsi un contrôle quasi absolu de l'image médiatisée de Céline Dion.

Dans les reportages de Marc Chatel, on peut donc suivre Céline dans Paris, faisant la fête chez Guy et Dodo, entrant au Studio Gabriel en compagnie de sa mère, répétant *D'amour ou d'amitié* devant les caméras, puis chantant en direct sur le plateau de l'émission *Champs-Élysées* du 29 janvier 1983 à laquelle participaient également Nicole Croisille, Francis Lemarque, chanteur bien-aimé de Mme Dion, Herbert Léonard, avec qui *Échos-Vedettes* a photographié Céline, le groupe fantaisiste les Charlots et des punks anglais, Captain Sensible.

En ouverture, Drucker a d'abord rendu un touchant hommage à Louis de Funès, le grand comédien français, qui venait de s'éteindre. Puis il a rappelé que Céline Dion avait été la révélation du Midem et, en regardant la caméra et quinze millions de téléspectateurs, il a sorti cette phrase qui a ravi René : « Cette toute jeune fille ira très loin. Vous n'oublierez jamais cette voix. Alors retenez bien ce nom : Céline Dion. » René se tenait alors tout près d'elle. Il lui a chuchoté à l'oreille : « C'est toi la meilleure. T'es chez toi, ici. Tout le monde t'aime. » Puis il l'a poussée doucement hors de l'ombre.

Pendant qu'elle s'avançait sur l'immense plateau, pantalon noir, chemisier blanc, veston pied-de-poule, René tentait de tout voir, le visage de son artiste sur les moniteurs, mais aussi celui de Drucker, celui des journalistes qui assistaient au show.

Céline a chanté magnifiquement bien. Sur les derniers accords, Drucker s'est levé pour l'applaudir, puis il est allé vers elle et l'a prise dans ses bras, et il lui a parlé un bon moment tout en la tenant par la main. René, dans les coulisses, pleurait de joie. Drucker, par son attitude, venait de sceller une amitié indéfectible. Il était un croyant, un fidèle, un frère d'armes.

Le soir, on a fait la fête dans un grand restaurant parisien. Madame Dion était là, Eddy, Mia, Guy et Dodo, tous les amis, auxquels s'étaient joints Michel Drucker et son épouse, l'actrice Dany Saval. René, au comble de la joie, ne cessait de répéter ce qu'avait dit Drucker en présentant Céline. «Vous n'oublierez jamais cette voix. Alors, retenez bien ce nom : Céline Dion.»

Il était émerveillé par ces quelques mots. Des années plus tard, au moment du lancement de *Unison*, le premier album en anglais de Céline Dion, il en a fait un slogan que les gens du service de promotion de CBS-USA ont utilisé : « *Remember the name, because you will never forget the voice.* »

En moins d'une semaine, le Midem et Drucker avaient fait de Céline une vedette dans toute l'Europe francophone. *D'amour ou d'amitié* jouait partout et allait prendre la tête de tous les palmarès et s'y maintenir pendant une bonne partie du printemps et de l'été. À Paris et à Montréal, les gens reconnaissaient Céline dans la rue, comme ils reconnaissaient René dans tout le Québec depuis des années déjà.

Cette année 1983, l'année des quinze ans de Céline, ils ont traversé l'Atlantique une vingtaine de fois pour aller enregistrer à Paris et faire de la promotion. En deux ans et demi, soit la moitié du temps prévu, René Angélil avait tenu la promesse faite à Mme Dion : faire de sa fille une vedette au Québec et en France.

Slow play

Toutes les promesses, tous les plans et les rêves que René Angélil avait faits, parfois bien imprudemment, se réalisaient à la vitesse grand V, mais aussi à grands frais. Paris était déjà, à cette époque, l'une des villes les plus chères du monde. Y passer quelques semaines pour enregistrer et faire de la promotion coûtait une fortune : hôtels, billets d'avion, restaurants, voitures de location, téléphones. Plus l'argent rentrait, plus Angélil en avait besoin, car il dépensait sans compter, et ce qui devait arriver arriva.

Début mars 1983, des avis de faillite paraissaient dans les journaux montréalais. Un certain René Angélil, imprésario, gérant d'artistes, domicilié au 9255 de la rue Joseph-Melançon, dans le nord de la ville, déposait son bilan.

L'homme n'était pas vraiment inquiet. Cependant, il craignait, étant sans le sou, de commettre des erreurs en acceptant par exemple des engagements rentables à court terme, mais qui pouvaient se révéler désastreux pour la carrière de Céline (et la sienne). Pour penser intelligemment et librement en affaires, il fallait selon lui avoir de l'argent, ou faire comme si on en avait beaucoup, et croire dur comme fer qu'on n'en avait pas besoin de plus.

Il s'est alors donné une ligne de conduite : « Chaque fois que j'aurai à considérer une offre pour Céline, je ferai comme si j'avais un million de dollars dans mes poches. »

Au printemps, justement, le promoteur Pierre Parent, qui quelques années plus tôt avait produit avec lui Johnny Farago au El Presidente d'Acapulco, proposait au failli une très grosse somme (250 000 dollars) pour une grande tournée de Céline Dion au Québec. En tâtant le terrain auprès des producteurs régionaux et métropolitains, Parent avait acquis la certitude que, portée par les grands succès de ses deux albums et surtout par le gros hit qu'était devenu *D'amour ou d'amitié*, Céline Dion ferait partout salle comble. Il pouvait déjà assurer une bonne trentaine de shows dans une vingtaine de villes.

Au grand étonnement de Parent qui connaissait la situation financière plus que précaire d'Angélil, ce dernier refusa. Il était lui aussi persuadé que cette tournée aurait connu un énorme succès, mais il considérait que Céline n'était pas tout à fait prête, même si elle avait déjà, en plus de l'instinct de la bête de scène, une assez bonne expérience de la foule. Ce n'était toutefois pas encore assez selon lui pour s'embarquer dans une aussi grosse tournée. De plus, avant de se lancer dans une telle entreprise, il souhaitait que la demande soit encore plus forte. Il voulait avoir l'assurance non pas d'une trentaine de shows à guichets fermés, mais de trois, quatre ou cinq fois plus.

Contrairement à ce qu'il avait fait quand il avait voulu lancer le petit Simard sur le marché américain, René avait adopté cette fois la tactique du *slow play*. Et il allait laisser monter les enchères tranquillement.

Malgré sa faillite, il continuait de fonctionner à cent à l'heure, comme si de rien n'était. Il était en fait à l'emploi d'une compagnie appartenant à sa femme, Anne-Renée, compagnie qui gérait la carrière de Céline Dion, produisait ses disques, ses spectacles. Chaque mois, le petit salarié René Angélil devait faire un rapport à Paul Lévesque et lui verser les royautés, soit 12,5 % des maigres profits qu'il faisait en tant que manager de Céline, profits qu'il fixait lui-même au plus bas, faisant pour sa protégée le plus de dépenses possibles. Chaque mois, il devait également rembourser au syndic de faillite un montant de quelques dizaines de dollars, plus 30 % de ses revenus. Or il n'avait pratiquement pas de revenus, de sorte que la banque qui l'avait mis en faillite ne pouvait y trouver son compte et commençait à rechigner.

Angélil n'en avait cure. Il continuait de travailler à petit salaire, mais avec de gros moyens et avec l'assurance qu'il en aurait bientôt de très grands. L'album français de Céline, *Du soleil au cœur*, enregistré l'été précédent à Paris et à Montréal, marchait très bien au Québec et en France. Au cours de l'été, les Français allaient acheter plus d'un demi-million d'exemplaires de *D'amour ou d'amitié* qui se maintiendrait pendant plusieurs mois au sommet des palmarès et deviendrait là-bas le plus gros succès *made in* Québec depuis le très étonnant *Comme j'ai toujours envie d'aimer* de Marc Hamilton qui, quelques années auparavant, avait frôlé la barre du million. Le statut de Céline Dion en France avait considérablement changé. Un an plus tôt, Angélil et Marnay devaient solliciter paroliers et musiciens pour qu'ils écrivent des chansons à sa protégée ; c'étaient maintenant eux qui leur couraient après, proposant paroles et musiques. Pour produire le prochain album, René disposait donc, outre de gros moyens, d'excellents matériaux.

Angélil souhaitait cette fois entourer la voix de Céline d'un grand orchestre avec beaucoup de cordes et de cuivres, et même un chœur sur certaines chansons, des arrangements sophistiqués, modernes. Pour diriger cet orchestre, il fit appel à Alain Noreau, excellent musicien, un peu brouillon peut-être, mais joyeusement sympathique, qui est vite devenu un intime du clan Dion… Noreau a écrit très rapidement de fort belles mélodies sur des paroles de Marnay et il a préparé les orchestrations pour le prochain album.

Début juin 1983, au studio Saint-Charles de Longueuil, comme d'habitude archi-bondé, ils ont enregistré cinq chansons, et ils ont continué quelques semaines plus tard, en pleine canicule, au studio Montmartre à Paris. À la demande de René, les relationnistes de Pathé-Marconi avaient invité des journalistes aux séances d'enregistrement. René, toujours prudent avec la presse, avait demandé des renseignements sur chacun de ces journalistes. C'est lui qui les recevait au studio, qui leur présentait Céline, qui leur offrait à boire et à manger.

Marie-France, mensuel féminin, et *Podium*, magazine pour jeunes, ont consacré à Céline des textes très étoffés et fort élogieux où il était question de sa «voix impressionnante de profondeur et de musicalité». En France comme au Québec, les producteurs étaient de plus en plus nombreux à lui faire des offres de toutes sortes.

Angélil considérait longuement chaque proposition en se demandant toujours ce qu'il ferait s'il était million-naire. Il avait accepté au printemps que Céline, accompa-gnée par l'Orchestre Métropolitain, chante sans cachet, il va de soi, au gala annuel de l'Association québécoise de la fibrose kystique, dont elle était de nouveau la marraine. Elle allait ensuite donner quelques spectacles en plein air au cours de l'été…

Radio-Canada avait confié au réalisateur Frank Duval le soin de préparer une émission spéciale sur la jeune chan-teuse qui serait diffusée à l'automne dans le cadre des très prestigieux *Beaux Dimanches*. Avant d'accepter la propo-sition de la société d'État, Angélil a fait sa petite enquête dans le milieu; il a voulu savoir ce que Duval avait réalisé auparavant, comment il découpait ses images, quelle cré-dibilité il avait. Puis il a tenu à le rencontrer, afin de voir quelle sorte d'homme il était, et de lui faire savoir qu'il exigeait de participer au montage de l'émission. Mis en confiance, il n'a pas discuté les cachets qui seraient versés à son artiste et à lui-même comme coproducteur ; le temps n'était pas encore venu où il pouvait considérer qu'il tenait le gros bout du bâton avec un puissant diffuseur comme Radio-Canada. *Slow play* encore et toujours !

Intitulée *La Naissance d'une étoile*, l'émission a été le premier véritable portrait de la jeune vedette. Les caméras de Radio-Canada l'avaient suivie partout, dans sa famille, en studio, courant les boutiques en compagnie de Mia et d'Anne-Renée, recevant un texte d'Eddy Marnay, répétant une chanson avec Alain Noreau et René Angélil, en spectacle à Berthierville, à Sainte-Agathe ou encore ce fameux soir du 30 juillet, au lac des Dauphins, à La Ronde, devant 45 000 personnes, la plus grosse foule réunie cet été-là.

La réputation d'intraitable bagarreur que tout le monde reconnaît aujourd'hui à René Angélil s'est révélée pour l'une des premières fois à cette occasion. Il eut en effet avec la direction de Terre des hommes qui produisait ce spectacle, une discussion qui a failli très mal tourner. Il trouvait que la scène, qui flottait au milieu du lac des Dauphins, était beaucoup trop éloignée de la foule ; plus de 30 mètres la séparaient des premiers gradins. Selon Angélil, il serait trop difficile pour la chanteuse d'établir un vrai contact avec le public. De plus, ce dernier recevrait en plein visage les lumières des manèges de La Ronde qui coulaient de chaque côté de la scène et écrasaient littéralement le décor.

Il exigea donc qu'on rapproche la scène de 15 mètres au moins. Les gens de la production ont catégoriquement refusé sous prétexte que l'opération coûterait trop cher. Il fallait en effet engager des plongeurs pour désancrer la scène, la touer, l'ancrer de nouveau. Angélil est resté inflexible. « Vous rapprochez la scène ou vous n'avez pas de show. Céline Dion ne chante que dans les meilleures conditions. » Quelques heures avant le spectacle, la scène a été rapprochée.

Tout le monde dans le milieu savait désormais que René Angélil, quand il s'agissait du bien-être de son artiste, ne faisait et ne ferait jamais la moindre concession.

Le spectacle avec Terre des Hommes fut un triomphe. Même chose deux semaines plus tard à Roberval lors de la Traversée à la nage du lac Saint-Jean, l'un des plus fameux événements sportifs de l'été québécois, où Céline a attiré 15 000 spectateurs payants.

Angélil informait toujours les médias des jours à l'avance des événements auxquels participerait son artiste. Par exemple, il fit ainsi savoir une dizaine de jours à l'avance que Michel Jasmin allait lui remettre deux disques d'or au cours de son émission du 7 septembre, un pour avoir vendu 100 000 exemplaires de l'album *Tellement j'ai d'amour pour toi* au Québec seulement ; l'autre pour avoir vendu un demi-million du single *D'amour ou d'amitié*, au Québec et en France. Ce même 7 septembre, le nouvel album de Céline, *Les Chemins de ma maison*, sortait simultanément à Montréal et à Paris.

Quand, à l'automne de 1983, René Angélil, le manager de l'artiste la plus en vue et la plus en demande au Québec, a demandé d'être libéré de ses obligations de failli, la banque CIBC s'y est opposée, car il lui devait encore de l'argent et elle était persuadée qu'il en avait beaucoup. Les avocats de la banque fondaient leur argumentation sur une pile de journaux de vedettes et de magazines où paraissaient régulièrement le visage et le nom de René Angélil. On le voyait en Europe, aux États-Unis, même au Japon, menant vraisemblablement la grande vie.

Jacques Desmarais avait confié le dossier de René à un avocat de son bureau spécialisé dans ce genre de litiges. René a dit à ce dernier de le laisser plaider lui-même sa cause. Il avait préparé, à l'intention des avocats de la banque et de l'officier de la cour qui devait considérer son cas, un petit laïus dont il était très fier et dont il ne doutait pas de l'efficacité. Il a raconté, en substance, que toute sa vie, il avait travaillé fort pour faire vivre sa femme et ses enfants. Il avait maintenant un projet qui lui tenait vraiment à cœur : emmener une artiste de talent sur les plus grandes scènes du monde. Sa femme, Anne-Renée, qui était dans le show-business elle aussi, croyait en Céline Dion tout aussi fort que lui. « Quand j'ai fait faillite, elle m'a dit de ne pas m'en faire, de m'occuper de Céline, qu'elle s'occuperait, elle, de nous faire vivre pendant ce temps-là, les enfants et moi. J'ai donc pu continuer à travailler à mon grand projet. Je n'ai toujours pas de salaire. Je n'ai que ce projet qui me tient vraiment à cœur. »

L'officier de la cour s'est alors tourné vers les avocats de la CIBC et leur a laissé entendre qu'il n'avait aucune sympathie pour une institution qui semblait incapable d'évaluer l'importance et la grandeur d'un rêve. Il a même rappelé que lorsqu'il était jeune, il en avait eu un lui aussi, et la banque avait refusé de lui prêter l'argent nécessaire à sa réalisation. « Les banques n'ont pas de cœur et pas de vision. » Il a refusé la demande de la CIBC, et Angélil a été libéré de ses obligations de payer. Il avait désormais les coudées franches.

Au cours des mois suivants, il allait s'employer à élargir davantage le public de son artiste. Il ne ratait jamais une occasion, si incongrue qu'elle puisse paraître, de faire monter Céline sur une scène auprès d'artistes qui, au premier abord, n'avait rien à voir avec l'univers dans lequel elle évoluait. Elle était ainsi en contact avec pratiquement tous les publics.

Tous les industriels et les artisans de la chanson et du disque ont des publics-cibles très bien définis. René voulait pour son artiste tous les publics, le grand et les petits, le quétaine et l'intello, le nostalgique et le branché. Il faudrait du temps, plusieurs années, pour que toutes les frontières soient abolies, mais il était persuadé qu'il y arriverait. Tous les artistes et leurs gérants visent un public-cible bien défini ; beaucoup finissent par s'y enliser. René Angélil et Céline Dion, eux, étaient partis à la conquête de tous les publics...

Ainsi, pour commencer, en octobre 1983, un nouveau théâtre très largement subventionné par le ministère des Affaires culturelles était inauguré à Montréal, rue Sainte-Catherine, le théâtre Félix-Leclerc, aménagé dans une ancienne banque. Tout le gratin culturel du Québec était convié à la soirée d'ouverture, au cours de laquelle se produiraient plusieurs artistes de renom, dont Céline Dion, dans un spectacle en hommage au grand chansonnier.

Angélil n'ignorait pas que les intellectuels et les « culturels » qui occuperaient et fréquenteraient ce théâtre Félix-Leclerc avaient peu d'estime pour Céline Dion, qu'ils trouvaient sans doute trop commerciale et trop populaire. L'immense succès qu'elle obtenait depuis près d'une année devait leur sembler suspect, trop facile, frustrant. Sa protégée risquait donc de se retrouver au milieu d'une faune pas très chaleureuse, peut-être même carrément hostile. Certains s'étonneraient sans doute et s'offusqueraient de voir paraître parmi eux cette petite chanteuse. En plus, ce n'était pas du tout payant. Ça le serait autrement, songeait Angélil. Il y avait là un public tout nouveau pour son artiste, un public à conquérir. Angélil voulait donc qu'elle fasse devant ce dernier la démonstration qu'elle était capable de chanter non seulement des textes faits sur mesure pour elle, mais aussi ceux du répertoire classique québécois et français.

Ainsi, ils ont minutieusement étudié la chanson *Bozo* que Félix avait écrite longtemps avant la naissance de Céline, l'histoire d'un pauvre fou ayant sombré, éperdument amoureux, dans l'abîme du rêve. Le soir de l'inauguration, elle a interprété cette chanson avec beaucoup d'intériorité et de sobriété, révélant une facette nouvelle et troublante de sa personnalité, s'attirant les applaudissements chaleureux d'un public qui, jusque-là, avait refusé de l'écouter et de reconnaître son grand talent, un nouveau public qui s'ajoutait à celui qu'elle avait déjà conquis.

Quelques jours plus tard, au gala de l'Adisq, elle récoltait quatre Félix : microsillon de l'année, interprète féminine de l'année, artiste s'étant le plus illustrée hors Québec et révélation de l'année. Les Félix sont au Québec ce que les Junos sont au Canada, les Victoires, en France, et les Grammys, aux États-Unis. Elle a pleuré abondamment chaque fois qu'elle a dû monter sur scène chercher ses trophées. René aussi, car le bonheur l'émeut plus que tout. Lui qui, avec raison, se targue d'être un implacable négociateur, un champion du bluff dont, au poker, les autres joueurs ne peuvent lire les réactions, fond dans la vraie vie à la moindre émotion : quand la musique est belle, quand un artiste donne le meilleur de lui-même, quand la foule se lève et l'ovationne...

Un père absent

Le succès engendre le succès, les prix et les palmes sont non seulement des indicateurs de popularité, ils ont aussi sur les ventes un effet d'entraînement plus qu'intéressant. Les quatre Félix récoltés au gala de l'Adisq ont relancé les ventes des disques de Céline Dion. À Noël, plus de 100 000 personnes, au Québec seulement, avaient acheté *Les Chemins de ma maison*. En France, où Céline avait participé de nouveau au *Champs-Élysées* de Michel Drucker et à l'émission *Atout Cœur* qu'animait Patrick Sabatier, *D'amour ou d'amitié* avait franchi le cap des 700 000 exemplaires. De plus, Angélil avait lancé un autre album de Noël destiné aux enfants, album vite fait mais éminemment chaleureux.

Avec Eddy, il avait eu l'idée de réunir toute la famille Dion autour de Céline, la mère, le père, les frères et les sœurs, et même des cousins et des cousines, des beaux-frères et des belles-sœurs, des tantes et des oncles, des neveux et des nièces, pour former un chœur de près de quarante voix que dirigerait Alain Noreau.

Angélil savait l'importance des valeurs familiales qu'il utilisait habilement pour faire mousser la carrière de son artiste. Il ne se considérait cependant pas, à l'époque, comme un bon père ni comme un bon époux. Il éprouvait certains jours des remords qu'il balayait le plus vite possible, parce qu'il avait dans sa vie d'autres priorités.

Il était presque tout le temps absent de la maison. Quand il s'y trouvait, il était, plus souvent qu'autrement, au téléphone. Son fils Patrick lui avait dit un jour qu'il n'avait pas souffert du divorce de ses parents et que, selon lui, sa mère Denyse n'en avait pas vraiment souffert elle non plus. René avait d'abord pensé que c'était une façon pour son fils de lui dire qu'il avait bien fait les choses, tout en douceur, et sans douleur. Cependant, en y réfléchissant, il avait compris que Patrick lui reprochait d'avoir toujours été absent. Il prenait conscience qu'un fossé s'était creusé entre son grand garçon et lui, comme autrefois entre son propre père et lui.

Il ne manquait pourtant jamais une occasion de dire à Patrick qu'il l'aimait. Chaque fois qu'il le voyait ou qu'il lui parlait au téléphone. C'était une coutume peu pratiquée à l'époque. Fort peu d'hommes en effet disaient des «je t'aime» à leurs enfants. René, lui, en distribuait abondamment à ses enfants, à ses amis, à son frère André, à sa femme, à sa mère. Un jour où il se trouvait chez lui avec des copains, Patrick a écouté sur son répondeur un message que son père lui avait laissé et qui se terminait justement par un «je t'aime», ce qui avait grandement étonné ses copains, car ils n'avaient jamais entendu ces mots dans la bouche de leur père.

René, bien sûr, adorait ses enfants. Tous les soirs, où qu'il soit, Paris, Las Vegas ou Montréal, il appelait sa fille chérie, Anne-Marie, pour lui souhaiter bonne nuit, et il gardera cette habitude jusqu'à ce qu'elle se marie en août 2000, à l'âge de vingt-trois ans. Tous les soirs quelques mots, toujours suivis de «je t'aime».

Un père aimant, donc, mais pas très attentif, trop souvent absent, tout occupé par son grand projet, par le jeu, par les amis. D'ailleurs, quand il voyait ses enfants, il était rarement seul. Il y avait presque toujours, autour de lui, l'un ou l'autre ou plusieurs de ses amis. Ben, très souvent, Marc, Paul ou Pierre. Même quand il emmenait Patrick au restaurant. Celui-ci, qui avait l'âge de Céline, espérait un tête-à-tête avec ce père qu'il admirait plus que tout être au monde. Son espoir était chaque fois déçu.

L'adolescent qu'était Patrick aurait pourtant tellement aimé, tellement voulu parler avec son père, être son ami, se confier à lui, le voir s'intéresser à ses études, à ses rêves. Quand René appelait pour l'inviter à dîner dans un restaurant chic et cher, Patrick cherchait des sujets de conversation susceptibles de l'intéresser. Il cherchait dans sa vie des événements qu'il aurait pu lui raconter, mais il croyait, à tort ou à raison, que rien de ce qu'il vivait ne pouvait intéresser son père. Il savait trop bien qu'il n'aurait pas l'occasion de parler, parce que les autres seraient là et qu'ils discuteraient affaires et show-business. En plus, ce que vivait son père était, à tous égards, infiniment plus intéressant et original que ce qu'il vivait lui. Son père voyageait, il connaissait tout plein de gens partout, il avait des tas d'amis, il passait à la télé, on parlait de lui dans les journaux, les gens venaient lui demander des autographes. Et à l'école, des garçons et des filles demandaient à Patrick des nouvelles de lui, de son artiste.

Heureusement, René était resté en bons termes avec Denyse, la mère de Patrick, lequel passait beaucoup de temps chez Tété, où il retrouvait souvent son demi-frère Jean-Pierre et sa demi-sœur Anne-Marie. Pour ces enfants, Tété a été, pendant ces années de grande agitation, une figure de stabilité, un refuge paisible, un havre tendre… La présence de sa mère dans la vie de ses enfants rassurait et réconfortait René. Il savait qu'à travers elle, ils seraient en contact avec les valeurs que ses parents lui avaient inculquées dans son enfance et sa jeunesse. Ainsi, les enfants de René ont été élevés un peu comme lui, par cette femme intelligente, cultivée, polyglotte qui, par bonheur, aimait le jeu. René n'a jamais vu quoi que ce soit d'immoral ni de néfaste dans les jeux de hasard. Au contraire, ils font selon lui partie du patrimoine familial, de l'héritage culturel que lui ont légué ses parents et qu'il a tenu à faire connaître à ses enfants.

Ainsi, comme leur père, Patrick, Jean-Pierre et Anne-Marie ont appris, très jeunes, les règles du black-jack, du poker, du backgammon. Un dimanche après-midi, Anne-Marie avait alors près de huit ans, il a réuni ses trois enfants autour de la table de la cuisine. Il leur a parlé des valeurs qui devaient être les leurs, compassion, mansuétude, charité, « ne fais jamais à autrui ce que tu ne voudrais pas qu'on te fasse », « respecte les gens pour ce qu'ils sont, pas pour ce qu'ils ont ». Il leur a rappelé que le jeu, en particulier le black-jack, faisait partie de leur patrimoine, de leur héritage culturel. Pendant près de deux heures, il leur a inculqué l'éthique du jeu. « D'abord, on ne joue jamais [à l'argent] contre un membre de sa famille. » « Si on a lavé quelqu'un et qu'il n'a plus rien, il n'est pas interdit de lui rendre une partie de ce qu'on lui a pris. »

Il a plusieurs fois organisé des vacances familiales à Las Vegas, à Nassau, à Atlantic City. Le programme était simple : plage ou piscine le matin, randonnée l'après-midi, casinos le soir. Jean-Pierre et Anne-Marie ont pris, très jeunes, l'habitude des casinos. Ils n'avaient pas l'âge légal pour jouer ; ils s'amusaient quand même, sous l'œil attendri de leur papa, à mettre des sous dans les machines ; et quand celles-ci se déchaînaient bruyamment pour signifier qu'ils avaient gagné un lot intéressant, ils devaient s'enfuir, de sorte qu'ils ne pouvaient toucher leur magot. Peu importe, ils avaient gagné. À quatorze ans, Jean-Pierre participera à ses premiers tournois de black-jack. Il sera plus tard champion d'échecs et, comme son père, maître gambler.

À part Pierre Lacroix, la plupart des amis de René, trop occupés par leurs affaires, négligeaient comme lui (et comme beaucoup d'hommes de leur génération) leur vie de famille. De temps en temps, Marc Verreault proposait à René d'emmener les enfants faire un pique-nique. Il préparait des sandwiches, des radis, des céleris, des boissons Kool-Aid et une petite nappe à carreaux. Ils emmenaient les enfants à la plage, au cirque ou au zoo. Parfois avec les filles de Guy Cloutier, les fils de Pierre Lacroix. Ils donnaient ainsi congé à leurs remords pendant quelques jours. Ils rentraient l'âme en paix, pensant avoir accompli leur devoir de père.

Chez René, cependant, les choses commençaient à se gâter. Au début, Anne-Renée s'était réellement impliquée dans la carrière de Céline Dion, elle avait même soutenu René au moment de sa faillite. Plus tard, elle commença à considérer qu'il accordait beaucoup trop d'importance à sa chanteuse, au détriment de sa propre famille. En fait, dans l'ordre des priorités de son mari, la carrière de Céline Dion occupait désormais le tout premier rang. Il était de plus en plus accaparé, obsédé, passionné par la carrière de Céline qui drainait toute son énergie, tout son argent qui, justement, commençait à rentrer pour de bon et continuait à sortir.

« Quand une fusée décolle, disait Angélil à sa femme qui s'en inquiétait, faut pas lésiner sur le carburant. »

À la banque où il avait transporté ses affaires après avoir été relevé de sa faillite, il était encore continuellement dans le rouge. Pourtant, à cette époque, aucun des besoins de son artiste n'était négligé : meilleurs musiciens, voyages en première classe, grands hôtels… C'était prioritaire et, selon Angélil, normal. Pour le moment, il devait tout miser sur la carte nommée Céline.

Ainsi, dans le cadre des fêtes du 450e anniversaire de la découverte du Canada par Jacques Cartier, Céline allait donner dans le Vieux Port de Québec un mégaspectacle pour lequel le producteur Angélil recevrait son premier gros cachet, 50 000 dollars… dont il a utilisé une bonne partie pour entourer sa chanteuse d'une trentaine de musiciens et de choristes, pour des éclairages hyper-sophistiqués et la meilleure sono possible. Il a fait de ce spectacle un très bel événement… qui en fin de compte ne lui a pas rapporté beaucoup, mais qui a certainement fait grandir la cote de popularité de sa protégée.

Les mois suivants seraient fort bien remplis. À l'agenda : enregistrement à Paris d'un nouvel album, le sixième (si l'on compte les deux albums de Noël) en moins de trois ans ; puis cinq semaines à l'Olympia en première partie de Patrick Sébastien, plus une émission spéciale que Radio-Canada allait tourner à cette occasion. Voilà ce qu'Angélil avait prévu. C'était compter sans le hasard et la chance, sans cette carte passe-partout que tout joueur espère trouver dans son jeu, le joker. En l'occurrence, le pape.

La colombe

Au début de l'été de 1984, René et Céline, celle-ci toujours accompagnée de sa mère, se rendaient à Paris pour préparer les maquettes du nouvel album. À l'hôtel de l'Étoile, près de la porte Maillot, où ils étaient descendus, un message de Sylvie Lalande attendait René. Sylvie dirigeait à l'époque une boîte de communication montréalaise chargée, entre autres choses, d'organiser le centenaire du journal *La Presse*. Angélil avait connu Sylvie alors qu'elle était directrice des programmes de la station de radio CKAC. Elle sollicitait maintenant un rendez-vous avec lui. Ils se rencontrèrent le lendemain midi dans un petit restaurant libanais, près de la place de Clichy.

Sylvie lui apprit que le pape Jean-Paul II viendrait à Montréal en septembre et qu'on préparait à cette occasion diverses manifestations, dont une grande fête au Stade olympique. Le responsable de l'événement, l'abbé Lalonde, de l'oratoire Saint-Joseph, avait demandé au compositeur Paul Baillargeon, l'ami de Sylvie, à l'auteur Marcel Lefebvre et au chorégraphe Hugo de Po de s'occuper de l'organisation logistique et artistique de cette fête.

Le clergé québécois voulait profiter de l'occasion pour célébrer la jeunesse, mettre en évidence les préoccupations des jeunes, leurs interrogations, leurs visions des choses et du monde, leur conception de l'amour, de la justice, leurs revendications. Depuis plusieurs semaines, on jouait avec les thèmes autour desquels on voulait construire l'œuvre et la cérémonie : l'amour, le suicide, le divorce des parents, le racisme, la violence, la faim dans le monde… On avait de grands moyens et une armée de bénévoles. Il y aurait 2 000 personnes sur la scène. On y chanterait divers chants religieux. Sous la direction de Hugo de Po, les figurants munis de banderoles blanches dessineraient dans le stade une gigantesque colombe déployant ses ailes…

Selon Sylvie Lalande, ce qui serait susceptible d'intéresser René, c'était la chanson thème qui devait lier tout cela. Baillargeon et Lefebvre l'avaient justement intitulée *Une colombe.* Pour l'interpréter, ils cherchaient une voix jeune. Après avoir pensé à Martine St-Clair, puis à Martine Chevrier, ils avaient finalement arrêté leur choix sur Céline Dion, seize ans. Elle était alors la meilleure vendeuse de disques au Québec, la plus jeune des trois. Elle avait une voix à laquelle aucun musicien n'était insensible.

Paul Baillargeon et Sylvie Lalande connaissaient assez René Angélil pour savoir qu'avec lui les choses seraient simples, claires, vite décidées. Ce serait oui ou non, et si c'était oui, tout se passerait bien. Quand il s'impliquait dans quoi que ce soit, René Angélil était un infatigable facilitateur.

Pendant que Sylvie lui parlait, dans ce petit restaurant libanais bondé, Angélil avait peine à se contenir. Le pape ! Le Stade ! Soixante mille personnes ! La plus grande scène dont il pouvait rêver pour faire connaître son artiste et, en plus, les radios et les télés du monde entier ! Sans doute des millions d'auditeurs et de téléspectateurs !

Sylvie avait apporté un walkman et lui fit entendre une maquette de la chanson *Une colombe* interprétée par Paul. René n'a pas caché son émotion. Il a dit à Sylvie que la chanson était magnifique, que Céline aimait exactement ce genre de mélodies qui présentaient beaucoup de relief, que Paul avait une très belle voix et qu'il savait s'en servir, que les paroles écrites par Lefebvre étaient intelligentes et touchantes.

Sylvie était sûre qu'il était conquis et qu'il convaincrait Céline et que tout était joué. À son grand étonnement, Angélil a demandé à réfléchir. En fait, il respectait une autre des règles de conduite qu'il s'était données : ne jamais prendre de décision sous le coup de l'émotion. Il a marché une petite heure dans Paris, pesant le pour (très lourd) et le contre (rien en fait). De retour à son hôtel, il a appelé Sylvie pour lui dire, dans des termes très angéliliens, que Céline et lui « seraient honorés de faire cette chanson devant le pape ». Quand il a annoncé la bonne nouvelle à Céline et à sa mère, cette dernière est restée un long moment incrédule. Elle savait que René aimait jouer des tours…

« Le pape ! Je te crois pas. »

Angélil a fait ce qu'il avait toujours fait et ce qu'il ferait toujours quand il croisait sur son chemin des hommes ou des femmes qu'il trouvait sympathiques, il a invité Sylvie à les accompagner, Céline et lui, partout où ils devaient aller au cours des deux jours suivants, séances d'enregistrement, meetings chez Pathé-Marconi, entrevues à la télé, souper chez Guy et Dodo, etc. À tous ceux qu'il rencontrait, il annonçait que Céline chanterait en septembre devant le pape. Et il leur présentait Sylvie Lalande comme la directrice des programmes de la plus importante station de radio du Québec.

Elle protestait discrètement : « J'ai quitté CKAC il y a plus de deux ans !

– Ça fait rien, reprenait-il. Directrice des programmes, c'est un titre qui les impressionne. Tu as déjà été directrice des programmes et tu as toujours le talent pour l'être. »

Ça aussi, c'était du pur Angélil : valoriser ceux qui l'entourent, quitte à tordre un peu la réalité. Ça ne les peine généralement pas et ça ne lui nuit surtout pas.

À bord de l'avion qui le ramenait à Montréal, il était tour à tour saisi par le désarroi et l'euphorie. Il allait proposer à Baillargeon et Lefebvre d'ajouter *Une colombe* aux neuf chansons que Marnay avait écrites avec divers compositeurs pour le prochain album de Céline. Toutes les chansons qu'il contenait parlaient d'amour, d'une manière ou d'une autre. *Mélanie*, qui allait donner son nom à l'album, s'adressait aux enfants souffrant de maladies incurables, comme Karine, la nièce de Céline, que la fibrose kystique allait bientôt emporter.

L'été précédent, devant les caméras de Frank Duval, René Angélil avait dit que Céline Dion serait un jour « la plus grande chanteuse au monde ». Mot à mot: la plus grande chanteuse au monde. Ça lui avait pour ainsi dire échappé. On ne dit pas ces choses-là; c'est tenter le sort. Mais en prononçant ces paroles, il avait pris conscience qu'il y croyait vraiment. Depuis, tout semblait d'ailleurs confirmer cette prophétie. À seize ans, Céline possédait un talent exceptionnel qu'elle savait instinctivement et avec une détermination à toute épreuve mettre en valeur. Il savait qu'elle était partie pour la gloire et que rien ni personne ne pourrait désormais l'arrêter dans sa course. Sauf le malheur et la malchance qu'il fallait sans cesse conjurer.

Côté sentimental, par contre, le chemin que suivait à l'époque René Angélil était plutôt cahoteux. Sa femme supportait de moins en moins bien ses fréquentes et longues absences. Même quand il était à Montréal, il ne voyait plus ses enfants que de temps en temps en fin de journée, quand ils rentraient de l'école, puis il partait rencontrer des auteurs, des compositeurs, des producteurs, des sponsors; il passait des nuits en studio, des soirées entières chez les Dion... Il ne s'appartenait plus et il se connaissait assez pour savoir qu'il ne changerait pas vraiment. Il pourrait sans doute calmer l'épouse furieuse, mais il ne renoncerait jamais à son projet qui prenait chaque jour de l'ampleur. Il en serait incapable. Il rentrait inquiet, car il sentait

confusément que quelque chose qui avait été fort important dans sa vie était peut-être en train de se briser.

C'était l'été des Jeux olympiques de Los Angeles que
René suivait avec passion, presque toujours en bonne compagnie, avec Pierre Lacroix, Marc Verreault, Paul Sara, tous
passionnés de sport, rivés à la télé du matin au soir. Devant
les médias, chaque fois qu'il en avait l'occasion, René prit
alors l'habitude de comparer Céline aux athlètes olympiques, laissant entendre qu'elle avait plus d'affinités avec
eux qu'avec beaucoup de gens du show-business. Il aimait
la mentalité du monde du sport, la sensibilité et l'entêtement des athlètes à l'entraînement, leur désir, leur besoin
de gagner... Il considérait que les athlètes étaient des figures
populaires positives, saines, gagnantes. Il s'est arrangé, tout
de suite après les Jeux de 1984, pour que Céline rencontre
à diverses reprises la plongeuse Sylvie Bernier qui venait de
remporter une médaille d'or et pour qui le Québec tout
entier éprouvait une vive sympathie.

Il constituait ainsi l'entourage et l'image de Céline Dion.
Très familiale, sage, construite sur des valeurs moralement
saines et sûres, à la fois enjouée, mais aussi réfléchie. Il y a
du triomphe et de l'euphorie dans l'image dont il enveloppe
sa chanteuse. De la compassion aussi. Céline posait entre
l'athlète triomphante Sylvie Bernier et la petite Karine, sa
nièce, l'enfant défaite, de plus en plus malade et menacée,
condamnée, tuée chaque jour sous les yeux de sa mère et
de Céline, avec une inexorable lenteur, par la fibrose kystique. C'était cette Karine touchante et pathétique qui, par
son courage et sa détermination, avait inspiré à Eddy la
chanson thème de l'album *Mélanie*.

Ces images, celles de la joie comme celles du malheur, du
triomphe comme de la défaite, se trouveront dans le programme du premier vrai spectacle que Céline emportera
bientôt en tournée. On y souligne les liens étroits « entre

Céline et les athlètes qui ont enchanté notre été. Ils ont en commun la force, la maîtrise et la détermination des gagnants ». À travers eux, on reçoit en plein cœur le regard pathétique, le pâle sourire de la petite Karine.

Le 11 septembre, alors que Céline s'apprêtait à chanter *Une colombe* devant le pape et 60 000 personnes et les caméras de Radio-Canada, Montréal s'est réveillée sous un ciel gris. À midi, il ventait à écorner les bœufs ; deux heures avant la cérémonie au Stade, il pleuvait à boire debout. Angélil touchait du bois chaque fois qu'il en avait l'occasion et il priait le Seigneur. Il n'est pas ce qu'on peut appeler un homme pieux qui pratique régulièrement sa religion. Il a cependant, profondément ancrées en lui, des croyances, des certitudes, des attitudes, parfois fondées sur la superstition, parfois sur des principes, qui lui furent inculquées dans son enfance et sa jeunesse. Il croit en Dieu, le père tout-puissant. Et dans les moments de peur, de panique, de danger, il Le prie. Directement. Il Lui parle, Lui explique des choses, son plan, son projet. Il Lui fait parfois des promesses qu'il sait pouvoir tenir. Il ne Lui dira jamais, par exemple, qu'il ne jouera plus jamais au black-jack ou au poker. Parce qu'il sait qu'il en serait bien incapable. Et selon lui, le bon Dieu ne demande pas l'impossible à qui que ce soit.

Quand il a obtenu de Lui ce qu'il demande, René ne manque pas de Lui dire un petit merci. L'oublier serait impardonnable. Il ne faut pas être impoli avec le bon Dieu. Angélil avoue cependant qu'il fait affaire avec lui presque uniquement quand il a des ennuis, qu'il est en danger ou dans le besoin. Quand tout va bien, les contacts se font plus rares. Or, en ce 11 septembre 1984, les choses se présentaient plutôt mal, et le producteur s'est plusieurs fois entretenu avec le bon Dieu. Il a même failli lui promettre de remettre à plus tard ou à jamais son projet de retour au jeu qu'il avait planifié avec ses amis ; quelques jours à Las Vegas où il n'avait pas mis les pieds depuis plus de trois ans.

Il avait misé gros sur le succès de cette cérémonie du stade. Pour profiter de l'effet d'entraînement qu'il pouvait créer, il avait même devancé la sortie de l'album *Mélanie*, auquel il avait intégré la chanson *Une colombe*. Celle-ci, lancée en single quelques semaines plus tôt, s'était vendue à un peu plus de 20 000 exemplaires, ce qui n'avait rien d'extra-ordinaire, compte tenu de la popularité de Céline. Mais si la cérémonie se déroulait bien, tout ça prendrait une ampleur infiniment plus importante. Angélil en était per-suadé. Par contre, si la pluie empêchait la tenue de l'événe-ment, si on n'entendait pas bien Céline chanter *Une colombe*, la carrière du prochain album serait peut-être beaucoup moins reluisante.

Quelques minutes avant que Michel Jasmin, l'animateur de la cérémonie, s'avance sur le podium pour faire les pré-sentations, le ciel a brusquement changé; un dernier coup de vent a congédié les nuages et le soleil a inondé le stade. « Un miracle », a dit René Angélil.

Le lendemain, *Une colombe* était devenue dans tout le Québec un formidable hit qui a fait monter en flèche les ventes de l'album *Mélanie*. Pour Angélil, le bon Dieu avait exaucé ses prières. Mieux! Il avait daigné agir comme copro-ducteur. Il Le considérerait désormais comme son allié, un fidèle partenaire.

Ayant prévu que la carrière de Céline Dion allait franchir un autre palier grâce à cette prestation, Angélil s'était arrangé pour que Radio-Canada consacre le premier *Superstar* de la saison (diffusé cinq jours après la cérémonie du Stade) à son artiste. Il avait de plus confié aux supermarchés Steinberg l'exclusivité des ventes d'un album hors série réunissant les plus grands succès de Céline, album (lancé le lendemain à l'hôpital Sainte-Justine) dont les profits seraient versés en bonne partie à l'Association québécoise de la fibrose kystique.

Tout de suite après le gala de l'Adisq, nantie de deux autres Félix (album le plus vendu et interprète féminine de l'année), Céline partait à Paris avec ses parents que son manager avait invités et à qui il avait réservé de belles surprises. Ils savaient que leur fille allait chanter à l'Olympia en première partie du fantaisiste Patrick Sébastien. Mais Angélil avait volontairement omis de leur dire que la ville était placardée d'affiches géantes de la jeune chanteuse. Il a tenu à être auprès d'eux quand ils en feraient la découverte et il s'est arrangé pour qu'une caméra de Radio-Canada soit témoin de leur ébahissement ému, qu'elle les suive dans leurs déplacements et assiste avec eux à la première du spectacle à l'Olympia.

Ce ne fut pas, dans la jeune et brillante carrière de Céline Dion, ce qu'on pourrait appeler un grand succès. Visiblement, le public était venu pour Patrick Sébastien, qui débitait des monologues taillés dans le lourd et le truculent, voire le grivois ; rien à voir avec les chansons douces et rêveuses d'une fraîche jeune fille de seize ans. Le contraste était peut-être un peu brutal et les atomes crochus entre les deux artistes sur scène plutôt rares.

Or, il ne fallait pas, d'aucune manière, que les médias voient un demi-échec dans ce qui pour une fois n'était pas, de la part de Céline Dion, une spectaculaire réussite. René a adopté une tactique qu'il allait souvent utiliser par la suite, il est allé au-devant des commentaires et des questions de la critique. Il a fait émettre un communiqué disant qu'avoir tenu, à seize ans, cette prestigieuse affiche pendant plus d'un mois restait une prouesse remarquable qui aura permis à Céline d'élargir et de diversifier son public ainsi que d'acquérir de l'expérience. C'était l'ultime but de l'opération. Voilà ce qu'Angélil, en bon stratège, voulait que l'on sache et voilà ce qu'on a su.

La vérité n'était cependant pas tout à fait aussi simple, ni aussi rose.

Céline Dion était, deux mois plus tôt, à la fin de cet été de 1984, l'artiste la plus en vue au Québec et en France, celle qui passait le plus à la radio, qui donnait le plus grand nombre de spectacles, dominait tous les palmarès, et faisait, en mal ou en bien, le plus parler d'elle.

Pourtant, pour des raisons que personne ne comprenait vraiment, les ventes de ses disques s'étaient mises à chuter. L'engouement populaire et médiatique semblait de jour en jour se dégonfler. Bientôt, les Français ne diraient plus ni mal ni bien de l'artiste de René Angélil. Le single *Was bedeute ich dir*, version germanique de *D'amour ou d'amitié*, lancé en Allemagne, en Suisse et en Autriche, un très gros marché à l'époque, n'avait pas vraiment décollé. Angélil s'interrogeait. Peut-être avait-il eu tort de courir deux lièvres à la fois en misant de front sur les carrières québécoise et européenne de son artiste. Il restait persuadé cependant qu'il suffirait de faire entrer une chanson au palmarès pour que tout redémarre. Marnay, lui, était inquiet et déçu. Il tentait de comprendre ce qui se passait (ou ne se passait plus) en France.

René a pensé qu'une chanson comme *Tellement j'ai d'amour pour toi*, chanson d'une jeune fille s'adressant à sa mère, parue sur l'album précédent, devait sembler ambiguë aux Français qui, contrairement aux Québécois, ne connaissaient pas les liens très forts qui unissaient Céline et sa mère. De même, ignorant l'implication de Céline dans la cause de la fibrose kystique et l'étroite relation qu'elle entretenait avec sa nièce Karine, on ne pouvait comprendre que la pièce intitulée *Mélanie* fasse référence à une enfant souffrant d'une maladie incurable. La nature des liens d'Angélil et de Céline n'était pas claire non plus. C'est sans doute l'une des raisons qui pouvaient expliquer que les magnifiques chansons d'amour de Marnay, empreintes à la fois de candeur et de gravité, n'aient pas été bien reçues par les Français. En France, Céline n'était pas encore une personnalité capable de porter d'aussi fortes chansons... Bizarrement, il aurait fallu qu'elle soit plus connue, que les journaux à potins aient fouillé sa vie, que naissent, là-bas aussi, des rumeurs sur elle et son manager.

À l'époque, Angélil protégeait jalousement son artiste. Il ne lui laissait jamais voir ni entendre les mauvaises critiques. À quoi bon perdre son temps avec des futilités ? Il ne lui a pas parlé, par exemple, du refroidissement du public français. Ça n'aurait servi à rien et, de plus, il était absolument certain que ça ne durerait pas. Angélil n'a jamais entretenu de doute sur le succès de Céline Dion.

Elle était encore sur les planches de l'Olympia qu'il planifiait déjà sa première vraie tournée du Québec pour l'hiver de 1985, tournée qui allait chambouler… leurs vies.

La première tournée

Après la série de spectacles à l'Olympia, René, Céline et sa mère se sont rendus à Rome, où le pape Jean-Paul II les a reçus en audience privée. René a d'abord rappelé au Saint-Père que Céline avait chanté devant lui quelques mois plus tôt, puis il lui a demandé de bénir sa famille et celle de Céline. C'est toujours ce que tout le monde fait, semble-t-il. Le pape s'est recueilli un moment, il a prononcé quelques mots en latin et a fait le signe de la croix. Puis il y eut un moment de flottement. L'audience était terminée.

Alors, Angélil a dit au pape, ce qui a surpris et intimidé Céline et sa mère, que celle-ci avait eu quatorze enfants. Le pape a paru enchanté et il a longuement interrogé Mme Dion sur sa famille, combien elle comptait de garçons, combien de filles, combien de petits-enfants, sur ce que son mari faisait dans la vie et il a demandé si les enfants étaient restés proches les uns des autres. Ils ont même parlé musique un moment, puis le pape a félicité Mme Dion et il l'a bénie encore et encore, de même que son mari et tous ses enfants et ses petits-enfants. Il a ajouté quelques mots sur les beautés de la vie familiale. Pendant que parlait le Saint-Père, Angélil a pensé à sa propre famille qui n'allait vraiment plus très bien à cette époque et il a eu le sentiment que quelque chose allait bientôt se briser irrémédiablement.

Néanmoins, en sortant de cette audience, il était très fier de son coup. Il avait su créer un réel lien avec le pape.

Deux jours plus tard, ils étaient à Castel Gandolfo où, devant les photographes de la presse, Céline s'est amusée à traire l'une des vaches du pape. Elle a ainsi bu, devant eux, un peu de lait cru de la vache papale. Un journaliste québécois a fait de cette scène un compte rendu délicieusement ironique, et le Québec tout entier a pouffé de rire. La visite de Céline Dion à Rome fera l'objet d'un sketch hilarant au *Bye Bye* de 1984, la revue télévisée de l'année diffusée le soir de la Saint-Sylvestre.

Tout ça faisait peut-être un peu ridicule et récupérateur, mais on aurait dit alors qu'on était soulagé de pouvoir enfin, après tous les succès qu'elle venait de connaître, rire un peu de Céline Dion, la diminuer, faire comme si elle était une fille tout à fait ordinaire.

Cette réaction a toujours un peu froissé et peiné Angélil. Il n'acceptait pas et n'acceptera jamais qu'on manque de respect à son artiste, sous aucun prétexte. Parce qu'elle a une grande voix, mais aussi parce que, selon lui, les médias ont le devoir, entre autres, de respecter une artiste qui a réussi, qui a obtenu la caution et l'admiration du public. Céline, à seize ans, avait vendu en France, en Suisse, en Belgique et au Québec, plus d'un million d'albums. Aucun artiste québécois n'avait réussi cet exploit à ce jour.

Le spectacle du Vieux Port de Québec, lors des fêtes du 450e anniversaire de la découverte du Canada par Jacques Cartier, avait été une réussite pour laquelle Angélil avait reçu son premier gros cachet : 50 000 dollars. Comme tous les mois, il avait remis un rapport à Paul Lévesque. Toutefois, il y avait inscrit tellement de dépenses qu'il ne restait pratiquement pas de profit, de sorte qu'encore une fois, Lévesque n'avait touché que des miettes, soit quelques centaines de dollars. Ce dernier a donc contesté le montant de la commission reçue, alléguant que les dépenses étaient excessivement élevées. Il a engagé une poursuite contre René et les parents Dion, espérant mettre fin au contrat qui liait ces deux parties et ainsi reprendre ses droits sur Céline. Son avocat a demandé une injonction, arguant que René Angélil avait trafiqué ses rapports mensuels et qu'il devait donc, comme stipulé au contrat du 16 juin 1982, rendre la gérance de la carrière de Céline Dion à Paul Lévesque.

Fin décembre 1984, quelques semaines avant l'échéance de ce contrat, Jacques Desmarais informait René qu'une citation à comparaître était émise à son encontre et à l'encontre des parents Dion. Céline et ses parents s'apprêtaient justement à partir pour la Barbade, alors que René, sa mère, son ex-femme Denyse et leur fils Patrick, sa femme Anne-Renée, leurs enfants Anne-Marie et Jean-Pierre devaient s'envoler le jour même pour la Martinique. S'ils recevaient la citation à comparaître en mains propres, leur voyage serait compromis. Angélil et sa famille se sont réfugiés au Sheraton de Laval. Les Dion, eux, ont éteint les lumières et la télé, n'ont fait aucun bruit, n'ont pas répondu au téléphone ni à la porte quand les huissiers sont venus frapper. À l'aube, ils sont tous partis pour l'aéroport.

Pendant les vacances, Desmarais tenait René informé du cours des audiences présidées par nul autre que le juge John H. Gomery, qui dirigera la fameuse enquête sur le scandale des commandites qui, en 2006, a ébranlé le Parti libéral du Canada. Avant même de rentrer au pays, René savait que le juge Gomery avait rejeté la requête de Lévesque, qu'il trouvait injustifiée. Le contrat qu'il avait fait signer quatre ans plus tôt à la famille Dion était maintenant échu. Il devait laisser René Angélil entièrement libre de gérer à sa guise la carrière de Céline Dion.

La saga judiciaire qui opposait Lévesque à Angélil n'était pas terminée pour autant. Lévesque conservait en effet les droits d'édition de *Ce n'était qu'un rêve*, œuvre de Thérèse, de Céline et de Jacques Dion, ce qui agaçait royalement René Angélil, parce que c'était la chanson fétiche de Céline, celle qui avait plus que tout autre contribué à son envol. Lévesque ne faisait bien sûr rien pour refroidir la colère d'Angélil.

Depuis l'échéance de son contrat, en décembre 1984, presque chaque fois qu'un producteur télé, en France, aux États-Unis ou au Québec, voulait utiliser *Ce n'était qu'un rêve* pour une émission spéciale sur Céline, Lévesque exigeait des droits prohibitifs que même les grands réseaux américains refusaient parfois de payer. Angélil attendait son heure, qui est finalement venue quand, en 2007, Paul Lévesque a cédé pour 25 000 dollars les droits d'usage de la chanson à une agence de publicité qui préparait un commercial pour la banque Toronto-Dominion. Il venait, ce faisant, de commettre l'erreur qu'Angélil espérait depuis un quart de siècle : il avait, volontairement ou pas, ignoré une toute petite clause qui stipulait que le détenteur des droits d'édition, s'il pouvait en disposer librement dans le champ du show-business, devait obtenir le consentement préalable des auteurs et des compositeurs lorsqu'il les cédait à une agence de publicité.

Dès que la publicité est sortie, René Angélil, qui avait conservé une franche rancœur à l'égard du très éphémère ex-gérant de Céline Dion, a pointé ses gros canons légaux contre lui. Lévesque n'a pas eu le choix ; il a remboursé la banque Toronto-Dominion et a remis les droits de la chanson à Mme Dion, à Céline et à Jacques. Angélil mettait ainsi fin à une dispute qui avait duré près d'un quart de siècle.

Angélil s'était tout à fait relevé de sa faillite. Il avait payé ses dettes. Il avait acheté une maison, rue Louis-Payette, à

Laval. Et il avait exécuté ce qu'il appelait son «retour au jeu», faisant quelques excursions à Las Vegas avec Marc Verreault, Paul Sara et Jacques Desmarais, certaines fructueuses, d'autres désastreuses. Il avait tant bien que mal rafistolé son ménage. Pendant un temps, quelques semaines, il a vu ses enfants plus régulièrement. Il passait de temps en temps une soirée avec sa femme, l'emmenait au cinéma, en boîte ou en tête à tête au restaurant. Il ne pouvait s'empêcher, chaque fois, de lui parler de Céline dont la carrière l'accaparait infiniment plus que ses devoirs conjugaux et familiaux.

Même pendant les fêtes de 1984 passées avec ses enfants, sa femme et son ex-femme en Martinique, il avait continué de travailler sur la tournée du Québec qui devait démarrer en janvier. Il passait des heures au téléphone avec les tourneurs, avec Alain Noreau qui travaillait aux orchestrations et constituait un groupe d'accompagnement. Il refaisait inlassablement la liste des chansons que contiendrait le spectacle qu'il voulait le plus éclectique possible, afin de donner une idée de l'étendue du répertoire que pouvait explorer Céline ; gros rocks, berceuses, vertigineux airs d'opéra, blues et plusieurs chansons d'Eddy Marnay, bien sûr. *Une colombe*, évidemment. Le *Mamy Blue* de Giraud qu'elle avait toujours tant aimé. *Le Train du Nord* de Félix Leclerc. Avec quelques vieux classiques, comme *Over the Rainbow* et *What a Feeling*, Céline faisait aussi un clin d'œil à la chanson populaire américaine.

Tout se présentait bien. La tournée allait remettre Céline au sommet des palmarès. Peu importait pour le moment ce qui se passait en France, Angélil pensait d'abord à consolider ses bases au Québec.

Il y avait un nœud, cependant.

En principe, Alain Noreau devait agir comme orchestrateur et chef d'orchestre. C'était un excellent musicien, un bon gars, cool, super-gentil. Il avait fort bien dirigé l'orchestre de Céline lorsqu'elle avait fait l'Olympia, mais René craignait qu'il n'ait pas assez le sens de l'organisation et assez de leadership pour prendre la responsabilité d'une tournée d'envergure. Il laissait ses musiciens sans directives, chacun aménageant à sa guise l'espace musical qui lui était réservé. Autrement dit, il ne les dirigeait pas vraiment, il n'imposait pas un son particulier destiné à mettre en valeur la voix de la chanteuse. Il laissait le bassiste jouer trop fort, le guitariste faire de la haute voltige. En plus, il tardait à livrer les orchestrations.

Quand les répétitions ont commencé, juste après les fêtes, Angélil en est vite arrivé à la conclusion qu'il n'avait d'autre choix que de le remercier. La tâche était pénible, mais la carrière de Céline était absolument prioritaire. Cette première tournée était à tous les égards de la plus haute importance. Céline s'y établirait comme une véritable professionnelle. Avec Alain Noreau, elle pourrait donner un bon show, mais il fallait que ce soit un excellent show. Congédier Noreau était donc nécessaire. Ce qui pouvait faciliter les choses, c'est qu'Angélil était à peu près certain que Noreau n'était pas heureux dans ses fonctions de chef d'orchestre. Un soir, il lui a parlé et, à son grand soulagement, Noreau a compris qu'il devait partir.

Le lendemain, Angélil contactait Paul Baillargeon, qui avait composé la musique d'*Une colombe* et dirigé le grand orchestre lors de la venue du pape au Stade. Il lui a demandé, à cinq jours de la première, qui devait avoir lieu à La Sarre, en Abitibi, de remplacer Noreau. Baillargeon était en train d'écrire une comédie musicale qu'il accepta de laisser en plan pendant quelques mois. Il s'est rendu le soir même chez Noreau qui lui a remis une grosse boîte de documents, les partitions et les arrangements, dans un indescriptible fouillis… Il a passé une partie de la nuit à y mettre de l'ordre. Le lendemain après-midi, il rencontrait Céline et ses musiciens dans une salle de répétition de la Place des Arts. Il a dessiné au piano la mélodie de *D'amour ou d'amitié*, et Céline, très calme, sûre d'elle, décontractée, a chanté dans la tonalité avec un rythme parfait.

René avait demandé à Paul Baillargeon de créer un écrin sonore dans lequel la voix de Céline serait mise en valeur. Rien d'autre. Il lui avait donc recommandé d'être très ferme. Baillargeon a repris la chanson en demandant cette fois au bassiste et au guitariste de jouer moins fort et plus sobrement. En quelques heures, Angélil avait obtenu le son qu'il désirait avoir. Ils étaient prêts enfin à partir en tournée.

Sur le sentier de l'amour

Un soir, quelques semaines après le début de la tournée, alors qu'ils se trouvaient en Gaspésie, René recevait un appel de sa femme qui lui signifiait qu'elle avait l'intention de le quitter. Il est rentré à Montréal dans la nuit, tout seul, et la tournée fut interrompue. Pendant quelques semaines, il est resté dans sa famille, tentant de réparer les pots cassés. On était dans le plus froid et le plus sombre de l'hiver. Plus attentif et meilleur époux, il aurait sans doute vu venir la catastrophe. Depuis plus d'un an, sa vie de couple n'était plus très harmonieuse. Il n'avait pas toujours été l'homme le plus fidèle et le plus attentionné de la terre, même s'il s'était considérablement assagi depuis quelques années. Il fut néanmoins dévasté par l'échec de sa vie conjugale, humilié surtout. Il n'avait rien vu, rien compris. La jeune femme qu'il croyait soumise et dépendante affirmait son autonomie et reprenait sa liberté. Ils auront à tour de rôle la garde des enfants : Jean-Pierre, bientôt onze ans, et Anne-Marie, huit ans et demi. Tout occupé par la gérance de la carrière de Céline, René les confiera très souvent à Tété, sa mère, pour qui ils avaient un profond attachement.

Céline, pendant ce temps, vivait chez ses parents, où Eddy et Mia passaient la voir de temps en temps. Ils lui parlaient de René, évidemment, de celui par qui tout arrivait, qui décidait toujours de tout, le grand pourvoyeur, l'orchestrateur de leur vie à tous. C'est ainsi que Céline a appris que depuis qu'il avait commencé à s'occuper de sa carrière, quatre ans plus tôt, il avait eu presque continuellement de graves problèmes financiers, ce qu'il ne lui avait jamais laissé entendre d'aucune manière. Elle ignorait même qu'il avait déjà fait faillite après avoir hypothéqué sa maison, afin que sa carrière à elle puisse démarrer. Il l'avait toujours fait vivre dans une tour d'ivoire, il avait écarté d'elle tout danger, tout sujet d'angoisse autre que ceux qu'elle pouvait, qu'elle devait, selon lui, connaître devant un micro, devant des caméras ou une foule. Autrement dit, elle avait été une artiste gâtée et surprotégée, sans jamais le moindre souci d'ordre matériel, ni le moindre stress financier. Ces révélations ont certainement conforté Céline dans la passion qu'elle commençait alors à éprouver sérieusement pour René.

Quand la tournée a repris, il était en effet devenu évident que Céline s'était entichée de son manager. Elle ne s'en cachait pas, même devant sa mère. Elle ne parlait qu'à lui. Elle n'avait d'yeux, d'oreilles, de sourires, de pensées que pour lui. Tout ce qu'il disait était parole d'évangile. Elle ne pouvait passer un quart d'heure sans prononcer son nom. S'il s'absentait, elle le cherchait partout, elle l'attendait…

Sa mère, comme Angélil et comme tout le monde au fond, croyait que ce n'était là qu'une passade. Il semblait même tout à fait normal et légitime que la jeune chanteuse éprouve une grande admiration et un profond attachement pour cet homme qui lui avait appris tant de choses, qui veillait sur sa vie et grâce à qui elle avait déjà, à dix-sept ans, une carrière plus qu'intéressante.

Angélil avait légèrement remanié le spectacle, ajoutant certaines chansons, en supprimant quelques-unes moins efficaces. Baillargeon avait formé un nouveau groupe : deux choristes, Florient Richard à la basse et Gilles Valiquette, un chansonnier qui avait eu son heure de gloire dans les années 1970, aux guitares, aux synthétiseurs et aux séquenceurs. Avec les claviers de Paul, les percussions, les cordes et les cuivres des séquenceurs, ça donnait un son très typé, riche et moderne.

En un peu plus de deux mois, Céline allait donner trente-six spectacles dans vingt-cinq villes du Québec, puis en Ontario et au Nouveau-Brunswick. De ville en ville, le show grandissait. On en parlait partout. Il faisait des vagues, qui le précédaient, qui le suivaient. Il restait sobre cependant. Même si Angélil y investissait tout ce qu'il pouvait, il n'avait pas encore les moyens de bâtir de très gros décors et d'avoir des éclairages sophistiqués. De plus, il ne voulait pas créer de diversion. Tout était centré sur la voix de Céline.

Il agissait souvent lui-même comme régisseur ou éclairagiste. Un soir, à Québec, Eddy Marnay qui connaissait le show par cœur a remarqué une erreur dans les éclairages. Un oubli. L'un des spots pour qui Maurice Giraud avait dessiné un ballet modelé sur les mélodies était resté immobile. Marnay s'est tourné vers la console d'éclairage et a aperçu Angélil qui regardait chanter Céline, visiblement hypnotisé… Il avait tout oublié des éclairages et des effets de scène. Il était devenu spectateur. Plus tard, quand Céline lui a demandé ce qui s'était passé, Angélil a bien été obligé de lui répondre qu'il était dans la lune et qu'il avait oublié.

« T'es dans la lune quand je chante !

– Je t'écoutais trop », avait-il rectifié.

En fait, il était profondément troublé, presque intimidé, par cette femme qui avait, si jeune, une telle maîtrise de la scène, une telle présence. Jamais de toute sa vie, il n'avait été à ce point fasciné par un artiste. Il comprenait mieux que jamais ce que Marnay lui avait souvent dit : il y avait en Céline une force qui les dépassait tous.

Lorsque la tournée faisait relâche, ne fût-ce que pendant quelques jours, René partait parfois à Las Vegas ; s'il restait à Montréal, il jouait aux cartes presque tous les soirs avec son cousin Paul Sara et ses amis Marc Verreault et Jacques Desmarais, raffinant, polissant son système. Il avait acheté un feutre vert, des jetons, un sabot, cette boîte dans laquelle le croupier place les cartes. Ils essayaient encore et toujours de trouver la façon la plus sûre de gagner au black-jack, fignolant la classique martingale qui consiste à doubler la mise que l'on a perdue au coup précédent, ce qui peut sembler absurde. « C'est comme la vie », disait René. Quand la tournée reprenait, il rapportait à Baillargeon et à Richard ce qu'il avait appris avec Sara et Desmarais… Professoral, il leur rappelait que pour réussir, dans la vie comme au black-jack, il faut connaître les règles du jeu.

« C'est 90 % de la réussite, disait-il. Il faut apprendre à jouer. Il faut s'entraîner des jours, des mois, des années, tout le temps. Plein de gens jouent au black-jack en amateurs, comme ils vivent en amateurs, sans connaître les règles, en innocents. »

Il prétendait, une fois de plus, avoir mis au point un système de jeu, une martingale qui devrait lui permettre de gagner tout le temps au black-jack. Il en parlait à tout le monde. Même à Céline que le jeu n'intéressait pas vraiment. Il était émerveillé par ce système qu'il peaufinait avec les musiciens et les techniciens de la tournée ou avec ses amis quand la tournée faisait relâche.

Comme tout joueur le moindrement sérieux, il connaissait les grandes règles et les implacables réalités du black-jack. Il savait, par exemple, que la pire carte qu'on puisse avoir dans son jeu était et sera toujours le 6 ; il savait que faire et surtout ce qu'il ne fallait pas faire si c'était le croupier qui l'avait en main. Il savait aussi qu'il était statistiquement prouvé que la banque gagnait au moins 52 fois sur 100, même quand c'était un joueur chevronné qui l'affrontait. Supposons que celui-ci mise 10 dollars 100 fois : la banque gagnera 52 fois, soit 520 dollars. Et le joueur gagnera 48 fois, soit 480 dollars. Il aura un déficit de 40 dollars, sûr et certain.

Or, tout le monde dans la vie a des périodes de chance. Un malheur ne vient jamais seul, un bonheur non plus, ni une bonne nouvelle, ni une mauvaise carte. Il s'agit simplement de profiter au maximum de sa chance, des séquences positives, c'est-à-dire de miser beaucoup quand on se trouve dans une bonne passe, et peu quand on est dans une mauvaise passe. Le tout est de savoir déterminer quand on traverse une bonne passe et quand on croupit dans une mauvaise.

Voici la grande recherche d'Angélil : connaître intimement la chance, la suivre à la trace, l'attendre à l'affût, bien patiemment... On franchit pratiquement la limite du rationnel, on entre dans l'ésotérique, l'impondérable et le magique. Au bout du compte, cependant, on finit selon lui par trouver une manière presque infaillible de gagner.

Partant du principe qu'il est impossible, en misant toujours la même somme, de gagner à long terme, même pour un joueur qui, comme lui, connaissait par cœur toutes les règles du jeu, il avait en effet découvert, après de longs tâtonnements, une façon quasi infaillible de gagner, en variant les mises.

Selon lui, un joueur qui sait appliquer ces règles d'or est assuré de gagner puisqu'il met toujours une portion de ses gains de côté. Toutefois, l'application de ces règles requiert un sang-froid du tonnerre, de l'audace, de la patience et de l'instinct, et il faut parfois calculer très vite. À ce jeu, Angélil était devenu champion. Il avait toujours aimé jouer avec les chiffres, les mémoriser. Il épatait ses amis en connaissant un nombre impressionnant de numéros de téléphone par cœur, des records sportifs, des dates d'anniversaires de personnes ou d'événements, des éphémérides dans tous les domaines. Il n'avait pas d'agenda, pas de répertoire télé-phonique, mais il avait une mémoire phénoménale des noms et des nombres. Il pouvait donner une quinzaine de coups de fil un matin, sans jamais ou presque consulter un fichier ou un répertoire et il était champion en calcul mental. À une table de jeu, ces capacités et ce savoir-faire étaient infiniment précieux. Avec son talent, sa mémoire et le système qu'il avait mis au point, Angélil était assuré de gagner chaque fois qu'il allait s'asseoir à une table de black-jack.

Ce qui est vite devenu plus difficile, pour un homme comme lui, a été de suivre les règles qu'il s'était données. Il allait bientôt s'ingénier à les transgresser. À quoi bon jouer si on n'est plus en danger, si on ne risque rien?

C'est alors que la machine à rumeurs s'est vraiment mise en marche. Ce n'était plus que les amis, les musiciens, les proches, qui parlaient de l'amour de Céline Dion pour son manager; les médias en faisaient grand cas eux aussi.

« Que voulez-vous que j'y fasse? disait René à Pierre Lacroix et à Marc Verreault, qui venaient parfois le rejoindre en tournée pour une journée ou deux. Je ne suis pas amou-reux d'elle, c'est une enfant, mais je suis fasciné par elle, c'est vrai. C'est la plus grande artiste que j'ai jamais vue ou entendue de toute ma vie. Tous les jours, elle m'impressionne.

– T'es un fan, alors.

– Je suis son fan numéro un, mais ça ne veut pas dire que je l'aime. »

N'empêche que les liens qu'entretient un fan avec son idole sont toujours très ambigus. Et il était évident, pour leur entourage, que les liens entre Céline et René avaient quelque chose de particulier. Ils se comprenaient à demi-mot. Très souvent, même lorsqu'ils étaient entourés, on les aurait dits seuls au monde, dans leur bulle, tout à leurs rêves et à leurs projets…

Au studio, quand ils écoutaient des enregistrements, ou au restaurant, où ils mangeaient presque tous les jours en grande compagnie, à Montréal ou à Paris, ils étaient toujours assis côte à côte, toujours très proches l'un de l'autre. Ils parlaient ensemble sans vraiment s'occuper des autres, et ils riaient beaucoup. Très souvent, Céline s'appuyait tout contre lui, elle posait sa tête sur son épaule. Les autres pensaient que c'était tout à fait innocent, mais ça ne l'était peut-être pas du tout. Il leur semblait que René se prêtait à ce jeu, et qu'il y prenait beaucoup de plaisir lui aussi. Il aimait être avec elle, c'était évident, il aimait lui parler. Peut-être bien qu'il l'aimait quand même.

« C'est normal qu'on soit bien ensemble, disait-il. On a le même but, elle et moi. »

Les rumeurs cependant, dont se réjouissait Céline, affolaient René. Il n'aimait pas qu'on lui en parle, mais ça s'est mis à déborder jusque dans les journaux à potins qui imaginaient plein de choses et qui faisaient des sondages d'opinion auprès de leurs lecteurs. Il s'en trouvait toujours quelques-uns pour se dire choqués de la différence d'âge ou parce qu'ils trouvaient que René avait abusé de son autorité et de son pouvoir de manager… La grande majorité des gens semblaient toutefois trouver cet hypothétique amour tout à fait normal et légitime.

Mme Dion ne s'inquiétait toujours pas outre mesure. Elle se disait sans doute que ça passerait, que sa fille rencontrerait tôt ou tard un garçon de son âge dont elle tomberait amoureuse et qu'elle oublierait bientôt René Angélil.

Au printemps, celui-ci a proposé à Paul Baillargeon de l'associer à la production de la tournée qui, comme toutes celles qu'il allait produire par la suite, prenait de l'ampleur au fur et à mesure qu'elle se déroulait. Après une brève réflexion, Baillargeon a refusé. Il savait qu'il n'y aurait pas de profits avant longtemps, même si tous les billets étaient déjà vendus. Il avait vu comment Angélil réinvestissait toujours tous les profits, ajoutant aux éclairages, au son, à la promotion.

Baillargeon considérait que le problème avec Angélil, si on envisageait la chose du point de vue de la rentabilité immédiate, c'était qu'il voulait toujours aller chercher ce qu'il y avait de meilleur, donc de plus cher. Il était toujours prêt à payer plus que tous les autres producteurs pour avoir les meilleurs musiciens, les meilleurs choristes, les meilleurs techniciens. Il faisait imprimer les plus beaux billets, les plus luxueux programmes (16 pages couleurs, sur papier glacé). Résultat, plus le show marchait, plus il coûtait cher et moins il faisait de profit. Le succès était énorme ; l'ambition d'Angélil, plus grande encore.

Depuis les premiers shows en Abitibi, Céline avait pris énormément d'assurance. Lorsque la tournée est arrivée à Montréal, fin mai, le show était déjà un événement culturel très attendu. La jeune chanteuse avait une aura qui fascinait, charmait ou intriguait toutes les presses, électroniques et écrites, populaires et intellectuelles. Quelques jours avant la première montréalaise, Radio-Canada a diffusé l'émission spéciale enregistrée l'automne précédent lors du passage de Céline à l'Olympia.

Les 31 mai, 1er et 2 juin, vendredi, samedi et dimanche, elle présentait son spectacle dans la salle Wilfrid-Pelletier de la Place des Arts, la plus grande salle du Québec. La critique, plus que jamais attentive et réceptive, fut fort élogieuse. On a comparé Céline « à Piaf et aux plus belles chanteuses de jazz ». Elle était de nouveau au sommet des palmarès. René Angélil avait réussi à faire faire à son artiste un spectaculaire come-back.

Cependant, il n'était pas tout à fait satisfait. Il voulait élargir davantage le territoire de Céline, diversifier plus encore son public et, surtout, aller chercher celui qui lui résistait encore, qui continuait de la bouder pour de confuses raisons, qui lui reprochait le côté trop évidemment commercial de son succès, ce qui aux yeux de René Angélil était une profonde bêtise. Comment peut-on ne pas avoir de respect pour le succès ? Comment peut-on mépriser ceux que le grand public adule ?

Il a lu et relu toutes les critiques écrites sur son artiste. Il a fait un inventaire des remarques et des reproches qu'on lui faisait. Certaines critiques lui semblaient tout à fait futiles. D'autres, plus respectueuses et plus pertinentes, plus constructives, l'ont cependant amené à réfléchir à l'image que projetait alors sa protégée, celle d'une jeune fille peut-être trop sage, trop gentille, trop parfaite, qui semblait n'avoir que de bons sentiments, qui ne voulait surtout pas déplaire à qui que ce soit. En gros, une certaine critique, la plus intelligente, considérant le grand talent de Céline Dion, souhaitait cependant qu'elle se débarrasse de ce côté un peu fleur bleue, un peu nunuche dont elle n'avait nul besoin pour réussir et pour séduire un public déjà plus que favorablement disposé. Chose certaine, il faudrait, tôt ou tard, casser cette image et transformer la jeune fille trop sage en jeune femme sexy, *glamour*…

Ils avaient un autre projet aussi, pour plus tard, mais néanmoins très sérieux : partir à la conquête du marché anglophone, ce qui impliquait énormément de choses : que l'imprésario réussisse à établir des contacts avec des industriels du show-business américain ou canadien-anglais ; qu'il trouve des paroliers anglophones ; que l'artiste maîtrise bien la langue du King et des Beatles ; et, tant qu'à faire, qu'elle prenne des cours de danse, de maquillage…

Secrètement, Angélil espérait que les sentiments amoureux de Céline à son égard s'estomperaient pendant ce laps de temps et que lui-même cesserait de penser à elle en ces termes. Il en avait déjà parlé à Pierre Lacroix et à Marc Verreault. Il leur avait avoué qu'il craignait lui aussi d'être tombé amoureux de sa chanteuse. « C'est peut-être déjà fait », avait-il dit à Eddy un soir où ils avaient longuement parlé ensemble de la vie, de l'amour, et du monde. Eddy avait bien vu, lui aussi, comme tous ceux qui l'avait approchée, que Céline était folle amoureuse de son manager, et que celui-ci était terrorisé par cet amour qu'il jugeait impossible. Angélil lui avait parlé de leur différence d'âge qui lui semblait trop énorme. Céline aurait bientôt dix-huit ans ; il en avait déjà quarante-quatre.

« Je risque de briser sa carrière, sa vie.

– Pas si tu l'aimes », avait répondu Eddy.

Un soir, dans un restaurant parisien, Céline s'était assise en bout de table et avait gardé une place libre à côté d'elle, comme elle le faisait toujours. Quand René est entré, avec les autres, il est passé près d'elle, près de la place libre qu'elle lui avait de toute évidence réservée à sa droite, et il est allé s'asseoir à l'autre bout de la table.

Le repas fut sinistre. Il sentait le regard de Céline posé sur lui. Mme Dion, Eddy, Mia, et d'autres, des compositeurs et des producteurs qui étaient venus assister à l'enregistrement, étaient assis entre eux deux.

Quand tout le monde fut parti, les laissant seuls, il s'est levé, il est allé près d'elle. Il semblait fatigué.

« Viens, lui proposa-t-il, on va rentrer à pied, toi et moi. »

Dès qu'ils furent dans la rue, il lui a dit tout de suite qu'ils ne devaient plus se voir de cette façon. Ils devaient rompre cette familiarité qu'il y avait entre eux. Il avait visiblement préparé ses mots et répété ses phrases.

« C'est maman qui t'a demandé de faire ça, hein ? »

Il n'a pas répondu.

Alors elle a changé d'approche.

« Je sais que tu m'aimes, René Angélil. »

Il ne disait rien.

« Si tu ne m'aimes pas, je veux que tu me dises : Céline, je ne t'aime pas. Sinon, je ne te croirai jamais. Je ne peux pas te croire parce que je sais que tu m'aimes, tu m'entends ? »

René devait bien s'avouer que son mariage avec Anne-Renée était un échec. Il n'y avait plus d'amour ni d'un bord ni de l'autre, mais il tenait quand même à rafistoler son ménage pour les enfants. Cette situation était pour une bonne part à l'origine de sa décision de rentrer au foyer.

Céline lui a assené, implacable :

« Penses-tu pouvoir faire le bonheur de ta femme et de tes enfants en te rendant malheureux ? »

Il ne répondit pas.

« Ton bonheur est avec moi, tu le sais. Dis le contraire, si tu peux. »

Silence. Il a laissé Céline à la porte de l'hôtel et il est allé marcher dans Paris, seul. Il vivait alors un très cruel dilemme : il avait choisi d'écouter la voix du bon sens, il en était sûr, mais il brisait le cœur de son artiste et le sien, afin de lui permettre de s'épanouir, de devenir la grande chanteuse qu'elle rêvait d'être.

C'était effectivement Mme Dion qui avait exigé cette rupture dès qu'elle avait compris que René aussi s'était entiché de sa fille. Elle le tenait pour responsable de l'amour qui dévorait celle-ci.

« Tu aurais pu t'arranger pour que ça n'arrive pas, lui avait-elle reproché. Tu l'as encouragée. »

Tout en affirmant de telles choses, Mme Dion, qui était une femme de cœur, savait bien qu'on ne pouvait pas empêcher un cœur d'aimer et elle connaissait assez sa fille pour savoir qu'elle n'allait pas laisser si facilement tomber.

Tout le monde dans la famille Dion et dans le cercle d'amis de René savait parfaitement que, depuis des mois, Céline était sur le sentier de l'amour et que tôt ou tard, elle finirait par piéger René Angélil, parce qu'il était lui-même amoureux d'elle, même s'il s'en défendait. Pis, il aurait laissé tomber, un soir : « Moi aussi, je t'aime. » Par la suite, comme s'il regrettait, il s'était refusé à tout autre aveu. Il évitait même de se trouver trop longtemps seul avec elle.

Il savait sans doute qu'il ne lui échapperait pas si cela arrivait. Ce n'était qu'une question de temps, de semaine, de jour. C'était pénible, presque intolérable et en même temps, très excitant, merveilleux.

En fait, René se comportait avec Céline comme un adolescent transi et effrayé, cent fois plus intimidé par elle que s'il s'était trouvé devant une femme de trente-cinq ou quarante ans. Il avait peur de ce que les gens diraient, peur de lui faire du mal, peur qu'elle se retrouve à trente ans avec un homme de cinquante-six ans et, surtout, peur que sa carrière en soit brisée… que son cœur en soit brisé.

Il allait devoir travailler désormais dans des conditions difficiles. Avec une artiste qu'il continuerait de peiner jour après jour.

Éclipse

À l'hiver de 1986, après que Céline eut dominé comme jamais le gala de l'Adisq en récoltant cinq Félix, René Angélil faisait savoir aux médias qu'elle allait cesser toute activité pendant plusieurs mois, peut-être une année. Ils allaient lancer l'album qu'ils avaient préparé pendant l'été, *C'est pour toi*, puis chacun irait de son côté.

On a vu parfois, pas souvent, des artistes s'éclipser ainsi pendant quelques mois, voire quelques années. Certains ont réussi de spectaculaires come-back, mais qu'une jeune chanteuse comme Céline Dion, ayant atteint de hauts sommets tout en étant toujours en pleine ascension, quitte la scène, ça semblait difficilement concevable. Dans le milieu, à Montréal et à Paris, on murmurait encore qu'Angélil était devenu fou, qu'il prenait un risque démesuré et qu'il faisait une erreur stratégique certainement irréparable. Lui qui, un an plus tôt, disait que lorsqu'une fusée décolle il ne fallait pas lésiner sur le carburant, le voilà qui décidait de couper les moteurs. Beaucoup de gens, tourneurs, producteurs, gérants de salles, directeurs de studios et distributeurs de disques étaient frustrés. Depuis quelques années, Céline avait été pour eux une véritable mine d'or, et M. Angélil, son manager, décidait sans les avoir consultés de fermer la mine, pendant une année, peut-être plus.

Selon Angélil, le risque n'était pas bien gros cependant. Céline avait maintenant fait ses preuves, elle pouvait non seulement chanter et faire des disques, mais elle maîtrisait la scène et les plateaux de télévision, elle savait parler à une foule et aux journalistes. Angélil avait, lui aussi, goûté autrefois aux joies de la scène. Il savait ce qu'était le bonheur d'être applaudi et ovationné par une foule en délire. Il se demandait comment Céline pourrait se passer de ce plaisir pendant ce long congé sabbatique qu'il lui imposait. Il fallait une sérieuse dose de courage et de culot pour s'éclipser alors que toutes les scènes s'offraient à eux. En fait, il y avait autre chose : Céline ne s'ennuierait pas que de la scène.

Certains avaient compris alors pourquoi elle avait tellement pleuré chaque fois qu'elle était montée sur le podium pour cueillir ses Félix. Ses larmes n'étaient pas que de joie. Elle pleurait parce que le merveilleux contact qu'elle avait su établir avec le public serait bientôt rompu, mais aussi et surtout parce qu'elle serait plus souvent séparée de l'homme qu'elle ne pouvait pas aimer, l'homme qui ne l'aimait pas, croyait-elle, qui était si heureux et si chanceux en affaires, mais malheureux comme une pierre en amour…

La vie sentimentale d'Angélil était en effet un parfait désastre. Sa femme Anne-Renée était rentrée à la maison quelques semaines plus tôt. Ils s'étaient réconciliés, ils avaient tenté de reprendre la vie conjugale, mais ça ne marchait plus. Ils se disputaient, avec des pleurs, des cris. Ils se boudaient pendant des heures, se réconciliaient, vivaient une petite lune de miel de trois jours, de deux jours, de douze heures… et ils retombaient en enfer.

Pour une fois, un événement majeur s'était produit dans la vie de René Angélil sur lequel il n'avait eu aucune maîtrise. Il avait toujours été celui qui prenait toutes les décisions, en toutes choses, et voilà que sa femme Anne-Renée venait chambarder sa vie de fond en comble… Suprême humiliation, elle en aimait un autre !

Sur les conseils de son avocat Jacques Desmarais, Angélil a quitté le foyer conjugal et s'est installé à l'hôtel Sheraton de Laval. Presque chaque jour, il passait voir ses enfants, rue Louis-Payette. Le samedi et le dimanche, il les emmenait bruncher dans un restaurant juif de la rue Van Horne, le Brown Derby, où ils retrouvaient immanquablement Ben Kaye avec qui René faisait des plans.

Après deux mois, René a loué un appartement, un duplex, rue Normandin à Laval, où il s'est installé avec Anne-Marie et Jean-Pierre. Un soir, peu après qu'il eut emménagé, son fils Patrick l'a appelé et a demandé à le voir. Il venait d'avoir dix-sept ans. René a pensé qu'il devait avoir besoin d'argent, qu'il voulait sans doute, comme beaucoup de garçons de son âge, s'acheter une voiture, partir en voyage ou prendre un appartement lui aussi. Ce n'était rien de tout cela.

Ce que voulait Patrick a profondément bouleversé et ému René. Patrick voulait lui aussi venir vivre avec son père. Il désirait simplement se rapprocher de ce père admiré qu'il connaissait peu. Il savait que la cohabitation ne serait peut-être pas toujours facile. Son père était un homme de grande autorité, un être ambigu, un homme d'excès et de contrastes, à la fois très secret et très chaleureux, hyper-organisé et très bohème. L'appartement était continuellement en désordre. Il y avait des journaux, de la paperasse, des boîtes de pizza, des disques et des cassettes audio et vidéo dans tous les coins, par terre et sur les meubles, sur les lits, la télévision, les sofas. Le comptoir de la cuisine était couvert de vaisselle et d'ustensiles appartenant au restaurant Barolo d'où René faisait livrer presque tous les repas de la famille. Quand il n'était pas à la maison, il téléphonait à Patrick et lui demandait de commander à manger pour lui, son frère et sa sœur et de remplir le frigidaire… Les trois enfants garderont des souvenirs hilarants de cette période, ils étaient libres comme jamais, dans un désordre que la majorité des enfants et des ados savent apprécier.

René traversait cependant des moments difficiles. Professionnellement, ce qu'il préparait était plus que passionnant; il avait des projets bien définis, vastes, mais réalistes. Sentimentalement, tout dans sa vie avait cafouillé.

C'est dans cet état d'esprit – meurtri par un amour brisé, troublé par un autre amour qui par moments lui semblait impossible, bouleversé par la peine qu'il faisait à ses enfants – que René est parti pour Las Vegas. Il est descendu au Caesars Palace, un lieu qui lui était déjà familier, où il avait des amis, où bien vite ses soucis se dissipaient et où la vie redevenait une fête.

Au Caesars, il s'est inscrit sous le nom de Sara. Ainsi, les producteurs, les réalisateurs, les compositeurs et les auteurs qui avaient un spectacle ou une tournée, une émission de télé, des paroles ou des musiques à lui proposer pour son artiste ne parviendraient pas à le joindre. Seuls ses proches savaient comment entrer en contact avec lui. Il en sera toujours ainsi désormais. Dans les hôtels où il descend, il est Paul Lacroix ou Marc Sara, Ray Ban, Roy Cooper, Éric Ferrari... Ses amis se sont constamment relayés à ses côtés, Jacques Desmarais, Marc Verreault, Paul Sara, Pierre Lacroix...

Au cours de cet hiver et de ce printemps de 1986, il a passé plus de la moitié de son temps à Las Vegas, consignant soigneusement dans ses petits carnets quadrillés les résultats des jeux et des tournois auxquels il participait. Il notait tout, dans quel casino il avait joué, à quelles tables, avec quels partenaires, quel croupier, pendant combien de temps, le montant des gains, des pertes... Il archivait soigneusement tous ces résultats, les gains et les pertes qui se sont soldés pour cette période positivement à 140 000 dollars, après soustraction des dépenses. René Angélil s'est ainsi fait connaître dans la capitale du jeu comme un gambler et un *high-roller*, bien avant de devenir un manager célèbre. Le Caesars Palace avait mis à sa disposition un *casino host*, Anna DeMartino qui l'accueillait, lui préparait une suite, réservait pour lui et ses amis dans les *poker rooms*, les restaurants, les salles de spectacles, les terrains de golf. Anna connaissait tout le monde à Las Vegas, elle avait ses entrées partout; elle deviendra et restera une grande amie et une précieuse collaboratrice.

René et ses amis jouaient au golf et au black-jack en matinée, ils faisaient ensuite ripaille, ils montaient parfois de gros canulars requérant du temps de préparation, des mises en scène éclatées, qu'on pourrait presque apparenter, bien que l'intention ne soit pas du tout la même, au théâtre-action...

Le plus mémorable de ces canulars a été monté dans les premiers jours de ce retour au jeu qu'effectuait René au tout début de l'année 1986. Il était arrivé à Las Vegas avec dans sa valise un costume de scheik arabe que sa grand-mère Nour lui avait acheté lorsqu'elle était allée à Damas quelques années plus tôt, la longue robe, le foulard, le turban... Avec Jacques Desmarais et sa blonde Josée, Pierre Lacroix et sa femme Coco, Marc Verreault, Paul Sara et Pierre Genest, un courtier en bourse, René a loué trois limousines et ils ont fait une virée des casinos de Las Vegas.

Paul entrait le premier pour annoncer que le scheik Ali désirait jouer au black-jack et demander qu'on renforce la sécurité. Une fois la chose faite, le scheik apparaissait, tenant à la main un sac de papier kraft. Ils se dirigeaient tous vers une table à laquelle Genest, qu'ils feignaient évidemment de ne pas connaître, avait déjà pris place et où il gageait à tout coup 25 dollars. Le scheik, lui, allait miser un à un les billets d'un dollar qu'il tirait de son sac de papier kraft, par l'intermédiaire de Paul à qui il parlait un baragouin inspiré de l'arabe. Le scheik perdait son dollar à tout coup, puisqu'il ne cessait de demander des cartes, même si

celles qu'il avait en main cumulaient 18, 19 ou même 20…
Et chaque fois, il faisait une colère, toujours en simili-arabe.
Paul traduisait : « Le scheik Ali exige que cet homme parte ;
il lui porte malheur. » Genest simulait le joueur offusqué.
La tension montait. Le croupier, inquiet, cherchait quelque
secours du côté des gardes de sécurité du casino.

L'idée de cette farce était d'abord et avant tout de rire,
simplement. Ils n'ont cependant jamais pu interpréter le
dernier acte de leur petite comédie. Ils croyaient que les
services de sécurité des casinos interviendraient et les jet-
teraient à la porte. Ça n'est pas arrivé. Ils ont toujours trop
ri, trop tôt…

La bande d'Angélil fut bientôt connue sur le Strip pour
ses frasques spectaculaires, une bande de sympathiques
bouffons qui parlaient français entre eux, qui riaient à se
décrocher les côtes, passaient des heures à table, donnaient
des pourboires exorbitants, et jouaient parfois très gros.

Cet hiver-là, Angélil fit cependant une découverte qui
changea sa conception du jeu.

Il entendait faire la démonstration que le système qu'il
avait mis au point au cours des mois précédents était
infaillible. Il découvrit rapidement qu'il l'était et que c'était
fort ennuyeux. Il fallait savoir se résoudre à gagner petit à
petit, être prudent, patient, ne jamais prendre de risques
inutiles, toujours tout calculer, mettre de côté une partie
des gains et n'y toucher sous aucun prétexte…

Paul Baillargeon, qui avait participé à la première tournée
de Céline et à qui Angélil avait parlé de son système, lui
avait d'ailleurs objecté, non sans raison, que dans la vraie
vie, devant une vraie table de jeu et un vrai croupier, et
avec l'argent, le joueur aurait énormément de difficulté à
se contenir. Or, il suffisait de s'écarter du système le moindrement pour tout compromettre. Angélil lui a finalement donné raison. Il avait travaillé pendant des années à
trouver une façon d'éliminer les aléas, les risques ; il prenait conscience que le plaisir du jeu, comme de la vie, était

d'abord et avant tout le risque lui-même, la surprise, le hasard, les fantaisies de la chance. Gagner avec le système qu'il avait mis au point ne lui apportait plus vraiment de joie, plus beaucoup de *feeling*.

« On joue comme des fonctionnaires, disait-il à Desmarais. On ne fait que suivre les directives qu'on s'est données et on gagne, mais il n'y a plus de surprises. »

Ce n'était plus un jeu, c'était devenu un travail. Peu à peu, parce qu'il était joueur dans l'âme et qu'il aimait le risque, Angélil s'est alors passionné pour le *craps*, un jeu de dés fort complexe où le hasard tient un grand rôle, où le joueur est toujours en danger, parce qu'il n'y a pas de système qui tienne. Il n'a plus joué que pour le plaisir. En jouant, il pensait toutefois à son mariage mort, à ses enfants qu'il négligeait. Il pensait à son artiste surtout, son artiste qui l'aimait si fort, à qui il avait peut-être brisé le cœur en l'éloignant de la scène, mais surtout en s'étant éloigné d'elle.

Pendant quatre années, ils avaient vécu ensemble des choses extraordinairement excitantes et stimulantes, et certains jours, certains soirs, la vie sans elle lui semblait fade, vide, dépeuplée, sans beaucoup d'intérêt. Il était bien au Caesars Palace, entouré de ses amis, mais quelque chose, ou plutôt quelqu'un, lui manquait.

Pendant ce temps, loin de lui, Céline préparait elle aussi sa rentrée dans le cœur de l'homme qu'elle aimait. Elle était plus que jamais sur le sentier de l'amour, en chasse, et René Angélil, son manager, était sa proie.

Au cours de l'hiver, René est quelquefois revenu au Québec, pour voir ses enfants surtout, mais il avait lui aussi des devoirs à faire. Il avait entrepris de réaménager son entreprise. Il voulait tout changer, la compagnie de disques, la maison de distribution, les musiciens. Il parlait encore une fois d'élargir le répertoire de Céline pour rejoindre un plus vaste public. Il voulait surtout lui faire enregistrer un disque en anglais avec de gros moyens.

Il est passé un soir chez Céline, qui habitait alors avec ses parents à Duvernay, dans une belle grande maison qu'elle avait achetée. La télé diffusait le gala des American Music Awards que René a regardé avec Mme Dion et sa fille. Céline a été fascinée par l'époustouflante performance de Michael Jackson, entouré de danseurs et a dit : « Moi, c'est ça que je veux faire, du show-business comme il en fait lui, et je sais que je suis capable. Je pourrais très bien être sur cette scène-là, avec lui. » René s'est souvenu alors du fiasco qu'ils avaient connu une douzaine d'années plus tôt, Guy Cloutier et lui, quand René Simard, qui parlait encore très mal l'anglais, était passé au show de Howard Cosell. Angélil avait demandé aux recherchistes de lui remettre ses questions afin de préparer les réponses du « p'tit Simard », mais Cosell s'était trompé dans l'ordre des questions et l'entrevue avait été un pur désastre.

Il a rappelé cette triste histoire à Céline. Et il lui a dit que pour faire ça, ce genre de show-business que pratiquait Michael Jackson, il fallait parler anglais couramment, parfaitement. Et il lui a promis de lui obtenir un contrat de disque en anglais avec la même compagnie de disques que Michael Jackson si un jour elle maîtrisait la langue anglaise.

« Arrange-moi ça, je vais l'apprendre », fut la réponse de Céline.

Dès le lendemain matin, Céline était inscrite à l'école de langue dans laquelle Pierre Lacroix inscrivait les jeunes joueurs de hockey francophones dont il était l'agent. Elle a choisi le programme le plus chargé : neuf heures par jour, cinq jours par semaine, pendant deux mois. René savait qu'elle apprendrait vite. Les musiciens et les chanteurs ont de l'oreille, et par conséquent, une grande facilité pour les langues. Elle aurait sans doute fait un bon bout de chemin quand il reviendrait de Las Vegas, au printemps.

Il restait persuadé qu'il avait pris une sage décision en arrêtant tout. Céline allait embellir et grandir, revenir plus forte que jamais. Un jour, dans quelques années, elle percerait sur le marché anglais.

La réussite d'un disque dépend de nombreux facteurs. La musique et les paroles bien sûr qui accrochent et séduisent, l'interprétation, l'image de l'artiste. Mais il y a également, ce qui n'est pas sans importance, toute la représentation auprès des gens de l'industrie et des médias. Sans eux, impossible d'aller où que ce soit. Ils ont besoin de connaître les artistes avec qui ils travaillent, de savoir ce qu'ils pensent, ce qu'ils cherchent... Pour réussir dans le show-business international, il fallait donc pouvoir parler aux agents de promotion, aux producteurs, aux directeurs artistiques, aux journalistes de Hollywood, de New York, de Londres ou de Toronto...

Au printemps, une désagréable surprise l'attendait ! Denys Bergeron de Trans-Canada, la filiale de Quebecor qui distribuait les disques que produisait Angélil, l'appelait pour lui dire que les ventes de ses deux derniers albums, *C'est pour toi* et *Céline Dion en spectacle* (enregistré à la Place des Arts), étaient plutôt faibles, pour ne pas dire désastreuses.

Trans-Canada avait garanti la vente de 100 000 de ces deux albums. La maison de René Angélil, TBS, qui avait défrayé tous les coûts de production, d'enregistrement, de gravure, de promotion, touchait 4,70 dollars par disque. Trans-Canada, qui s'attendait à de très substantiels profits, avait donc versé 470 000 dollars d'avance à Angélil. Or, on n'avait pas vendu plus de 75 000 exemplaires de *C'est pour toi* et de *Céline Dion en spectacle*. Dans les milieux québécois et français du disque, on chuchotait : « Céline Dion, c'est fini ! » Quelques mois à peine après la tournée triomphale et l'apothéose de la Place des Arts !

René a fait et refait l'autopsie des derniers albums. Ils avaient peut-être été produits trop rapidement. Ils ressemblaient peut-être trop aux précédents. Il lui semblait par moments que les musiques, les arrangements surtout, avaient quelque chose de vieillot, de suranné. Une chose paraissait de plus en plus évidente : Céline avait beaucoup évolué depuis *Mélanie*, mais pas son répertoire. C'était honnête, bien construit, mais on n'y trouvait rien de vraiment neuf, rien d'étonnant. Et puis, surtout, il n'y avait pas eu d'événements majeurs pour grandir encore le personnage. Avec la victoire de Tokyo, la colombe, le pape, l'Olympia, les deux premières années de carrière de Céline avaient été infiniment plus riches en rebondissements.

Pourtant, Céline chantait mieux que jamais ; c'était tout le reste qui faisait défaut. Angélil a alors compris qu'il avait confiné son artiste dans un espace trop étroit, il lui avait donné des chansons qui vocalement ne présentaient aucun défi. Il avait d'ailleurs senti qu'elle avait fait *C'est pour toi* avec moins de plaisir, parce qu'on n'exigeait pas beaucoup d'elle, parce qu'il n'y avait plus de danger… En dehors du studio, il le savait, il la voyait, elle était attirée par toutes les musiques. Il fallait la laisser plus libre, tout en lui proposant de nouveaux défis. Il irait donc chercher les musiciens les plus hip, des auteurs à la mode. Il voyait avec terreur le moment où il devrait signifier à Eddy Marnay, son allié de la première heure, qu'il devrait peut-être peu à peu laisser sa place à des auteurs plus jeunes, plus pop…

Une salutaire rupture

Professionnellement, René Angélil se trouvait devant l'un des plus stimulants défis qu'il ait eu à relever de toute sa carrière. Pour remplir sa promesse de produire un album en anglais, il devait établir des contacts avec l'industrie canadienne-anglaise du disque, investir une machine énorme, entrer dans un tout autre monde. Il avait décidé (sage décision, dira-t-il plus tard) de procéder par étapes. D'abord le Canada anglais. Ensuite, on verrait...

Jusqu'alors, les disques qu'il produisait sur des labels qui lui appartenaient, TBS ou Super Étoiles, étaient distribués par Trans-Canada, filiale de Quebecor. Or pour Angélil, il était primordial que les disques de Céline soient désormais portés par un label plus fort que TBS. Il devait à tout prix trouver un moyen de passer dans les ligues majeures, idéalement chez CBS-Canada, dont les grands patrons, qui se trouvaient à Toronto, ne savaient probablement pas qui était René Angélil, ni même ce que Céline Dion faisait dans la vie. René connaissait cependant Bill Rotari, le patron de CBS au Québec, qui avait fait partie d'un groupe de chanteurs ayant connu quelque succès au Québec à l'époque des Baronets, mais ils n'avaient pas vraiment gardé contact. Angélil ne savait trop comment l'aborder, l'intéresser, le convaincre.

Il tenait mordicus à ce que Céline travaïlle avec des gens qui avaient du savoir-faire et de grands moyens. Il avait constaté qu'il fallait, pour faire de gros succès, disposer de moyens techniques et financiers colossaux, et posséder un savoir-faire qui ne pouvait exister que dans une puissante multinationale comme CBS.

Il lui fallait donc convaincre tout ce monde-là, mais avec quoi ? Comment ? Il était évident qu'il ne pouvait les intéresser en utilisant ce que Céline avait déjà fait. Ce qu'il voulait leur proposer n'existait pas encore. La chanteuse était en train d'apprendre l'anglais, elle se faisait arranger les dents, elle suivait des cours de danse. Elle était en formation, en pleine transformation, mais nul ne savait vraiment quels en seraient les résultats. Quant au manager, il n'avait pas encore de chansons pour un nouvel album, pas de nouveau parolier, pas de musiciens susceptibles de créer un son neuf, pas les moyens de vraiment faire de l'inédit, du jamais entendu. C'était là la grande difficulté qu'il devait surmonter, il voulait convaincre les gens de CBS que Céline Dion pouvait faire autre chose que ce qu'elle avait toujours fait, mais il n'avait pour y parvenir que sa seule parole, sa foi, son bagout.

Rentré pour de bon à Montréal, ayant renoncé momentanément au jeu, René s'est lancé dans une véritable croisade. Un soir, peu après son retour, il est allé chercher Céline à Duvernay. Il devait l'emmener voir un spectacle à la Place des Arts. Elle est venue l'accueillir à la porte. Elle portait des shorts et une camisole ; ses épaules et ses bras aux muscles bien définis, ses longues jambes étaient nus et bronzés. Elle affichait un sourire qu'il ne lui avait jamais vu, un sourire de femme sûre d'elle et de sa beauté.

Il est resté debout sur le pas de la porte à la regarder, sans dire un mot... Pour la première fois, il a regardé Céline comme un homme regarde une femme qu'il désire et non plus seulement comme un imprésario regarde son artiste. Il a pensé alors que leurs rapports venaient de changer. Il savait qu'elle avait désormais le pouvoir de le troubler, de l'impressionner non seulement avec ses talents d'artistes, mais avec son charme, son sex-appeal. Il a vu là un danger.

Ce soir-là, elle lui a dit autre chose qui l'a fort impressionné : elle était prête à accorder une entrevue en anglais. Il lui avait promis, quelques mois plus tôt, au moment où il l'inscrivait à Berlitz, qu'il lui obtiendrait une entrevue dès qu'elle serait prête. Il a donc contacté le journaliste Dan McGawen de CTV qui depuis plusieurs mois sollicitait une entrevue avec elle. Il lui a cependant demandé de ne pas faire de direct. Si jamais ça ne fonctionnait pas bien, il pourrait recommencer ou, au pire, annuler l'entrevue. Céline, qui un an plus tôt ne comprenait pratiquement rien à l'anglais, a bien répondu aux questions, elle a fait rire McGawen, charmé les téléspectateurs.

Elle avait pris confiance en elle et elle était heureuse. Or le bonheur, on le sait, est un puissant élément de séduction et de sex-appeal. Elle se tenait autant que possible très proche de René et toujours de manière à ce qu'il voie ses épaules nues, ses jambes, tout son arsenal de séduction... Tout cela troublait en effet profondément René Angélil, à tel point que Céline dut refréner ses ardeurs.

« Je savais de toute façon que c'était gagné, avouera-t-elle plus tard. Je savais qu'on serait des amants, un jour, lui et moi, et que ce serait pour la vie. »

Fascination, étonnement, admiration, amour... Bien difficile de connaître les sentiments que René Angélil éprouvait à ce moment-là pour sa belle chanteuse. De toutes ses forces, il tentait de se convaincre qu'il n'y avait que de l'admiration et de l'amitié, au plus une grande affection, et qu'il devrait à tout prix s'en tenir à cela pour ne pas tout gâcher. Il était persuadé que si les rumeurs qui couraient à leur sujet s'avéraient, le grand public de Céline ne l'accepterait pas.

Même s'il l'acceptait, ça ne pourrait durer. Dans cinq ans, dans dix ans, elle en aimerait un autre, plus jeune, plus fou que lui, et alors ils ne pourraient plus travailler ensemble.

Comme René Angélil a un énorme pouvoir de persuasion, y compris sur lui-même, il parvenait à se convaincre certains jours qu'il n'était pas amoureux de Céline, mais qu'il l'admirait tout simplement pour ses qualités d'artiste, sa force de caractère, son audace. René a toujours eu beaucoup d'admiration et de respect pour les gens qui ont de l'audace, qui sont *gutsy*, comme il dit, qui sont des *go getters*. Ces gens-là, il les encourage, il les aide, il s'intéresse à leurs projets, il les écoute autant que possible. Or, de l'audace, Céline en avait à revendre. Il lui aurait proposé d'aller chanter sur les plus grandes scènes du monde, elle y serait montée sans hésiter, et elle avait assez de bon sens et d'intelligence pour comprendre qu'il faut parfois attendre, être toujours bien préparé, bien entouré… Son talent, sa vive intelligence, la soif d'apprendre qu'elle avait, son énergie, tout ça émerveillait au plus haut point René Angélil… Il était si bien avec elle, dans leur bulle commune, à parler de leurs projets…

Pour produire le prochain album, Angélil est allé rencontrer les gens de Trans-Canada. Il était plutôt mal placé cette fois, après les piètres performances des deux albums précédents, pour exiger une avance importante. Il a même dit, d'entrée de jeu, qu'il se contenterait de 50 000 dollars, ce qui équivalait aux redevances dues sur moins de 12 000 albums vendus. Puis il décrivit son projet, une douzaine de chansons interprétées par une artiste qui depuis un an s'était renouvelée, un répertoire plus jeune, moderne et dynamique, avec des musiciens plus rock…

Quelques jours plus tard, le grand patron de Trans-Canada, André Gourd, l'informait par lettre que Quebecor avait pris la décision de ne plus accorder d'avances, même remboursables, aux producteurs. Voilà bien le genre de choses que René Angélil n'a jamais pu supporter. Le soir même, dans un steak-house du boulevard Saint-Laurent, il répétait à Paul Sara, à Pierre Lacroix, à Marc Verreault, à Jacques Desmarais, que Trans-Canada, qui avait fait une fortune avec son artiste, refusait maintenant de lui avancer 50 000 petits dollars, mais le pire, l'inadmissible, l'odieux, c'était qu'ils n'avaient plus confiance en Céline. S'ils refusaient d'avancer 50 000 dollars, c'était en effet qu'ils ne la croyaient plus à même de vendre 12 000 exemplaires de son prochain album !

Le lendemain, il annonçait poliment à Denys Bergeron qu'il ne travaillerait plus jamais avec Trans-Canada. Sa décision était irrévocable. « Même s'ils changent d'idée, même s'ils décident aujourd'hui d'avancer un million pour notre prochain album, il est trop tard. Tu peux leur dire aussi qu'ils vont le regretter. »

Il y aura, dans la carrière du manager Angélil, d'autres colères du genre provoquées par un manque de confiance manifeste (presque toujours regrettée) de la part des producteurs ou des artistes qu'il avait voulu associer à son aventure. Chaque fois, pendant des jours, il sera porté par une colère froide, une implacable colère.

Cette rupture sera salutaire. Dans toute cette histoire, chaque fois que René Angélil perd, il gagne, immanquablement. Chaque fois qu'il essuie un refus, on lui fait ensuite une proposition plus avantageuse. Ce refus, cet échec, ces doutes que plein de gens entretenaient à l'égard de son projet le stimulaient et le confortaient dans ses décisions. C'est pourquoi le hasard, dont il s'était fait un ami, venait toujours lui tendre la main juste au bon moment.

Nouveau monde

Un midi, en entrant chez Dick Ann's, un fameux petit restaurant à hamburgers et à hot-dogs du boulevard Labelle, à Laval, René Angélil aperçut Bill Rotari, le grand boss de CBS-Canada, seul au comptoir, et une place libre juste à sa droite. En s'approchant, il a fredonné mentalement *It's now or never*, à la manière d'Elvis. Il s'est assis à côté de Bill, il a commandé un super-burger, des frites, un grand Coke diet avec beaucoup de glaçons et il a engagé la conversation.

Il n'allait quand même pas dire à Rotari que Trans-Canada lui avait refusé une maigre avance parce que les derniers albums qu'il avait produits n'avaient pas bien marché. Il lui a plutôt parlé du prochain, très en détail, avec emphase et euphorie. Il lui a dit que ce serait un tournant, une charnière dans la carrière de Céline. Que grâce à ce disque, elle irait chercher un nouveau public sans rien perdre chez celui qu'elle avait déjà conquis. Il continuerait de travailler avec Marnay, mais il y aurait également des chansons écrites par Luc Plamondon, le parolier des plus grandes

251

stars du Québec et de France et dont la comédie musicale *Starmania* faisait un malheur à Paris.

Angélil n'avait même pas encore parlé de son projet à Plamondon, et il n'avait pas de musiques non plus, mais il «voyait» le disque. Il le fit «voir» à Rotari à qui il proposa quasi comme une faveur que Céline soit une artiste CBS, et Bill a accepté d'emblée de prendre Céline dans son écurie. Il ne donnait pas une plus grosse avance que Trans-Canada, mais CBS assumerait désormais les frais de production des prochains albums.

Rotari promit en outre de parler à Vito Luprano qui venait d'accéder au poste de directeur artistique de CBS, à Montréal. Le directeur artistique, qu'on appelle dans le milieu le A & R (pour Artiste et Répertoire), est en étroit contact avec les artistes, il leur trouve des musiques, des paroles, des musiciens, des arrangeurs, des producteurs. Il va avec eux en studio, il écoute, conseille, il signe les albums… Angélil était confiant. Tout être humain le moindrement sensé et possédant, comme Vito Luprano, une solide culture du show-business ne pouvait entendre chanter Céline sans comprendre qu'elle était une artiste extraordinaire, unique…

Il rencontra Vito quelques jours plus tard à son bureau de la rue Ashby, à Ville Saint-Laurent. Il était enfin entré dans le saint des saints. Vito Luprano était le gars à Montréal qui à l'époque connaissait le mieux les musiques américaines et anglophones qui faisaient bouger, vibrer, rêver les jeunes. Or, au départ, bien peu de chose dans le répertoire de Céline Dion était susceptible de l'intéresser : trop fleur bleue à son goût, trop soft et trop sage, trop adulte. De plus, il n'était pas très familier avec la culture française et les milieux culturels québécois. Il s'y sentait mal à l'aise, maladroit. Les subtiles chansons de Marnay l'effrayaient presque par leur délicatesse. Il trouvait cependant que la chanteuse avait une voix exceptionnelle et il décida de s'engager à fond, surtout après qu'Angélil lui eut parlé de son

projet : sortir d'abord un album en français qui allait tellement impressionner les gars de Toronto qu'ils lui donne-
raient les moyens d'en faire un en anglais.

René a obtenu de Rotari qu'il ajoute au contrat une clause
pour la réalisation subséquente de cet album anglais : CBS
s'engageait à mettre 30 000 dollars pour la réalisation des
versions anglaises des chansons de l'album français.

Il savait fort bien que ce n'était pas du tout une bonne
idée. On peut réaliser des reprises de certaines chansons.
Ça s'était même fait beaucoup au Québec et en France à
l'époque yé-yé, quand sévissaient les Baronets, les Classels
et les Scorpions. Cependant, les temps avaient changé et
plus personne, pas même Bill Rotari, ni les bonzes de CBS-
Canada, ne croyait qu'on pouvait traduire tout un album.
Toutefois, en obtenant cette option, Angélil amenait CBS
à s'impliquer dans la réalisation d'un album en anglais. Il
avait mis un pied dans la porte. Il avait bien l'intention de
l'y laisser le temps qu'il faudrait.

Quand il a parlé à son ami Ben Kaye des arrangements
qu'il avait faits avec CBS, celui-ci n'a pu s'empêcher de sourire et de lui dire qu'il le trouvait bien naïf. Lui-même avait
obtenu une semblable promesse d'une autre compagnie
de disques pour son artiste Michel Pagliaro, un puissant
rocker qui avait déjà reçu deux Junos, qui était parfaitement
bilingue contrairement à Céline et qui avait déjà de solides
chansons en anglais, ce que Céline n'avait pas encore. Or
depuis des années, Ben et Pag attendaient en vain que la
compagnie tienne ses promesses.

« Tu vois bien que ce genre d'option, ça ne sert à rien »,
disait Ben.

Angélil a été étonné et déçu de la réaction de son ex-
manager. Pagliaro était le meilleur rocker du Québec, soit,
personne n'en doutait, mais il y avait déjà plusieurs très
bons rockers aux États-Unis et en Grande-Bretagne. Céline,
sa Céline, c'était autre chose, une voix exceptionnelle, un
talent hors du commun, une chanteuse tout à fait unique.

Comment Ben Kaye, qui avait été son mentor, son maître à penser, son ami qui avait vu et entendu tous ceux qui chantaient dans le pays, pouvait-il ne pas comprendre qu'elle constituait un cas à part?

« Quand les gars de Toronto vont la voir chanter, ils vont tomber par terre. »

Angélil savait que Plamondon accepterait d'écrire pour Céline si seulement il pouvait l'entendre ne fût-ce qu'une seule fois. Plamondon avait très certainement du talent pour reconnaître les grandes voix. Depuis une dizaine d'années, il avait continuellement au moins un hit porté par une voix d'homme ou de femme au sommet des palmarès français et québécois. Il savait sûrement qui était Céline Dion.

Au début de l'été, Céline et René sont allés voir la comédie musicale qu'il avait créée avec Michel Berger, *Starmania*, présentée à la Place des Arts. Ils se sont ensuite rendus dans les coulisses où ils ont été accueillis par un Luc Plamondon enchanté de les rencontrer. Bien sûr qu'il connaissait Céline Dion, et bien sûr qu'il accepterait, avec grand plaisir, d'écrire pour ce magnifique instrument.

Angélil et lui se sont rencontrés plus longuement un soir dans la belle grande maison de Plamondon face au parc Saint-Viateur. Ils ont parlé de *Starmania* un moment; Angélil avait été emballé par cette histoire moderne et sombre qui se passait dans un monde désenchanté, violent, très urbain. Il a dit à Plamondon que Céline rêvait de chanter un jour dans un opéra de ce genre, dont elle tiendrait le premier rôle, évidemment. Plamondon était fort bien branché sur les milieux du show-business français et canadiens, mais il n'avait jamais rencontré un manager qui parlait de son artiste avec autant de foi, de ferveur... et de crédibilité.

Quand Angélil lui a dit d'oublier tout ce qu'il savait de Céline Dion, Plamondon lui a répondu en riant que c'était déjà fait. Il avait compris que ce que René était venu lui demander était plus qu'une simple chanson qui pourrait monter en tête des palmarès. Il voulait vraiment casser l'image de son artiste, prendre un virage, un envol.

Plamondon n'en était pas à ses premières armes dans ce domaine. Il avait contribué, une quinzaine d'années plus tôt, à l'émergence de Diane Dufresne qui était passée du répertoire de Barbara, de Brel et de Ferré aux chansons éclatées et déjantées qu'il lui avait écrites pour l'album *Tiens-toé ben, j'arrive.* De même, il venait de participer à casser l'image de Julien Clerc pour qui il avait écrit *Cœur de rocker.* Plamondon avait ce pouvoir, par ses chansons, de changer la personnalité même de ceux et de celles qui les interprétaient. Plusieurs autres, Mireille Mathieu, même la grande Dalida, amie du président Mitterrand, avaient fait appel à lui pour renouveler leur image. Dans ces deux derniers cas, il avait refusé. Selon lui, elles ne devaient pas changer, ni l'une ni l'autre. C'étaient des femmes faites, trop bien établies. Elles ne venaient pas, comme Céline, qui sortait à peine de l'adolescence, de subir des bouleversements majeurs.

À l'automne de 1986, Céline et René se trouvant à Paris, Plamondon les invita chez lui, dans son appartement qui domine les platanes du Champ-de-Mars et dont les hautes fenêtres s'ouvrent sur la tour Eiffel, avec la Seine à l'arrière-plan. Quelques amis de Plamondon, dont Bernard de Bosson et Catherine Lara, se trouvaient à cette soirée.

Céline, d'abord très réservée, un peu intimidée, s'est rapidement sentie à l'aise. Elle a étonné tout le monde. Elle n'avait plus rien de la petite fille chantant à la télé *D'amour ou d'amitié* et *Mélanie,* en petite robe sage ou en chandail à col roulé. Elle était devenue une vraie jeune femme, très sexy, très sûre d'elle, capable de charmer et de faire rire tout le monde. Plusieurs ont alors pensé, en les voyant ensemble, elle et René, en voyant les sourires et les œillades qu'ils s'échangeaient, qu'il y avait autre chose entre eux que des relations professionnelles.

Plamondon n'ignorait pas qu'il se trouvait devant la chasse gardée d'Eddy Marnay et que ça pouvait créer certaines frictions. Lorsqu'il avait écrit *Cœur de rocker* pour Julien Clerc, le parolier attitré de ce dernier, Étienne Roda-Gil, en avait pris ombrage.

Angélil, lui, avait la pénible tâche de dire à Eddy qu'il ne serait plus seul désormais et que la chanteuse pour qui il avait écrit depuis cinq ans allait peu à peu lui échapper. Il était taraudé par la peur de peiner, de blesser l'homme qu'il aimait le plus au monde. En même temps, il avait placé tout à fait au sommet du grand palmarès de ses principes celui qui faisait de la carrière de Céline la priorité absolue. Le choix d'écarter Eddy était, de très loin, le plus déchirant de tous, mais s'il avait renoncé à le faire, il aurait par la suite commis d'autres erreurs. C'était une épreuve nécessaire, un test, un choix typiquement cornélien entre le sentiment et le devoir.

Marnay a dit à René qu'il comprenait, mais René savait bien au fond que le vieil homme avait beaucoup de peine. Par délicatesse et fierté, ce dernier n'en parlerait jamais et n'en laisserait rien paraître, pour ne pas embarrasser René. Il avait déjà ébauché une demi-douzaine de chansons pour le prochain album. René l'a assuré qu'il en garderait quelques-unes, mais il voulait du Plamondon aussi. En fait, il voulait faire une sorte de fondu enchaîné de Marnay à Plamondon. Eddy avait toutefois bien compris qu'il lui faudrait se résoudre à entrer dans l'ombre peu à peu.

Il ne lui a pas caché ses inquiétudes, cependant. Plamondon écrivait pour des rockers des chansons souvent très noires. Eddy avait vu *Starmania* comme tout le monde, un opéra qui décrivait une jeunesse désœuvrée qui rêvait de révolution, de saccage…

« Selon moi, ce n'est pas le monde de Céline, avait-il prévenu, mais si tu crois que ça peut la faire avancer, vas-y ! »

Il craignait, en fait, et non sans raison, que le public français, très conservateur, ne la reconnaisse plus. Au fond, c'était exactement ce que voulait Angélil : créer une nouvelle artiste.

À Plamondon, René a donné carte blanche. Plamondon savait fort bien que ce n'était pas des paroles en l'air et que c'était même là l'une des clés du succès de Céline : René Angélil a toujours donné carte blanche à des auteurs ou à des compositeurs, comme il le ferait avec Goldman, David Foster et Diane Warren quelques années plus tard. Il faisait confiance aux créateurs qu'il avait choisis. Il savait les reconnaître et les convaincre de travailler avec lui dans des conditions idéales. Il ne leur imposait aucune limite. Au contraire, il les poussait à aller toujours plus loin, à écrire du jamais écrit, du jamais chanté. Plamondon était bien placé pour savoir que cette attitude, à la fois dirigiste et confiante, était extrêmement rare. On ne rencontrait pas souvent un producteur qui avait un tel respect pour les créateurs, une telle reconnaissance pour le talent. En fait, René Angélil n'était pas qu'un show-businessman ; il était aussi, et peut-être d'abord et avant tout, un artiste.

Plamondon avait dans ses cartons une très belle ballade de Daniel Lavoie sur laquelle il avait écrit *Lolita,* une chanson qui lui avait été inspirée non pas par la sage Céline de *Mélanie* ou de *Une colombe,* mais par celle, délurée, énergique et sexy, qu'il avait découverte dans son appartement de Paris, une jeune femme de dix-neuf ans traversée de passions, de désirs. Il a écrit pour elle des paroles très suggestives, très crues. Cette fois, la passion n'était pas que romantique et platonique. On avait affaire à une jeune femme qui voulait faire l'amour et qui le chantait de façon très explicite.

Il a fait lire les paroles à René, un jour que celui-ci était passé chez lui. Ça ne ressemblait à aucune des chansons que Céline avait interprétées jusque-là. René a lu son texte deux ou trois fois. Il était très ému et il a dit que c'était très exactement ce qu'il recherchait.

Ainsi, à chaque opération, d'année en année, d'album en album, Angélil élargissait le cercle de ses collaborateurs, couvrant chaque fois pour son artiste un territoire de plus en plus étendu, de manière à inclure un public toujours plus large et plus éclectique. Avant de lancer Céline sur les marchés anglophones, il tenait en effet à consolider sa base, à rejoindre autant le public friand de gros rock et d'émotions fortes que l'amateur de ballades sentimentales, autant l'ado boulimique de musique que la vieille dame romantique et rêveuse.

Chez CBS, on lui disait parfois qu'il fauchait trop large et qu'on ne pouvait contenter à la fois les «bougalous» et les «matantes», être en même temps du côté des rockeurs et des folkeux. Angélil s'est entêté, réunissant, pour monter cet album, des gens de tous âges, certains de moins de vingt ans, d'autres de plus de soixante. De ce point de vue, l'album qu'il a produit, à l'hiver de 1987, est sans doute l'un des plus ambitieux et des plus audacieux jamais lancés sur le marché francophone. Il n'avait pas de public-cible défini; il visait tous les publics, le grand public en fait.

Angélil tenait aussi à avoir plusieurs types de singles de manière à plaire aux diverses stations de radio et à leurs auditoires. Pour cette raison, il a travaillé aux chansons de l'album avec plusieurs réalisateurs. Il était ainsi assuré d'avoir une palette de couleurs plus variée et de séduire et de contenter plusieurs publics. Sur cet album qu'il a intitulé *Incognito*, on retrouvait ainsi les sages arrangements de Pierre Bazinet qui avait réalisé les chansons de Marnay, les structures hautement sophistiquées de Jean-Alain Roussel, le gros funk clinquant d'Aldo Nova sous la direction de qui furent enregistrées les chansons les plus «jeunes».

Un nouveau collaborateur, Mario Lefebvre, s'était joint à l'équipe que formaient Vito et René. Chargé de la promotion des disques chez CBS, Mario baignait dans la musique, dans toutes les musiques, depuis son enfance. Il avait été discjockey dans les discothèques du centre-ville de Montréal, à l'époque où Vito Luprano était le pape de la musique *dance*. À vingt ans, il était devenu rédacteur en chef du magazine *Pop Rock*. Puis il avait été agent de promotion chez Warner

Records, avant de passer chez CBS. Il savait mieux que personne établir des liens entre les gens, former des équipes, animer des brainstormings, convaincre, négocier. Ainsi, grâce à Vito qui veillait à l'approvisionnement en chansons et à Mario qui en faisait la promotion auprès des stations de radio, CBS était devenue la maison de disques la plus dynamique au Québec. Une formidable rampe de lancement qui allait propulser *Incognito* vers les plus hauts sommets.

D'habitude, pour lancer un disque, on commençait par sortir sur le marché la chanson la plus susceptible de plaire. Si les radios la faisaient passer, elle servait de locomotive à l'album. Quand elle commençait à s'essouffler, on sortait une seconde chanson qui ravivait l'intérêt. Idéalement, un album devait fournir au moins trois singles. Quatre, c'était géant. Cinq, c'était génial. Quand on en avait plus de cinq, on parlait de miracle. *Incognito* fut, à maints égards, dont celui-ci, un vrai miracle.

Angélil avait confié à Mario, comme première mission, de convaincre les stations rock de Montréal et de Québec de faire tourner des chansons de Céline, ce qu'aucune n'avait daigné faire jusque-là. Les rockeurs et les jeunes boudaient Céline, cantonnée depuis *Ce n'était qu'un rêve* sur les ondes des radios familiales. Au cours des semaines qui ont précédé le lancement, Mario Lefebvre est donc allé rencontrer un à un les discothécaires et les programmateurs des stations de radio rock. Il leur faisait entendre *Incognito* et *Délivre-moi*, et les réactions étaient bonnes. Tout le monde promettait d'être, le 2 avril au soir, à L'esprit, une discothèque très huppée de la rue de La Montagne, autrefois un salon funéraire, où Mia avait organisé un lancement hautement spectaculaire, avec showcase évidemment.

Tout le monde du show-business et des médias montréalais était venu, les branchés et les moins branchés. Devant ce public disparate, Céline a chanté quatre chansons en showcase, *Incognito, Lolita, On traverse un miroir* et *Délivre-moi*. La réaction générale a été extraordinaire. René, Vito et Mario ont su le soir même que c'était gagné. Toutes les stations embarquaient, jeunes et moins jeunes.

Le lendemain, l'album était lancé à Québec, dans la discothèque de l'hôtel Concorde. Les gars des stations rock étaient finalement venus après que Mario leur eut gentiment tordu le bras. Quand Céline a commencé son showcase, ils se tenaient à l'écart, dans le fond de la salle, tout près de la porte. Elle n'avait pas fini de chanter *Incognito* qu'ils s'étaient approchés, emballés, eux aussi. Elle venait de conquérir un nouveau public, jeune, dynamique.

Mais René ne voulait surtout pas s'aliéner les vieux fans et brusquer le public qu'avait rallié Eddy Marnay au cours des années précédentes. Avant de sortir *Incognito* et *Lolita* en singles, il a lancé une chanson plus sage, *On traverse un miroir* de Isa Minoke et de Robert Lafond. Il espérait faire ainsi le pont entre les deux Céline et entre deux grands publics, celui plus conservateur qui en avait fait une grande vedette au Québec et celui plus éclaté, branché sur la pop internationale, qu'elle devait séduire si elle voulait un jour sortir du Québec et se faire connaître auprès des marchés anglophones. Ce qu'Angélil espérait s'est produit beaucoup plus vite qu'il n'aurait cru.

Quelques jours à peine après la sortie de l'album, toutes les grosses stations rock du Québec, comme si elles s'étaient donné le mot, faisaient savoir qu'elles voulaient également faire passer *Incognito* qui convenait parfaitement à leur ligne musicale.

C'est à ce moment précis, au printemps de 1987, alors qu'elle venait tout juste d'avoir dix-neuf ans, que la deuxième carrière de Céline Dion, celle qui touche le plus vaste public, a vraiment démarré. Avec *Lolita* et *Incognito, Jours de fièvre*, des chansons qu'Angélil avait commandées pour elle, sur mesure pour la nouvelle femme qu'elle était, Céline Dion était entrée dans la radio rock, CKOI et même CHOM, la grosse station anglophone de Montréal, où on ne la faisait à peu près jamais jouer auparavant. Par ailleurs, grâce aux nouvelles chansons signées Eddy Marnay, les vieilles alliées qu'étaient les stations adultes que le plutôt morne *C'est pour toi* avait considérablement refroidies, s'intéressaient de nouveau à elle. Elle était devenue une chanteuse pop, l'une des très rares artistes qu'on allait entendre partout, sur les ondes les plus sages comme sur les plus agitées.

Tiré à tour de rôle (parfois simultanément) par quatre, cinq, six singles, les gros hits de l'été, l'album *Incognito* était à l'automne de 1987 disque de platine. Céline débordait ainsi largement de son marché habituel. Les journalistes des grands médias sérieux et prétentieux aussi bien que ceux des petits journaux à potins, les gens de la radio, de la télé, tout le monde s'intéressait désormais à elle. En plus d'un album, c'était un personnage qu'on avait lancé le 2 avril 1987. Une star qui allait surprendre tout le monde était née.

Pierre Marchand dirigeait alors Musique Plus, toute jeune station de télé qui diffusait une musique très pop dont les groupes rock anglophones et francophones s'étaient taillé la part du lion et parmi lesquels on ne voyait pas souvent Céline Dion. C'était donc sans trop d'enthousiasme qu'il lui avait ouvert les portes de ses studios quand elle a commencé sa tournée de promotion pour *Incognito*. Elle s'était présentée pour l'interview accompagnée de son manager René Angélil qui, pour Pierre Marchand, trente ans, était un ex-Baronet devenu producteur de chansons ne présentant pas beaucoup d'intérêt.

En moins d'un quart d'heure, il a changé de perception, découvrant d'abord que René Angélil avait une culture musicale stupéfiante. Pour un esprit comme Pierre Marchand, grand érudit du show-business, consommateur invétéré de musique, rencontrer un être capable de parler du rock and roll des années 1950 aussi bien que des derniers groupes de musique «progressive» et des *protest singers* des années 1960, des Beatles aussi bien que de Sting, de Brel et de Tina Turner, était un cadeau du ciel. Angélil et lui ont eu, ce jour-là, une sorte de coup de foudre professionnel.

De même, la perception que Marchand avait de Céline a changé du tout au tout. Il constatait en fait qu'il ne la connaissait pas, qu'il ne l'avait jamais vraiment écoutée. Il ne s'était même jamais donné la peine en fait de regarder sérieusement les deux clips extraits du show qu'avait produit Radio-Canada l'automne précédent, *Lolita* et *Incognito*, de sorte qu'il croyait qu'elle était toujours une petite chanteuse de ballades à l'eau de rose.

Quand, après l'entrevue, Céline et René ont quitté les studios de Musique Plus, situés à l'époque sur le boulevard Saint-Laurent, Pierre Marchand avait la certitude qu'ils travailleraient ensemble un jour, René et lui. Un contact avait été établi. Dès lors, chaque fois que c'était possible, il invitait la jeune artiste d'Angélil à participer aux émissions qu'il produisait, et René lui parlait de ses projets qui chaque fois se précisaient un peu plus. Quand, plus tard, il sera associé à l'aventure de *Unison*, première véritable percée d'une artiste du Québec sur le marché mondial, Pierre Marchand connaissait de l'intérieur les grands chapitres de cette formidable saga et il était devenu un ami et un fan de René Angélil.

Celui-ci avait maintenant des alliés dans toutes les sphères du show-business, tant du côté des émissions de variétés très «adultes» comme celle qu'animait Michel Jasmin que du côté des médias les plus dynamiques, plus jeunes, comme le Musique Plus de Pierre Marchand.

Incognito était un énorme succès. Il avait tenu ses promesses. CBS n'avait plus désormais qu'à respecter la clause que René avait eu l'audace de faire ajouter au contrat et lui donner enfin les moyens de produire un album en anglais, un vrai bel album avec d'excellents musiciens et les meilleurs réalisateurs.

Un duo

Produire un album en anglais et le lancer avec succès sur les marchés internationaux, jamais personne au Québec n'avait réussi cet exploit. Bien peu d'ailleurs y croyaient. C'était néanmoins devenu la dévorante obsession de René Angélil, le grand projet qu'il caressait depuis fort longtemps et qui allait encore l'occuper pendant plusieurs années.

Il était constamment à l'affût de toutes les occasions qui se présentaient pour attirer l'attention du milieu et des médias sur Céline Dion. Il approchait les décideurs importants qu'il savait pouvoir intéresser à son idée. Il leur faisait des propositions ; il leur arrachait des promesses.

Il avait d'abord obtenu qu'on ajoute cette clause au contrat de l'album *Incognito* par laquelle CBS s'engageait à produire un disque en anglais ; il a ensuite génialement profité de trois événements déterminants au cours desquels il a réussi à faire inviter son artiste : le congrès annuel de CBS, en juin 1987 ; le gala des Junos, en novembre de la même année ; enfin, le congrès de Sony International au château Frontenac en juillet 1990.

263

Le 22 juin 1987, CBS Canada, la plus puissante compagnie de disques du pays, tenait son congrès annuel au centre de villégiature et de congrès l'Estérel, dans les Laurentides, à une heure de route au nord de Montréal. Le président de la compagnie, Bernie diMatteo, enfin conscient du succès que connaissait au Québec l'album *Incognito*, avait accepté de faire une petite place à Céline Dion dans les showcases qui seraient présentés aux congressistes. René avait bien évidemment approuvé ; mais il n'attendait pas grand-chose de cet événement. Céline chanterait un rock et une ballade en français devant un public de professionnels qui bien sûr savaient en principe reconnaître le vrai talent, mais qui ne parlaient pas français et ne connaissaient à peu près rien au marché québécois. Qu'est-ce qu'un agent de promotion de Winnipeg, de Vancouver ou même de Toronto ou d'Ottawa pouvait faire d'une chanson en français ? À l'ouest de l'Outaouais, il n'y avait pratiquement jamais aucune demande pour ce genre de produit. À part Radio-Canada et quelques radios communautaires, presque aucune station de radio ne faisait passer de la chanson en français ailleurs qu'au Québec et dans la partie nord, francophone, du Nouveau-Brunswick.

L'événement le plus attendu de ce congrès serait certainement l'interprétation du hit qui allait déferler sur le Canada anglais cette année-là, *Can We Try*, que l'auteur-compositeur-interprète Dan Hill devait chanter en duo avec Ronda Sheppard. Or, deux jours avant le début du congrès, on apprenait que Sheppard était retenue aux États-Unis pour une raison restée obscure. Saisissant l'occasion, Vito Luprano a proposé que Céline la remplace, ce que René a tout de suite accepté, de même que Dan Hill et le grand patron Bernie diMatteo. René a alors demandé qu'on n'en parle pas. Afin de profiter de l'effet de surprise.

Ensuite, il n'a cessé de répéter à Céline que ce serait un moment crucial, qu'elle n'avait jamais eu une si belle occasion de se faire valoir auprès de l'industrie canadienne-anglaise. Si elle ne parvenait pas à faire lever la salle, ils retourneraient tous les deux à la case départ et y resteraient sans doute un bon bout de temps, peut-être même pour toujours. La case départ, c'était le territoire québécois où tout était déjà gagné et acquis.

René travaillait alors à préparer un grand show télévisé avec Radio-Canada, de même qu'une nouvelle tournée au Québec. Pour réaliser ces projets, il disposait maintenant de très importants moyens techniques et financiers. L'émission de télé serait absolument parfaite et la tournée connaîtrait un énorme succès. Tout cela, c'était du déjà-vu, peut-être pas avec la même envergure, mais on restait en territoire connu. Sans la perspective de sortir du Québec, de relever d'autres défis, ces projets lui apparaissaient, comme à Céline d'ailleurs, presque dérisoires, pas très stimulants en tout cas.

En France, où elle avait été moins présente au cours de la dernière année, Céline n'était plus aussi populaire qu'à l'époque de ses premières chansons, comme *D'amour ou d'amitié*. Ses derniers albums s'étaient vendus moitié moins bien que son tout premier. Elle n'était plus invitée de façon régulière aux grands shows télévisés; elle ne faisait plus l'objet de longs reportages dans les magazines locaux.

Ni *Incognito* ni *Lolita*, les deux chansons de Plamondon qui avaient fait démarrer la carrière pop de Céline Dion au Québec, n'étaient sorties en France. Le producteur Claude Pascal considérait, à tort ou à raison, que les Français trouveraient ces chansons, en particulier *Lolita*, incompatibles avec l'image d'ingénue qu'ils se faisaient encore de Céline. Marnay, lui, voyait Céline comme la dépositaire de la belle chanson française, pas comme une chanteuse pop, encore moins comme une rockeuse. Elle devait, selon lui, assurer la continuité des Mireille Mathieu, Nana Mouskouri et Frida Boccara.

Plamondon était déçu, mais il avait compris. Il connaissait bien les Français car il avait longtemps vécu chez eux. Il savait qu'ils voulaient que leurs vedettes leur soient fidèles et restent les mêmes. Pour eux, on ne pouvait pas chanter de la pop un jour et du rock le lendemain.

René n'avait pas insisté. Il avait une confiance absolue en Eddy Marnay, qu'il considérait toujours comme l'homme le plus sage et le plus intelligent du monde. De toute façon, il avait maintenant la tête ailleurs, du côté de Toronto et du marché canadien-anglais. On s'occuperait de la France plus tard.

Pour imposer là-bas la nouvelle Céline qui allait bientôt éclore, il aurait fallu passer beaucoup de temps à Paris, y établir des contacts avec d'autres producteurs, d'autres auteurs et compositeurs, d'autres journalistes. Angélil se rendait compte qu'il serait bien difficile, pour ne pas dire impossible de bâtir deux carrières simultané-ment. Il fallait procéder plus rationnellement. La France attendrait. C'était désormais le marché anglophone qui était visé. Voilà pourquoi la prestation de Céline en anglais au congrès de CBS Canada était si importante à ses yeux.

Le soir venu, conditionnée par son manager et par Vito Luprano, Céline a chanté comme si son avenir en dépendait. Elle a d'abord entonné deux chansons en français qui ont été très favorablement accueillies, puis elle a chanté en duo avec Dan Hill. La salle, stupéfaite, a littéralement explosé et tout le monde s'est levé pour applaudir. C'était un tout petit public, 150 personnes peut-être, mais tous étaient des décideurs et des professionnels de la chanson venus de tout le Canada, et même pour certains, des États-Unis. Tous chez CBS Canada sauraient désormais qui était Céline Dion, tous auraient en tête cette voix unique, puissante et émouvante... Nul doute désormais que la compagnie de disque devrait plus que jamais respecter son engagement et lui faire enregistrer un disque en anglais.

Ce soir-là, à l'Estérel, quand Céline est sortie de scène, René l'a doucement prise dans ses bras. Ils sont restés enlacés un long moment, sous les yeux de Vito, de Mario et de dizaines d'agents de Sony. Ils étaient si excités tous les deux qu'ils sont restés dans la salle longtemps après que tout le monde en fut sorti, savourant leur victoire, leur bonheur.

Le même soir, Angélil rencontrait Paul Farberman, alors vice-président de CBS Canada. Jeune avocat originaire de Toronto possédant une bonne connaissance des organigrammes du show-business canadien et américain, Farberman avait des qualités que savait apprécier Angélil : il agissait vite, il prenait de bonnes initiatives, il avait de l'humour, il aimait bien manger et il adorait Céline. René lui a appris qu'*Incognito* était déjà un disque platine, que deux de ses chansons passaient partout, même à la radio anglophone, même à Toronto ; et il lui a rappelé que Sony s'était engagé à produire un album en anglais. Cependant, avec la somme proposée au départ par Bill Rotari, soit 30 000 dollars, il n'était vraiment pas possible, même avec la meilleure volonté du monde, de réaliser quelque chose de décent. Farberman, qui avait assisté à la représentation de Céline, lui a répondu qu'il était évidemment tout à fait d'accord et l'a assuré qu'il lui obtiendrait de la part de CBS «probablement jusqu'à 100 000 dollars», trois fois plus qu'au départ.

Farberman et René s'étaient rencontrés une première fois à Paris, au cours de l'hiver précédent. Comme toutes les rencontres d'affaires importantes de René Angélil, celle-ci s'était amorcée autour d'un bon et copieux repas. Dans ce cas-là, devant deux steaks au poivre.

À cette époque, tout ce que Farberman savait de Céline, c'était qu'elle avait un grand succès au Québec, qu'elle était connue en France et que son manager, René Angélil, s'était mis en tête d'en faire une vedette internationale. Ils avaient eu, René et lui, au-dessus de ces steaks au poivre, une discussion fondamentale. Farberman s'était ingénié à faire comprendre à René que même si son artiste avait un talent hors du commun et connaissait un succès incomparable au Québec, il ne fallait pas croire pour autant que c'était gagné et que son album en anglais, si jamais elle avait ce qu'il fallait pour en faire un, serait automatiquement un grand succès. Il répétait à René que tout le monde chez CBS pensait ainsi. Un succès, même gigantesque, en français, en espagnol, en japonais ou en allemand ne peut d'aucune manière garantir que les choses se passeront facilement en anglais.

En fait, très peu de chanteurs dans l'histoire du show-business avaient déjà réussi ce passage. Aucun d'entre eux n'était parvenu tout à fait au sommet. Julio Iglesias, par exemple, était une immense star en espagnol, une moyenne en français, pas vraiment *big* en anglais. Avant de devenir une idole chez les Latinos, Gloria Estefan s'était fait connaître en chantant en anglais avec le Miami Sound Machine. En conclusion, même si Céline Dion avait un énorme succès au Québec et en France, il allait falloir convaincre l'industrie qu'elle pouvait réussir en anglais. Au fond, ce que Paul Farberman disait à René, tout délicatement, c'était que lorsqu'on aborde le grand marché américain, tout est à recommencer.

René Angélil n'était cependant pas du tout démonté ni inquiété par ces arguments. Au contraire, il répétait que ce n'était pas parce que personne ne l'avait jamais fait qu'ils n'y arriveraient pas. Farberman a compris ce soir-là que rien n'arrêterait René Angélil, qui allait mettre toute son énergie, tout son temps et probablement tout son argent dans ce projet. Il a eu la certitude qu'il réussirait. René ne raisonnait pas comme tout le monde. Il ne faisait jamais d'analyse, comme les stratèges des compagnies de disques. Il y allait à l'instinct, sans jamais hésiter, fonçant par des chemins qu'il était le seul à emprunter. Jamais Farberman n'avait rencontré un homme d'affaires qui agissait ainsi. Angélil avait adopté un style très personnel, très différent de celui de tous les autres managers qu'il avait rencontrés, aux antipodes des avocats et des comptables qui gèrent les grosses machines du show-business. Il ne faisait pratiquement jamais affaire avec les institutions, jamais par le truchement d'avocats. Il parlait aux gens, se liait aux hommes et aux femmes, jamais aux institutions.

Angélil était entré chez CBS après avoir fait une proposition au patron de la branche québécoise de la compagnie, Bill Rotari, rencontré un jour devant un comptoir à hot-dogs. Il y resterait parce qu'il s'entendait bien avec Vito Luprano, Paul Farberman et Tommy Mottola, tous ceux avec qui il avait noué des liens d'amitié.

En France, son grand allié était et resterait le producteur Gilbert Coullier. Celui-ci avait rencontré Angélil une première fois en 1988, afin d'offrir à Céline le rôle de Marie-Jeanne dans *Starmania*, l'opéra rock de Luc Plamondon et de Michel Berger qui reprenait l'affiche à Paris. L'occasion était fort belle. Ce grand rôle dans un spectacle à très gros budget, en mesure de tenir l'affiche pendant des mois, peut-être des années, aurait permis à Angélil d'établir son artiste plus haut encore dans l'estime des Français. Toutefois, il préparait alors la tournée *Incognito* et, surtout, il espérait, il attendait que CBS lui donne les moyens de produire un disque en anglais. Il avait donc refusé. Coullier avait compris qu'Angélil avait d'autres ambitions pour son artiste. Bien que déçu, il avait reconnu que c'était une bonne décision. Dans un milieu où beaucoup consomment tout de suite le succès et la gloire qui leur sont offerts, Angélil pensait à long terme.

Par la suite, quand Céline et René passaient à Paris, ils voyaient Coullier et sa femme Nicole pour le plaisir, simplement, sans que jamais il soit question d'affaires entre eux. Un beau jour, René a dit à Coullier : « Quand Céline chantera en France, si tu veux, c'est toi qui produiras ses spectacles. » Il lui a ainsi confié tout le territoire francophone d'Europe sur lequel Coullier règne toujours. Il n'y a jamais eu de contrat, juste une poignée de main, une promesse.

Ayant appris un jour que le beau-père de Coullier vivait à Hong Kong depuis une trentaine d'années, Angélil décréta que si Céline chantait là-bas un jour, Gilbert Coullier y agirait comme producteur. Ainsi, le spectacle donné par Céline Dion, en mars 1999, sur le tarmac de l'ancien aéroport de Hong Kong nouvellement réintégrée à la Chine, a été produit par Gilbert Coullier.

Ni en France ni aux États-Unis on n'avait l'habitude de ces façons de faire et, dans le milieu du show-business, le style très particulier de René Angélil étonnait déjà. Il était et allait rester un manager à l'ancienne, pour qui l'amitié est un lien sacré qui vaut les contrats les plus compliqués du monde.

Une robe Chanel

À Hollywood, en mars 1997, Céline avait trouvé dans un magazine une robe Chanel qu'elle adorait et qu'elle avait l'intention de porter le soir du gala des Oscars pour chanter *Because You Loved Me*, la chanson en nomination. Cependant, René la trouvait trop légère, trop décolletée.

« Tu risques de ruiner ta carrière en portant ça.

– Tu n'y connais rien », lui répondit-elle.

Elle adorait ce genre de robe moulante et suggestive. Quelques mois plus tôt, au gala des American Music Awards, elle était allée féliciter la très jolie Toni Braxton qui portait une Badley Mishak affriolante.

René lui avait dit : « Tu es une grande chanteuse, toi, tu n'as pas besoin d'être sexy.

– Mais j'ai envie de l'être !

– Ce n'est pas une bonne idée. »

Elle avait un peu boudé pendant deux jours, jusqu'à ce qu'elle voie que son mari en avait de la peine. Elle avait alors regretté d'avoir été si dure, et ils s'étaient réconciliés. Elle se disait qu'elle réussirait bien à le convaincre un jour qu'on peut être sexy sans être vulgaire. N'empêche, cette discussion d'ordre vestimentaire durait depuis maintenant dix années, depuis le temps où ils préparaient, à l'été de 1987, quelques semaines après le spectacle de l'Estérel et après le lancement de l'album *Incognito*, cette émission de télé qui allait précéder la tournée éponyme.

René avait travaillé avec les recherchistes et le réalisateur de Radio-Canada à la conception de l'émission. Il avait découvert avec joie le pouvoir qu'apporte le succès reconnu. Les gens de la télévision d'État étaient tout miel. Toutes les demandes de Céline qu'il leur transmettait, même les plus farfelues, étaient acceptées sur-le-champ et avec le plus grand plaisir. Céline n'était peut-être pas encore connue au Canada anglais, mais au Québec, elle était une superstar, la superstar.

Elle voulait avoir beaucoup de costumes pour l'émission, afin d'incarner toutes sortes de personnages, une vamp à la Garbo, une lolita, une sainte nitouche, un garçon manqué, une rockeuse. Elle voulait être toutes les femmes. Elle voulait aussi que son manager chéri voie toutes ces femmes, qu'il soit séduit. Elle avait donc insisté pour qu'il assiste aux séances d'essayage. Elle lui a fait un soir une sorte de défilé de mode dans un local sans âme éclairé au néon au troisième sous-sol de l'immeuble de Radio-Canada. Elle avait préparé une demi-douzaine de tenues, dont deux costumes très osés qu'elle aimait beaucoup, mais qui ne plaisaient pas du tout à René. Selon lui, ça risquait de choquer, et il ne fallait pas oublier que l'émission était destinée au public familial du dimanche soir.

« Ce n'est pas nécessaire de choquer quand on a une voix comme la tienne », disait-il.

L'émission *Incognito* présentée le dimanche 27 septembre 1987 a été l'événement télévisuel de l'automne. C'est après avoir vu cette émission que Claude Lemay, dit Mégo, a accepté de partir en tournée avec Céline Dion, et c'est pendant cette tournée que des créateurs importants, dont Denis Savage, responsable de la sonorisation de salle, Daniel Baron, responsable de la sonorisation de scène, et Yves Lapin Aucoin, éclairagiste et scénographe, vont se joindre à l'entourage de Céline et faire désormais partie de sa vie.

Pendant tout l'été et l'automne de 1987, tout en supervisant le chantier de cette émission et en courtisant les patrons du show-business canadiens-anglais, René Angélil s'était employé à préparer une autre grande tournée au Québec. Il avait déjà une assez bonne idée du répertoire qui, comme celui exploré dans l'émission de télé, serait très varié, de manière à faire une fois de plus la démonstration du talent de sa chanteuse. Il y aurait du Marnay, du Plamondon, de la douce ballade et du gros rock. Céline interpréterait plusieurs chansons en anglais, certains grands succès de Judy Garland et de Barbra Streisand, *Somewhere Over the Rainbow*, *The Way We Were*, *Summertime*, *Memories*, des chansons d'autant plus difficiles à interpréter qu'elles sont connues de tous, cent fois reprises par les plus grandes voix du show-business américain. Qu'une fille de dix-neuf ans s'attaque à de tels monuments étonnerait les gens.

Pour organiser la tournée, Angélil a approché le producteur de spectacles le plus puissant du Québec, Jean-Claude L'Espérance, un gars de chiffres, sérieux, pas du tout artiste et sans fantaisie aucune, mais très fiable, très compétent. L'Espérance produisait, entre autres shows, celui d'un imitateur très caustique, Jean-Guy Moreau, dont Jean Bissonnette, l'éminence grise des variétés à Radio-Canada, avait dirigé la mise en scène. Sous la recommandation de ce dernier, Angélil a contacté Mégo, le chef d'orchestre de Moreau, du Festival Juste pour rire et de nombreux événements culturels. Excellent musicien, Mégo était très drôle et très à l'aise sur une scène, il avait le sens de la foule. Il avait formé quelques années plus tôt un groupe de rock progressif, Pollen, plus axé sur la recherche formelle que sur la séduction des masses. En tant qu'orchestrateur responsable du Festival de la chanson de Granby qui chaque année révélait de nouveaux talents, il était en contact quasi permanent avec les éléments les plus dynamiques de la jeune musique pop *made in* Québec. L'Espérance l'a rejoint à Granby, début septembre, pour lui faire sa proposition : accompagner Céline Dion en tournée la saison prochaine.

Mégo a commencé par dire que ce que faisait Céline Dion n'était pas vraiment sa tasse de thé. Pour lui, elle représentait quelque chose de trop commercial, du *middle-of-the-road* bien fait et respectable, mais pas assez créatif à ses yeux. À tout hasard, L'Espérance lui a recommandé de regarder l'émission spéciale que diffuserait Radio-Canada trois semaines plus tard et de le rappeler s'il changeait d'idée. Il n'avait qu'à lui faire signe. La tournée devait commencer en janvier, avec ou sans lui.

Mégo a regardé l'émission. Il n'en a pas cru ses yeux ni ses oreilles. Il avait le vague souvenir d'une petite chanteuse du nom de Céline Dion qui avait une très bonne voix, des dents de travers, de gros sourcils... Il avait entendu quelquefois et assez aimé les gros succès de l'été, *Incognito, D'abord, c'est quoi l'amour ?* mais il n'avait pas vraiment fait le rapprochement, ou trop distraitement, occupé qu'il était par sa tournée avec Moreau, par la préparation des orchestrations pour le Festival de Granby ou par la composition de ses propres musiques.

Or, il découvrait ce dimanche soir de septembre une jeune femme de dix-neuf ans qui, en plus de chanter comme nul autre, bougeait et dansait remarquablement bien. Le soir même, il a téléphoné à L'Espérance pour lui dire qu'il acceptait avec plaisir de former un groupe de musiciens et d'accompagner Céline en tournée. Évidemment, il fallait la bénédiction de René Angélil. Elle lui fut rapidement donnée après une courte rencontre au cours de laquelle Mégo décrivit le type de groupe qu'il voulait former : basse, batterie, guitare, claviers, plus lui au piano, plus un saxophone... Tout cela pour bien mettre en valeur la voix de Céline.

Dans le show de sa première tournée, du temps de *Une colombe*, Céline faisait un duo avec Paul Baillargeon, *Up Where We Belong*, une chanson que Joe Cocker avait popularisée. Les duos sont toujours bien reçus par le public, et René souhaitait que Céline puisse en chanter un dans son nouveau spectacle. Idéalement, son partenaire devrait alors être l'un des musiciens du groupe que Mégo était en train de former.

René a un peu tiqué quand Mégo lui a annoncé que son bassiste serait Breen Leboeuf, membre du groupe Offenbach, les Rolling Stones du rock québécois, champions poids lourds d'un gros rock sale et voyou. Sachant que René cherchait un duo, Mégo proposa même que Leboeuf chante avec Céline une chanson écrite par Pierre Huet, *Mes blues passent pu dans porte*, très joual, très *trash*. Huet, qui avait signé les paroles de plusieurs des chansons de Beau Dommage et d'Offenbach, groupes cultes des années 1970, était alors le rédacteur en chef du magazine *Croc*, féroce, méchant, vulgaire, drôle, où on avait souvent tourné Céline et René lui-même en dérision.

Tout ça inquiétait bien un peu le manager mais, après réflexion, l'idée lui sembla fort riche. Voir ce rockeur de Leboeuf chanter en duo avec la fraîche et frêle Céline, dans une petite robe à paillettes, aurait quelque chose de franchement détonnant. En acceptant Breen, ce suppôt du rock and roll, Angélil élargissait considérablement l'auditoire potentiel de sa protégée. Il établissait cette dernière comme une chanteuse pop et rock, sans qu'elle renonce pour autant au répertoire que Marnay avait créé, ni à l'image de jeune fille réfléchie s'éveillant aux réalités de l'amour, de la vie, qu'elle projetait depuis *D'amour ou d'amitié*. En travaillant avec le féroce Huet, il montrait que Céline n'était pas fragile, qu'elle avait de l'humour, et que lui aussi. Il désarmait la bande de fous de *Croc*, s'en faisait des alliés, et la chanteuse s'approprierait ainsi un autre public.

Mégo a passé quelques jours à lire les partitions des chansons et à en préparer les arrangements. Début octobre, il rencontrait Céline dans une petite salle de répétition de la Place des Arts afin de voir si ça cliquait entre eux et afin de déterminer dans quelles tonalités elle allait chanter. La rencontre s'étant bien passée, il a complété son groupe, dont le noyau dur allait rester avec Céline, entrer avec elle dans le *Big Time*, faire la tournée du Québec, puis celle du Canada anglais, et les grandes tournées mondiales des années 1990 et 2000, ainsi que le show du Colosseum.

Angélil avait tenu à être le seul maître du répertoire musical. Pour la mise en scène, il a beaucoup délégué à Jean Bissonnette. Celui-ci a eu l'idée de confier à Jean-Pierre Plante le soin d'écrire des textes d'enchaînement. Plante, un proche du magazine *Croc*, écrivait alors pour de nombreux comiques québécois. Encore là, il fallait au préalable la bénédiction de René Angélil. Bissonnette, qui aimait le travail de Plante, croyait qu'elle serait, cette fois, difficile à obtenir.

Or, bien au contraire, Angélil a été enchanté. D'abord, accepter comme collaborateur un détracteur, c'était s'en faire un allié. En outre, il avait vu plusieurs des stand-up comics avec qui travaillait Plante et il lui trouvait un humour souvent féroce, mais toujours efficace. Il taillait à chacun des textes sur mesure, très personnels, utilisant comme matériaux la vie même de ses interprètes, leurs faits et gestes qu'il prenait plaisir, avec leur complicité, à tourner en dérision, à caricaturer. Ainsi se trouvaient désamorcées toutes les attaques des pseudo-comiques… Et puis, le rire et l'humour sont toujours gagnants, toujours payants. Ils l'avaient été pour les Baronets, ils le seraient certainement pour Céline qui sur scène avait un à-propos du tonnerre…

Plante a écouté toutes les chansons de Céline, il a lu toutes les coupures de presse la concernant, étudié sa carrière :

les hauts faits, les torrents de larmes à l'Adisq, les vaches du pape. Il a construit à partir de ces matériaux quelques numéros comiques dans lesquels Céline se livrait à une désopilante critique de son propre personnage. Pendant une répétition, en la voyant imiter, pour s'amuser, Ginette Reno et Michael Jackson, il a eu l'idée de lui faire faire une série d'imitations. Pour les paroles des chansons, il a pensé à faire appel à nul autre que Pierre Huet.

Cet automne-là, pendant que Bissonnette, Mégo, Plante et Huet préparaient la tournée *Incognito* sous la direction de René Angélil, un second événement advint qui allait ajouter à l'arsenal d'arguments que ce dernier allait utiliser auprès de CBS Canada dans le but d'obtenir de plus grands moyens pour produire un disque en anglais.

Le gala des Junos, qui réunit tout le milieu canadien du disque, était présenté en novembre, à Toronto. L'album *Incognito* ayant été un mégabuster au Québec, il était acquis que Céline participerait à ce gala. Dans un entrefilet que René Angélil et Francine Chaloult, qui avait remplacé Mia comme attachée de presse, avaient habilement signalé aux médias québécois et canadiens, *Billboard*, la bible du show-business américain, parlait alors du phénomène Celine Dione (*sic*), qui battait des records de vente au Canada. Impressionnés par les chiffres de vente d'un album de chansons qu'ils ne connaissaient pas vraiment, les organisateurs du gala des Junos avaient demandé que Céline présente une chanson en français tirée de son album.

Aux yeux de René Angélil, le Canada anglais représentait une étape majeure dans l'ascension de Céline mais un passage au gala des Junos, télédiffusé dans tout le Canada anglais, n'apporterait jamais grand-chose à un artiste francophone. L'année précédente, Martine St-Clair y avait magnifiquement interprété une très belle chanson, *Y a de l'amour dans l'air*. Les gens de l'industrie et des médias anglophones l'avaient gentiment applaudie, mais il n'était rien arrivé de plus, parce qu'il ne pouvait rien arriver. Les patrons de l'industrie canadienne du disque ne connaissaient pas le marché français, ni même celui du Québec où ils avaient, tout compte fait, très peu de contacts. Si les organisateurs du gala diffusé par la CBC, le réseau anglais de Radio-Canada, avaient demandé à Martine St-Clair de chanter en français, c'était pour être politiquement corrects et pouvoir dire qu'ils travaillaient au rapprochement des deux solitudes.

Quand ils ont contacté Angélil, celui-ci leur a tout de suite dit qu'il acceptait leur invitation à condition que sa protégée puisse chanter en anglais. Ils ont d'abord refusé, mais Angélil a tenu bon. Il est allé jusqu'à leur dire que si Céline Dion ne pouvait pas chanter en anglais à ce gala, elle n'y irait pas, « et si elle n'y va pas, vous aurez l'air fou, parce que au Canada français, présentement, personne n'est aussi *hot* qu'elle ».

Les organisateurs du gala et les fonctionnaires de CBC ont fini par céder. Angélil n'avait plus alors qu'à trouver une chanson qui donnerait aux anglophones la mesure de la voix de sa chanteuse. Il a tout de suite pensé qu'elle avait déjà, parmi les chansons qu'elle était en train de préparer pour sa tournée, des titres bien connus de Streisand ou de Garland, de bonnes et belles vieilles ballades classiques qui, sans choquer personne, mettraient sa voix en valeur. Vito Luprano lui a plutôt suggéré de choisir une chanson inédite, inconnue. René s'est alors souvenu que lorsque Marnay avait entendu Céline pour la première fois, il s'était réjoui du fait qu'elle interprétait une nouvelle chanson qui lui permettait d'illustrer non seulement la puissance de sa voix, mais aussi la façon dont elle l'utilisait, ses talents de mélodiste et de musicienne. Pour Angélil, il fallait donc que Céline crée elle-même une chanson en anglais, c'est-à-dire qu'elle en soit la première interprète, celle qui la marque à jamais de son empreinte.

C'est Vito qui a trouvé. Sur l'album *Incognito*, il y avait une chanson, *Partout je te vois*, dont son ami Aldo Nova avait écrit la musique sur un texte original en anglais, *Have a Heart,* de Billy Steinberg, un parolier américain qui avait quelquefois travaillé avec Madonna. *Have a Heart* était certainement une chanson susceptible de donner aux gens de l'industrie et aux téléspectateurs une bonne idée du talent de Céline. À la demande d'Angélil, Aldo Nova est retourné en studio ; en travaillant presque sans interruption pendant quarante-huit heures, il a refait la bande d'orchestre de *Have a Heart.*

La veille du gala, Céline, René, Mario et Vito sont partis ensemble pour Toronto, tous passablement nerveux. Tout le Canada du show-business serait là, ainsi que le grand manitou de CBS, Bernie diMatteo, et peut-être aussi quelques observateurs américains. Ceux qui avaient assisté au congrès de l'Estérel en juin, quand elle avait chanté avec Dan Hill le duo *Can We Try,* avaient gardé quelques souvenirs de Céline Dion, de sa voix, de sa force, de son charme, mais le grand public et les médias ignoraient tout à fait qui elle était.

Ce soir-là, devant le difficile public de l'industrie et les caméras de la CBC, Céline Dion a chanté *Have a Heart* avec plaisir, passion et maestria, ce qui lui a valu une puissante ovation. René pleurait à chaudes larmes. Il savait que Céline venait d'ouvrir une porte qui leur permettrait d'entrer dans le vaste monde du show-business américain. Le lendemain, tous les éclaireurs et les décideurs des labels de disque couraient après lui. Dans les journaux torontois, on avait écrit que Céline Dion avait volé le show des Junos. « *She blew everybody away* », titrait l'un d'eux, le lendemain matin. Céline Dion avait jeté tout le monde à terre.

Angélil s'est pointé à la première heure au bureau de Bernie diMatteo. Celui-ci était en grande conversation téléphonique. Une main sur le microphone, il a fait signe à Angélil de s'asseoir et lui a chuchoté que le président d'une autre compagnie de disque était en train de lui dire que Céline Dion était une mine d'or. Il fallait vraiment qu'il soit lui-même très emballé pour réagir ainsi alors qu'il se doutait bien qu'Angélil venait le rencontrer pour négocier et qu'il aurait eu tout intérêt à modérer ses transports.

CBS accepta encore une fois d'augmenter la somme prévue pour le disque anglais. En juin à l'Estérel, grâce à l'intervention de Paul Farberman, on était passé de 30 000 à 100 000 dollars. Moins de six mois plus tard, le budget venait encore de tripler, passant de 100 000 à 300 000 dollars. Angélil était comblé, mais il avait encore une autre demande.

« Je veux David Foster comme réalisateur », dit-il à Bernie diMatteo.

Foster était déjà à cette époque le *wonder boy* de l'industrie du disque américaine. Auteur, compositeur, arrangeur, réalisateur, chef d'orchestre originaire de Victoria, en Colombie-Britannique, il avait travaillé avec le groupe Chicago, Barbra Streisand, Nathalie Cole, Frank Sinatra. Il était maintenant bien établi à Los Angeles où beaucoup le considéraient comme le meilleur réalisateur de disques de l'heure.

Bernie diMatteo ne promit rien, ne ferma aucune porte, n'en ouvrit pas non plus. Il informa seulement René que s'il voulait travailler avec Foster, il devrait le convaincre lui-même, et il crut bon de le prévenir que pour le moment le réalisateur était déjà fort occupé avec des gens comme Neil Diamond, Barbra Streisand et Paul McCartney.

Loin de se laisser démonter, Angélil a répondu que ça devait vouloir dire quelque chose : Foster était le meilleur. Il était, plus que jamais, fermement décidé à travailler avec lui.

En attendant, les répétitions du spectacle *Incognito* allaient bon train, le succès du gala des Junos ayant stimulé tout le monde. Les commanditaires, jusque-là réticents ou prudents, affluaient de partout, désireux de s'associer à grands frais à l'entreprise de René Angélil. À l'approche des fêtes, le show était prêt à être rodé, mais il fallait encore quelqu'un pour assurer la régie et la direction de la tournée.

Bissonnette a proposé Suzanne Gingue, alors la blonde de Mégo. Elle avait elle aussi travaillé avec Jean-Guy Moreau. Elle tenait l'ordre du jour, coordonnait la mise en place du décor, assurait la régie du spectacle, aidait Moreau à se maquiller et à enfiler ses costumes. La tournée *Incognito*, avec sa quinzaine de musiciens et de techniciens, sa demi-douzaine de changements de costumes, serait beaucoup plus exigeante. Suzanne avait peu d'expérience, mais c'était une fonceuse, très vaillante. En décembre, elle avait pris contact avec tous les producteurs locaux, ses cahiers de tournées étaient prêts, les chambres d'hôtels et même les restaurants ou les traiteurs étaient réservés, les chauffeurs avaient leur atlas routier, les programmes et les affiches avaient été imprimés et distribués.

Le lundi 11 janvier 1988, après avoir participé la veille à *Juste pour vivre*, une émission produite pour la Fondation des maladies du cœur du Québec dans laquelle elle interprétait *Comme un cœur froid* de Marnay et de Roussel, Céline entamait sa tournée *Incognito*. Cette fois, Mme Dion n'accompagnerait pas sa fille, maintenant bien assez grande… Céline aurait bientôt vingt ans, et elle était amoureuse par-dessus la tête.

La tournée fut tout de suite un franc succès, dont les échos à Montréal étaient habilement amplifiés par Angélil et Francine Chaloult. Ce sera toujours la politique d'Angélil, même quand son artiste sera devenue une star mondialement connue. C'est comme si le compte en banque de la gloire de Céline se trouvait à Montréal et qu'on venait y déposer le récit de ses exploits.

Ainsi, lorsque Céline Dion entreprit, fin janvier, sa campagne de promotion à Montréal, son show était déjà un événement. Tous ceux qui y participaient avaient l'impression de se trouver à bord d'un train lancé à toute vitesse et que rien ne saurait arrêter. La grande première montréalaise eut lieu au théâtre Saint-Denis le mardi 10 février 1988. À l'invitation d'Angélil, nombre de personnes s'étaient par la suite retrouvées au Jardin de Paris, le restaurant de Dodo et de Guy Morali qui s'étaient finalement établis à Montréal. Il y avait Guy Lafleur, le joueur de hockey, le parolier Luc Plamondon, Jean-Pierre Ferland, plusieurs membres de la famille Dion, dont Michel, Thérèse et Adhémar, Francine Chaloult, Ben Kaye, André Gagnon ainsi que Mia et Eddy venus de Paris. Mia, étonnée de retrouver cette grande fille délurée, lumineuse, a tout de suite pensé que Céline était amoureuse. Lorsqu'elle a vu le comportement de René à son égard, elle n'a plus eu de doute. Ce n'était plus le regard et les attentions d'un manager ; René était amoureux, lui aussi, de toute évidence.

Le lendemain, Angélil s'est levé à l'aube pour lire les journaux. La critique était délirante. On comparait Céline à Streisand, à Garland, à Ginette Reno, évidemment.

Certains bémols cependant. Quelques intellos lui reprochaient de ne pas être un personnage porteur d'idéologie précise et originale, comme k.d. lang ou Tracy Chapman. « Céline Dion n'est rien d'autre qu'une plate imitatrice », pouvait-on lire dans *La Presse*. « Elle n'a rien à dire… Elle a une voix d'effets qui ne provient pas nécessairement de l'expérience de la vie », ajoutait *Le Devoir*.

Céline Dion incarnait pourtant un personnage très bien défini, qu'avaient campé Angélil et les paroliers Marnay et Plamondon. Elle était la petite fille de banlieue qui voulait réussir, qui portait en elle un rêve de grandeur et qui était portée par lui. Avec ce même personnage et ces thèmes, Hollywood avait fait et ferait encore de nombreux films ; Balzac, Stendhal et Zola avaient écrit de fabuleux romans. Mais au Québec, plus que partout ailleurs, il semble que l'ambition soit suspecte et qu'elle ait mauvaise réputation. Pour Angélil, bien au contraire, l'ambition était et est toujours une vertu, une qualité à cultiver.

Ces critiques, infimes en regard des louanges, le choquaient toujours. Il y voyait, non sans raison, de la mauvaise foi et de l'obscurantisme. Comment peut-on mépriser ainsi le talent et le succès? Comment peut-on manquer de respect à une artiste de dix-neuf ans capable de tenir une scène pendant deux heures?

Avec *Incognito*, qu'elle promènera dans tout le Québec et dont elle donnera quarante-deux représentations au théâtre Saint-Denis, Céline Dion était devenue une vraie bête de scène. Elle avait appris à maîtriser ses émotions… et celles de la foule. Elle savait mieux que personne comment déclencher des applaudissements et comment les interrompre.

René lui laissait de plus en plus de latitude face aux médias. Ceux-ci avaient plusieurs fois répété, ce qui le mettait dans une colère noire, qu'il exerçait sur elle une emprise et un contrôle absolus alors que c'était exactement le contraire qui était en train de se passer. Il était fasciné par elle; et il savait bien qu'un jour ou l'autre, il finirait par succomber à ses charmes, elle serait sa maîtresse.

Il avait détesté qu'un caricaturiste la représente comme une marionnette dont il tenait les fils ou qu'il remontait comme une poupée mécanique. «C'est un mensonge, s'était-il défendu en entrevue. Céline Dion est loin d'être une marionnette. Elle m'apprend des choses à moi.»

Il scrutait tous les textes concernant son artiste et quand il relevait une erreur, si infime soit-elle, il contactait l'auteur, le plus souvent par téléphone. Il lui disait qu'il avait, bien sûr, droit à son opinion et qu'il était libre de ne pas aimer ce que faisait Céline Dion. «Mais quand, par exemple, vous rapportez qu'elle a dit qu'elle était la plus grande chanteuse au monde, vous vous trompez. Je le sais, j'étais à la conférence de presse, moi aussi. Elle a dit qu'elle se sentait présentement au sommet de son art, de ses capacités. Ce n'est pas du tout la même chose… Cela dit, je vous affirme, moi, qu'elle est la plus grande chanteuse au monde.»

Très souvent, le journaliste interpellé reconnaissait son erreur et tombait sous le charme. Peu à peu, on a cessé de dire que René Angélil exerçait un contrôle sur son artiste et on a commencé à colporter qu'il en exerçait un sur les médias. Il est indéniable qu'il a su très souvent les manipuler et les utiliser à son avantage, s'en faire des alliés ou, s'ils refusaient toute alliance, les traiter en ennemis, s'ingéniant à les combattre férocement en leur donnant tort ou en les ignorant, ce qui en définitive revenait au même.

Jacques Desmarais, son ami avocat, l'avait persuadé qu'il ne devait jamais laisser passer une remarque infamante, diffamatoire ou blessante envers son artiste. Systématiquement, quand un écrit ou une parole semblait susceptible d'entacher la réputation de Céline ou la sienne, René sortait ses gros canons légaux. Ainsi, quand le journal *Photo-Police* avait laissé entendre que Mme Dion avait toléré que sa fille mineure ait une aventure avec son manager, il y avait eu une réplique immédiate suivie d'un règlement hors cour puis d'une rétractation publique.

Angélil a ainsi acquis la réputation, que beaucoup de gens parmi le grand public trouvaient fort sympathique, d'un homme qui ne se laisse pas marcher sur les pieds et qui n'a pas froid aux yeux, qui est en mesure de tenir tête aux plus puissants médias. Il avait acquis, en même temps que la réussite, une grande autorité. Beaucoup de gens dans le milieu l'appelaient le Parrain, parce qu'il avait la prestance et la voix feutrée de Marlon Brando dans le film de Coppola, mais surtout parce qu'il était celui qui tirait les ficelles...

Même beaucoup plus tard, quand Céline et lui sont devenus amants, et que plein de gens dans le milieu le savaient, il ne supportait pas que les médias en parlent. Il en fut ainsi tant et aussi longtemps qu'ils n'en eurent pas eux-mêmes fait l'annonce officielle.

Au printemps de 1987, une fois le succès de la tournée *Incognito* assuré, il avait fait savoir, par le truchement de médias amis, qu'une entente avait été signée avec CBS dont les patrons s'étaient engagés à investir «jusqu'à un million de dollars» dans la production d'un album en anglais. Il ajoutait que les enregistrements commenceraient à l'automne et que, parmi les auteurs et les compositeurs pressentis, certains avaient écrit pour Whitney Houston et Madonna.

Or, à ce moment-là, rien n'était encore tout à fait acquis, rien n'était signé. Jamais personne chez CBS n'avait parlé, même à voix basse, d'un million de dollars, et aucune chanson n'était même en chantier. Toutefois, René avait alors l'impression, la certitude, que plus rien ne pouvait arrêter la course de Céline vers les plus hauts sommets de la gloire. La route serait sans doute encore très longue, mais aucun obstacle ne lui résisterait. Aucun revers ne semblait l'affecter. Cette foi aveugle, absolue, irradiait sur toute sa vie. Plongé dans le feu de l'action, il était persuadé que la chance était avec lui, qu'il était dans une séquence de chance du tonnerre et qu'il fallait en profiter. Il jouait donc beaucoup.

Avec Ben Kaye, Jacques Desmarais, Paul Sara et Marc Verreault, il formait parfois ce qu'il appelait des «compagnies», dans lesquelles ils mettaient en commun gains et pertes… et dont Angélil était évidemment le président-directeur général qui prenait à peu près toutes les décisions. Les gars sautaient dans l'avion au milieu de l'après-midi. Ils entraient dans un casino, à Nassau ou à Atlantic City, au coucher du soleil, ils jouaient une partie de la nuit, et ils rentraient à Montréal par le premier avion du matin. Ils gagnaient effectivement souvent, mais il leur arrivait aussi de perdre et parfois de gros montants. Ça n'affectait jamais vraiment Angélil. Jamais longtemps, en tout cas. Cette bonne disposition face à la défaite impressionnait beaucoup ses amis.

Au printemps de 1988, par exemple, lors d'une virée à Atlantic City, les cousins Paul Sara et René Angélil ont perdu en une nuit quelque 65 000 dollars, moitié-moitié. Dans l'avion du retour, Paul était effondré. Il venait de divorcer ; il avait une lourde pension à payer, et quelque 36 000 dollars d'hypothèque sur sa maison. René était déçu lui aussi, mais il répétait à Paul qu'il ne fallait pas s'en faire, que tout allait s'arranger. « Tu vas voir, dans deux semaines, on en rira. Tout ira très bien. » Ces quatre derniers mots seraient dès lors sa devise personnelle, une sorte de mantra qu'il répéterait à maintes occasions.

Pour que tout aille réellement très bien dans sa vie professionnelle, il lui fallait trouver des chansons fortes et originales, des musiques accrocheuses et la touche magique de David Foster.

En attendant, René parlait de ses projets à tous ceux qui étaient susceptibles de l'aider, de lui refiler un tuyau ou un contact, d'intervenir auprès de quelque décideur quelque part. Un beau jour, Laurent Larouche, réalisateur télé qui depuis peu travaillait à Toronto, l'informait que Carol Reynolds, la responsable des émissions de variétés à la télévision de CBC, avait été fortement impressionnée par la prestation de Céline aux Junos et qu'il avait entendu dire à travers les branches qu'elle songeait à produire une émission avec elle pour la télé canadienne-anglaise. Selon Larouche, cette Carol Reynolds était en outre une amie de David Foster.

Trois secondes plus tard, Angélil avait sauté sur le téléphone et entreprenait de contacter Carol Reynolds, ce qui fut fait dès le lendemain matin. Il l'a invitée à venir voir son artiste au théâtre Saint-Denis. Il l'a fait cueillir par une limousine à l'aéroport de Dorval et conduire dans un grand hôtel, puis au théâtre. Reynolds a bien sûr été estomaquée par la chanteuse, mais aussi par les délirantes réactions du public québécois, ainsi que par l'accueil très classe d'Angélil.

Après le spectacle, celui-ci lui a fait rencontrer Céline, qui maîtrisait déjà bien l'anglais. Au restaurant, il a longuement parlé de l'album qu'ils rêvaient de faire. Puis il a abordé le sujet de David Foster. Reynolds a dit qu'il était effectivement son ami et qu'elle allait d'ailleurs le rencontrer quelques jours plus tard à Los Angeles. René se sentait comme au black-jack quand il héritait de deux as de suite. Il a demandé à Reynolds si elle pouvait remettre à Foster l'album *Incognito* et la bande vidéo de la cérémonie des Junos au cours de laquelle Céline avait interprété *Have a Heart*.

Une semaine passa et puis, un après-midi, alors qu'il entrait dans le stationnement du théâtre Saint-Denis au volant de sa Chrysler, Angélil recevait sur son téléphone cellulaire un appel de Carol Reynolds qui, après les salutations d'usage, lui a passé David Foster.

Le mot que Foster a utilisé pour parler de Céline résonne encore aux oreilles de René Angélil, vingt ans plus tard : *outstanding*. Foster était convaincu qu'elle avait tout pour percer aux États-Unis parce qu'elle chantait comme personne d'autre, qu'elle avait, comme on disait depuis *A Star Is Born*, « *that little something extra* », ce petit quelque chose qui fait toute la différence du monde. Elle maîtrisait parfaitement sa voix et, ce qui fascinait plus encore Foster, c'était comme une voix de Blanche qui avait, aurait-on dit, beaucoup chanté de musique noire.

Quand Angélil, qui ne pouvait mener Foster en bateau comme il l'avait fait parfois avec les médias québécois, lui a appris que CBS s'était engagé à investir 300 000 dollars dans cette aventure, Foster a tout de suite rétorqué que c'était totalement ridicule. Pour faire un album d'envergure internationale, il faudrait, selon lui, au moins deux, idéalement trois fois plus. « Pour accompagner une voix semblable, l'une des plus belles du monde, il nous faut les meilleurs musiciens, les meilleurs techniciens. » Il fut convenu que Foster interviendrait auprès du président de CBS aux États-Unis et que René s'occuperait de son homologue canadien.

Partie 5

Qui perd gagne

À la mi-juin 2008, après l'Afrique du Sud, Dubaï, le Japon et la Corée du Sud, l'Australie, la Chine, la Malaisie et puis plusieurs pays d'Europe, *Taking Chances* faisait escale à Dublin, le temps d'un show dans l'immense Cork Stadium.

Céline et René ont occupé, cette nuit-là, la suite la plus luxueuse du vénérable hôtel Shelbourne, dans le vieux Dublin, un lieu chargé de souvenirs vieux de vingt ans qui les ramenaient aux premiers temps de leurs amours, le 30 avril 1988 exactement, à une époque où Céline Dion n'était pas encore une artiste mondialement connue, mais rêvait de le devenir et était même sur le point de le devenir, tout en poursuivant au Québec la fameuse tournée *Incognito*. L'événement qui les avait alors emmenés à Dublin, l'Eurovision, serait l'un des détonateurs des grands changements que René Angélil et elle allaient connaître.

Tout avait commencé en fait, le 9 février 1988, en Suisse, à Morges plus précisément, au théâtre de Beausobre, où avaient lieu les éliminatoires nationales du concours Eurovision. Des quelque 250 chansons présentées, neuf avaient été retenues. Parmi elles, une chanson écrite par une Suisse italienne, Nella Martinelli, et un compositeur d'origine turc Attila Serestug, interprétée par une jeune chanteuse canadienne, Céline Dion, *Ne partez pas sans moi*.

Céline a remporté le concours avec 48 points, soit plus du double de ce qu'avait récolté son plus proche concurrent. Elle aurait donc l'honneur de représenter la Suisse au grand gala de l'Eurovision. Rentré à Montréal, René avait été tenté de parler aux Québécois de ce qu'était l'Eurovision ; il a préféré attendre au lendemain de la grande finale qui allait se tenir dans les studios Simmonscourt, à Dublin, le 30 avril.

En mars, on a enregistré, à Montréal, en français et en allemand, la chanson de Nella et d'Attila, qu'Angélil voulait lancer début mai dans les pays francophones et germanophones. Il ne fondait cependant pas beaucoup d'espoir sur cette chanson qu'il n'aimait pas vraiment. Elle était d'un genre qui marchait bien dans un concours et qui donnerait sans doute une bonne idée du talent de Céline, mais il trouvait la mélodie plutôt ampoulée, les paroles grandiloquentes et banales. De toute manière, ce n'était pas un éventuel succès d'été qui l'intéressait ; ce qu'il voulait, c'était la victoire finale à l'Eurovision qui donnerait à son artiste une très grande visibilité dans toute l'Europe et qui attirerait sur elle l'attention des grands patrons de CBS.

Le 28 avril, la tournée *Incognito* faisant relâche, ils sont partis pour Dublin où des centaines de chanteurs, d'auteurs et de compositeurs, de musiciens, d'arrangeurs, de producteurs et de journalistes venus d'une trentaine de pays créaient une étourdissante effervescence.

À Dublin, on peut parier sur les courses de chevaux, les résultats politiques et sportifs, sur l'issue de compétitions de toutes sortes, même sur la météo. Au cours des jours qui ont précédé le grand gala de l'Eurovision, Céline était cotée à 11 contre 4. Angélil avait repéré un comptoir de bookmakers, Ladbroke, tout près de l'hôtel. Il s'y est rendu et, après s'être assuré qu'il était possible de recevoir par la poste les lots gagnants (car il quittait Dublin le dimanche suivant), il a misé sur son artiste tout l'argent qu'il avait sur lui, quelque 400 livres irlandaises, soit environ 800 dollars canadiens. Le lendemain, après avoir répété en public, Céline était la favorite, sa cote étant de 1 pour 1. Ayant misé alors que sa cote n'était que de 11 contre 4, Angélil toucherait 1500 livres si son artiste remportait le concours.

Le 30 avril au soir, il a vécu l'un des plus intenses suspenses de sa carrière... Après les prestations des artistes et les délibérations du jury, chaque pays votait. Pendant près d'une heure, le candidat de l'Angleterre, Scott Fitzgerald, a été en avance sur Céline Dion. Il défendait une chanson au titre magique pour René Angélil, *Go*, qui signifie cinq en japonais, cinq, leur chiffre chanceux à Céline et à lui, le chiffre fétiche qui leur avait donné la victoire au festival Yamaha, en 1982.

Alors qu'on n'attendait plus que les votes du Luxembourg, Fitzgerald avait déjà récolté 136 points, 11 de plus que la Suisse représentée par Céline. René était effondré. Chaque pays accordait un score aux candidats de son choix (de 1 à 8, puis 10 et 12 à ceux qu'il jugeait les deux meilleurs). S'il fallait que l'Anglais récolte ne fût-ce qu'un seul point, son candidat serait à égalité avec Céline, même si celle-ci recevait 12 points. Quand le Luxembourg a commencé sa distribution, René voyait les responsables du spectacle télévisuel expliquer au candidat de l'Angleterre comment entrer en scène pour y recevoir son trophée, et où se tiendrait par la suite la conférence de presse. Tout le monde semblait sûr de sa victoire ; des dizaines de journalistes l'entouraient, braquant déjà sur lui leurs caméras... Quand le Luxembourg a donné son 10, René Angélil, qui compte plus vite que son ombre, s'est levé d'un bond. Il savait que Céline venait de gagner. Il était sûr et certain que Céline récolterait le plus haut score, parce que personne ne pouvait ignorer qu'elle avait remarquablement bien chanté. Effectivement, quelques secondes plus tard, le Luxembourg annonçait 12 points pour la Suisse, lui donnant un point d'avance sur l'Angleterre. Céline a fondu en larmes. René l'a prise dans ses bras. Ils ont pleuré ensemble, de joie. Puis elle a ri, et lui aussi. Et elle restait accrochée à lui. Elle l'a serré très fort et l'a embrassé dans le cou. Il s'est laissé faire un moment, puis il a défait l'étreinte de ses bras.

« Les gens nous regardent.

– On ne connaît personne ici.

– Ici, Céline, à partir de maintenant, tout le monde te connaît. Aujourd'hui, partout en Europe, tout le monde te connaît. »

René avait gardé cette habitude, après une performance de Céline, que ce soit un show sur scène ou à la télé, de lui en faire un récit détaillé. C'était comme un conte ravissant dont elle était l'héroïne. Le soir de la victoire de l'Eurovision, il a raccompagné Céline à sa chambre et lui a raconté la soirée qu'ils venaient de passer ensemble, ce qu'il avait vu, entendu, ressenti, la peur bleue qu'il avait éprouvée quand le chanteur anglais était en tête. Il était six heures du soir, à Montréal. Céline a téléphoné à sa mère pour lui dire bien sûr qu'elle avait remporté le concours, mais surtout pour prendre de ses nouvelles. Thérèse Dion avait été opérée à cœur ouvert quelques semaines plus tôt. Céline n'avait pas voulu qu'elle l'accompagne en tournée, et encore moins qu'elle fasse avec elle un voyage outremer. En pleine forme, Mme Dion a donné à Céline des nouvelles de la famille. Quand Céline a raccroché, René a repris son récit. Céline était restée assise à la tête du lit, jambes repliées, sous les couvertures. Et René a senti soudain qu'elle ne l'écoutait plus, elle le regardait… « comme une fille qui a un projet », a-t-il pensé.

Son récit terminé, il est resté un moment assis sur le lit, sans un mot, elle le regardait. Il s'est levé avec lenteur, lui a dit bonsoir. Il marchait vers la porte... Ainsi, en ce soir de gloire et de victoire, pour la première fois depuis des années, il allait partir sans l'avoir embrassée. Elle s'est levée d'un bond, s'est approchée, s'est collée à lui. « Tu ne m'as pas embrassée, René Angélil. »

Il ne comprendra pas ce qui s'est passé, même si depuis des semaines, des mois, il avait mille fois pensé à cette scène et l'avait cent fois imaginée. Il s'est penché vers elle et l'a embrassée sur les lèvres, dans le cou, il l'a serrée dans ses bras, très fort. Puis il a brusquement rompu son étreinte et s'est enfui.

Il l'a rappelée quelques minutes plus tard depuis le hall de l'hôtel. Pour lui demander si elle allait bien.

« Si tu ne reviens pas ici tout de suite, René Angélil, je vais aller frapper à la porte de ta chambre. »

Il a alors cédé :

« Si tu veux vraiment, je veux bien, moi aussi. »

Elle lui a répondu :

« Tu seras le premier et le seul ! »

Avec l'aide des médias, René Angélil a fait de la vie de son artiste et de sa propre vie un véritable roman, une pièce de théâtre, un conte, une légende. Il n'y a pas de grand et durable succès dans le show-business qui ne s'accompagne d'une légende. Il avait, lui, le sens de la légende et du show-business qui ne se déroule pas que sur scène, mais aussi dans la vraie vie, dans les médias et dans l'imaginaire des gens.

Depuis Dublin, le soir même de la victoire de l'Eurovision, il a contacté Francine Chaloult qui a organisé une grosse conférence de presse à l'aéroport de Mirabel où Céline et René allaient arriver le lendemain, au début de l'après-midi. Même s'il s'agissait d'un dimanche, le 1er mai 1988, une meute de journalistes, de caméramans, de photographes avaient répondu à l'appel. René, lui, avait longuement préparé la mise en scène et le contenu de la conférence de presse. Il fallait que la nouvelle de cette victoire soit connue.

Il s'agissait d'une conférence de presse de triomphe, comme autrefois les guerriers rentrant au pays faisaient ériger un arc de triomphe, afin que leur victoire soit éclatante, qu'elle soit célébrée, que le peuple en parle.

René a commencé par expliquer avec force chiffres ce qu'était l'Eurovision : 600 millions de téléspectateurs. Il avait apporté les journaux irlandais et anglais, dont il a fait la lecture (avec traduction). Il a montré les photos, les gros titres. Il a raconté en long et en large l'intolérable suspense des votes, puis la conférence de presse qui avait suivi la compétition. Il y avait des journalistes de partout dans le monde, « 600 ou 700 », disait-il, ce qui était sans doute nettement exagéré. Céline, « et même moi », ajoutait-il en riant, avait signé des autographes, à l'hôtel, dans l'aéroport de Dublin. À bord de l'avion qui les ramenait à Londres, le commandant avait même signalé la présence de la lauréate de l'Eurovision, Céline Dion, et les passagers l'avaient chaudement applaudie.

Il a aussi, bien sûr, annoncé que l'enregistrement d'un album en anglais commencerait à l'automne, comme prévu. En fait, dès qu'on aurait terminé la tournée *Incognito*. Il a précisé qu'il travaillait déjà avec les meilleurs réalisateurs, les meilleurs musiciens, et que Vito Luprano et son homologue américain, Richard Zuckerman, le directeur artistique de CBS International, avaient commencé à chercher des chansons pour l'album. Il a encore dit : « Quand vous entendrez ça, vous en tomberez par terre. »

Céline à ses côtés levait les yeux au ciel et faisait des airs étonnés qui ont fait rire tout le monde. Elle pensait sans doute que la vraie grande nouvelle qu'il aurait pu leur apprendre et qui leur aurait fait infiniment plaisir, c'était qu'ils étaient amoureux l'un de l'autre et qu'ils avaient passé la nuit ensemble.

En fait, à cette époque, bien des gens, dans le milieu du show-business, mais aussi parmi le grand public, pensaient qu'il y avait quelque chose entre René Angélil et sa protégée.

Quand une journaliste a osé demander s'ils étaient heureux ensemble et s'ils s'entendaient toujours bien, il y a eu un silence stupéfait que René a finalement rompu en disant qu'il ne donnerait pas sa place pour 10 millions de dollars.

« Céline non plus, j'en suis sûr, a-t-il ajouté. Nous partageons le même rêve, elle et moi. »

Désormais, ils partageraient également le même lit. Céline avouera plus tard qu'elle aurait voulu le crier sur les toits, mais son amant l'avait convaincue de garder le secret sur leurs amours. « Si ça se savait, ça ne serait pas bon pour ta carrière », lui avait-il dit. Il était en effet persuadé que si les gens apprenaient qu'ils étaient amoureux, Céline et lui, tout ce qu'ils avaient construit depuis six ans s'effondrerait. Longtemps, ce secret serait entre eux l'objet de vives discussions. Céline lui reprocherait parfois amèrement d'accorder plus d'importance à sa carrière qu'à leurs amours. Angélil comprendrait, mais un peu tard, qu'il avait à ce chapitre manqué de jugement, de perspicacité, de confiance. Lui qui avait une connaissance intime du grand public n'a pas su voir que celui-ci aurait accueilli ses confidences avec sérénité et ne se serait d'aucune manière scandalisé de ce qu'il tenait tant à lui cacher.

En ce dimanche à Mirabel, dans la foule venue accueillir et ovationner Céline, René a tout de suite senti le lourd regard de Mme Dion se poser sur lui. Il a tout de suite compris qu'elle savait, d'instinct, ce qui s'était passé. Elle s'est d'ailleurs montrée très froide et distante avec lui, ce jour-là.

Quand, la semaine suivante, ils ont repris la tournée, Céline a demandé à sa mère de venir passer quelques jours avec elle, comme autrefois. En fait, elle voulait lui apprendre ce que Mme Dion savait sans doute déjà.

« On est ensemble, René et moi. Et c'est pour la vie. »

Mme Dion était déçue, fâchée contre elle-même. Elle aurait dû savoir, elle aurait dû intervenir. Elle est restée silencieuse et froide.

Un matin, le lendemain peut-être ou quelques jours plus tard, à Rouyn, à Québec, à Chicoutimi, à Valleyfield ou ailleurs (personne, ni Céline, ni Mme Dion, ni René, aucun des trois protagonistes de ce drame hautement sentimental ne se souvient du lieu ni du moment exact, mais c'était au plus fort de la tournée *Incognito*), René Angélil a trouvé une note glissée sous la porte de sa chambre. C'était un mot de la mère de la femme qu'il aimait.

Mme Dion n'a pas fait de copie de cette note, et René n'en a pas conservé l'original. Il n'a cependant pas oublié les mots très durs. « René, je regrette de t'avoir donné ma confiance. Tu ne la méritais pas, pas plus que tu ne mérites ma fille. Céline était ma princesse. J'espérais pour elle un prince charmant, et la voilà amourachée d'un homme de vingt-six ans son aîné, deux fois divorcé, avec trois enfants. Tu aurais pu éviter ça. Tu as choisi de ne pas le faire. Tu me déçois profondément, René Angélil. Je n'ai plus aucune admiration, aucune sympathie pour toi. »

René a tenu à parler à Mme Dion, pour lui dire qu'il la comprenait. Ils se sont retrouvés dans un coin discret du hall de l'hôtel. « J'ai une fille, moi aussi, lui a-t-il dit. S'il lui arrivait ce qui arrive à Céline, je réagirais probablement comme vous. Je vous comprends. Je trouve que vous avez raison mais dites-vous une chose : je l'aime comme je n'ai jamais aimé une femme de toute ma vie. »

Il espérait un flot de bêtises. Ce fut pis. Un regard noir, pesant, froid… mais pas un mot. Mme Dion s'est levée, elle avait préparé sa valise, elle a quitté l'hôtel et est rentrée à Montréal. Elle savait sa cause perdue.

En fait, les choses allaient vite se tasser. Sans doute Thérèse Dion avait-elle compris qu'elle ne pourrait jamais convaincre sa fille de renoncer à aimer René et que tout le monde serait terriblement malheureux si elle tentait de le faire. Elle avait compris et accepté le fait que Céline et René s'aimaient vraiment. Ils vivaient dans un monde à part, un monde à eux dont ils étaient, d'une certaine manière, les créateurs, les maîtres et les seuls habitants. Ils ne pouvaient plus se passer l'un de l'autre. Ils avaient la même âme, leurs destins étaient à jamais liés.

Sur ce front, donc, tout redevint calme et serein. Peu à peu, en quelques semaines, Mme Dion s'est rapprochée de René, mais il y avait un autre contentieux dans la vie de ce dernier. Il ne voulait, sous aucun prétexte, que ses amours soit connues du grand public. Céline avait beau protester que la rumeur circulait depuis des mois déjà et qu'elle souhaitait que tout le monde sache qu'elle était maintenant fondée, il ne voulait rien savoir.

À l'Université de Montréal où il étudiait en cinéma, Patrick Angélil se faisait souvent demander si son père et Céline étaient ensemble. Au début, il niait carrément et facilement parce qu'il était sûr que non. Les choses sont devenues plus compliquées quand il a su la vérité. Son père lui avait avoué qu'ils étaient tombés amoureux, Céline et lui, mais qu'ils tenaient tous les deux pour le moment à garder leurs amours secrètes. Patrick devrait donc mentir ou esquiver les questions.

Anne-Marie, elle, fut franchement étonnée quand son père, un jour, lui dit que Céline et lui étaient ensemble. Devant ses amis, se fiant aux démentis formels et véhéments qu'il faisait dans les journaux, elle avait toujours soutenu le contraire.

Toutefois, quand ils ont su la vérité, les trois enfants Angélil ont bien réagi. Ils aimaient profondément leur père et Céline. Qu'ils soient ensemble leur semblait tout à fait normal. Ils avaient tant de choses en commun.

Naturellement, Céline a vu dans les réactions très positives des enfants de René la preuve que tout le monde réagirait bien et qu'ils pouvaient sans crainte divulguer leur tendre secret. René ne pensait toujours pas ainsi. Ils allaient donc vivre, au cours des mois à venir, des amours clandestines, intenses, mais traversées d'orages…

Une chanteuse *made in* Québec

Le 8 mai 1988, une semaine après le triomphal retour de Dublin, Céline repartait pour l'Europe en compagnie de Suzanne Gingue. Elles feraient là-bas un raid de promotion dans une dizaine de villes… Son dernier album se vendait bien, et le 45 tours de *Ne partez pas sans moi* figurait déjà en tête des palmarès.

Pendant ce temps, René se rendait à New York dans le but de tâter le pouls de Sony-International. Il découvrit que celui-ci battait très fort quand il était question de Céline Dion. Le succès qu'elle avait remporté à l'Eurovision, même s'il n'était pas aussi retentissant de ce côté de l'Atlantique, les avait, semble-t-il, poussés à activer les choses. Richard Zuckerman, de son côté, avait écouté des centaines de chansons, en avait retenu une cinquantaine. René pouvait commencer à en faire le tri, comme il avait fait avec celles trouvées par Vito Luprano. Quand il a été question du budget alloué à la production, le grand patron, Bob Summers, a dit à René de ne pas s'occuper de ça pour le moment. Qu'il choisisse de bonnes chansons, après, on verrait.

René est rentré évidemment fort heureux de ce voyage, avec l'assurance qu'il aurait les moyens de travailler avec les meilleurs musiciens et avec David Foster, mais il tenait à ce que ce dernier voie chanter Céline en live. Or, Foster était toujours en train de courir à gauche et à droite. Ce n'est qu'à la mi-juin qu'il a téléphoné à René pour lui dire qu'il venait passer le week-end à Montréal. Ça tombait plutôt mal. Céline ne donnerait alors qu'un seul spectacle, sous un chapiteau, à Sainte-Agathe dans les Laurentides, devant un public de vacanciers. Par contre, s'il voulait bien repousser sa venue, elle entreprendrait, deux semaines plus tard, une série de spectacles au théâtre Saint-Denis, dans les conditions techniques idéales. Foster, dont l'agenda était extrêmement chargé, ne pouvait cependant remettre son voyage à plus tard.

Il est arrivé (en compagnie de l'ex-femme du King, Linda Thompson, qu'il venait d'épouser) par une journée effroyablement lourde, chaude et humide. Il pleuvait à boire debout à Mirabel. Le soir même, sous le chapiteau qui sentait fort l'humidité, on suffoquait. Le son était horrible. Par moments la pluie tambourinait si fort sur le toit qu'on avait peine à s'entendre.

Foster fut néanmoins séduit et par Céline et par René. Il a tout de suite eu envie de travailler avec eux parce qu'il voyait que René avait confiance en lui. Il était donc sûr qu'il lui donnerait toute la liberté dont il avait besoin, et tous les moyens. En plus, il y aurait aussi autre chose : de la complicité et de l'amitié.

Pour le moment, cependant, Foster avait d'innombrables chats à fouetter. Jusqu'à ce qu'il se soit libéré des nombreux engagements qu'il avait pris, René devrait continuer de pousser seul à la roue.

Il s'évertuait donc à courtiser les gens de Sony et cherchait par tous les moyens à leur faire voir et entendre son artiste. Il en eut de nouveau l'occasion quelques jours après le passage de Foster au Québec, quand la communauté francophone de Toronto a invité Céline à venir chanter sur la scène extérieure du Harbour Front, dans le cadre des fêtes de la Saint-Jean. Il a tout de suite pensé inviter les gens de Sony-Canada et de Sony-USA à venir assister au spectacle. Il leur a même réservé des fauteuils dans les premières rangées.

Il a informé les organisateurs que Céline chanterait, à l'intention de ces amis de chez Sony, quelques chansons en anglais. Malgré leur réaction plutôt négative, il a tenu tête. Il allait vite s'apercevoir qu'il avait commis une erreur. Céline a été huée dès qu'elle a parlé en anglais. Pour les Franco-Ontariens, la Saint-Jean est un moment sacré, au cours duquel ils réaffirment leur origine culturelle franco-phone… Céline a été franchement décontenancée. Fort heureusement, un violent orage a mis fin au spectacle.

Ce fut cependant une salutaire et réconfortante leçon pour René Angélil. Il a compris ce jour-là que le public francophone considérait Céline comme une des leurs et qu'elle ne pourrait jamais, nulle part, si haut qu'elle aille, renier ses racines. Pour devenir une star mondiale, Céline devait, d'une certaine manière, rester une chanteuse « *made in* Québec ».

Il avait déjà d'ailleurs pris la décision (qu'il avait imposée à Sony) de travailler, au Canada anglais et aux États-Unis, avec le groupe que Mégo avait formé à l'automne de 1987, au départ de la tournée *Incognito,* ainsi qu'avec Savage au son et Lapin aux éclairages. L'entourage de Céline reste-rait à jamais québécois et francophone.

Pour les enregistrements en studio, c'était tout autre chose. Il comprenait bien que chaque réalisateur aimait travailler avec ses propres musiciens.

Juste avant la rentrée scolaire, Pierre et René, à l'instiga-tion de Marc, avaient décidé de passer quelques jours avec leurs enfants, histoire de se rapprocher d'eux et surtout de se donner bonne conscience. Au programme : pique-nique, cinéma drive-in, zoo. René a passé presque tout son temps au téléphone ; c'est à peine s'il a eu le temps de parler à ses enfants.

Sony lui avait proposé de prendre trois producteurs pour l'album, afin de multiplier les chances de faire des hits en satisfaisant plusieurs clientèles. C'était ce qu'il avait lui-même eu l'idée de faire pour *Incognito*, mais il se demandait comment Foster, qu'il avait relancé à chaque occasion depuis des mois, accepterait de partager avec d'autres la réalisation du premier album de Céline. Il tentait sans cesse de le joindre, mais Foster était tantôt à Los Angeles, tantôt à Londres, à New York, à Miami ou à Paris. René téléphonait à New York, parlait longuement avec Richard Zuckerman, qui lui faisait entendre des mélodies qu'il avait trouvées, qui lui lisait des paroles qu'on lui proposait. Puis il parlait avec Vito, avec Mario, avec tous ses complices et avec Céline, bien sûr.

Les enfants étaient retournés à l'école et René se trouvait à Nassau, au casino, quand le gérant de Foster l'a appelé pour lui dire que ce dernier acceptait de partager la réalisation de l'album. Deux jours plus tard, Zuckerman mettait Angélil et Luprano en contact avec les deux autres réalisateurs : l'Américain Andy Goldmark et l'Anglais Christopher Neil, qui avait fait à l'époque de gros succès avec Mike and the Mechanics, et produit certaines chansons de Sheena Easton et de Julien Clerc.

Chez Sony, cependant, malgré les promesses des grands patrons, les choses traînaient toujours en longueur, et Angélil s'impatientait. Il disait à Pierre Lacroix que si on ne débloquait pas les budgets nécessaires, il investirait de sa poche, même si le monde entier lui répétait que c'était pure folie. Il n'était pas question de faire des économies sur ce premier disque en anglais. Ils avaient, Céline et lui, plus d'argent que jamais. Au printemps, René avait signé un très lucratif contrat de publicité avec Chrysler. L'album *Incognito* continuait de bien se vendre. Le spectacle avait été présenté

175 fois au Québec ; partout, sans exception, à guichets fermés et récoltant les louanges et les dithyrambes… et générant de bonnes recettes.

René avait donc pu accepter une entente avec Sony qui n'était pas très avantageuse. Le budget de production était pratiquement sans limite, mais les royautés qu'ils allaient toucher étaient tout juste raisonnables. Céline étant toujours une pure inconnue à l'ouest de l'Outaouais et au sud du 45e parallèle, la meilleure entente n'était pas qu'une question d'argent. René voulait entrer dans une équipe gagnante.

Enfin, tard dans l'automne, peu après la dernière du spectacle *Incognito*, ils apprenaient que le train était en marche et qu'ils n'avaient plus qu'à y monter.

Hollywood, mon amour

Ils se sont installés, au début de l'année 1989, à Los Angeles, au Malibu Inn, un tout petit motel séparé de la mer par un écheveau d'autoroutes. Ils ne connaissaient à peu près personne dans le coin, à part David Foster et Paul Farberman, qui passaient les voir de temps en temps ou les invitaient chez eux. Ils trouvaient souvent Céline et René en train de jouer au ballon dans le parking du motel. Parfois, ils ne les trouvaient nulle part. Le couple était parti bras dessus, bras dessous marcher sur la plage ou dans les collines. On pouvait alors les attendre des heures. Ils passaient chez Foster et jouaient au basket-ball avec les voisins, et Paul, David, parfois Mégo et Suzanne Gingue, qui étaient venus eux aussi passer du temps à Los Angeles.

Ils n'étaient pas riches à millions, mais ils étaient amoureux et ils avaient beaucoup de loisirs et de plaisir. Sans la pression qu'ils ressentaient au Québec, où René ne voulait toujours pas que leurs amours soient connues, ils trouvaient la vie belle et formidablement exaltante. Ils ne doutaient de rien. Ils n'avaient peur de rien. Comme s'ils savaient que quelque chose de très grand et de très excitant allait leur arriver sous peu. Ils se sentaient comme des enfants la veille de Noël.

Pendant cet hiver de 1989-1990, avec Luprano et Zuckerman, René a travaillé avec énormément de minutie au choix des chansons dont serait composé l'album. Ces premières chansons en anglais avaient en effet une importance capitale. Elles allaient déterminer le point de chute de Céline Dion sur le territoire du show-business international. Si cette entrée n'était pas réussie, il serait sans doute très difficile de se reprendre.

Foster connaissait déjà le répertoire français de Céline. René a tenu à ce que les deux autres réalisateurs entendent eux aussi ses plus belles chansons. Il a donc fait parvenir à Goldmark et à Neil les plus récents disques en français de Céline et bien sûr la maquette de *Have a Heart*. Il a demandé à chacun d'eux de faire des propositions. Neil lui a préparé une maquette de *Where Does My Heart Beat Now*. C'était une chanson très rock, avec de la grosse guitare stridulante. René aimait bien la mélodie et les paroles, mais il n'était pas sûr que cela conviendrait. Pour dissiper les doutes, il s'était fait l'avocat du diable auprès de Vito. Celui-ci, pris au jeu, lui faisait écouter et réécouter la maquette de Neil.

Christopher Neil a été le premier des trois réalisateurs à se libérer pour travailler avec Céline. Au début de l'été, Céline et René sont partis pour Londres où Vito est allé les rejoindre. On allait enfin enregistrer la première chanson du premier album en anglais de Céline Dion.

Tous les jours, René appelait ses amis de Montréal. Il était émerveillé par ce qu'il voyait, par les gens qu'il rencontrait. Il se frottait à d'autres grandes légendes du show-business. Ils côtoyaient, Céline et lui, des musiciens qui avaient travaillé avec Paul McCartney, Eric Clapton, Elton John, George Martin, tous les plus grands de la pop britannique.

René a toujours été ébloui par le talent, par la réussite méritée. Toutefois, l'artiste dont il vantait le plus les talents et les prouesses restait, loin devant tous les autres, son artiste à lui, Céline Dion. Tous les gens qui ont fréquenté René un tant soit peu depuis une vingtaine d'années ont entendu le récit de cette nuit d'été magique au cours de laquelle Céline a enregistré *Where Does My Heart Beat Now* au West Side Studio de Londres. Ce récit figure sans doute dans le Top 10 des grands classiques de René Angélil le conteur.

Céline s'était présentée au studio avec une bonne heure d'avance, surexcitée, impatiente et silencieuse, déjà toute à sa chanson, qu'elle avait répétée cent mille fois dans sa tête. Elle avait travaillé mentalement chaque inflexion, chaque intonation de sa voix, les couleurs de chaque son, la texture, jusqu'au volume de chacune de ses inspirations. Elle avait délié sa voix, fait ses vocalises. Elle tournait en rond dans la grande salle, pendant que Christopher et le claviériste Wix (fidèle collaborateur de Paul McCartney) achevaient de préparer la console.

Dans les studios d'enregistrement, on trouvait des aires de repos, une cuisine bien équipée, un petit gymnase parfois, un coin lecture, une salle de jeu, très souvent. À la demande de Christopher Neil qui voulait travailler un moment en tête à tête avec Céline, René avait entraîné Vito vers la salle de jeu où ils ont commencé une partie de billard.

Ils jouaient bien tous les deux. René a comme toujours tenu à parier. Il voulait toujours parier, ne fût-ce qu'un montant symbolique, sinon disait-il le jeu n'est plus qu'un exercice technique stérile. Parier, c'est communiquer, c'est jouer avec quelqu'un, avec ses nerfs, avec sa fierté… On ne saura jamais qui a gagné. Moins d'une demi-heure plus tard, Christopher poussait la porte, Wix derrière lui, hilares tous les deux.

C'était fait, et c'était parfait, dès la première prise. Neil avait quand même voulu en faire une deuxième. Il avait demandé à Céline de reprendre la chanson parce que jamais de sa vie ce réalisateur chevronné n'avait entendu dire qu'on pouvait faire un enregistrement en une seule prise... Sauf bien sûr chez les adeptes du rock de garage ou du free-jazz.

Angélil et Vito ont laissé tomber leurs queues de billard et sont allés écouter *Where Does My Heart Beat Now*. Angélil a pleuré à chaudes larmes. Vito et lui sautaient de joie dans le studio. Il n'était alors que neuf heures du soir, heure de Londres. Angélil a insisté pour que Christopher appelle le bureau new-yorkais de Sony pour faire savoir qu'ils venaient d'enregistrer « la meilleure chanson au monde » et qu'il se préparait à en faire une autre le lendemain.

Ils sont sortis du studio dans un état de surexcitation et d'euphorie indescriptible. Rentré au Sheraton, René s'est installé au téléphone et pendant deux bonnes heures il a raconté dans le menu détail aux amis de Montréal, à Marc Verreault, à Pierre Lacroix, à Francine Chaloult, ce qui s'était passé. Il leur décrivait le décor et l'atmosphère qui régnait dans le studio West Side, la partie de billard qu'il avait entamée avec Vito, la tête de Christopher quand il était venu leur annoncer que la chanson était enregistrée, la réaction de Vito, la sienne, celle de Céline.

Vers minuit, Vito et lui décidaient d'aller au casino du Sports Club. Ils se sont installés côte à côte à une table de black-jack, ils ne parlaient pas, ils jouaient et gagnaient, chacun plongé dans ses rêveries, un sourire aux lèvres. À un moment donné, Angélil s'est tourné vers Vito et lui a dit : « Imagine quand elle va chanter ça au *Tonight Show*. Tout le monde va tomber par terre. »

Le lendemain, une heure après être entrée en studio, Céline avait enregistré *The Last to Know* selon le même scénario. Vito et René jouaient au billard. Christopher a poussé la porte et leur a dit : « *She did it again!* » Dans la nuit, Angélil et Vito ont joué au black-jack et gagné. Arrivés en taxi au Sports Club, ils sont rentrés à l'hôtel dans la limousine que le casino met à la disposition des gros gagnants.

Ils ont terminé l'album à Los Angeles avec Foster et à New York avec Goldmark. À la fin de l'été, l'enregistrement de l'album *Unison* était terminé, c'était du moins ce que croyait René Angélil. Il était confiant, comblé. Il leur fallait clore la grande tournée du Québec puis, avec l'aide de la formidable machine de CBS, ils allaient lancer enfin cet album qu'ils aimaient tant. Puis ils en feraient un autre encore plus fort… et des tournées aux États-Unis et dans le monde entier… Il y a des moments dans la vie où l'on est toujours gagnant. Où l'on sent que la chance est collée à soi, que tout est possible.

Mais il arrive parfois que, sans prévenir, elle se détourne un moment, et la nature humaine est ainsi faite que même si on le sait, on ne s'y attend jamais.

Mauvaise passe

Peu après la reprise de la tournée, un soir d'octobre, à Sherbrooke, la voix de Céline s'est cassée brutalement et elle n'a pu terminer son spectacle. Avec ce qu'il lui restait de voix, elle a promis aux gens qu'elle allait revenir. Dans les coulisses, elle s'est effondrée. René, accouru depuis la salle, l'a prise dans ses bras. Devant les musiciens et les techniciens, comme s'ils étaient seuls au monde, il l'a embrassée, très tendrement, il l'a bercée et rassurée.

« Pleure pas, pleure pas. Ça va s'arranger, tu vas voir. »

Au fond de lui, il était terriblement inquiet et triste. La femme qu'il aimait était en larmes. Tous les projets qu'ils avaient échafaudés ensemble, les rêves qu'ils caressaient depuis dix ans et qui étaient enfin sur le point de se réaliser, tout cela menaçait maintenant de s'effondrer lamentablement. Ils sont rentrés à Montréal dans la nuit, tous les deux silencieux, terrorisés, mais en même temps « *together* », comme disait René, ensemble dans le même bateau, vivant le même drame. « Je t'aime. Je suis là, je vais tout faire pour que tu guérisses. » Il a prié, ce soir-là. D'abord il a présenté ses excuses au bon Dieu qu'il n'appelait que lorsqu'il en avait besoin, mais il se disait que le bon Dieu ne pourrait pas ne pas l'écouter. Ce qu'ils étaient en train de bâtir, Céline et lui, était trop beau, et juste au moment où tout allait démarrer aux États-Unis...

Le lendemain matin à la première heure, il contactait celui que tout le monde dans le milieu considérait comme le meilleur oto-rhino-laryngologiste au Québec, le Dr Marcel Belzile, qui a examiné les cordes vocales de Céline, pensant y trouver des nodules ou de petites déchirures. Dans le doute, avant de l'opérer, il a pris contact avec son vieux professeur, à New York, le Dr William Gould qui, à quatre-vingt-deux ans, pratiquait encore. Céline et René se sont rendus à sa clinique. Les murs de la petite salle d'attente étaient couverts de photos autographiées de patients reconnaissants, parmi lesquels se trouvaient Frank Sinatra, John Kennedy, Walter Kronkite.

Après avoir examiné Céline, le Dr Gould lui a dit que si elle voulait éviter une opération qui pourrait avoir des effets secondaires désastreux, elle devrait cesser de parler pendant trois semaines. Pas un mot, pas même chuchoté ni murmuré. Céline s'est tue illico. Elle n'a plus parlé pendant trois semaines. René a fait reporter plusieurs spectacles et ils sont partis en vacances dans les Antilles. Céline toujours absolument muette. Au retour, ils se sont arrêtés chez le Dr Gould qui a été ébahi ; les cordes vocales de la chanteuse étaient en parfait état. Il l'a félicitée et lui a dit qu'elle ne savait pas chanter, qu'elle faisait un mauvais usage de ses cordes vocales. Il fallait corriger tout cela. Ce serait long, mais selon lui ça en valait la peine, parce qu'elle avait une grande voix, mais aussi parce qu'elle était farouchement déterminée.

Il lui a présenté Gwen Korovin et le fameux William Riley, également oto-rhino-laryngologistes qui allaient restaurer sa voix. Riley, que beaucoup de chanteurs de rock, de pop, de jazz, d'opéra, dont Luciano Pavarotti, avaient l'habitude de consulter pour tous leurs problèmes de voix, pratiquait lui-même le chant classique. Ce qu'il a proposé à Céline était proprement terrifiant. Des exercices quotidiens, des périodes de silence absolu, des privations de toutes sortes, un régime d'enfer... Cependant, on ne verrait les résultats que cinq années plus tard. Céline n'a pas hésité une fraction de seconde.

Quand ils sont sortis de la clinique du Dr Riley, René était sous le choc. C'était comme si on lui avait proposé un régime dont il ne verrait pas les résultats avant cinq années. « Je comprendrais fort bien que tu refuses », a-t-il dit à Céline. Elle n'a pas ouvert la bouche, pas émis le moindre son, elle a seulement haussé les épaules et levé les yeux au ciel. Elle avait commencé ses traitements et elle irait jusqu'au bout.

Cette détermination, ce courage, ce sens de la discipline forçaient chez René la plus grande admiration. Plus tard, il rappellera souvent que ce fut, dans sa relation avec Céline, un moment charnière. Plus que jamais il a cru en elle. Plus que jamais il a espéré que Sony mettrait la machine en marche et propulserait *Unison* vers les sommets. Or il n'était pas au bout de ses épreuves.

Quelques semaines plus tard, peu après Noël, il se trouvait à Daytona Beach, en Floride, avec sa mère, ses enfants, Céline et ses parents. Comme il rentrait du golf en fin de journée, on lui remit un message de Vito qu'il rappela aussitôt, persuadé que ce dernier lui annoncerait que les gens de CBS à New York, qui avaient entendu les chansons enregistrées à Londres, à Los Angeles et à New York, voulaient le rencontrer pour préparer le plan marketing d'*Unison*.

D'abord, il n'a pas cru ce qu'il entendait. Il a dû faire répéter Vito à trois reprises, même si la ligne téléphonique était parfaite. Les gens de CBS à New York étaient contents, sans plus. Ils considéraient qu'il manquait quelque chose à cet album. Ils avaient fait savoir à Vito qu'ils n'étaient par prêts à le sortir tout de suite.

René était catastrophé, furieux. Il a dit à Vito qu'il allait racheter l'album à CBS, et qu'il irait le vendre à Atlantic Records, une compagnie rivale. Christopher Neil, le réalisateur londonien, avait fait entendre *Where Does My Heart Beat Now* au président d'Atlantic qui avait voulu savoir si Angélil avait déjà signé son contrat avec CBS. Il disait qu'avec une telle chanson il ferait un malheur aux États-Unis.

Ce qui brûlait René, c'était que son allié de toujours, Vito Luprano, semblait être d'accord avec les gens de CBS International qui avaient osé dire qu'un album qui contenait de véritables perles comme *Where Does My Heart Beat Now* ou *Unison* n'était pas digne d'être lancé. Vito a tenté de lui faire comprendre que si les boss agissaient ainsi, c'était qu'ils croyaient très fort en Céline, qu'ils voulaient qu'elle fasse plus qu'un hit ou deux avec son premier album, et qu'elle s'établisse très haut, très solidement, et pour très longtemps, dans l'estime et la mémoire du grand public.

Tout ce qu'ils demandaient ou exigeaient, c'était d'ajouter une ou deux autres chansons fortes sur l'album. Les chansons réalisées par David Foster ne cassaient rien. Elles étaient bien faites, mais un peu trop sirupeuses peut-être. Foster n'avait pas su donner aux chansons qu'il avait produites l'éclat, l'ampleur, l'élan dont elles auraient eu besoin.

Comme un malheur n'arrive jamais seul, Bernie diMatteo, qui avait été un fidèle allié de René Angélil depuis le congrès de CBS Canada à l'Estérel, en juin 1987, quittait maintenant la direction de la maison de disques. Il serait remplacé par un certain Paul Burger, trente-sept ans, qui avait travaillé pour Sony en Israël et en Angleterre et qui ne savait peut-être pas qui était Céline Dion. Il faudrait repartir de zéro avec lui.

Or Paul Burger connaissait Céline Dion, mais ce nom n'évoquait pas chez lui un bien agréable souvenir. Il était vice-président au marketing et aux ventes en Europe quand, le 30 avril 1988, elle avait remporté le concours Eurovision à Dublin. C'était une extraordinaire rampe de lancement. Il avait alors appris avec stupeur qu'elle n'avait pas de disque en anglais sur le marché. Ainsi, ce grand prix Eurovision qui lui donnait une visibilité inespérée avait été un coup d'épée dans l'eau. Depuis plus d'une année, CBS Canada avait promis un album. L'automne était venu et passé, puis l'hiver et le printemps, toujours rien. Quand, en juin, Céline était venue enregistrer aux studios West Side, Paul Burger, qui se trouvait en poste à Londres, ne s'était même pas donné la peine de contacter Christopher Neil pour savoir comment les choses s'étaient passées. Il n'était donc pas très bien disposé à l'égard de l'artiste de René.

À son arrivée à Toronto, il a considéré un à un les projets en cours et fait l'inventaire des effectifs. Il a écouté avec énormément d'intérêt les chansons déjà enregistrées par Céline Dion, et il a appelé Vito Luprano pour lui dire qu'il faisait de cette artiste sa priorité et lui demander de lui arranger un rendez-vous avec Angélil.

Ses collaborateurs, chez CBS, s'inquiétaient de son engouement. Il venait d'arriver et, en quelques semaines, il avait décidé de mettre le paquet sur une artiste du Québec qui n'avait jamais rien fait en anglais. On lui rappelait que jamais dans l'histoire du show-business un artiste francophone n'avait fait une véritable carrière en anglais. Maurice Chevalier avait été à Hollywood une simple curiosité, un artiste français chantant en anglais avec un énorme accent. Et les carrières de Piaf ou de Brel étaient fondées sur un succès d'estime et n'avaient jamais vraiment intéressé le grand public, mais Burger aimait déjà trop ce projet pour y renoncer.

Vito est allé cueillir Paul Burger à l'aéroport de Dorval pour l'emmener à Sainte-Anne-des-Lacs, où habitait alors Céline. Sur l'autoroute des Laurentides, Burger, citadin impénitent, s'étonnait qu'une artiste aussi importante habite si loin de la ville. Cependant, la maison qu'avait achetée Céline était magnifique, d'architecture très moderne, construite à flanc de montagne, baignée de lumière, toute blanche, planchers, murs et plafonds. Et elle était remplie, ce jour-là, des parents de Céline, de plusieurs de ses frères et sœurs et des enfants de René Angélil. Burger, qui se targuait d'être un *family man*, s'est vite senti chez lui.

Il s'était attendu à une rencontre très formelle, très business, dans un bureau, en tête à tête avec le manager de Céline ; il fut plutôt invité à souper avec l'artiste, dans une atmosphère très conviviale qu'animait un homme cool et calme, dont la force tranquille et rassurante l'impressionna. Angélil lui parlait de son artiste comme un fan évoque son idole, avec une ferveur communicative. Burger a su tout de suite qu'il s'entendrait bien avec lui.

Il considérait que Céline, à vingt et un ans, avait une bonne longueur d'avance sur beaucoup d'artistes anglophones. Elle n'était peut-être pas encore tout à fait à l'aise avec la langue, mais elle avait déjà une grande expérience de la scène, des studios, des médias. De plus, et ce n'était pas à négliger aux yeux de Burger, elle avait un manager de grande expérience qui avait un plan de carrière pour elle.

Il était tout de même d'accord avec les gens de CBS International ; il manquait selon lui une ou deux chansons fortes à l'album. Céline avait une voix magnifique ; il fallait seulement que les chansons soient à la hauteur. Il a décidé d'investir encore de l'argent pour faire deux autres chansons.

Comme les chansons produites par Christopher Neil plaisaient à tout le monde, on a décidé de retourner à Londres pour enregistrer avec lui deux autres titres, *Any Other Way* et *If Love is out of Question*. Tout le monde étant enfin satisfait, on a préparé la sortie de l'album.

René avait alors l'habitude de porter sur lui, comme un talisman, une cassette des chansons de l'album de Céline qu'il écoutait souvent, pour son plaisir. Il la faisait écouter à quelques *happy few* comme Pierre Marchand de Musique Plus dont l'opinion éclairée lui importait beaucoup, mais aussi parce qu'il s'était comme par magie persuadé que Marchand était susceptible de porter chance à l'album. Il lui avait fait entendre *Incognito* un soir dans sa Chrysler. Et quelques jours plus tard, *Lolita* et *À travers un miroir*, les deux titres tirés en single, se retrouvaient au sommet des palmarès.

Angélil avait donc pris l'habitude de faire entendre à Marchand les chansons fraîchement sorties des studios, toujours dans sa voiture. Il passait le prendre à son bureau et ils allaient écouter sa dernière-née dans la voiture de Pierre Marchand, garée dans une rue du centre-ville de Montréal, dans le stationnement d'un centre commercial ou même, une fois, dans le parking intérieur du vieux Forum. C'est par un jour d'hiver très froid que Marchand a entendu *Unison* pour la première fois.

Attentif confident de René, Pierre connaissait fort bien les durs commencements d'*Unison,* les recommencements, l'acharnement avec lequel René avait travaillé depuis quatre années pour convaincre les gens de CBS de lui donner les moyens de produire une œuvre de haut calibre. Il avait suivi avec passion les grandes étapes de cette saga absolument unique, il avait eu des échos du congrès à l'Estérel, il avait assisté en personne au spectacle des Junos, à Toronto ; il avait été bouleversé, ému aux larmes, comme tout le monde, par la prestation de Céline. Il avait vu le projet de cet album devenir peu à peu réalité et il savait que la croisade de René Angélil n'était pas terminée. Le disque allait bientôt sortir à Montréal et à Toronto, soit, mais Angélil ne se contenterait pas d'un succès québécois, ni même canadien, si grand soit-il. Il voulait plus, infiniment plus. Il pensait planétaire. C'était fou, peut-être naïf, mais certainement admirable et digne du plus grand intérêt. Jamais personne, dans le monde du show-business québécois, que

Marchand connaissait très bien, ne s'était embarqué dans une entreprise aussi longue, aussi incertaine.

Marchand est un professionnel et un artiste, il a de l'oreille. Il sait reconnaître, dès la première audition, la valeur commerciale d'une chanson, son originalité, sa durabilité. C'était la première fois qu'il entendait des chansons d'un artiste québécois d'une telle qualité, produites avec autant de soin et d'aussi importants moyens. René lui faisait l'historique de chaque chanson, lui parlait de ceux qui les avaient créées, où ils les avaient trouvées, comment elles avaient été enregistrées. Marchand faisait des commentaires pertinents, sans flagornerie, franchement. Il contribuait à faire grandir en René la certitude que *Unison* serait un jour un grand succès.

Ce jour d'hiver du début de l'année 1990, voyant l'emballement de Marchand, René lui a proposé de lancer l'album sur les ondes de Musique Plus, ce qui fut sur-le-champ accepté. Cela s'est fait quelques semaines plus tard au Métropolis, une immense discothèque de la rue Sainte-Catherine à Montréal, le 2 avril, trois ans jour pour jour après la sortie d'*Incognito* maintenant deux fois platine. Dès dix-huit heures, des fans se massaient devant le Métropolis, formant une cohue si dense que les limousines durent se frayer un chemin à coups de klaxon. À l'intérieur, l'atmosphère était survoltée. Il y avait de grandes affiches de Céline, la photo de couverture de son album, un très gros plan de son visage, en noir et blanc, sérieux. Ce fut un gros show au cours duquel Céline a interprété six des chansons d'*Unison*.

Sous la direction de Pierre Marchand, Musique Plus a fait une capture de l'événement qui a donné une émission de télévision remarquablement bien construite vue par plus de un million de téléspectateurs. Cette première collaboration allait sceller une féconde amitié entre Marchand et Angélil qui, par la suite, travailleraient souvent ensemble.

Aux journalistes qui l'interrogeaient sur ses projets, Angélil affirmait que le plus important, pour le moment, était de conquérir le Canada anglais. Si tout se passait bien, on ferait une tentative du côté de l'Europe et des États-Unis. Les agents de Sony rencontraient déjà les discothécaires des stations de radio et les marchands de disques dans une quinzaine de pays. Les choses se présentaient fort bien. La France, les États-Unis, l'Angleterre et l'Allemagne avaient déjà manifesté beaucoup d'intérêt pour *Unison*.

Plus encore qu'une formidable réussite du show-business
et une conquête de la fortune et de la gloire, c'est une grande
histoire d'amour que vivent Céline et René.

René a tenu à établir avec ses fils Patrick et Jean-Pierre des liens aussi étroits que ceux qu'il aurait aimé avoir avec son père. Les deux garçons ont toujours été très proches d'Alice, la mère de René.

« J'ai toujours eu la certitude que mon père me protégeait, même lorsqu'il était à l'autre bout du monde. »

René Angélil, en compagnie de ses trois premiers enfants, le jour du mariage d'Anne-Marie, le 25 août 2000. Au cours de l'année suivante, il sera père pour la quatrième fois. Et deux fois grand-père.

Patrick est aujourd'hui un proche collaborateur de René. « Il faut
être fait fort pour vivre dans l'entourage d'un homme aussi exigeant
que mon père. »

On dit que, de tous ses enfants, c'est Jean-Pierre qui, par le caractère,
ressemble le plus à son père ; il est comme lui un joueur et un charmeur.

Au Colosseum, après une représentation de *A New Day...* De gauche à droite, Sylvester Stallone, René, Céline, Michael Douglas, son épouse Catherine Zeta-Jones et Mark Juliano, président du Caesars Palace.

Printemps 1997, à New York, avec Luciano Pavarotti.

Lors d'un match de hockey, en compagnie de Jean-Jacques Goldman ; à la droite de René, Aldo Giampaolo.

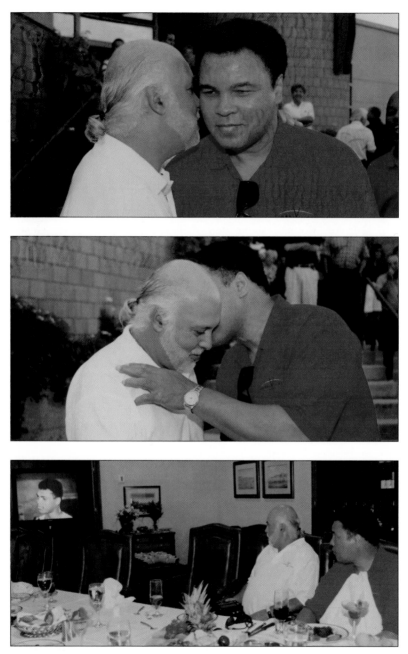

En août 1997, Mohammed Ali rendait visite à René au Mirage, son terrain de golf. Ils ont évoqué ensemble de vieux souvenirs et regardé le fameux documentaire *When We Were Kings*, relatant le combat mené par Ali contre George Foreman en 1974.

Été 1999, un gâteau, un pouce levé et de grands sourires pour
souligner la fin des traitements de chimiothérapie de René.

Noël 1999. René
est très fier de
l'attachement que
ses enfants ont
les uns pour les autres
et du respect (mêlé
d'humour) qu'ils ont
pour lui et pour les
valeurs qu'il a tenu
à leur transmettre.

Automne 2000,
Céline et René,
quelques semaines
avant la naissance
de René-Charles.
Depuis longtemps,
Céline rêvait d'avoir
un enfant avec
l'homme de sa vie.

René-Charles est né le 25 janvier 2001, enfant-miracle venu
illuminer la vie de ses parents.

René-Charles et ses parents célébrant la victoire de la coupe Stanley, remportée en 2001 par l'Avalanche du Colorado.

René, homme de famille, n'est jamais si heureux que lorsqu'il est entouré de ceux qu'il aime. Ici, avec ses quatre enfants et Céline quelques semaines avant la naissance de son premier petit-fils.

La photo préférée de René. «Cet enfant nous fait aimer la vie plus que jamais. »

«Redécouvrir le monde à travers les yeux d'un enfant est un inestimable privilège. »

C'est entre autres à travers le jeu qu'un père et son fils communiquent.
En haut, un billard à Hawaï ; en bas, à Las Vegas, lors du tournoi de poker
René-Charles, comme il est indiqué sur les casquettes des participants.

« Que René-Charles voie aujourd'hui que sa mère et moi sommes
en amour, ça me rassure infiniment. En fait, il nous fait nous aimer
chaque jour davantage, parce qu'il nous rend heureux. »

C'est désormais
à René-Charles
que René consacre
le plus gros de
son temps libre.

La photo préférée de Céline. Voir ses deux hommes s'amuser
ensemble est l'un des grands bonheurs de sa vie.

Au palais de l'Élysée, en compagnie du président Sarkozy.

Avec Luc Plamondon, à qui René a fait confiance dès 1986
pour renouveler l'image et le répertoire de Céline.

Un safari-photo en Afrique du Sud, où a débuté la tournée *Taking Chances*.

Les très proches amis de René : Marc Verreault, Rosaire Archambault,
Pierre Lacroix, Aldo Giampaolo, Jacques Desmarais et Paul Sara.

Dans la soirée du 12 décembre 2007, René remportait le tournoi de poker
Texas Hold'em sans limite au casino du Caesars Palace : 1 475 000 dollars
et le bracelet de diamants, la marque d'un vrai champion.

En mai 2008, René Angélil entrait au musée Grévin, où il retrouvait, parmi les stars de ce monde, la femme de sa vie.

La tribu de René. Au premier rang, Anthony Dupré (fils d'Anne-Marie et de Marc), Justin Angélil (fils de Sophie et de Patrick), René-Charles; au deuxième rang: Anne-Marie et sa fille, Stella Dupré, René et Céline, Sophie Danis, conjointe de Patrick, Marc Dupré et son fils Lenny; au dernier rang: Jean-Pierre, sa copine, Judith Gauthier, Alicia Angélil à côté de Patrick, son papa.

La prise de Québec

Pour qu'une chanson prenne réellement son envol et entraîne un album avec elle, le grand public doit pouvoir l'entendre à plusieurs reprises ; elle doit lui devenir familière, vivre parmi les gens ; autrement dit, elle doit passer et repasser à la radio. Or, le Conseil de la radiodiffusion et des télécommunications canadiennes (CRTC) exigeait à l'époque que les stations de radio canadiennes fassent entendre de 20 à 30 % de contenu canadien. Au moins deux des créateurs d'une chanson (parolier, compositeur, réalisateur, interprète) devaient être citoyens canadiens. L'interprète Céline Dion était née au Canada, mais les compositeurs, les paroliers et les réalisateurs ayant travaillé aux chansons de l'album *Unison* étaient tous étrangers.

Ainsi, dans la programmation des stations de radio, Céline allait se mesurer aux Américains et aux Anglais, à Billy Joel et à Madonna plutôt qu'à Alannah Myles, Burton Cummings ou Bachman-Turner Overdrive. Au fond, René Angélil n'en était pas du tout fâché. Selon lui, c'était en se mesurant aux plus grands que Céline pourrait évoluer.

Tous ses collaborateurs, Vito Luprano, Mario Lefebvre, mais aussi les gens de la promotion, savaient que travailler avec René Angélil, même à cette époque, alors que son artiste était encore pratiquement inconnue en dehors du Québec et de la France, c'était croire vraiment qu'il n'y avait rien d'impossible, que tout se passerait tôt ou tard comme on l'imaginait dans ses rêves les plus fous. Même quand parfois tout semblait aller au ralenti, que les choses ne décollaient pas vraiment, comme l'album *Unison* qui, à ses débuts, ne se vendait pas bien au Canada anglais.

« C'est parce qu'ils n'ont pas vu chanter Céline », répétait Angélil.

Sa priorité devint dès lors d'organiser une tournée pour que les Canadiens anglais voient Céline.

Il allait mettre de nouveau tous ses pions dans une vaste opération de promotion. Toujours convaincu que Céline s'imposait par sa présence physique, il décida de produire un show en anglais et de l'emmener en tournée au Canada. Toutefois, Jean-Claude L'Espérance, qui avait produit la tournée *Incognito*, voyant que l'album ne se vendait pas bien au Canada anglais, était réticent à l'idée de faire de gros investissements dans cette aventure. Il avait réservé des dates pour l'automne au théâtre Saint-Denis, mais il n'avait pas fait de démarches à l'extérieur du Québec. À contrecœur, il s'était quand même laissé convaincre par Angélil de produire au Spectrum de Montréal un show en anglais auquel ils inviteraient la presse canadienne-anglaise.

Ce virage était perçu par les médias et beaucoup de gens du milieu comme très dangereux, surtout par les médias anglophones qui exagéraient les susceptibilités québécoises. Il faut dire que la conjoncture politique était troublée. Le show du Spectrum serait en effet présenté au moment de l'échec des Accords du lac Meech, dernière tentative de réconciliation entre le Canada anglais et le Québec. À l'approche des fêtes nationales de la Saint-Jean, le Québec était plus isolé que jamais, amer et fâché.

Un journaliste de Toronto était même allé rencontrer Pauline Julien, la pasionaria de la chanson indépendantiste québécoise, dans l'espoir évident de l'entendre conspuer Céline. Pauline lui avait cependant répondu que Céline Dion avait tout à fait le droit, comme toutes les chanteuses de la terre, de chanter en anglais, en chinois ou en serbo-croate si le cœur lui en disait. Ça n'avait strictement rien à voir avec le conflit politique opposant le Québec au Canada. Jean-Claude L'Espérance percevait sans doute la réalité d'une tout autre manière ; quelques jours avant le show du Spectrum, il informait Angélil qu'il ne croyait pas que Céline puisse faire carrière en anglais et lui manifesta son intention de se retirer de ce projet. Il croyait que le grand public n'accepterait jamais que Céline chante en anglais. Il disait à René qu'il risquait de détruire sa carrière au Québec.

Seulement, tout était prêt ! Céline allait même faire le *Tonight Show* ! René en avait eu l'assurance. L'Espérance a rétorqué que d'autres Québécois, André-Philippe Gagnon et Ginette Reno, par exemple, l'avaient fait et que cela n'avait rien donné. Angélil lui a répondu que derrière Céline il y avait une grosse organisation, et que surtout il y avait un plan, un album. Gagnon et Reno n'avaient rien à proposer, pas d'album, pas de show, pas de producteur, pas vraiment de plan. L'Espérance est resté sourd à ces arguments et il a décidé de se retirer du projet. Il aban-donnait à Angélil les dates qu'il avait réservées au théâtre Saint-Denis…

René est sorti du bureau du producteur complètement dévasté, en état de choc. En marchant vers sa voiture, il a eu un flash. Donald K. Donald, le plus important producteur de spectacles à Montréal, celui qui produisait, au Forum et au Stade olympique, les gros shows étrangers des Rolling Stones, de Pink Floyd, d'Elton John, était celui dont il avait besoin. Depuis sa voiture, il a appelé l'agence, a demandé à parler au grand patron, Donald Tarlton, qu'il ne connaissait que de vue. Une heure plus tard, il était dans son bureau, près du vieux Forum. Ils ont discuté un moment. Angélil ne lui a pas dit que L'Espérance ne croyait plus en son projet, mais simplement qu'il voulait faire de Céline une artiste internationale. Il lui a fait écouter les dernières chansons qu'elle avait enregistrées.

Tarlton était un très gros homme, jovial, bon vivant, en qui Angélil a reconnu un joueur. Il a accepté, sans discuter, le pourcentage que lui proposait Angélil. Puis ils ont parlé de la tournée qu'il envisageait, d'abord au Québec, puis dans tout le Canada. Tarlton lui a présenté Serge Grimaud qui allait s'occuper personnellement de la production de cette tournée. Quand, en fin de journée, Angélil est remonté dans son auto, une entente était conclue entre Donald K. Donald et Feeling. Un come-back.

Le show présenté quelques jours plus tard au Spectrum fut très favorablement accueilli par la presse, tant francophone qu'anglophone. Même chose au Diamond Club de Toronto, le lendemain soir. Paul Burger avait distribué 175 des 300 billets à des journalistes, des disc-jockeys, des musiciens, des gens influents du milieu. Il avait aussi acheté de la publicité à la radio. Le show a eu un énorme retentissement et un grand succès dans les médias torontois. Jean-Claude L'Espérance, qui avait envoyé ses espions au Spectrum, avait alors appelé Angélil pour lui dire d'oublier la conversation qu'ils avaient eue quelques jours plus tôt. René a utilisé la formule et le ton très calme de la confidence qu'il aime tant:

«Jean-Claude, je t'annonce que tu n'es plus là. C'est fini pour toi. À partir de maintenant, c'est Donald K. Donald qui est le producteur des tournées de Céline Dion.»

L'Espérance, d'abord incrédule, car il ne pouvait imaginer que les choses s'étaient passées si rapidement et qu'Angélil avait déjà conclu une entente avec un autre producteur, a fini par comprendre qu'il n'y aurait pas de retour en arrière. Il voulut alors reprendre les dates qu'il avait réservées au théâtre Saint-Denis. « Fais ça, lui a dit Angélil, et le monde entier va savoir que t'as pas osé te lancer avec moi. Fais ça et fie-toi à moi, tu vas avoir l'air fou. »

Angélil s'est fait un malin plaisir de lui rappeler, très doucement, qu'il ne pouvait plus travailler avec lui, parce qu'il avait manqué de foi, et qu'il était trop tard, qu'il serait toujours trop tard pour lui, désormais.

Le comptable de L'Espérance appelait le lendemain pour dire qu'il ne voulait pas la guerre et que Donald K. Donald pouvait disposer à sa guise des dates retenues au théâtre Saint-Denis.

En attendant, Angélil faisait régulièrement savoir aux gens de Sony à New York que Céline Dion était la meilleure vendeuse d'albums au Canada. *Unison* était en effet déjà un disque platine au début de l'été de 1990, quelques semaines seulement après sa sortie. Ce qu'il ne disait pas, c'était que la presque totalité de ces ventes avaient été faites au Québec. Le Canada anglais semblait rester tout à fait indifférent. De son côté, Sony n'avait toujours pas sorti l'album aux États-Unis. Il y avait un ralentissement partout. En France, où Céline n'avait pas figuré au sommet des palmarès depuis près de deux ans, on était en train d'oublier son nom. Encore une fois, Angélil saura saisir, ou plutôt provoquer, l'occasion de faire connaître son artiste.

Il était à Las Vegas, début juillet 1990, trois mois après la sortie d'*Unison* au Canada. Malgré l'énorme chaleur, il avait joué au golf le matin. L'après-midi, il retrouva Paul Burger au bord de la piscine du Caesars Palace. Ils furent bientôt rejoints par Shirley Brooks, la gérante de Julio Iglesias qui venait s'informer auprès de Burger du lieu où devait se tenir le congrès annuel de CBS International. C'est ainsi que René a su que ce congrès de première importance se tiendrait au Château Frontenac, à Québec, le 18 juillet. Il a tout de suite pensé que ce serait l'occasion ou jamais de faire connaître la nouvelle Céline. Tous les bonzes de CBS d'Amérique, d'Europe et d'Asie seraient alors réunis à Québec. Plein de gens des médias aussi. Quelle visibilité!

«Il faut que Céline chante devant eux», a dit Angélil.

Cependant, il s'agissait d'un congrès et, en principe, il ne devait pas y avoir de showcases. Les agents de chaque pays avaient une demi-heure pour parler aux congressistes de leurs artistes, des albums en chantier. Il y aurait sans doute aussi des artistes, mais personne ne devait chanter.

«Justement, Céline va leur faire un cadeau!»

Stimulé par l'idée de René, Burger a téléphoné aux patrons de Sony, à New York. On lui a finalement dit qu'il pouvait disposer de sa demi-heure à sa guise. René a alors joint à Québec Richard Lachance, de l'agence Bruit Bleu, et lui a demandé d'installer un système de sonorisation de première qualité dans la salle des congrès du Château Frontenac.

Le 17 juillet 1990, René se rendait à Québec avec son artiste, Mario et Vito, Burger et sa femme Ossi. Le 18 au matin, les congressistes venus des quatre coins du monde se retrouvaient dans la salle des congrès du Château Frontenac. Habituellement, dans ce genre de rencontre, chaque pays met en vitrine ses espoirs, l'album ou l'artiste sur lequel il mise. Paul Burger, son tour venu, a présenté Céline Dion, vingt-deux ans. Pour être en voix, Céline s'était levée à six heures, elle avait fait ses vocalises, ses exercices de respiration. Elle a chanté tout de suite après le petit déjeuner des congressistes, vers dix heures du matin. Quand elle a achevé *Where Does My Heart Beat Now*, il y a eu un moment de silence, de stupeur. Puis les congressistes se sont tous levés et lui ont fait une ovation du tonnerre. Elle a ri aux éclats, elle leur a parlé un peu, puis elle les a tous remerciés.

Ce soir-là, quand Burger, sa femme Ossi, Céline et René sont sortis pour se rendre au restaurant, la cour intérieure du château était noire de monde... Le hasard, metteur en scène plein d'ironie et d'humour, a fait en sorte que le chanteur George Michael et Walter Yetnikoff, le grand patron de CBS USA, arrivent juste à ce moment sur les lieux. Ils ont vu la foule en liesse qui s'est mise à crier, à applaudir. George Michael s'est rapidement rendu compte que ces cris et ces applaudissements ne lui étaient pas destinés. C'était Céline Dion qu'on ovationnait. Yetnikoff, qui l'avait entendue chanter le matin même, n'en croyait pas ses yeux. C'était donc vrai. Cette jeune fille était dans son pays une vedette adulée !

La bataille de Québec était gagnée. La conquête du Canada pouvait enfin commencer. Mieux encore, à la suite de cette prestation, les Américains décidaient de devancer la sortie d'*Unison* aux États-Unis.

Celeeen Dionnnn

René Angélil adore parler en public et il le fait fort bien, avec calme, clarté, autorité. Il aurait sans doute fait un excellent professeur ou un politicien capable de haranguer et de convaincre les foules. Il adore expliquer, renseigner, apprendre plein de choses à ses auditeurs. Plus encore, il prend un évident plaisir à raconter avec beaucoup de détails des événements qu'il a vécus ou dont il a été témoin.

Le menu de la conférence de presse qu'il a donnée le 6 septembre 1990 était très varié, rempli de bonnes nouvelles qu'il était heureux de communiquer aux médias, d'anecdotes qu'il allait se faire un plaisir de leur raconter, sûr de ses effets.

D'abord, il allait leur recommander de taire désormais toute rumeur désobligeante envers Céline et de faire savoir que Sony-International sortirait très bientôt l'album *Unison* dans dix-huit pays. Ensuite, il annonça que le single *Where Does My Heart Beat Now* serait lancé aux États-Unis le 11 septembre et que Sony en avait confié la promotion à la firme Rogers & Cowan qui s'occupait, entre autres très nobles choses, des disques des Rolling Stones et des New Kids on the Block, un groupe fort à la mode à l'époque.

Il allait ensuite raconter aux journalistes qu'il venait, une demi-heure plus tôt, de recevoir un appel de Glen Brunman, responsable des relations avec la presse pour Epic Records, une division de CBS. « Ce M. Brunman, je vous dis ça en passant, s'occupe de la promotion des disques de Michael Jackson, et maintenant de Céline, aux États-Unis, et il s'en occupe fort bien. La preuve… »

Il raconta alors comment Brunman avait fait visionner le clip de *Where Does My Heart Beat Now* aux recherchistes du *Tonight Show*, le talk-show le plus regardé au monde, animé par Johnny Carson. Les trois recherchistes avaient été renversés, et ils ont tout de suite demandé d'avoir Céline à leur émission le 21 septembre, deux semaines plus tard. Phil Collins y participerait aussi. Angélil a tout de suite informé les journalistes que l'animateur ce soir-là ne serait pas Johnny Carson, mais son remplaçant Jay Leno, et qu'il n'y aurait pas d'entrevue. Céline ne ferait que chanter une chanson. Mais c'était déjà beaucoup, énorme, pour ne pas dire unique, pour une artiste à ses débuts aux États-Unis.

Il a encore tenu à ce que tous sachent et répètent autour d'eux que d'habitude les producteurs du *Tonight Show* attendent qu'un artiste ait fait ses preuves et que ses chansons soient bien établies dans les palmarès Billboard avant de l'inviter. Or, Céline n'avait pas encore de chanson sur le marché américain, mais les gens du *Tonight Show* l'avaient tellement aimée, ils croyaient tellement en elle qu'ils voulaient être les premiers à la recevoir.

René et Céline sont partis le 19 septembre au soir. Pour lui, tout ce que faisait Céline en terre étrangère devait être connu, « homologué » au Québec. Il avait donc invité quelques journalistes à les accompagner, Céline et lui, à Los Angeles, et à assister à l'enregistrement du *Tonight Show*. Il s'était même personnellement occupé de leur obtenir des laissez-passer pour qu'ils puissent assister aux répétitions et à l'enregistrement de l'émission à laquelle participait aussi Phil Collins.

Plus tard, Angélil racontera maintes et maintes fois la délicieuse anecdote de leur arrivée à Los Angeles. Dans la limousine qui les emmenait de l'aéroport à l'hôtel Ma Maison, dans Beverly Hills, ils ont entendu, pour la première fois de leur vie, Céline Dion chanter à la radio américaine. René a bien sûr demandé au chauffeur de hausser le volume, et ils ont écouté, émus, la main dans la main. Sur les derniers accords, le disc-jockey a dit le nom de la chanteuse. « *Celeeenn Dionn… great voice.* » René a demandé au chauffeur s'il connaissait cette chanteuse.

« Pas du tout », a répondu le chauffeur.

Alors, René lui a demandé son nom.

« Je m'appelle Brian. »

Alors, Angélil s'est penché vers lui et lui a répété à deux ou trois reprises. « *Celeenn Dionnn, you hear me ? Remember the name, Brian, because you will never forget the voice.* » Ce slogan, inspiré des paroles que Michel Drucker avait prononcées dix années plus tôt, serait largement utilisé par Sony pour lancer l'album *Unison*.

Une fois arrivé à l'hôtel, René a fait les présentations.

« Brian, je te présente Celeenn Dionn. »

Le lendemain, toujours avec Brian comme chauffeur, ils sont allés sur le Sunset Boulevard voir les vitrines du plus fameux magasin de disques au monde, le Tower Records. René voulait voir, et voulait que Céline et Brian voient les trois affiches géantes déployées sur la façade du magasin, la tête de George Michael, celles des New Kids on the Block et celle de Céline Dion surmontée d'une grande banderole avec ces mots : *Remember the name, because you will never forget the voice.*

D'habitude, lorsqu'elle répétait une chanson ou qu'on faisait un test du son avant un spectacle, Céline ménageait sa voix. « Faudra pas faire ça ce soir », lui a dit René. Il avait lu ou entendu quelque part que les recherchistes du *Tonight Show* et les producteurs, Peter Lassally et Fred De Cordova, assistaient toujours aux répétitions depuis la régie, histoire de voir ce que les artistes invités avaient dans le ventre. Angélil a donc recommandé à Céline de chanter « comme si tu étais en direct devant vingt-cinq millions de personnes ». Céline a chanté comme si l'Amérique tout entière était à l'écoute.

Elle n'avait pas terminé sa chanson que la chef-recherchiste, Debbie Vickers, sortait en coup de vent de la régie et venait dire à René que les producteurs avaient été grandement impressionnés et qu'ils voulaient que Céline revienne le plus vite possible au *Tonight Show*, quand Johnny Carson, l'animateur principal, serait de retour. Angélil aurait voulu fixer la date tout de suite, mais Céline avait un programme très chargé et il avait pour principe de ne jamais annuler un engagement. Au cours des semaines suivantes, elle allait entreprendre une série de spectacles dans tout le Québec. Elle terminerait le 11 novembre au théâtre Saint-Denis.

« Le lundi 12 novembre, elle pourrait », a-t-il proposé, mais il voulait savoir si c'était un bon soir. Après une courte hésitation, Debbie lui a dit que ce n'était pas le meilleur. Le jeudi serait mieux, parce qu'il y avait le *Cosby Show* juste avant, ce qui agissait comme une locomotive très puissante et ajoutait quelques millions de téléspectateurs à l'auditoire.

Ils ont donc convenu que Céline ferait le *Tonight Show* du jeudi 15 novembre. Angélil était aux anges. Les gens du plus puissant talk-show au monde lui avaient laissé le choix du moment, et ils lui avaient réservé la meilleure fenêtre. René allait rester à jamais reconnaissant à Debbie Vickers qui deviendrait quelques années plus tard la productrice en chef du *Tonight Show*. Céline y serait invitée dix-neuf fois, et chaque fois, René s'y rendrait avec un petit cadeau pour Debbie et la coordonnatrice, Barbera. C'était vite devenu un rituel bien établi qu'il ne se serait jamais risqué à oublier, de crainte que cela lui porte malheur.

Une heure plus tard, Céline chantait *Where Does My Heart Beat Now*, devant Jay Leno, Phil Collins et des millions de téléspectateurs, le plus gros auditoire qu'elle ait jamais eu à affronter.

Comme prévu, il n'y a pas eu d'entrevue cette fois-là, mais Jay Leno et Phil Collins ont clairement montré devant l'auditoire et les caméras qu'ils avaient été soufflés. Pendant le générique de la fin, Leno a fait signe à Céline de s'approcher, il lui a pris les mains, puis il a montré aux téléspectateurs la pochette d'*Unison*.

Quelques semaines plus tard, *Where Does My Heart Beat Now* avait atteint le quatrième rang du palmarès Billboard. C'était une première dans l'histoire du show-business québécois mais, pour Angélil, cette saga, la conquête des grands marchés, venait à peine de commencer. Il n'allait sûrement pas se contenter d'un quatrième rang…

À couteaux tirés

À la mi-novembre 1990, peu après avoir fait pour la seconde fois le *Tonight Show*, Céline Dion amorçait, à Drummondville, au cœur du Québec, la tournée *Unison*, son premier spectacle bilingue, dont René avait tenu à faire, comme pour les deux shows précédents, une démonstration de ses multiples talents de chanteuse. Au programme donc, de l'ancien et du nouveau, en français et en anglais. Céline avait maintenant près de dix années de succès derrière elle, un très vaste répertoire où se retrouvaient tous les genres, depuis *I'm Calling You*, la chanson thème du film *Bagdad Café*, jusqu'à *Lolita* et *Unison*, *What a Feeling* et *À travers un miroir*, en passant par des choses toutes délicates comme *Tôt ou tard*, du chansonnier Sylvain Lelièvre, qui parlait des dangers de la pollution, ou un gros blues comme *Ce n'était qu'une aventure* dont Gerry Boulet, le chanteur d'Offenbach, monstre sacré du rock and roll québécois, avait laissé une magistrale interprétation. Tout cela formant, bien sûr, un immense succès. Angélil voyait enfin les résultats des efforts qu'il avait déployés depuis des années. Il y eut cependant quelques accrocs qu'il n'avait pas du tout prévus.

D'abord, la voix de Céline eut une autre défaillance due vraisemblablement à la fatigue et au stress. Il fallut reporter la première montréalaise d'une semaine, du 16 au 23 octobre. La voix de Céline créait un suspense fort excitant. Des rumeurs affolantes circulaient. En fait, Gwen Korovin, l'oto-rhino-laryngologiste que Céline était allée voir à New York, n'avait rien décelé de grave. Cependant, dans le milieu et dans les médias, on disait que Céline était épuisée, que sa voix était irrémédiablement abîmée, qu'elle perdrait la voix à tout jamais. On allait assister à ce que plusieurs voyaient déjà comme le dernier spectacle d'une chanteuse à qui tous les espoirs étaient permis, devant qui toutes les portes s'étaient ouvertes et pour qui soudainement tout s'effondrait. De plus, à l'effervescence de ce soir de première, s'ajoutait le sulfureux d'un événement mémorable...

Le 14 octobre, sur la scène de la Place des Arts, Céline avait suscité un grand émoi en refusant le Félix de l'interprète d'expression anglophone, trophée décerné auparavant au groupe The Box et au chanteur Corey Hart. Tout le monde a pensé, non sans raison, qu'Angélil venait encore une fois de servir sa médecine à l'Adisq avec qui il était à couteaux tirés. Il menait en effet une guerre à finir avec quelques snobs de l'association qui, selon lui, tenaient son artiste dans le plus grand mépris. Il leur avait préparé une sacrée surprise, une vraie bombe qu'il avait fait éclater par la voix de Céline lors du gala télévisé de l'Adisq.

Depuis l'été, il reprochait aux gens de l'Adisq de multiplier les catégories de manière à faire gagner tous leurs artistes. Le couvercle a sauté quand il a appris qu'ils avaient sélectionné Céline dans la catégorie « artiste anglophone ». Soit ils étaient complètement inconscients et ne comprenaient pas le tort qu'ils risquaient de causer à Céline auprès des Québécois en la plaçant dans cette catégorie, soit ils

faisaient exprès pour la mettre dans une position inte-
nable. De toute manière, c'était un trophée empoisonné
qu'ils se proposaient de lui décerner. Céline avait enregistré un disque en anglais, ça n'en faisait pas pour autant
une artiste anglophone.

Toutefois, le très habile René Angélil n'a pas réagi immédiatement et ouvertement. Il a ourdi son plan bien soigneusement. CBS avait bel et bien signé et retourné le formulaire de
recensement approuvant la classification de Céline comme
« interprète féminine d'expression anglophone ».

Céline a gagné, évidemment, ce qui n'a étonné absolument personne mais, une fois sur la scène de la Place
des Arts, après avoir remercié son manager ainsi que les
auteurs et les compositeurs qui avaient créé ses chansons,
elle a refusé le Félix de l'artiste anglophone. Elle a déclaré
qu'elle n'était pas anglophone et rappelé que partout où
elle allait dans le monde, elle se disait québécoise.

Il y eut un moment de stupeur, quelques huées, puis un
tonnerre d'applaudissements. Le refus et la déclaration
de Céline avaient déclenché une vive polémique dans tout
le Québec. Jacques Parizeau lui-même, chef du Parti québécois et farouche indépendantiste, est intervenu dans le
débat et a fait parvenir le lendemain un mot de félicitations à l'artiste et à son manager. L'esclandre, longuement
commenté par les médias, avait pris une telle ampleur que
tous les autres lauréats de ce gala ont été complètement
éclipsés. Amers et frustrés, beaucoup de gens du milieu
reprochaient à René Angélil d'avoir encore une fois tiré
le tapis sous les pieds des autres gagnants. L'organisation de l'Adisq l'accusait d'avoir manigancé toute cette
affaire.

« C'est évident que j'ai manigancé cette affaire, avouait
Angélil. Ils ont voulu me piéger, j'ai été plus rusé qu'eux. »

Il n'avait aucun regret. Il était même plutôt fier. Il avait
joué et gagné. Lors de ce gala, le groupe Rock et Belles
Oreilles, dans une chanson satirique assez mordante, *I Want*

to Pogne, avait raillé Céline, présentée comme une arriviste compulsive parce qu'elle chantait en anglais, et sa sœur Claudette, qui avait lancé un album produit par Angélil, comme une perdante envieuse et frustrée. C'était selon Angélil la preuve que les gens de l'Adisq, en particulier la clique des pseudo-intellectuels qui en avaient noyauté la direction, tenaient son artiste dans le plus grand mépris. Il était ravi d'avoir désarçonné cette bande de snobs.

Il y a eu cependant un coup qu'il n'avait pas vu venir... Dans les journaux du lendemain, les anglophones manifestaient à leur tour leur mécontentement. Dans *The Gazette* d'abord, des lecteurs se disaient choqués que Céline Dion ait clamé qu'elle n'était pas anglophone mais québécoise, comme s'il s'agissait de notions mutuellement exclusives ou incompatibles, comme s'ils n'étaient pas québécois, eux.

René Angélil n'a jamais fait de politique, ça ne l'intéresse pas vraiment. Il dira à l'occasion que tel politicien est un génie, que tel autre est dans les patates, celui-ci un *winner*, celui-là un *looser*. Il ne les jugera pas vraiment sur leurs politiques, leurs idées ou leur programme, mais plutôt sur leur attitude, leur charisme et leur aura, leur honnêteté aussi, laquelle, selon lui, est toujours apparente ou évidente... Il aimait bien, par exemple, René Lévesque et Lucien Bouchard, deux chefs indépendantistes québécois, parce qu'ils savaient selon lui parler à la population. Il aime bien aussi, et pour les mêmes raisons, Jean Charest, chef pas du tout indépendantiste, mais brillant communicateur. Il a été un admirateur de la première heure de Barack Obama qu'il considère comme un grand leader. Voilà pour lui l'ultime talent, que ce soit en affaires, dans le show-business ou en politique : savoir communiquer, entrer en contact avec les gens, leur parler, les faire vibrer, les émouvoir. Là est, selon lui, le vrai pouvoir.

Patrick Angélil qui, lui, apprécie le bon vin et s'intéresse aux affaires publiques, est persuadé que son père ne croit pas que ce sont les politiciens qui mènent le monde. Le vrai pouvoir serait plutôt en dehors de l'espace politique. Patrick se souvient d'avoir tenté, en vain, d'intéresser son père au débat sur les Accords du lac Meech. René ne pouvait se montrer moins intéressé qu'il ne l'était, pour la bonne et simple raison qu'il avait compris dès le départ que, quelle que soit l'issue de ce débat, ça n'allait strictement rien changer à sa vie, ni à celle des gens en général. La politique ne change que rarement le monde.

Il voyait bien, en cet automne de 1990, que Céline était devenue une sorte de révélateur, comme toutes les grandes stars, des contradictions profondes du peuple (ou des peuples) québécois. Toute la polémique autour de sa déclaration à l'Adisq soulignait une fois de plus l'ambiguïté d'être francophone en Amérique.

La catégorie « artiste ou formation anglophone de l'année » sera changée l'année suivante pour « artiste québécois s'étant le plus illustré dans une langue autre que le français », ce qui englobait autant Céline Dion, francophone de souche, que Corey Hart, anglophone québécois, ou le duo montagnais Kashtin qui chantait en langue innue.

Neuf jours plus tard, le soir de la première du show *Unison* à Montréal, René Angélil eut la confirmation qu'il avait eu raison. Dans les toutes dernières minutes qui ont précédé le lever de rideau au théâtre Saint-Denis, il a quitté les coulisses après avoir embrassé son artiste et il est entré dans la salle pour aller s'asseoir au milieu de la foule près de l'îlot où se trouvaient les consoles de son et d'éclairage de Savage et de Lapin, comme il avait pris l'habitude de faire. Sur son passage, les spectateurs se sont levés et l'ont longuement ovationné. On reconnaissait qu'il était le maître d'œuvre de cet événement, celui qui tirait les ficelles, et on saluait avec respect celui qui avait su tenir tête à l'establishment du show-business et des médias québécois.

Il y avait déjà une sorte d'aura autour de René Angélil, parce qu'il avait été une vedette de la scène et de la télé, puis le producteur et le manager de Ginette Reno, mais aussi et surtout grâce à ce qu'il avait réussi par la suite auprès des grands patrons du show-business américain, à tous les contacts qu'il avait su établir avec eux et à sa manière de gérer la carrière de Céline Dion. Les gens étaient sans doute également touchés par l'histoire d'amour dont plus personne ne doutait, mais dont il ne voulait toujours pas parler, lui, ni entendre parler, comme s'il n'y croyait pas vraiment, ou comme s'il ne croyait pas que ça pouvait durer. Pour le grand public cependant, comme pour la majorité des gens du milieu, il y avait là une idylle, une légende, un mystère…

Céline lui avait souvent reproché son attitude. « Si tu es sérieux quand tu dis que tu vas toujours m'aimer toi aussi, comment peux-tu vouloir qu'on s'en cache ? » Malgré tout, il remettait toujours à plus tard la divulgation de leur tendre et lourd secret.

La première montréalaise d'*Unison* fut un énorme succès populaire. La critique restait cependant mitigée : untel n'aimait pas le répertoire ; tel autre considérait que le choix d'une chanson écologiste, celle qu'avait signée Sylvain Lelièvre, faisait récupérateur et opportuniste. Après avoir reproché à Céline Dion de ne chanter que des chansons d'amour, on semblait froissé de la voir aborder des sujets plus sociaux, comme s'il s'agissait là d'une chasse gardée. Dans le quotidien *Le Devoir*, un fou furieux déchaîné qui, en près de vingt ans, ne changera pas son discours d'un quart de poil, qualifia le show de « matériel de série B ». Il avait tout détesté, carrément, avec rage et passion, la voix, la musique, les paroles. Une phrase de son article avait toutefois fait sourire Angélil. Il avait écrit que Céline était « nourrie par les visées utopiques de son mentor, l'ex-Baronet René Angélil ».

En fait, Angélil n'ignorait pas que beaucoup de gens dans le milieu du show-business et des médias commençaient à se demander si les Américains étaient aussi intéressés par

Céline Dion qu'il le laissait entendre. Certains prétendaient que tout ce bruit fait autour d'elle n'était que de l'esbroufe, le résultat d'une vaste campagne de publicité orchestrée par l'habile René Angélil. À peu près personne du Québec n'avait vu les affiches géantes de Céline Dion sur la façade du Tower Records de Los Angeles. Personne n'avait entendu une chanson d'*Unison* à la radio américaine. Angélil ne cessait de dire que Sony allait mettre le paquet sur son artiste, mais l'album *Unison*, lancé depuis plus d'une année, était finalement sorti aux États-Unis, mais n'était pas allé bien loin, et personne ne l'avait poussé bien fort.

Angélil avait beaucoup parlé de tout cela, c'était vrai. Il avait sans doute fait un peu d'esbroufe. Il avait dit que sa chanteuse serait un jour la plus grande du monde. Tout cela était selon lui réaliste, possible, mais tout cela était peut-être aussi illusion, mensonge.

René s'est rendu de nouveau à New York afin de mieux comprendre comment Sony voyait l'avenir américain d'*Unison*. Bob Summers, le grand patron de Sony-International, dont l'intérêt avait été éveillé par ce qu'il avait entendu et par les propos d'Angélil, lui a alors annoncé qu'il allait venir à Montréal en personne, avec une demi-douzaine de ses collaborateurs, pour voir chanter Céline Dion au théâtre Saint-Denis. Angélil savait bien que si cet aréopage new-yorkais prenait une décision déterminante à l'issue de cette incursion en terre québécoise, soit ils prendraient Céline dans leur vaisseau spatial, soit ils lui souhaiteraient bonne chance et à la prochaine.

Il avait toutefois confiance. Les patrons new-yorkais de Sony n'avaient pas l'habitude de se déplacer pour rien. En fait, en venant voir et entendre Céline à Montréal, ils apportaient la preuve irréfutable qu'ils la considéraient maintenant comme un sujet sérieux. Ils voulaient connaître ses possibilités, ses disponibilités, son répertoire, son entourage.

Avant le spectacle, René a invité tout ce beau monde au restaurant Les Halles. Il s'était entouré lui aussi de ses collaborateurs, Lefebvre, Luprano, Tarlton. Sans se montrer arrogants, les gens de New York gardaient une vague condescendance à l'égard de leurs homologues québécois, croyant sans doute que personne à Montréal n'avait de réel savoir-faire de haut niveau. Par leur attitude, ils faisaient sentir à René et à ses amis qu'ils les considéraient un peu comme des amateurs. Ils étaient donc venus leur montrer comment marchait le vrai business, comment on manœuvrait la plus puissante machine de l'industrie du disque. Au début du repas, René ne parlait pas beaucoup. Il écoutait poliment, posait quelques questions, toujours très calme. Il a guidé les Américains dans le menu. Même s'il ne boit jamais d'alcool, il a commandé pour eux de grands vins.

Mario et Vito se souviennent d'avoir vu l'attitude des Américains à l'égard d'Angélil changer radicalement au cours du repas, comme s'ils découvraient soudainement qu'ils avaient un interlocuteur valable au Québec, quelqu'un qui possédait suffisamment d'expérience et qui comprenait aussi bien qu'eux les règles du jeu… En même temps qu'il s'imposait à eux comme un partenaire crédible, il leur manifestait sa confiance ; il savait qu'ils étaient capables de produire des chansons de grande qualité, de préparer des plans de marketing, de promotion, de planifier à long terme.

Tous ont compris ce soir-là ce qui faisait la force de René Angélil. Bien sûr, il était supérieurement intelligent, il connaissait les affaires, il savait qui était qui, mais surtout, il avait un charisme pratiquement irrésistible, une espèce d'autorité morale que tout le monde ressentait. Il n'a pas du tout parlé affaires, mais il était comme le roi, l'empereur. On aurait dit que tous ces gens-là, même les stratèges de Sony habitués au *Big Time* de New York et de Los Angeles buvaient ses paroles chaque fois qu'il ouvrait la bouche et qu'ils cherchaient son approbation chaque fois qu'ils ouvraient la leur.

Plus tard, en soirée, les New-Yorkais ont été proprement soufflés par la performance de Céline ; ils croyaient être venus assister au spectacle d'une chanteuse rock, ils découvraient une voix incomparable, une *performer* hors pair, une imitatrice, une artiste sachant établir un très étroit, très intime contact avec son public, le faire rire, l'émouvoir.

Quelques semaines plus tard, René Angélil pouvait joindre Tommy Mottola, le grand boss de Sony, dans sa voiture ou chez lui, nuit et jour, semaine et dimanche. Il avait ainsi réussi un très brillant coup. Aux États-Unis, des milliers d'agents, d'artistes et de producteurs rêvaient de parler à Mottola ne serait-ce qu'une fois dans leur vie, ne serait-ce qu'au téléphone. Rares étaient ceux qui y parvenaient un jour. Parmi eux, beaucoup le regrettaient, ils se faisaient écraser, dévorer ou renvoyer à la case départ. Mottola était considéré comme un requin, l'un des hommes les plus importants et les plus craints du milieu, un dur, et cet homme aimait René Angélil. À quoi cela tenait-il? Difficile à dire. Angélil est un fin diplomate. Il sait d'instinct reconnaître les gens puissants et négocier avec eux. Parce qu'il est un dur lui aussi. Parce qu'il sait entrer en contact avec les autres, communiquer.

En fait, il n'était pas entré chez CBS avec son artiste Céline Dion, il avait établi des contacts avec Mottola, avec Summers, avec Burger, avec quelques autres dont il s'était fait des amis, des complices. Quand les décideurs de Sony sont rentrés à New York, Angélil avait la certitude qu'ils allaient, cette fois, faire le nécessaire pour qu'*Unison* devienne un gros succès aux États-Unis.

Un carré d'as

Le coup de chance vient parfois là où on ne l'attend pas ou au moment où on ne l'espère plus. Dans sa quête de visibilité, Angélil sera bientôt entraîné dans une saga qui durera des années, lui fera traverser plusieurs fois toute la gamme des émotions, pleurer, errer, désespérer, s'empêtrer dans d'interminables arguties, se ressaisir, pour connaître, beaucoup plus tard cependant, et avec un tout autre projet, le plus heureux des dénouements.

Un soir d'octobre 1996, René Angélil recevait à Las Vegas un appel du compositeur James Horner qui avait une fort intéressante proposition à lui faire. Horner avait déjà à son actif au moins dix Academy Awards pour des musiques de film, dont celle de *Chariots of Fire*. Il cherchait cette fois une voix féminine pour interpréter la chanson thème du film *Titanic*, du réalisateur James Cameron, et il souhaitait que ce soit Céline.

Quelques années auparavant, en 1991, Angélil et Horner avaient vécu une cruelle mésaventure. Ils avaient travaillé pendant des mois à un projet qu'ils n'avaient pu réaliser ensemble, même s'ils y croyaient tous les deux énormément et dans lequel ils avaient investi beaucoup de temps, d'espoir et d'énergie.

René avait eu cet hiver-là plusieurs sujets de frustration. Il avait pu par exemple associer Céline à l'opération *Voices That Care* qui réunissait un large éventail de très grandes stars du show-business, du cinéma, du sport, de Little Richard à Wayne Gretzky, en passant par Kevin Costner et Michelle Pfeiffer. Sous la direction de David Foster et de Peter Cetera du groupe Chicago, ils avaient enregistré tous ensemble une chanson et un clip destinés à encourager les soldats américains engagés dans la première guerre du Golfe. Angélil, qui à cette époque préparait une première grande tournée canadienne et remuait ciel et terre pour donner de la visibilité à son artiste encore peu connue au Canada anglais, considérait qu'il avait là une occasion en or de la faire connaître. Mais la guerre avait été de courte durée, de sorte que le clip n'avait pratiquement pas été vu et la chanson, fort peu entendue. Un beau coup d'épée dans l'eau !

Pendant cet hiver de 1991, *Where Does My Heart Beat Now* ayant atteint le quatrième rang du palmarès Billboard, Céline était devenue *de facto* l'artiste canadienne la plus connue aux États-Unis où elle devançait pour la première fois ses rivales naturelles Whitney Houston et Mariah Carey. Il était donc normal qu'elle interprète son hit au gala des Junos qui, cette année-là, pour la première fois en vingt ans, se tenait non pas à Toronto mais à Vancouver, au Queen Elizabeth Theatre. Céline y a remporté les deux Junos les plus prestigieux : meilleure chanteuse de l'année et meilleur album. Elle y a interprété *Where Does My Heart Beat Now* qui lui a valu un tonnerre d'applaudissements.

Des recherchistes de la télévision new-yorkaise, présents ce soir-là au Queen Elizabeth Theatre, allaient lui donner plus de visibilité qu'elle n'en avait jamais eu.

Quelques jours plus tard, alors qu'il se trouvait à Las Vegas, Angélil recevait un appel de son ami David Foster

qui lui annonçait que James Horner cherchait une interprète pour la chanson d'un film d'animation produit par
Steven Spielberg, *An American Tail: Fievel Goes West*, mettant en vedette une ambitieuse souris partie à la conquête
de l'Amérique. Linda Ronstadt, qui avait prêté sa voix à
la chanson du premier film relatant les aventures de la
fameuse souris, ayant décliné l'invitation, Horner souhaitait avoir celle de Céline.

René ne connaissait pas Horner, mais il faisait confiance
à Foster. Comme Céline n'était pas encore aux États-Unis
la grande star qu'elle allait devenir en 1996, René privilé-
giait donc toujours le *slow play* et considérait avec beaucoup
de sérieux toutes les propositions qui lui étaient faites. Le
jour même, Foster lui faisait parvenir depuis Los Angeles
une cassette de la chanson qu'avait écrite Horner, *Dreams to
Dream*. À la première audition, Céline fut conquise. Le lendemain midi, ils partaient tous deux pour Los Angeles. Dans
la limousine qui les a pris à l'aéroport, un Fievel en peluche
les attendait, tenant dans ses bras graciles un énorme bouquet de fleurs et un mot de Steven Spielberg qui remerciait
Céline d'avoir bien voulu travailler avec lui. René était fou
de joie ; pour lui, la chanson thème d'un film de Hollywood,
signé de surcroît par un très fameux et très talentueux réalisateur, était une locomotive extrêmement puissante. Le
film sortirait dans quelques semaines, et il ne faisait aucun
doute que *Dreams to Dream* serait le hit de cet automne
de 1991. Tout baignait dans l'huile. Céline a enregistré la
chanson. Tout le monde, à commencer par Spielberg lui-
même, a adoré la prestation de Céline. Spielberg a encore
fait parvenir des fleurs à Céline avec un mot de sa main
dans lequel il la félicitait d'avoir par son talent rehaussé
la valeur de son film. Angélil était au comble du bonheur.
Grâce à *Fievel*, les *big shots* de Hollywood et le monde entier
sauraient enfin qui était Céline Dion.

Il a alors contacté la journaliste Suzanne Gauthier et lui
a annoncé l'heureuse nouvelle qui a fait la une du *Journal*

de Montréal: «Céline Dion, interprète de la chanson thème d'un film de Spielberg». Dès le lendemain, tous les médias québécois avaient repris et commenté l'information.

Ce jour-là, René était allé manger au tout nouveau restaurant de son cousin Paul Sara à Laval. Il s'était installé au comptoir où il lisait le journal en attendant que Paul sorte de son bureau. C'est alors qu'il a reçu un appel de Paul Farberman qui venait de rentrer à Los Angeles. Vice-président du secteur musical des studios californiens de MCA/Universal, la maison de production du film de Spielberg, Farberman avait établi d'excellentes relations avec Angélil et Céline du temps où il travaillait à CBS, à l'époque d'*Incognito*, et il était plus qu'heureux de pouvoir travailler de nouveau avec eux. Cependant, il avait ce jour-là une bien mauvaise nouvelle.

Mal à l'aise, la voix brisée, il annonçait à René que Linda Ronstadt, qui avait d'abord refusé de chanter *Dreams to Dream*, avait réfléchi (vraisemblablement, ont-ils pensé, après avoir entendu l'impeccable interprétation de Céline) et voulait maintenant l'interpréter elle-même. Ronstadt, artiste MCA, avait évidemment priorité sur Céline, et Spielberg se devait d'être solidaire ; il était prêt, semblait-il, à sacrifier l'enregistrement de Céline. D'après Farberman, il y avait encore un très mince espoir que cela puisse s'arranger, mais il ne fallait pas trop y compter.

Trente secondes plus tard, quand Paul Sara s'est montré, René n'était plus là. «Il vient de partir», lui a dit la serveuse. Paul est sorti à son tour et a marché vers la voiture de René. La portière du côté du chauffeur était ouverte. René était assis derrière le volant, la tête entre les mains. Paul s'est approché très doucement et il est resté auprès de son ami en pleurs.

«C'est le pire jour de ma vie, Paul, tu ne croiras jamais ce qui nous arrive.»

Comment allait-il annoncer à Céline que cette merveilleuse aventure était devenue impossible ? Et comment expliquerait-il aux médias que ce coup faramineux était raté? Il prenait conscience, à sa courte honte, qu'il avait fait une erreur: il avait vendu la peau de l'ours avant de l'avoir tué.

Or, le lendemain, Céline chantait au Festival du Cochon de Sainte-Perpétue, dans la région de Nicolet, au cœur du Québec rural. René avait pris cet engagement près d'une année auparavant, mais il tenait à le respecter, même si Céline était devenue depuis ce temps une artiste de grande envergure qui pouvait très bien se passer de chanter dans un festival campagnard. Il avait loué un camping-car à bord duquel il voyageait en compagnie de Céline, de Suzanne Gingue, d'un représentant de Sony-Japon et d'un responsable de la promotion chez Sony-Canada, Dave Platel.

Il n'avait pas eu le courage d'annoncer à Céline qu'elle ne faisait plus la chanson de *Fievel*. Seul Platel avait été mis au courant. Or à plusieurs reprises pendant le trajet, Céline chantonnait l'air de *Dreams to Dream* et disait au Japonais à quel point elle aimait cette mélodie. Angélil regardait défiler le morne paysage en se demandant comment il se sortirait de ce pétrin.

Il fallait d'abord trouver une «raison officielle et honorable» pour expliquer aux médias que Céline avait elle-même renoncé à interpréter cette chanson. Le 29 juillet 1991, Angélil confiait au journaliste Alain Brunet de *La Presse* que Sony avait finalement refusé l'offre de Spielberg et des studios MCA/Universal alléguant que le lancement simultané de deux chansons de Céline Dion (la chanson du film et le prochain single d'*Unison*) créerait une grande confusion et nuirait à son ascension en mettant Céline en compétition avec elle-même. Angélil était persuadé que le grand public accepterait cette version de l'histoire. Dans le milieu, toutefois, personne ne serait dupe. Tout le monde savait que l'album *Unison* avait pratiquement fait son temps et qu'aucune des dix chansons qu'il contenait ne monterait bien haut dans les palmarès.

Il y avait cependant le mince espoir dont lui avait parlé Farberman et auquel il s'accrochait encore : Foster et Horner n'étaient pas très chauds à l'idée de travailler avec Ronstadt qui, au début de cette aventure, avait boudé leur chanson. Ils faisaient des pieds et des mains pour convaincre Spielberg et les patrons de MCA de garder l'interprétation de Céline.

Quelques jours après être rentrés de Sainte-Perpétue, Céline et René partaient au Royaume-Uni, où *Unison* n'avait jamais marché bien fort. Ils avaient été devancés là-bas par Dave Platel, qui avait orchestré avec René la tournée de promotion de Céline en terre britannique. À l'époque, Céline suivait un régime d'enfer, une discipline très dure qui l'obligeait régulièrement à rester dans le silence absolu pendant des périodes de deux ou trois jours. Elle faisait de nombreux exercices, se couchait tôt, de sorte que René et Dave passaient beaucoup de temps ensemble.

Dave connaissait, par Paul Farberman, les difficultés du projet *Fievel* et les efforts constants que René avait déployés auprès de MCA et de Sony pour qu'il aboutisse. Or il considérait que les choses n'arriveraient tout simplement pas et il tentait d'amener Angélil à fermer ce dossier, dont les boss de Sony ne voulaient au fond plus rien savoir. Céline était leur artiste ; pourquoi prêterait-elle sa voix à la production d'une compagnie rivale ?

Né à Londres de parents indiens, mince, athlétique, très bon nageur, sobre, Dave adorait néanmoins manger. René l'entraîna un soir dans un restaurant libanais ; Dave lui proposa le lendemain d'aller dîner dans un restaurant indien qu'il connaissait. Infatigable explorateur gastronomique, René a accepté tout de suite. Sur place, Dave l'a prévenu que ce qu'il allait commander, lui, était extrêmement relevé, peut-être insupportable pour un palais et un estomac peu habitués. René a insisté pour qu'on lui serve la même chose, et il a tout mangé, parce qu'il aime découvrir, mais aussi parce qu'il y voyait une façon de faire connaissance, de se lier davantage à Dave. Celui-ci a compris que René Angélil n'était pas un homme raisonnable, qu'il aimait l'excès, les défis, qu'il aimait « essayer » et, selon ce qu'il avait compris des conversations qu'ils avaient eues ensemble, qu'il n'était pas du genre à laisser tomber un projet, si peu réaliste et si difficile soit-il. La ferveur de René était à ce point communicative qu'il s'est finalement mis à espérer lui aussi que Linda Ronstadt renonce à faire la chanson ou que Spielberg revienne sur sa décision.

René n'avait toujours pas dit à Céline que Linda Ronstadt avait exigé de faire elle-même la chanson. Matin, midi et soir, il téléphonait à Los Angeles. Farberman l'informa, très tôt un matin, que James Horner, le compositeur, n'était pas heureux de ce que Linda Rondstadt avait fait de sa chanson. Joie ! Espoir ! Cependant, le lendemain matin, vers neuf heures à Londres, minuit, heure de Los Angeles, il le rappelait pour dire qu'elle avait accepté de retourner en studio et de refaire la chanson. Il rappelait une heure plus tard pour informer Angélil que c'était chose faite… et que Horner était enfin satisfait. « Désolé, René. C'est fini. »

René est resté un long moment assis dans son fauteuil, dans la pénombre du petit salon de sa suite d'hôtel, jusqu'à ce qu'il entende Céline l'appeler. Il est entré dans la chambre et s'est assis au bord du lit sans dire un mot. Il semblait tellement catastrophé qu'elle a cru un instant qu'un terrible malheur s'était produit dans la famille. Quand elle a compris que personne n'était mort ni malade, elle a consolé René, mais elle était cruellement déçue, elle aussi. Elle adorait cette chanson. Elle était fière et satisfaite de son interprétation et elle se faisait une fête à l'idée de chanter *Dreams to Dream* sur scène.

Ce revers de fortune allait pourtant leur être bénéfique. Dans la vie de René Angélil, perdre, c'est gagner. Chaque fois, et beaucoup plus que ce qu'il avait d'abord espéré. De même que la voix de Céline était devenue, après s'être brisée et avoir guéri, plus belle et plus puissante que jamais,

351

le projet avorté de *Fievel* ferait place à un autre projet infiniment plus intéressant et qui aurait été irréalisable si Céline avait interprété la chanson thème du film de Spielberg. Encore une fois, Angélil allait faire un joyeux come-back. Comme si le sort lui avait arraché des mains un succès promis pour lui faire un don plus généreux encore.

Angélil, on le sait, jette son argent par les fenêtres. Il distribue autour de lui de fabuleux cadeaux à bon nombre de gens, et des pourboires pharaoniques partout où il passe, joue des dizaines et des centaines de milliers de dollars au poker et au black-jack... Cependant, il empoche les pièces de menue monnaie qu'il trouve par terre, mais uniquement quand elles présentent leur côté face. Si la pièce montre son côté pile, il la prend quand même et la lance en l'air jusqu'à ce qu'elle retombe du côté face. Alors, il ramasse son *lucky penny*, sa « cenne noire » qui lui portera chance.

Cette fois, il n'a pas eu à fabriquer sa chance lui-même. Céline et lui se trouvaient encore à Londres, faisant péniblement leur deuil de *Dreams to Dream*, quand Glen Brunman, responsable des relations de presse pour Epic Records, filiale de Sony, celui-là même qui un an plus tôt avait booké Céline au *Tonight Show*, les a appelés. Il leur a transmis depuis New York un message de première importance : Chris Montan, le directeur musical des Productions Disney, proposait à Céline de faire la chanson thème d'un film d'animation qui, disait-il, ferait un malheur au cours de la prochaine saison. Montan avait été l'un des artisans de la production de *Voices That Care*, à laquelle Céline avait été associée. C'était un homme efficace et expéditif. Dans les douze heures qui ont suivi, il avait fait parvenir à Londres une maquette de la chanson. Cependant, Céline, toujours peinée de ne pouvoir chanter *Dreams to Dream*, refusait d'en écouter la mélodie. Ce n'est que dans l'avion du retour qu'elle l'a finalement fait, après que René eut longuement insisté. Mal disposée, elle ne l'a pas vraiment aimée.

Elle a cependant accepté d'aller voir le film à Los Angeles la semaine suivante. Avec René et Vito Luprano, plutôt mal disposés eux aussi, n'étant ni l'un ni l'autre amateur de dessins animés. De plus, le montage de *Beauty and the Beast* n'était pas tout à fait achevé. Pourtant, ils ont été tous les trois saisis par l'émotion dès les premières images. Quand on a rallumé les lumières dans le petit studio, Céline s'est levée et a applaudi très fort. En sortant du studio, elle chantonnait la chanson de *Beauty and the Beast*.

Dreams to Dream, chanté par Linda Ronstadt, ne monterait jamais bien haut dans les palmarès. Le film de Spielberg n'irait pas bien loin non plus. Par contre, au cours de l'année suivante, *Beauty and the Beast*, le duo que Céline interpréterait avec Peabo Bryson, deviendrait sa chanson fétiche, celle qui allait vraiment permettre sa première grande percée internationale. Et *Beauty and the Beast* deviendrait un film culte, le seul dessin animé mis en nomination dans l'histoire des Oscars.

La chanson thème du film de Disney, composée par Alan Menken et Howard Ashman, est sortie en décembre, en même temps que le film. Trois mois plus tard, le 30 mars 1992, jour du vingt-quatrième anniversaire de la chanteuse, *Beauty and the Beast* s'était déjà vendue à plus de 500 000 exemplaires et se trouvait en tête du fameux Hot 100. Le lendemain soir, Céline et Peabo allaient l'interpréter à la cérémonie des Oscars. Ainsi, les rêves que René Angélil avait entretenus avec *Fievel* s'étaient réalisés avec *Beauty and the Beast*, en beaucoup plus grand.

La chance, qui avait toujours eu une affection particulière pour lui, se préparait à le combler davantage encore en lui donnant, quatre ans plus tard, l'occasion de renouer avec Horner et de s'embarquer avec lui dans une aventure avec un peu plus d'envergure que celle qu'il aurait pu vivre avec *Fievel*.

En octobre 1996 donc, ce bon vieux Horner reprenait contact avec Angélil et lui proposait que Céline interprète la chanson thème de *Titanic*. D'entrée de jeu, il crut bon d'informer René que James Cameron, le réalisateur, ne voulait pas de chanson thème pour son film. Horner en avait quand même écrit une et il voulait (il rêvait) que Céline en fasse une maquette qu'il ferait entendre, le moment propice, à Cameron, en espérant le faire changer d'idée.

La proposition avait plu à René parce qu'il aimait bien Horner, mais aussi parce qu'il y avait là un sérieux défi : faire changer d'idée un réalisateur qui avait la réputation d'être extrêmement exigeant, intransigeant, autoritaire.

Horner s'est rendu à Las Vegas, au Caesars Palace où Céline et René occupaient une suite somptueuse dans le salon de laquelle se trouvait un piano à queue. Il s'y est assis et a commencé à interpréter sa chanson devant Céline et René. Il n'avait pas joué quatre mesures que Céline, dans son dos, faisait à René des signes de dénégation. Horner n'avait pas beaucoup de voix, il chevrotait lamentablement. René l'a interrompu en lui disant qu'il n'aidait pas sa cause, et il lui a proposé d'aller en studio avec Céline, qui ferait une maquette à l'intention de Cameron. Elle était furieuse. Dès que Horner fut parti, elle a dit à René qu'elle n'aimait pas sa chanson et que l'idée d'en faire une maquette la déprimait au plus haut point.

René lui a rappelé que Marlon Brando avait décroché son rôle dans *Le Parrain*, le film de Francis Ford Coppola, en faisant lui-même une vidéo où il personnifiait, à sa manière, un ponte de la mafia. Ils pouvaient bien se permettre, eux, de faire un peu la même chose.

Quelques semaines plus tard, avec James Horner, ils ont donc préparé, au Hit Factory de New York, une maquette de *My Heart Will Go On*. L'enregistrement était si parfait que Horner a décidé que si jamais Cameron acceptait la chanson ils n'auraient pas besoin de retourner en studio.

Chez Sony, cependant, personne ne semblait vraiment emballé par le film de Cameron et personne n'encourageait René dans son entreprise. D'ailleurs, au cours de l'été précédent, les journaux américains avaient prédit que *Titanic* serait un désastre, «l'un des plus gros flops de l'histoire d'Hollywood». Les stratèges de Sony, persuadés que le film ferait naufrage, ne voulaient pas sortir la chanson de Horner en single. René a insisté pour que *My Heart Will Go On* soit, au contraire, la locomotive de l'album. Plus tard, Polly Anthony, la directrice des disques Epic, a déclaré au magazine *Billboard* que c'était lui, René Angelil qui, le premier, envers et contre tous, avait cru en cette chanson.

Il fallait une grande indépendance d'esprit et beaucoup d'instinct pour s'associer, dans ce contexte, à l'aventure de *Titanic*. Angélil, grâce à sa connaissance innée du public, de ses réactions et ses goûts, sentait qu'il y avait là les ingrédients d'un succès populaire. Il le répétait aux gens de Sony et à ses amis, et il a décidé envers et contre tous que Céline ferait cette chanson si l'occasion lui en était donnée.

Cameron, à qui Horner a finalement fait entendre *My Heart Will Go On*, a adoré l'interprétation haletante et intense de Céline, qui n'est jamais retournée en studio pour réenregistrer cette chanson. Ainsi, c'est une ébauche, une maquette, en principe destinée à séduire le réalisateur, qui est devenue la chanson la plus écoutée de notre époque.

Le film *Titanic* est sorti au moment des fêtes de 1997. Le nouvel album de Céline Dion *Let's Talk About Love*, déjà en tête des palmarès, allait se vendre à plus de trente millions d'exemplaires. *D'Eux*, lancé deux années plus tôt, le 28 mars 1995, s'était vendu à plus de sept millions d'exemplaires. Céline Dion et René Angélil entraient alors dans l'immense succès et la très grande richesse.

Partie 6

Changement de régime

Le 22 mai 2008, dans l'après-midi, peu après que le président Nicolas Sarkozy eut remis la Légion d'honneur à Céline Dion, René Angélil s'est rendu au musée Grévin, accompagné de parents et d'amis venus assister au dévoilement de sa statue de cire. «C'est mon prix de consolation», disait-il en riant. Depuis le début de sa carrière, Céline a reçu d'innombrables prix, des trophées, des honneurs de toutes sortes, l'Ordre du Québec, l'Ordre du Canada, un doctorat honorifique de l'Université Laval. Elle-même figurait déjà en bonne place parmi les personnages de cire du musée Grévin quand René y est entré. Il n'a reçu, lui, que très peu de prix, mais il n'en a aucune amertume. Il sait fort bien, comme tout le monde d'ailleurs, qu'il est le grand orchestrateur des réussites de Céline Dion.

Au musée Grévin, après les discours d'usage, on a présenté un montage d'images de la vie de Céline et de René, et le célèbre parolier Luc Plamondon a rendu un magnifique hommage à René, saluant son grand talent, sa fidélité, sa générosité d'honnête homme digne de la définition qu'en avait donnée Blaise Pascal au XVIIe siècle.

La statue de cire, œuvre de Claus Velte, placée à côté de celle de Céline Dion, a été dévoilée au son de la chanson de Plamondon, *L'amour existe encore.* Il y a eu des oh! et des ah! d'ébahissement. La ressemblance était proprement stupéfiante. Surtout que le René Angélil en chair et en os qui assistait à l'inauguration avait tenu à porter le même complet-veston que son sosie de cire, même pochette, même cravate, mêmes boutons de manchettes, mêmes chaussures. René-Charles, le fils de Céline et René, s'était mêlé aux photographes de presse et photographiait ses parents et leurs doubles de cire.

René a remercié et félicité tous les artistes ayant collaboré à cette réussite. Il était fort heureux, très ému, troublé aussi par ce personnage de cire qu'il avait sous les yeux, satisfait de l'homme qu'il était devenu, l'homme qui faisait, ce jour-là, l'admiration de ses amis.

Quelques mois plus tôt, les artistes du musée Grévin étaient venus le trouver à New York. Ils avaient pris ses mensurations avec une grande minutie et fait une série de photos afin de pouvoir le reproduire parfaitement. C'est à ce moment-là que René avait eu l'idée de commander au tailleur un deuxième complet-veston identique.

La veille de l'inauguration, saisi d'un doute, il l'avait essayé pour se rendre compte qu'il y entrait difficilement. Il avait encore pris du poids.

En janvier, alors qu'ils se préparaient à partir en tournée, la grande tournée *Taking Chances* qui allait commencer à la mi-février à Johannesburg, en Afrique du Sud, et se poursuivre en Asie, avant de passer par l'Europe et par l'Amérique, il avait déjà fait cet accablant constat. Céline lui avait dit, avec des reproches à peine voilés dans la voix, qu'il aurait peut-être intérêt à essayer les vêtements qu'il comptait emporter en voyage. Il avait haussé les épaules mais, dès qu'il s'était retrouvé seul, il avait enfilé pantalons et vestons pour constater qu'il s'y trouvait vraiment à l'étroit.

Le lendemain, en compagnie de son ami Marc Verreault, il s'était rendu chez un tailleur qui lui avait confectionné plusieurs complets sur mesure. Marc et René riaient parce que tout ça était un peu loufoque mais, derrière le rire de René, il y avait sans doute une certaine tristesse, un peu d'inquiétude et de regret. Il ne se sentait pas fier parce qu'il avait démissionné. Marc lui avait bien rappelé, ce qu'il savait lui-même fort bien, que plutôt que de se faire confectionner de nouveaux habits il aurait dû perdre un peu de poids. Il ne voulait pas, il ne pouvait pas. Il était trop occupé, trop stressé par les mille et une décisions qu'il devait prendre tous les jours. Pourtant, comme le lui rappelait Marc bien amicalement, il était en danger. Il le savait fort bien et depuis fort longtemps.

Passé cinquante ans, il est difficile, pour ne pas dire impossible, d'ignorer l'irréparable outrage des ans. Souvent, ce qu'on perd en agilité, en acuité, en force ne se retrouve jamais. En août 2006, à Las Vegas, alors qu'il déjeunait en compagnie de son fils Patrick, René s'était mis à voir double quand il portait son regard vers la droite. Sa vision périphérique était ainsi considérablement perturbée. Il n'en avait parlé à personne, pas même à Céline, croyant que le mal se résorberait de lui-même. Après quelques jours, cependant, il a dû consulter un ophtalmologiste qui a décelé une défaillance du nerf optique, un accident que les médecins n'expliquent pas autrement qu'en disant qu'à un certain âge ce sont des choses qui se produisent. Dans 90 % des cas, après quelques semaines, l'organisme supplée à ce manquement et l'influx nerveux utilise un autre chemin. Dans le cas de René, cela ne s'est pas arrangé ; il devrait porter des verres correcteurs.

Il s'est très bien habitué à ce genre de choses. C'est la vie, l'usure normale du temps qui ne fait de quartier à personne. Il a connu infiniment pire, comme ce monstre terrifiant qui est entré dans sa vie, au printemps de 1999, et qui l'a brisé, épuisé, écrasé, mais qu'il a tout de même vaincu.

Il a aussi subi une attaque cardiaque, en 1992, peu après son cinquantième anniversaire, un premier avertissement, une manière qu'avait eue le bon Dieu de lui dire, une première fois : « Tu vis mal, bonhomme, tu manges trop, tu ne bouges pas assez. Tu dois changer de vie. » Il avait eu très peur, et il avait changé de vie… Puis, sans pour autant oublier, il a fait de moins en moins attention mais, de temps en temps, souvent même, ça lui revenait. Il y a des peurs qu'on n'oublie jamais tout à fait.

En 1992, l'année des cinquante ans de René, Céline et lui vivaient une bonne partie du temps dans les plus grands palaces du monde, à New York, Paris, Beverly Hills, Rome, Mexico, Tokyo, Séoul ou Berlin, partout où ils allaient… À cette époque, leur hôtel préféré sur la Côte ouest des États-Unis était le Four Seasons de Los Angeles. Il était bien situé, entouré de magnifiques jardins où ils aimaient se promener en amoureux, les chambres étaient spacieuses et confortables, et il y avait l'épatante présence de Carey Bishop, la directrice de l'hôtel, qui avait pour eux mille délicatesses et qui, avec le temps, était devenue une véritable amie. Ils descendaient donc au Four Seasons autant que possible, et ils avaient toujours l'impression de s'y reposer.

Pourtant, en ce 27 avril 1992, René se sentait incapable de se détendre. Ils étaient tous deux au bord de la piscine, sous un beau soleil de printemps. Au cours des mois précédents, ils avaient travaillé vraiment très fort. René avait orchestré et coordonné deux grosses campagnes de promotion : l'une pour le deuxième album en anglais de son artiste, *Celine Dion*, l'autre pour un nouveau disque en français, un recueil de chansons de Luc Plamondon intitulé *Dion chante Plamondon*, au Québec, et *Des mots qui sonnent*, en France. En à peine plus de deux mois, ils s'étaient rendus dans une vingtaine de grandes villes d'Europe, d'Amérique et d'Asie, ils avaient accordé des dizaines d'entrevues, ils avaient mené une vie de gitans de grand luxe, de *jet setters* nomades, une vie que René aimait bien, mais qui à la longue était harassante.

Un événement imprévu allait changer ses plans, le cours de sa vie, le changer lui-même.

Vers le milieu de l'après-midi, il est monté dans leur chambre, disant qu'il avait un point dans le dos et qu'il faisait trop chaud, ce qui était tout à fait inhabituel de sa part ; à Las Vegas, il pouvait jouer au golf même par 40° Celsius. Quand Céline l'a appelé une dizaine de minutes plus tard, il a mis du temps à répondre, il avait une voix faible et semblait désorienté. Elle a accouru dans la chambre, il était étendu sur le dos, visiblement souffrant. Elle a tout de suite ameuté l'hôtel ; Carey a trouvé un fauteuil roulant et de l'aide. Quand l'ambulance est arrivée, ils étaient déjà descendus dans le hall de l'hôtel, René dans son fauteuil, l'infirmière de l'hôtel et Céline à ses côtés. Carey avait prévenu le service des urgences de l'hôpital Cedars Sinai.

René croyait qu'il allait mourir. Il pleurait. Dans l'ambulance, il parlait à Céline de ses enfants, de sa mère. Il lui disait :

« Toi, tu dois continuer. Ben va s'occuper de ta carrière. Il connaît tout le monde, il connaît tous mes projets. »

Elle lui disait de se taire, qu'il ne mourrait pas, que sa carrière ne l'intéressait plus.

À l'hôpital, il a été placé aux soins intensifs où l'on a rapidement stabilisé son état. Il a demandé à Céline d'appeler sa mère et ses enfants, puis Marc et Ben, afin qu'ils préviennent les autres.

Le lendemain, de très violentes émeutes éclataient à Los Angeles après qu'un jury composé de Blancs eut acquitté quatre policiers accusés d'avoir sauvagement battu un camionneur noir, Rodney King. On dénombra 38 morts, 4 000 arrestations et des dommages matériels (1 100 bâtiments détruits) s'élevant à près d'un milliard de dollars.

C'est dans une ville inquiète, dangereuse et bouleversée que sont arrivés de Montréal la famille et les amis de René. Le 29 au soir, ils étaient tous à son chevet, sa mère et ses trois enfants, Marc Verreault, Ben Kaye, Pierre Lacroix et Paul Sara. Tous très émus, ils entouraient René de tant de sollicitude et d'amour qu'il s'est mis à pleurer, puis à rire de ses pleurs. Tout le monde lui répétait qu'il s'en sortirait. « Tu le sais bien, champion, tout va bien aller. » René, qui veut toujours tout voir et tout savoir, avait insisté pour que la télé reste allumée et ils suivaient d'heure en heure les sinistres événements, malgré les protestations de sa mère et de ses amis qui lui disaient qu'il devait se reposer. Il ne voulait pas non plus rester seul, il tenait au contraire à ce qu'ils restent tous là, dans sa chambre, autour de lui. Selon sa vieille habitude, il s'inquiétait de leur bien-être et de leur confort, appelait Carey au Four Seasons pour qu'elle s'occupe de sa mère et de ses enfants, faisait servir à boire et à manger à ses amis.

L'un d'entre eux avait apporté un exemplaire du *Wall Street Journal* dans lequel on parlait de Céline Dion, « *a once-in-a-generation-voice* ». Le lendemain, Ben arrivait à l'hôpital avec un exemplaire du *Billboard*, la bible du show-business aux États-Unis ; on pouvait lire, à la une : *Dion's Language Is Universal. Artists Has Hits in French, English.* Elle a fait la preuve, écrivait-on, qu'un artiste du Canada français pouvait réussir une carrière internationale sans délaisser sa culture ni renier ses racines.

René lisait et relisait ces articles au point de les savoir par cœur. Cette reconnaissance le rendait plus heureux que tous les éloges, les prix et les trophées que son artiste avait reçus. Il avait la preuve que même les gens qui n'étaient pas de l'industrie, qui n'avaient pratiquement rien à voir avec le show-business, des gens d'affaires et des courtiers en valeurs mobilières reconnaissaient leur réussite, à Céline et à lui. Voilà pourquoi il s'était tout de suite braqué quand elle avait parlé de tout annuler, la tournée de promotion, les shows de télé, les enregistrements qu'il avait prévus. Plus que jamais, sur ce lit d'hôpital, il avait la certitude qu'ils avaient réussi, elle et lui, quelque chose d'exceptionnel.

« Même si je meurs, je veux que tu continues, disait-il. Si tu t'arrêtes comme ça, en pleine course, ce serait comme si je mourais deux fois. »

Il était très sérieux. La carrière de Céline Dion était d'une certaine manière son chef-d'œuvre, sa chanson, sa symphonie à lui, et l'idée qu'elle puisse rester inachevée le peinait terriblement. Céline a donc promis de respecter les engagements pris par son manager.

Alice Angélil allait rester trois semaines à Los Angeles, auprès de son fils. Il a passé des heures à parler avec elle de son père, de son enfance, de ses enfants qu'elle connaissait peut-être mieux que lui. Il redécouvrait combien il était proche de cette femme intelligente et cultivée, sa mère.

Avec ses amis et elle, il a mis de l'ordre dans sa vie, dans ses affaires… Si le pire devait un jour se produire, ils interviendraient, ils protégeraient ceux qu'il aime.

Souvent, quand il était seul au volant de sa voiture, ou parfois assis dans le noir au milieu de la foule qui assistait à un spectacle de sa femme, il avait pensé, le cœur serré, à ce qu'il adviendrait d'eux, sa femme, sa mère, ses enfants, s'il mourait. Il avait entendu, un soir où il roulait sur une autoroute, une chanson de Serge Reggiani intitulée *Il suffirait de presque rien* qui raconte l'histoire de sa vie pratiquement, celle d'un homme amoureux d'une femme beaucoup plus jeune que lui, « Elle au printemps, lui en hiver ». Ils savaient tous les deux qu'un jour, vraisemblablement, il ne serait plus là. Et alors ?

René se disait que Céline était solide et forte et qu'elle s'en sortirait. Bien sûr, matériellement, son avenir était assuré. Ils étaient tous les deux déjà riches. Et l'argent continuerait très certainement à entrer. Les ententes négociées avec Sony, si elles n'étaient pas très avantageuses au

début, étaient vite devenues, les succès grandissant, extrêmement lucratives. Il savait d'instinct quand renégocier les
ententes, quand proposer de nouveaux deals. Ce qui l'inquiétait, c'était le bonheur de Céline d'abord et avant tout.
Céline n'était pas une artiste écorchée vive qui se nourris-
sait de ses malheurs. Elle était d'un naturel heureux, mais
que deviendrait sa voix dans le malheur ? Qui prendrait
soin d'elle ?

Et ses enfants, que deviendraient-ils sans lui ? Patrick,
vingt-quatre ans, si gentil, si curieux de tout, parlait de ses
voyages. Il voulait voir le monde avant d'entrer pour de bon
sur le marché du travail. Jean-Pierre, dix-sept ans, plus taci-
turne et secret, plus distant, était un excellent pianiste, et
il serait peut-être un gambler, lui aussi. Il savait parler et,
comme son père, convaincre, négocier. Anne-Marie, qui
aurait bientôt quinze ans, si jolie, timide et rieuse, aimait
la musique et la mode. Que deviendraient-ils sans lui ? Il
avait souvent été un père absent, mais très aimant. De cela
il était sûr : il aimait ses enfants. Mais était-ce suffisant pour
qu'ils sachent être heureux ?

Les voir à son chevet le rassurait. Il percevait de l'inquiétude dans leurs yeux, mais aussi beaucoup d'amour. Finalement, cette convalescence aura été une sorte de réflexion
émerveillée sur sa vie, ses amitiés, les liens de tendresse qui
l'unissaient à sa mère, à son frère André, à sa fille, à ses fils,
et bien sûr à Céline.

Avant même qu'il soit hors de danger, le médecin lui a fait
de longs sermons. Il devait changer de vie, manger moins,
bouger plus. Il allait vite se sentir mieux s'il suivait un régime,
mais il serait toujours en danger. Il venait d'avoir cinquante
ans, il avait une quinzaine de kilos en trop, il avait mille et
un sujets de stress qui auraient écrasé bien des gens… « Vous
devez changer de vie », lui répétait le médecin.

Quelques années plus tôt, quand le Dr William Riley
avait dit à Céline, dont la voix s'était cassée, qu'elle devrait

réapprendre à chanter, faire régulièrement des vocalises et des exercices extrêmement exigeants, en plus de garder le silence pendant des semaines... et qu'on ne verrait les résultats de tous ces efforts et privations que cinq années plus tard, René était sorti de la clinique en état de choc. Il avait dit à Céline qu'il aurait très bien compris qu'elle refuse de vivre une telle épreuve.

«Je ne peux pas te demander de gâcher ta vie pendant cinq ans pour des résultats qu'on n'est même pas certains d'obtenir ! Moi, si on me proposait un régime qui me ferait maigrir d'ici cinq ans, tu peux être sûre que je refuserais de le suivre. »

Et voilà qu'on lui imposait à son tour un très long, très aride et ennuyeux chemin. Pis encore, le cardiologue du Cedars Sinai ne parlait pas d'un régime à suivre pendant cinq années, mais d'un changement de vie radical, d'un régime qu'il devrait idéalement suivre jusqu'à la fin de ses jours. L'homme malade et effrayé ne pense pas comme l'homme en bonne santé. René savait depuis vingt ans au moins, quand il avait commencé à prendre du poids, qu'il était en danger et qu'il devait manger moins mais, comme beaucoup de gens, il remettait sans cesse au lendemain un réel changement de vie. Cet accident cardiaque survenu à Los Angeles l'avait changé, et avait changé ses amis aussi. Ils ont tous promis, par solidarité pour leur ami René, de faire comme lui. Tous au régime ! Il faut dire que presque tous ceux qui formaient son premier cercle d'amis commençaient eux aussi, à l'approche de la cinquantaine, à prendre de l'embonpoint.

René connaissait depuis fort longtemps l'implacable réalité des régimes alimentaires. Sa mère, Alice Sara Angélil, pesait, à quarante ans, une dizaine de kilos de trop. Le médecin, qui lui avait diagnostiqué un état prédiabétique, lui avait recommandé d'en perdre au moins la moitié et d'éviter de manger sucré. Elle s'était mise au régime, avait perdu les kilos qu'elle avait en trop et ne les avait jamais repris. À soixante-dix-sept ans, elle était mince et souple et en bonne santé. René admirait et enviait la détermination de sa mère, capable de renoncer pour toujours à ce qu'elle aimait manger. Il en avait été incapable, lui. Cette fois, cependant, avec l'aide de ses amis et stimulé par la peur qu'il avait ressentie, il ferait les choses sérieusement. Pour sauver sa vie, bien sûr, mais aussi parce qu'il se devait d'être en meilleure forme s'il voulait mener à bien ses projets, faire les bons choix, bien gérer la carrière de Céline.

Adieu donc les spaghettis à la bolognaise accompagnés de pastrami, de chorizos, adieu schnitzels et côtes de veau suivis de nombreux desserts. Dans la tradition libanaise telle qu'elle était vécue chez les Angélil et les Sara, on doit pouvoir à chaque repas goûter à beaucoup de mets… Fini ce bon temps ! Vive les bouillons de poulet, le poisson grillé, la salade verte… et pour dessert, quelques raisins, une pomme, des fraises sans crème ni sucre.

Tout cela a tenu un temps. Peu à peu, René s'est remis à manger trop ; à passer des semaines, des mois sans vraiment faire d'exercice, parce qu'il était trop occupé par son travail… ou par le jeu. De temps en temps, dans un sursaut d'inquiétude, il se mettait au régime, mais jamais seul.

Il allait passer quelques jours dans des spas ou des cliniques pour gros mangeurs situés dans le désert de l'Arizona ou sur les versants boisés des Rocheuses avec l'un ou l'autre de ses amis. Pendant une semaine, ils s'encourageaient et se surveillaient mutuellement. Levés dès l'aube, ils faisaient une longue marche forcée dans le désert après avoir avalé quelques fruits et un peu de yogourt. Ils déjeunaient d'un poisson poché de 250 grammes accompagné d'une petite douzaine de pois mange-tout, pas de coca, pas de beurre, pas de pain… Dans l'après-midi, ils assistaient à des conférences sur la nutrition, et des gourous de la motivation leur inculquaient toutes sortes de bonnes idées.

René a été fasciné par les théories d'un psy spécialisé dans la nutrition dont la maxime était : « C'est toi qui décides ou c'est ton corps. » René, qui déteste ne pas avoir la maîtrise, y compris sur lui-même, a bien aimé cette idée qu'il a largement répandue autour de lui. Il a suivi son régime religieusement pendant quelque temps, bien décidé à perdre du poids et à se refaire une santé. Son corps voulait des frites, il lui donnait de la salade.

Quelquefois, quand son corps avait bien travaillé, il lui faisait de petites faveurs. Il le laissait même parfois prendre certaines décisions. Peu à peu, son corps, ce glouton, s'est remis à manger beaucoup et à prendre du poids, comme avant. Quand Céline ou ses amis lui rappelaient ce que le psy lui avait dit, il protestait, pour rire, prétendant que c'était toujours lui qui décidait.

« Il faut savoir déléguer, disait-il. J'ai décidé de laisser mon corps s'occuper de ce dossier. Moi, j'ai d'autres chats à fouetter. »

Après un moment de réflexion, il ajoutait :

« Dans le fond, je suis pas très fier de ma décision. »

Tout le monde riait de cette pirouette, même Céline.

Elle le trouvait peut-être un peu enveloppé, mais elle disait souvent qu'il était beau et qu'il portait bien son embonpoint. Il mangeait trop, peut-être, mais le plaisir qu'il y prenait la touchait. Elle avait donc des périodes d'indulgence.

En outre, elle savait bien, et les amis de René aussi, que rien n'empêcherait René Angélil de travailler. Il aimait la pression, les défis, même les disputes si exigeantes en énergie, si propices à ouvrir l'appétit… Il disait que son travail ne pouvait pas vraiment nuire à sa santé, puisque ça le rendait heureux. En fait, il s'apercevait que, pour lui, il était beaucoup moins contraignant et moins stressant de se mêler de tout que de s'interdire par exemple de monter une nouvelle tournée ou de laisser Vito et Zuckerman faire seuls le choix des chansons du prochain album de Céline.

Ainsi, moins d'un an après son attaque cardiaque, il avait repris ses habitudes alimentaires et retrouvé son poids, mais il avait changé. Il avait en lui, désormais, moins d'insouciance, plus d'inquiétude.

Les couleurs de l'amour

Au début des années 1990, pendant que René faisait mille interventions auprès des patrons de Sony-USA et de Sony-International pour qu'ils soutiennent *Unison* et en fassent un succès international, Céline, de son côté, menait sa croisade amoureuse.

Tout le monde avait compris depuis longtemps qu'il se passait quelque chose entre eux, une relation fusionnelle très forte. Quand il était reparti de Sainte-Anne-des-Lacs, où il les avait rencontrés pour la première fois, Paul Burger avait dit à Vito Luprano que, d'après lui, cet homme-là, René Angélil, n'était pas que le gérant de la jeune chanteuse. Il était évident qu'il y avait quelque chose de plus entre eux, et ce quelque chose leur donnait selon lui une force étonnante, pratiquement irrésistible.

Les médias aussi avaient compris, eux qui cherchent sans cesse à connaître les désirs et les pensées les plus intimes des vedettes et qui, si on tente de leur cacher quelque chose, inventent n'importe quoi, parfois même la vérité qu'on souhaitait leur dissimuler.

Trois ans après qu'ils étaient devenus amants lors du concours Eurovision de 1988, René ne voulait toujours pas que Céline parle de leurs amours. Il avait peur que le public en soit scandalisé ou choqué. N'empêche que les rumeurs allaient bon train. Plein de gens prétendaient connaître quelqu'un qui les avait aperçus dans les rues de Montréal, de Londres ou de Paris, bras dessus, bras dessous, ou à bord d'un avion s'embrassant ou se tenant la main. On avait annoncé, dans les journaux à potins, qu'Anne-Renée avait demandé le divorce après les avoir surpris en train de s'embrasser dans la voiture de son mari, alors que Céline n'avait pas dix-huit ans. Quand, en 1986, avant même qu'ils soient ensemble, elle avait cessé de chanter et qu'on ne l'avait vue nulle part pendant plusieurs mois, on avait dit et écrit qu'elle avait eu un enfant de René Angélil et qu'ils l'avaient donné en adoption.

Peu de gens accordaient le moindre crédit à ces sornettes mais, pour la majorité, il n'y avait plus de doute : Céline Dion était désormais la femme de René Angélil. Pour les autres, elle vivait réellement comme une sorte de mystique du show-business, chaste et pure, ayant renoncé à l'amour pour le bien de sa carrière. C'est ce qu'elle disait, d'ailleurs, aux journalistes qui l'interrogeaient sur sa vie sentimentale, parce que c'était ce que René voulait entendre.

Dans son quotidien, elle devait faire semblant d'être une jeune fille sans amour, alors qu'elle chantait *Lolita* en tournée et qu'elle venait d'enregistrer pour son premier album en anglais douze chansons traversées de passion brûlante et dévorante. Dans le dossier de presse qu'on lui avait fait faire en prévision du lancement d'*Unison*, elle incarnait une jeune femme aguichante, portant des jeans moulants, un débardeur laissant à découvert ses épaules, son ventre bronzé.

C'était le monde à l'envers ! Dans l'univers du show-business qui est celui du leurre et de l'illusion, dans les chansons, les clips, sur les photos, où tous les mensonges sont permis, elle disait la vérité. Dans sa vie de tous les jours, où elle aspirait à une totale transparence, elle était forcée de mentir, de dire qu'elle vivait sans amour, alors que son plus grand rêve était que le monde entier sache que René Angélil et elle s'aimaient, qu'ils voulaient même avoir des enfants un jour.

À bord de l'avion qui les emmenait à l'Exposition universelle de Séville, à l'été de 1992, quelques mois après qu'il avait eu son attaque cardiaque, René a fait entendre à Céline la chanson qu'il avait pratiquement arrachée de force à David Foster, *The Colour of my Love*. Il lui a raconté que Barbra Streisand, Whitney Houston et Natalie Cole avaient voulu l'avoir, mais que Foster avait préféré que ce soit elle qui l'interprète.

« Il m'a dit que c'était à toi qu'il voulait la donner, à nous deux en fait, parce que c'est une vraie chanson d'amour et qu'il sait que nous sommes amoureux, toi et moi. »

Il aurait dû se méfier, car il n'avait pas fini de parler qu'elle lui demandait :

« Et pourquoi lui le sait alors que mes voisins à Montréal n'ont pas le droit de le savoir ? »

Elle comprenait de moins en moins son entêtement à nier l'évidence. Plus personne n'était dupe, nulle part, ni à Paris ni à Montréal. Elle lui reprochait de plus en plus souvent de lui refuser le bonheur de révéler au monde qu'ils s'aimaient. Chaque fois, il lui revenait avec leur différence d'âge et avec sa peur qu'elle soit malheureuse dans dix, quinze, vingt ans, quand il serait vieux et fatigué et que les gens riraient de lui ou insinueraient qu'il avait abusé de son pouvoir et de son expérience, qu'il exploitait son artiste.

« Ta carrière pourrait en être brisée », lui disait-il.

Selon elle, le mensonge qu'ils racontaient depuis quatre ans pouvait être encore plus destructeur. Ils avaient les mêmes passions, les mêmes désirs, les mêmes goûts et, d'une certaine manière, pratiquement le même âge. Depuis plus de dix années, ils avaient vécu ensemble les mêmes expériences. Il lui avait appris tout ce qu'il connaissait du show-business. Elle en savait désormais autant que lui sur le métier qu'elle pratiquait, sur la scène, sur le public. Ils étaient des partenaires d'affaires, des amants depuis des années. Elle ne comprenait pas pourquoi elle devait cacher ses amours. Les femmes de son âge ne le faisaient pas. Mais René lui répétait qu'il valait mieux attendre encore un peu, que tôt ou tard un moment idéal se présenterait. Cette nuit-là, cependant, à bord de l'avion qui les emmenait en Espagne, après qu'il lui eut fait entendre la chanson de Foster, elle lui a promis que la première fois qu'elle la chanterait en public, elle le ferait pour vrai. Elle n'allait pas juste chanter la couleur de son amour, elle allait lui donner un nom.

À Séville, à un journaliste montréalais qui lui demandait ce qu'elle pensait du mouvement séparatiste québécois, Céline a répondu qu'elle aurait souhaité qu'il n'y ait jamais de frontières entre les humains. Déformant quelque peu sa pensée, les médias canadiens ont décrété qu'elle était contre la séparation du Québec. René était furieux, de toute évidence, l'intention de ce journaliste était de mettre son artiste dans l'embarras.

Le lendemain, Céline recevait un message de félicitations du premier ministre canadien, ennemi idéologique des nationalistes. Elle se retrouvait ainsi au cœur d'un débat qui durait depuis des générations. Les médias l'avaient d'emblée placée dans le camp opposé aux nationalistes, sans doute fort nombreux parmi son tout premier public, celui qui l'avait suivi dès le départ, dès *Ce n'était qu'un rêve*, *Mélanie* et *Une colombe*, et qui lui était resté fidèle.

Pour René Angélil, ce que pensent les gens du Québec a toujours eu plus de poids que ce que pense tout le reste de la planète. Que son artiste récolte le moindre prix, le moindre honneur où que ce soit dans le monde, c'était au Québec qu'il voulait qu'on en parle ; c'était là que se trouvait sa banque centrale de gloire. Déjà, à cette époque, il avait pris une habitude qu'il garderait où qu'il soit : rester quotidiennement branché sur les médias québécois. Tous les jours, il lit les journaux montréalais et visionne les émissions de télévision que lui fait parvenir son bureau de Laval, et il prend connaissance de tout ce que les médias québécois ont écrit ou dit en bien ou en mal de son artiste. Ainsi, même en étant à l'étranger depuis plusieurs semaines, il est au courant de tout ce qui se passe au Québec, dans le show-business, la politique, le sport, les affaires…

À Séville, il aurait préféré, bien évidemment, que ce journaliste n'ait pas posé la question de l'indépendance du Québec à Céline ; mais, sans être nécessairement d'accord avec sa déclaration, il lui répétait qu'elle avait bien fait de dire ce qu'elle pensait. Et qu'elle devrait toujours le faire.

À cette époque, rien ne le mettait plus hors de lui que d'entendre dire ou de lire qu'il exerçait sur Céline un contrôle absolu et qu'il lui dictait tout ce qu'elle devait dire ou faire. C'était sans doute la raison première qui le poussait à refuser de vivre ouvertement sa vie amoureuse avec elle. Si les gens étaient prêts à croire qu'il la contrôlait, ils croiraient aussi qu'il abusait d'elle, de son pouvoir sur elle. Alors qu'il la laissait tout à fait libre de penser et de dire ce qu'elle pensait. Ce que les gens ne comprenaient pas, c'était qu'il était en totale admiration devant cette jeune femme, il la trouvait brillante, intelligente, audacieuse et autonome.

En fait, le domaine où René Angélil a continué le plus longtemps à exercer un contrôle sur son artiste a été celui de la révélation publique de leurs amours, domaine où ils étaient, elle et lui, en total désaccord. Partout ailleurs, il la laissait de plus en plus souvent agir comme elle le voulait. Pour ce qui était de l'empêcher de divulguer leur amour secret, il usait avec elle de toute son autorité.

Le 11 septembre 1992, peu de temps après l'incident de Séville, avait lieu l'enregistrement de l'émission *Tête-à-tête* avec Lise Payette qui serait diffusée quelques semaines plus tard, le 18 octobre. Au cours des heures qui ont précédé cette entrevue, Céline avait une fois de plus accusé René de vouloir garder leur liaison secrète parce qu'il ne croyait pas qu'elle puisse durer. Elle lui disait qu'une vraie passion ne pouvait pas rester secrète et que s'il ne voulait pas qu'elle en parle, c'était sans doute qu'il n'était pas sûr de l'aimer ou qu'il pensait ne plus l'aimer un jour.

Elle avait souvent invoqué cet argument. Ce jour-là cependant, elle avait dû trouver les mots et l'accent qui l'avaient touché, parce qu'il a été réellement ébranlé. Il lui a dit qu'elle avait raison, que ça ne pouvait plus durer ainsi. Il aimait beaucoup Mme Payette, qui avait réinventé l'art de l'entrevue télévisée, et il considérait qu'ils avaient avec elle une belle occasion de faire connaître leur secret, plutôt que de laisser les journaux à potins en faire leurs choux gras.

Dans la voiture qui les conduisait aux studios de TVA, il s'est ravisé et il a convaincu Céline d'attendre encore un peu.

« Il faut qu'on se prépare, disait-il. Il faut faire les choses en grand, et j'ai une meilleure idée. »

Mme Payette, qui comme tout le monde se doutait de bien des choses, a quand même poussé Céline à un cheveu de l'aveu et l'a fait pleurer abondamment. René a suivi l'entrevue depuis la régie, les larmes aux yeux lui aussi, souhaitant par moments que Céline avoue tout, mais Céline a tenu parole et n'a rien divulgué. Il faudra encore plus d'un an avant qu'elle fasse connaître ce grand secret qu'elle aura porté pendant cinq longues années.

À cette époque, Aldo Giampaolo était entré, comme par hasard, dans le secret des dieux. Il avait vraiment vu de ses yeux, à bord d'un avion pour Londres, Céline Dion dormir sur l'épaule de René Angélil. Il les avait vus se tenir par la main, s'embrasser, rire beaucoup. Il ne les connaissait que de nom, il ne leur avait encore jamais parlé, mais il avait compris qu'ils étaient amoureux.

Né en 1950 de parents italiens, Aldo était entré très jeune au Service des loisirs de Verdun, sa ville natale. Il avait brièvement été entraîneur des Éperviers de la Ligue de hockey junior majeur du Québec, puis dépisteur pour les Flames de Calgary. Au tout début des années 1990, quand il a rencontré Céline et René pour la première fois à bord de cet avion, il était depuis deux ans producteur des spectacles du Forum.

Les deux hommes ont lié conversation. Ils ont parlé show-business, hockey, black-jack et bouffe. Quatre sujets, quatre univers qu'ils connaissaient fort bien tous les deux et qui les passionnaient. Quand ils se sont quittés à l'aéroport de Heathrow, ils étaient devenus amis. Des gens qui ont tant en commun ne se perdent jamais de vue. Aldo et René se sont effectivement revus à quelques reprises au cours de l'été ; ils ont joué ensemble au golf et aux cartes, ils sont allés voir quelques matchs des Expos, ils ont partagé de copieux repas. Aldo avait pris l'habitude d'inviter René aux matchs de hockey et aux shows du Forum, et René l'invitait aux shows de Céline. Il faisait désormais partie de la garde rapprochée de René, il avait rencontré sa mère Alice, ses enfants, il était devenu un proche de Paul Sara, de Pierre Lacroix, de Marc Verreault… Il faisait désormais partie de la bande à Angélil.

En 1992, s'apercevant qu'il n'y avait pas de salle de taille moyenne à Montréal, entre Wilfrid-Pelletier (3 300 sièges) et le Forum (20 000 places), Aldo décidait de créer un théâtre de 5 500 places au sein du vénérable aréna. Pour obtenir une ambiance plus intime, l'architecte avait délimité un espace au moyen d'un immense rideau noir qui coupait l'amphithéâtre en deux. Aldo souhaitait, bien sûr, que Céline fasse l'inauguration de son théâtre du Forum, au printemps de 1993.

En novembre 1992, elle avait inauguré le Théâtre Capitole à Québec, un très vieux cinéma remarquablement bien restauré par Guy Cloutier. Elle y avait donné quatorze spectacles à guichets fermés. Ce qu'Angélil avait fait au nom de la vieille amitié qui, malgré certains accrocs, certains ratés, le liait toujours à Cloutier, il était très tenté de le faire aussi au nom de l'amitié toute neuve qu'il entretenait avec Aldo.

Or, Donald Tarlton, producteur des spectacles de Céline Dion, lui objecta qu'elle avait déjà fait le grand Forum, de près de 20 000 places, et qu'elle n'aurait rien à gagner à faire le petit. René lui rétorqua qu'elle n'avait rien à perdre et qu'elle pouvait donner un sérieux coup de pouce à l'entreprise de Giampaolo qui lui avait quand même offert un énorme cachet (un quart de million).

C'est ainsi que les 2, 3 et 4 avril 1993, avec des chansons tirées de son nouvel album *Dion chante Plamondon* et de ses deux albums en anglais, *Unison* et *Celine Dion*, Céline a inauguré le théâtre du Forum, 5 500 places, la taille du Zénith à Paris. Angélil commençait à rendre ce qu'il avait reçu. Céline et lui étaient maintenant indépendants (de fortune, de gloire, de temps), ils pouvaient faire des gestes qui, sans être gratuits, avaient pour but premier d'aider des amis ou de plaire simplement au public québécois.

Céline n'était pas montée sur une scène montréalaise depuis deux années ; elle était donc plus que jamais attendue. Le spectacle d'inauguration du théâtre du Forum, le vendredi 2 avril, a été un débordement d'émotions. Quand René Angélil est entré dans le théâtre, quelques minutes avant le show, et qu'il a remonté l'allée principale de la salle, la foule s'est levée et l'a chaleureusement applaudi. Il était désormais une star bien plus importante encore qu'à l'époque des Baronets. Jadis, il était un amuseur, un *performer* charmant ; mais, à présent, il était admiré pour son esprit créatif, son sens des affaires, sa réussite, son engagement dans la vie culturelle du Québec. Beaucoup de gens savaient alors que Céline et lui vivaient ensemble, mais tous ignoraient qu'ils s'étaient fiancés quelques jours plus tôt dans la plus stricte intimité.

Le mardi précédent, jour de son vingt-cinquième anniversaire, Céline s'était rendue à New York rencontrer son maître de chant William Riley et son oto-rhino-laryngologiste Gwen Korovin qui l'avaient soumis quelques mois plus tôt à un entraînement extrêmement rigoureux et exigeant. En fin de journée, quand René était allé la chercher à l'aéroport en limousine, elle lui avait dit que le docteur lui recommandait de garder le silence pendant deux jours. Il lui a demandé d'attendre quelques heures.

Il avait réservé la plus belle suite d'un grand hôtel du centre-ville où il avait commandé un dîner en tête à tête, avec chandelles et musique baroque. Il était nerveux, très tendre aussi, intimidé. Pendant le repas, il a tiré une petite boîte de sa poche et l'a posée sur la table. Il a dit à Céline qu'il l'aimait comme il n'avait jamais aimé personne de toute sa vie. La boîte contenait une bague de fiançailles, et Céline a tout de suite compris que leur amour pouvait enfin être révélé.

En fait, ce n'est que le 8 novembre 1993, le jour du lancement de *The Colour of my Love*, son troisième album en anglais, que Céline a pu dire à la foule surexcitée du Métropolis et devant les caméras de Musique Plus qu'ils étaient amoureux, René et elle, et qu'ils allaient se marier. Elle l'avait d'ailleurs écrit en toutes lettres sur la pochette de l'album :

« Rene, you're the colour of my love. L.V. »

Jamais personne n'a su ce que signifiaient ces deux dernières lettres. Las Vegas ? Ils disent que non. *Love & Victory* ?

Non plus. Cinquante-cinq en chiffres romains ? Pas du tout. Jamais ni René ni Céline ne l'ont dit à qui que ce soit. C'est leur secret. Ce n'est pas qu'il soit si important que cela, mais c'est un symbole. Quand Céline salue René pendant un show, qu'elle soit sur scène ou à la télévision, elle ne manque jamais de lui faire ce signe, en dessinant un L avec son index et son pouce et le classique V de la victoire et de la paix.

La réaction a été plus que positive. Céline et René sont devenus illico un couple mythique, exemplaire. Il est remarquable que René Angélil qui, mieux que personne, connaît l'âme du grand public, en particulier du public québécois, n'ait pas su, dans ce cas précis, le comprendre et le prévoir. Loin de désapprouver leur union, les Québécois, vivement touchés, considéreraient désormais Céline et René comme leur couple royal, un couple symbolique, réussi et heureux. Ils ne douteront jamais que l'amour qui les unit est réel, profond et durable.

Tendre bagarreur

René Angélil a la réputation, dont il n'est pas peu fier, d'être un redoutable bagarreur. Il ne se bat pas contre des individus, mais plutôt contre des institutions, des compagnies ou des organisations. Quand il a des négociations à mener, des deals à conclure, des visions à imposer, il entre d'abord en contact avec des hommes et des femmes dont il se fait des complices et des alliés, parfois des amis. Par contre, quand les choses tournent mal, il est capable de mener d'implacables luttes contre de grosses machines comme Radio-Canada, l'Adisq ou les Junos, TVA, Quebecor, l'organisation des fêtes du 400ᵉ anniversaire de Québec, ou de tenir tête aux pontes de Sony, aux concepteurs du show de David Letterman... Il peut alors remuer ciel et terre. Il peut surtout ne jamais lâcher, même quand tout semble perdu.

Dans tous les combats qu'il a menés, il n'a peut-être pas toujours eu la raison de son côté, mais il est chaque fois resté intransigeant jusqu'au bout, sourd parfois à tout argument, ne pensant qu'à gagner envers et contre tous. Ses proches collaborateurs, ses propres enfants, ses meilleurs amis, tous s'accordent pour dire qu'il est extrêmement difficile de le faire changer d'idée, plus difficile encore de lui faire admettre, à l'occasion, qu'il n'a peut-être pas tout à fait raison. En fait, René Angélil reconnaît toujours avec beaucoup de difficulté quand il a tort. Il préfère se cantonner dans une position qu'il tiendra le temps qu'il faut, coûte que coûte.

Comme il a énormément de charme et d'autorité, il trouve toujours autour de lui des gens qui lui donnent raison et qui se rendent à ses arguments, se plient à ses exigences. Là, peut-être, serait son talon d'Achille. S'il prenait un jour une mauvaise décision, les gens autour de lui, fascinés par son charisme ou craignant ses foudres, l'approuveraient et l'encourageraient, jusqu'à l'accompagner dans ses égarements.

Mais voilà ! Dans les choses graves et importantes, en particulier dans tout ce qui a trait à la carrière de Céline, personne n'a d'exemple de mauvaises décisions qu'aurait prises René Angélil. Dans le milieu du show-business américain et canadien et plus encore dans son entourage immédiat, il y a eu des murmures de désapprobation quand, par exemple, il a décidé de produire un show permanent à Las Vegas, quand il a accepté que Céline chante *God Bless America* à Manhattan, quelques jours après l'effondrement des tours du World Trade Center, ou quand il a insisté pour que Sony, qui n'y croyait pas beaucoup, utilise la chanson thème de *Titanic* comme single promotionnel ; on disait qu'il allait nuire à l'image et à la carrière de son artiste. C'est exactement le contraire qui s'est produit, chaque fois. En prenant ces décisions controversées, Angélil n'a pas nui à la carrière de son artiste ; il l'a grandie.

Même quand il s'est enferré dans des décisions prises sous le coup de la colère, il n'y a pas vraiment eu de dégâts, quelques inconvénients tout au plus. Au bout du compte, il a pu dire qu'il avait eu raison, puisqu'il n'était pas revenu sur sa parole. Il ne revient jamais sur sa parole.

Ainsi, à la suite d'une dispute avec la direction de TVA à l'été de 1991, Céline et lui n'y ont pas remis les pieds pendant plusieurs années.

Le 27 mai de cette année-là, un lundi, Céline Dion était invitée à *Ad Lib*, le gros talk-show de TVA qu'animait Jean-Pierre Coallier. Elle a parlé de sa famille, de son bonheur, de sa tournée du Québec qui allait culminer au Forum de Montréal moins d'un mois plus tard, le 19 juin. Dix ans plus tôt, jour pour jour, elle avait fait sa première apparition publique au show de Michel Jasmin où elle avait chanté *Ce n'était qu'un rêve*. Son manager René Angélil tenait à commémorer ce départ et à célébrer la carrière de Céline en produisant au Forum un événement grandiose auquel il voulait associer les magazines et les journaux, les stations de radio et de télévision. Il possédait déjà, à cette époque, l'art d'orchestrer et d'harmoniser les médias, faisant jouer un tel en majeur, un autre en sourdine, donnant un solo à deux ou trois d'entre eux et en réduisant quelques-uns au silence.

Personne ne savait alors, ce soir de mai 1991, que la table était mise pour un affrontement majeur entre Angélil et TVA, affrontement qui allait dégénérer en guerre froide et durer plusieurs années.

Quelques semaines plus tôt, il avait rencontré Michel Chamberland, directeur des variétés à TVA, qui s'était montré vivement intéressé à tirer une émission télévisée du show commémoratif au Forum. Après réflexion, il avait toutefois informé Angélil qu'il n'avait pas les moyens financiers de mener une telle opération. Angélil avait alors fait la même proposition à Paul Dupont-Hébert et à Daniel Cormier, de Radio-Canada, qui avaient tout de suite eu l'idée de produire une émission haut de gamme. L'Orchestre Métropolitain dirigé par Richard Grégoire accompagnerait Céline, comme le désirait Angélil. La capture de l'événement serait faite par une dizaine de caméras. Toujours à la demande d'Angélil, on prélèverait sur chacun des 16 000 billets mis en vente un dollar qui serait remis à l'Association québécoise de la fibrose kystique.

Radio-Canada aurait souhaité avoir, en échange, la primeur du prochain album en français de Céline, *Dion chante Plamondon*, dont la sortie était prévue pour l'automne. Angélil en avait cependant déjà fait entendre une maquette à son ami Pierre Marchand, et il était d'ores et déjà convenu que Musique Plus en diffuserait le lancement. L'émission que Marchand avait produite lors de la sortie d'*Unison* avait été appréciée par plus d'un million de téléspectateurs et avait reçu le prix Gémeaux de la meilleure émission de variétés de l'année.

Dupont-Hébert et Cormier l'ont très bien compris. Il a néanmoins été entendu que, tout de suite après la diffusion du lancement par Musique Plus, Céline Dion et Luc Plamondon amorceraient leur campagne de promotion à *Studio Libre*, le nouveau talk-show de variétés de la télévision d'État que réalisait un bon ami de René, Laurent Larouche, celui-là même qui deux années plus tôt lui avait permis, par le truchement de Carol Reynolds, de rencontrer David Foster... et qui coordonnerait de surcroît pour Radio-Canada la capture du spectacle commémoratif du 19 juin au Forum.

Trois mois plus tard, au moment où Radio-Canada mettait cette émission en ondes, le dimanche 15 septembre 1991, à vingt heures, Céline Dion, René Angélil, Mario Lefebvre, Luc Plamondon et Vito Luprano sortaient du studio de Michel Berger, le Face B, boulevard des Batignolles à Paris, où ils venaient justement de terminer la postproduction de l'album *Dion chante Plamondon*. Luc et René, toujours affamés, ont proposé d'aller manger dans le quartier des Halles où Plamondon, Parisien d'adoption, connaissait de très bons restaurants ouverts jusque tard dans la nuit. Angélil a raccompagné Céline à l'hôtel Intercontinental place de la Concorde, et il est allé rejoindre Luc, Mario et Vito au Pied de Cochon.

Plamondon était inquiet pour l'avenir de cet album. Céline devait en effet en sortir un autre quelques mois plus tard, son deuxième en anglais, celui qui porterait son nom, *Celine Dion*, sans accent. Il fallait donc que *Dion chante Plamondon* vive intensément sa vie. Luc avait alors eu une idée fort audacieuse qu'il exposa ce soir-là à René : lancer deux singles en même temps. C'était casse-cou. Les chansons pouvaient se nuire l'une l'autre, mais peut-être aussi allaient-elles monter toutes les deux en tête des palmarès. En même temps que *L'amour existe encore* pénétrerait sur le territoire des adultes, *Des mots qui sonnent* remuerait des masses de jeunes... René a aimé cette idée. C'était risqué, ça ne s'était jamais vraiment fait, jamais un producteur de disques n'avait été assez fou pour lancer simultanément deux chansons d'un même album, mais un gambler ne pouvait résister à une telle proposition.

Ils ont donc décidé dès ce soir-là, au Pied de Cochon, de mettre la machine en marche. Ils organiseraient un gigantesque lancement, le plus gros jamais vu au Québec. Dès la semaine suivante, à Montréal, Angélil, Francine Chaloult, Vito et Mario ont préparé le programme de promotion de *Dion chante Plamondon*. Ils ont choisi une date de lancement, le 4 novembre à vingt heures ; un lieu, le Métropolis. Animé par Sonia Benezra, l'événement serait retransmis en direct par Musique Plus. En travaillant auprès des disquaires, Mario Lefebvre avait obtenu des ventes garanties de 50 000 albums. L'album serait donc certifié disque d'or le soir de son lancement.

Tel que cela avait été prévu avec Radio-Canada, au moment de l'enregistrement en juin du spectacle commémoratif du Forum, Céline et Luc devaient amorcer la campagne de promotion à *Studio Libre*. En outre, le lundi suivant le lancement, soit le 11 novembre, ils passeraient tous deux à *Ad Lib*, le talk-show de TVA. Tout le monde semblait avoir fort bien compris.

Pourtant, le 30 septembre, quand Angélil a téléphoné depuis Los Angeles aux recherchistes d'*Ad Lib* pour parler du contenu de l'émission, on lui a appris qu'il y avait maintenant une guerre sans merci entre *Studio Libre* de Radio-Canada et *Ad Lib* de TVA. Les réalisateurs et surtout le directeur des programmes de TVA, Michel Chamberland, voulaient avoir la primeur. Diane Bonneau, la chef-recherchiste, était cependant confiante et croyait que tout devait pouvoir s'arranger, parce qu'il s'agissait de Céline. Angélil aussi était confiant.

Trois jours plus tard, cependant, Diane le rappelait pour lui dire que le réalisateur Jean Guimond refusait que Céline soit invitée à *Ad Lib* quelques jours seulement après son passage à *Studio Libre*, et qu'il avait décidé d'attendre deux ou trois semaines avant de la recevoir. René avait pourtant fait savoir à tout le monde que Céline devrait quitter Montréal le 15 novembre pour enregistrer son deuxième disque en anglais sur la Côte ouest des États-Unis et que Plamondon, lui, était attendu à Paris au plus tard le 13 novembre.

Il a téléphoné à Guimond pour tâcher de lui faire comprendre qu'il était dommage, pour ne pas dire un peu stupide, de priver les téléspectateurs d'*Ad Lib* d'une performance de Céline. Il a parlé à Jean-Pierre Coallier, l'animateur, qui s'est dit navré mais prétendait ne rien pouvoir y faire. Il a reparlé au directeur de la programmation, Michel Chamberland, pour lui conseiller de ne pas mêler Céline à leurs guerres de cotes d'écoute, mais Chamberland ne voulait rien entendre. TVA recevrait Céline avant *Studio Libre* ou plus de deux semaines après.

Angélil l'a alors prévenu que dans son livre à lui, deux semaines, ça pourrait bien vouloir dire jamais.

«Je pense qu'on peut s'arranger toi et moi, on est des amis après tout…

– … des connaissances», a coupé Chamberland.

Blessé, humilié, fâché, Angélil lui a alors annoncé qu'aussi longtemps qu'il serait à la direction des programmes de TVA Céline Dion n'y remettrait jamais les pieds.

Chamberland a quitté son poste cinq années plus tard, et Angélil a tenu parole : ni lui, ni Céline ne sont plus entrés dans les studios de TVA. Quand ils y retourneront pour de bon, ce sera après s'être établis très haut dans la fortune et dans la gloire, ayant fait la preuve qu'ils avaient fort bien pu se passer de l'appui de l'un des plus puissants médias du Québec pour réussir.

Toutefois, malgré l'insulte que lui avait faite Chamberland, Angélil voyait toujours en lui un ami. Comme si, même dans la bagarre, les amis jouissaient d'une sorte d'immunité. Il agissait ainsi quand il jouait au golf ou aux cartes. Il pouvait par exemple être bête, dur et obtus, intraitable en discutant avec Rosaire Archambault d'un coup au golf qu'il était le seul à considérer réussi. Ça n'entachait en rien l'amitié qu'il éprouvait pour lui. De même, quand Guy Cloutier avait voulu réduire le pourcentage de René plutôt que l'augmenter, ce dernier avait considéré que c'était une décision d'affaires tout à fait légitime.

Bien sûr, il n'avait pas eu avec Chamberland des liens aussi étroits qu'avec Rosaire ou Guy, mais il faisait spontanément la distinction entre quelqu'un avec qui il avait souvent pris plaisir à converser et l'administrateur de TVA avec qui il n'avait pu s'entendre. Il était en guerre contre l'institution, pas contre l'homme.

Des années plus tard, ayant appris que le fils de Michel Chamberland s'était tué dans un accident de moto, il a tenu à appeler ce dernier pour lui offrir ses condoléances. Il avait été en conflit professionnel avec cet homme ; jamais cependant, quoi que celui-ci ait pu dire et faire, même renier leur belle amitié sous le coup de la colère et dans le feu d'une discussion, il n'a pensé que les liens d'affection qu'ils avaient entretenus avaient pu être rompus à jamais.

Pour René Angélil, même au sein d'une dispute acharnée, l'amitié reste plus forte que tout. En fait, il fait une distinction radicale entre les affaires et la vie privée, comme il en fait une entre le jeu (qui est aussi un combat) et la vie. Au fond, il pensait un peu comme Chamberland que, dans une engueulade, quel qu'en soit le sujet, comme dans le jeu, il n'y a pas d'amitié qui tienne.

Quand René Angélil joue au golf, ses partenaires ne sont plus ses amis. Ce sont des rivaux ; si ce sont de très bons joueurs capables de le battre, il ne leur laissera aucune chance, jamais. Même avec Marc Verreault ou Dave Platel, qui ne sont jamais agressifs, il jouera de son mieux et, en plus, il contestera, s'il en a l'occasion, leurs coups douteux, il tentera de les déstabiliser. Si au bout du compte il perd, il boude. Ça fait partie du jeu, et le jeu n'est pas la vie, ou c'est une autre vie que celle de tous les jours. Dans le livre de René Angélil, être un bon perdant est une totale aberration.

Bien évidemment, meilleur est l'adversaire, plus impitoyable sera René au combat. S'il aime tant avoir Michel Bergeron, l'entraîneur de hockey et commentateur sportif, comme partenaire de golf, c'est que celui-ci, en plus d'être un agréable compagnon et un excellent joueur, est capable de lui tenir tête et qu'il a autant que lui le désir fou de gagner. C'est Bergeron qui, par un jour gris de l'été 1994, a entraîné René sur ce terrain de golf de Terrebonne que le couple Dion-Angélil a acquis deux ans plus tard et dont il a fait l'un des plus beaux lieux du Québec.

Quant à Rosaire, il a été le protagoniste des plus mémorables disputes de golf de René. Ils se sont croisés une première fois, en janvier 1983 à Cannes lors du Midem où Céline avait séduit l'industrie du disque français avec *D'amour ou d'amitié*. Rosaire y participait en tant que distributeur de disques, le plus important du Québec. René et lui avaient discuté un moment pendant la réception organisée par le gouvernement québécois. Au cours de l'été, à quelques reprises, René avait invité Rosaire à jouer au golf. Il lui avait présenté ses amis, sa femme, sa mère et ses enfants. Rosaire était ainsi entré dans le cercle à la fois intime et très large des amis de René.

Fils de bonne famille, héritier de l'empire Archambault (éditions musicales, production et distribution de disques, librairies), bien éduqué, instruit, Rosaire adorait le jeu, lui aussi, et il était un excellent joueur de golf, ce qui n'était pas pour déplaire à René. Il connaissait depuis l'enfance les règlements et l'éthique du jeu ainsi que le calcul assez complexe du handicap individuel. Il avait entrepris de mettre un peu de rigueur dans la façon parfois très relâchée avec laquelle René et ses amis comptaient les coups et leurs valeurs. Il y eut de virils affrontements à ce sujet. Chaque fois qu'un doute était permis, René contestait et négociait, s'il y voyait son avantage évidemment. Quand il sentait poindre la défaite, il pouvait se mettre de très mauvaise humeur. Il lui est arrivé de quitter le terrain avant la fin de la partie et d'aller attendre les autres au club-house. Un jour, sur le green du 18e trou, il avait jeté par terre les quelque 100 dollars qu'il avait pariés avec Rosaire et qu'il venait de perdre, parce que celui-ci appliquait un règlement avec lequel il n'était pas d'accord, et il avait quitté les lieux.

René a discuté et ergoté pendant des semaines sur le calcul de son propre handicap que Rosaire contestait. Il lui faxait des copies des cartes des vingt dernières parties qu'il avait jouées, avec les dates, le nom du terrain, des notes sur les vents, sur ses partenaires, etc. Tout ça pour avoir raison, pour gagner. Avec Bergeron aussi, et avec tous les autres, il a souvent fait ce genre de choses, ergotant sur des vétilles, pour des riens, imposant sa vision des choses, son interprétation. Plus souvent qu'autrement, ils finissaient tous par lui donner raison. S'ils le faisaient trop rapidement cependant, il était capable de leur en vouloir, de bouder un peu, parce qu'ils refusaient de jouer le jeu, d'entrer dans ce qu'ils appelaient sa «pièce de théâtre» où ils savaient qu'il était un bien meilleur acteur qu'eux tous.

Comme aux cartes, dès qu'il quittait le terrain de golf, il redevenait toutefois l'ami attentif, préoccupé par le bien-être et le confort de tous, le grand organisateur qui conviait tout le monde à sa table. Une heure après avoir jeté son argent aux pieds de Rosaire, il l'avait rappelé chez lui. «Viens souper, champion !» Il riait de bon cœur, parfois jusqu'aux larmes, du fou furieux qu'il avait été dans l'après-midi et dont il ne voudrait jamais se défaire. Cet être intransigeant, incapable d'affronter la défaite, même dans un jeu, c'est son double, son alter ego, et il lui donne raison ; il croit sincèrement que c'est ainsi qu'il faut être quand on joue : sans pitié ni concession.

Tous ses amis le savent : pour lui, le jeu est toujours sérieux, c'est la vie qui ne l'est pas. Dans la vie, il jette son argent par les fenêtres, il donne 100 dollars à un clochard, il fait des cadeaux pharaoniques à ses amis, mais quand il joue, il ne laisse de chance à personne ; il est pingre, avare, obsédé par la victoire. Au golf, il n'est jamais aussi bon que lorsqu'il a connu un mauvais départ, comme une fois, à Amsterdam, avec Marc, Dave et Lloyd Breault, qui coordonnait la tournée *Falling Into You.*

Il avait fallu près de vingt coups pour réussir ses deux premiers trous, un par 4 et un par 5. Ensuite, il n'avait pas lâché prise une fraction de seconde. À mi-parcours, il tirait encore de l'arrière, mais il jouait avec intensité, concentré, dans sa bulle, se mêlant à peine aux conversations. Il n'a pas écouté les admonestations et les conseils de ses amis : «Prends ça cool, champion !» Il n'a pas laissé tomber, il s'est appliqué, il a travaillé cent fois plus que les autres parce qu'il voulait gagner. Pas pour les quelques dollars qu'il avait gagés avec eux, mais pour gagner, et il a gagné.

Ainsi, quand il entre dans un casino et s'assoit à une table de jeu, René Angélil n'est plus le même homme. Il n'est plus l'ami qui va rire des blagues de Pierre ou parler de la pluie et du beau temps avec Marc, Jacques ou Rosaire.

Le rituel des tournois auxquels il participe est très strict. Comme au théâtre, on ne peut jamais arriver en retard, même en tant que spectateur. De plus, il n'y a pas de trêve, c'est-à-dire qu'on ne peut quitter les abords de la table une fois qu'on a assisté au départ. Si jamais on arrive en retard, il vaut mieux ne pas être vu par René. Il est préférable de se cacher derrière des colonnes ou les rideaux et de suivre le jeu de loin. Si on sent qu'on lui porte la guigne, ou si on a la moindre raison de croire que René pense qu'on lui porte la guigne, il vaut mieux s'abstenir, s'effacer, disparaître.

Pierre Lacroix, par exemple, ne va plus jamais aux tournois de poker que dispute René à Las Vegas, même s'il vit aujourd'hui dans cette ville la moitié du temps. À deux reprises, il est allé le voir jouer alors que René se trouvait à la dernière table. Les deux fois, la chance a tourné et René, tout près de la victoire, a été éliminé.

Lorsqu'il jouait au craps, René demandait parfois à l'un ou à l'autre de ses amis de lancer les dés pour lui. C'était un redoutable privilège, une lourde responsabilité dont il fallait s'acquitter avec sérieux. On ne pouvait se défiler ou lancer les dés avec désinvolture. Il ne peut supporter que ses amis, ses partisans, soient indisciplinés. D'ailleurs, les plus violentes disputes qu'il a eues avec eux, en particulier avec Pierre Lacroix et avec Paul Sara, se sont passées autour d'une table de craps.

À Nassau, un soir, il a demandé à Paul de lancer les dés. Celui-ci était fatigué, il aurait préféré monter se coucher, mais il ne pouvait se dérober. Après chaque lancer, René et le croupier, à l'autre bout de la table, comptaient les points, ce qui prenait parfois une bonne minute… Puis René se tournait vers Paul et lui demandait de lancer de nouveau. À un moment donné, se tournant vers son cousin, il a constaté avec stupéfaction que celui-ci avait posé sa tête sur le bord de la table et s'était endormi. Sacrilège ! René était indigné, scandalisé. Il a réveillé Paul et l'a vertement engueulé. « Comment peux-tu dormir pendant qu'on joue ? » Paul s'est ressaisi et s'est apprêté à lancer les dés. René était alors persuadé que, parce qu'il n'avait pas l'esprit au jeu, il allait lancer un 7, le chiffre maudit entre tous qui, au craps, est favorable à la banque. Comme de fait, Paul a lancé un 7. René l'a encore engueulé. Paul s'est levé et est parti.

Vingt minutes plus tard, regrettant d'avoir été si véhément avec son ami, René est parti à sa recherche. Il l'a trouvé dans le fin fond du casino, lui a présenté ses excuses et l'a convaincu de revenir lancer les dés pour lui. Cette fois, René a misé gros sur le 6. Paul a lancé les dés depuis l'autre bout de la table. Et il a obtenu un 6. Génial ! René a fait les comptes avec le croupier, mais quand il s'est retourné, ce fut pour constater que Paul avait de nouveau disparu. Avec Marc et Jacques, il est parti à sa recherche. Ils l'ont trouvé près des ascenseurs.

« Je monte me coucher, je suis bon à rien. »

Ils se sont esclaffés quand il leur a avoué qu'il croyait avoir lancé un 7. Et René l'a convaincu encore de revenir avec lui à la table de craps.

« Tu viens d'entrer dans une bonne séquence, faut en profiter. »

Mais ce disant, il a pensé qu'il aurait dû se taire. La chance n'aime pas que l'on commente ainsi ses allées et venues ou qu'on lui donne des ordres. Effectivement, au deuxième coup, Paul a lancé un 7. La soirée s'est terminée là. Mais l'événement est resté en tête de liste des récits qu'aiment se remémorer les proches de René.

À Las Vegas, c'est avec Pôpa Pierre que René s'est disputé. Ils étaient tous autour de la table de craps de René, Pierre, Marc, Paul, Rosaire et Aldo. Pendant que René jouait, très concentré, Pierre s'était mis à converser gentiment avec le croupier. Après un moment, René a éclaté. « Es-tu venu ici pour faire du social ? Tu ne te rends pas compte qu'on travaille ? » Pour Pierre, qui n'a pas l'âme d'un gambler, le jeu n'est toujours qu'un jeu, c'est-à-dire une activité physique (comme le hockey) ou mentale (comme le craps, le black-jack ou le poker) purement gratuite, qui n'a d'autre but que le plaisir qu'elle procure. Que René enlève à cette activité son côté purement ludique et le remplace par des règles contraignantes lui semblait tout à fait aberrant. Ce soir-là, il lui a dit assez sèchement sa façon de penser, puis il s'est éloigné. Même jeu qu'avec Paul : après quelques minutes, René est parti à la recherche de son ami, l'a retrouvé, s'est excusé.

Les amis de René savent bien qu'ils seront pardonnés, parce que ce dernier les aime, mais ils évitent dans la mesure du possible d'indisposer le joueur. À l'homme, ils savent qu'ils peuvent tout demander mais, la plupart du temps, c'est lui qui va au-devant de leurs besoins ou de leurs désirs. Il aime qu'ils soient ses hôtes, il est content, vraiment content, quand ils sont bien, heureux et quand ils rient.

Un jour, à Las Vegas, Aldo Giampaolo a perdu au black-jack une somme importante, près de 40 000 dollars. Il n'avait plus de cachette. La cachette, c'est le pécule secret qu'un joueur met de côté pour jouer, une somme dont ni son comptable ni sa femme ne connaissent l'existence. Aldo avait vidé la sienne et, avec deux copains pas très heureux eux non plus, il rentrait à Montréal par un vol de fin de matinée, défait. Sur le tarmac de l'aéroport de Las Vegas, on leur a annoncé qu'un problème mécanique clouait leur avion au sol et que leur vol était remis à la fin de l'après-midi. Ils sont retournés au casino et ont aperçu René à une table de jeu. Celui-ci venait d'apprendre ce qui était arrivé à Aldo, et il lui a tendu un jeton de 5 000 dollars en lui disant : «Va te refaire, champion. » Aldo s'est installé à une table de black-jack, il a joué et il a gagné. René était près de lui, l'encourageant et le conseillant. En moins de deux heures, Aldo s'était renfloué. Il est rentré à Montréal sa cachette bien remplie, avec de surcroît un cadeau pour sa femme. Il avait également remboursé René mais, s'il avait encore perdu, il est certain que jamais René n'aurait accepté cet argent.

Par pudeur peut-être, René ne racontera jamais ce genre d'anecdote. D'autres se chargent de le faire et, par leurs nombreux récits, ils tissent autour de lui sa «légende». À Las Vegas, le joueur René Angélil est une véritable attraction. Ses amis, ses connaissances du Québec et d'ailleurs suivent avec le plus vif intérêt ses activités de gambler. Avec le récit des aventures, des frasques et des folies de René, ils ont de quoi animer des soirées entières. De même, la somme des dons qu'il a faits à des individus ou à des œuvres est considérable, mais personne n'en tient le compte.

Par pudeur, il ne parlera pas plus des dons qu'il fait que de l'argent qu'il a. Il a fait certaines choses dans sa vie qui ont coûté si cher qu'il ne veut pas en parler. Même ses amis se taisent, ou alors ils n'en parlent qu'entre eux. Ainsi, il a joué à la Bourse pendant quelques mois de l'année 2000, au moment où la bulle technologique se gonflait démesurément. Il a fait fortune. Plusieurs fortunes, en fait, tous les jours, et des folies monumentales. Il a pris des risques déments, pour voir, et il a aussi perdu des fortunes. Il s'est toujours refusé à parler de tout cela en détail, parce qu'il considérait que ce serait grossier, presque injurieux pour le commun des mortels qui n'aura jamais le loisir de flamber (ni de gagner, ni de perdre) autant d'argent pour le plaisir, tout simplement pour jouer.

René Angélil est un homme pudique. S'il fait parfois étalage de sa richesse, c'est pour que tous ceux qu'il aime en profitent. Il organise, à Las Vegas ou à Montréal, des fêtes somptueuses auxquelles il convie des dizaines, parfois des centaines de personnes; pour ses invités, il a nolisé un avion, loué des limousines, des chambres d'hôtel, réservé des tables dans les meilleurs restaurants, engagé des traiteurs, acheté des billets de spectacle. Ses invités, ses amis, ses collaborateurs vivent comme lui.

Parmi les très proches collaborateurs de René, avec qui il est quotidiennement en contact, il y a au premier plan Sylvie Beauregard, adjointe exécutive et assistante personnelle de Céline et de René. Sylvie est continuellement plongée dans l'action ; en tournée, elle est responsable du choix des hôtels où descendent Céline, René et René-Charles, de même que leur entourage immédiat. Discrète, compétente, éminemment débrouillarde, toujours disponible, elle veille à ce que tout soit en place et à l'heure, avions, limousines, etc. A-t-on besoin d'un médecin ou d'un magicien, d'une salle de réception pour 80 ou 200 personnes, d'un hélicoptère ou des journaux de l'avant-veille ? C'est elle qui s'en chargera. Comme elle se charge de distribuer les innombrables cadeaux que le couple fait à ses amis aux anniversaires et aux fêtes.

On dit qu'il y a plus de plaisir à donner qu'à recevoir. René Angélil, grand amateur de plaisirs, donne énormément. Il l'a toujours fait, même avant de devenir très riche.

Mike Robinson, l'un des gardes du corps de la famille Dion-Angélil, était chauffeur de limousine au Caesars Palace quand il a connu René Angélil, au début des années 1990. Celui-ci se battait alors pour faire connaître son artiste et cherchait encore les moyens de produire un album en anglais. Mais il était déjà l'un des personnages les plus en vue de Las Vegas, où il avait la réputation de donner les plus gros pourboires, jamais au-dessous de 20 dollars, souvent un billet de 100 dollars, parfois plusieurs, parfois aussi des jetons (payables au porteur) pour quelques milliers de dollars. Pour Angélil, ça fait partie du jeu. Il considère que les chauffeurs, les croupiers, les serveurs travaillent fort et qu'ils méritent d'être récompensés.

« Quand on a reçu, il faut donner, dit-il, et moi, j'ai beaucoup reçu dans ma vie, je pourrais même dire énormément. » Sans doute qu'il considérerait tout ce qu'il a acquis comme illégitime ou pas vraiment mérité s'il n'en distribuait pas une partie autour de lui.

Il donne donc, et beaucoup : du temps, de l'énergie et énormément d'argent à des œuvres, à des artistes ou à des gens en mauvaise situation. Il distribue cent fois plus généreusement que tout autre producteur des billets de spectacle de ses artistes. Quand Céline a chanté au Centre Bell de Montréal, en août 2008, il a demandé à son bureau de donner des billets à tous les membres de l'Union des artistes et de la Guilde des musiciens du Québec qui manifesteraient le désir de s'en procurer, depuis les comédiens les plus obscurs jusqu'aux plus célèbres compositeurs. Il a de plus invité expressément tous les artistes de la Maison des artistes, et tous les retraités.

D'ailleurs, les Productions Feeling, la compagnie de production de René, est une grosse machine distributrice de cadeaux, de faveurs et de dons. Tous ceux qui entrent dans la famille sont très généreusement traités. Avec l'aide de Mia Dumont (la première attachée de presse restée une proche collaboratrice), Céline et René choisissent chaque année un cadeau qui sera remis aux fêtes à une centaine de leurs proches, une montre Hermès, un sac Vuitton, une caméra vidéo Sony, une cafetière Nespresso, etc., et chacun, à son anniversaire, reçoit une énorme gerbe de fleurs accompagnée d'un mot d'amitié.

Quand il a des billets pour un championnat de boxe ou un important match de football, Angélil préférera y assister en compagnie des chauffeurs et des gardes du corps Nick Skokos, Mike Robinson, Carlo Somera, Jeremy Roman ou Vince Sanders. Il sait que ça leur fera plaisir, et ils seront entre connaisseurs. Il y trouvera son compte et son plaisir, lui aussi. Nick et Mike par exemple sont des proches, ils font intimement partie de la famille, ils ont droit à son respect, à son amitié, et il se battra pour qu'ils soient respectés.

Un soir d'été, en 2008, dans un restaurant chic de Londres où René et Céline étaient allés déjà, pendant la tournée

Falling Into You, en compagnie de Gérard Depardieu et de quelques amis, la direction a signifié aux gardes du corps, Nick et Mike, que leur présence n'était pas souhaitée. Nick a tenté de discuter, gentiment. Il a expliqué qu'ils devaient rester en tout temps auprès de Céline, mais le patron ne voulait rien savoir. Il disait que la sécurité des clients de son établissement n'était pas menacée et qu'il était inconvenant à ses yeux que certains d'entre eux ressentent le besoin d'être entourés d'armoires à glace. Nick a expliqué à René, en français, ce qui se passait. Sans hésiter, René a informé le patron du restaurant que ses amis s'assoiraient à la même table que lui, sinon ils s'en iraient tous.

De même, René a beaucoup d'affection et de respect pour les fans de Céline. Un jour, au cours d'une conférence de presse dans le hall d'un hôtel de Dubaï, de jeunes admirateurs pressaient Céline d'un peu trop près, ils demandaient des autographes, ils essayaient de la toucher. L'un d'eux, tentant de franchir les cordons de sécurité, a trébuché et par mégarde a durement heurté René, qui a failli tomber. Mike, 100 kilos de purs muscles, l'a attrapé par le cou et l'a maintenu fermement. Il a entendu René lui chuchoter à l'oreille : « *Let him go*, Mike, laisse-le aller. » Mike a desserré sa poigne et a laissé le garçon partir. S'il ne l'avait pas fait, les médias n'auraient pas manqué de rapporter qu'un fan de Céline avait été brutalisé. Cependant, ce n'était pas cela qui avait motivé René, mais bien plutôt qu'il est incapable d'en vouloir le moindrement aux fans de son artiste bien-aimée. Il les comprend et les approuve, même dans leurs excès et leurs emportements. Ce garçon avait été poussé par son admiration pour Céline. Dans le livre de René Angélil, on ne peut pas punir quelqu'un pour ça, bien au contraire. René Angélil comprend les fans parce qu'il a su en rester un.

Partie 7

Monsieur le directeur

En février 2009, René Angélil est entré en fonction comme directeur de *Star Académie*, l'émission phare de TVA. Quel besoin avait-il d'accepter une telle tâche? Voilà ce que beaucoup de gens se sont demandé. En fait, il n'avait nul besoin ni du cachet, dérisoire en regard de sa fortune, ni de la visibilité ou de la gloire, il en a déjà à revendre, au Québec comme à l'étranger. Quoi d'autre alors? Rien! Presque rien, en fait. Voilà l'un des grands bonheurs qu'apporte la richesse: la liberté absolue de faire des gestes qui ne rapportent rien, d'être mêlé, pour le seul plaisir, à des événements ou à des projets qu'on trouve fascinants ou stimulants.

Angélil avait certainement aussi la volonté de rendre service à une amie, Julie Snyder, productrice et animatrice de *Star Académie*. C'est elle qui lui a proposé ce poste de directeur, en juillet 2008, à l'occasion d'une conférence téléphonique à laquelle participaient son collaborateur Stéphane Laporte et France Lauzière, la directrice des programmes de TVA. René a beaucoup d'affection et d'admiration pour Julie et il a pleine confiance en Stéphane qu'il considère comme un monteur et un concepteur hors pair. De plus, il se sent aujourd'hui plus d'affinités avec TVA qu'avec Radio-Canada. Pendant des années, il a été plus proche de la télévision d'État parce qu'il avait eu une dispute avec le directeur des programmes de TVA, mais aussi parce qu'il entretenait de bonnes relations avec le directeur des variétés Jean Bissonnette et certains réalisateurs de Radio-Canada, comme Laurent Larouche. Eux partis, il s'est peu à peu éloigné de Radio-Canada. Il a refusé à plusieurs reprises, malgré les concessions qu'on lui faisait – pas de montage, date à sa convenance –, de passer à *Tout le monde en parle*, l'émission rivale du *Banquier* animée par Julie.

C'est toujours comme ça que fonctionne René Angélil. Ce n'est pas l'esprit ni même la politique d'une entreprise qui le motivent, mais certains individus attachés à cette entreprise avec qui il s'entend bien. Or, depuis une dizaine d'années, il s'est créé une très grande complicité entre Julie Snyder et lui, qu'il a associée à maintes opérations et avec qui il a produit plusieurs DVD et de nombreuses émissions de télévision.

Leurs premiers contacts remontent à 1996, quand Julie animait une émission intitulée *L'Enfer, c'est nous autres* pour Radio-Canada. En janvier, elle avait obtenu que ses patrons l'envoient au Midem, à Cannes, où un hommage spécial était rendu à Céline, qui serait en outre faite chevalier des Arts et Lettres par le gouvernement français.

Paul Dupont-Hébert, alors directeur des variétés à la télévision d'État, avait contacté René et arrangé une entrevue qui, en principe, devait durer huit minutes, pas plus. Julie était partie avec le caméraman de Radio-Canada et un recherchiste, Marc-André Chabot, dont elle avait elle-même payé le billet d'avion.

Une fois sur place, ils ont été franchement ébahis tous les trois par l'ampleur du phénomène Céline Dion. Ils voyaient bien que jamais un artiste québécois, dans quelque domaine que ce soit, n'avait atteint d'aussi hauts sommets qu'elle. Ils ont recueilli des témoignages sur Céline. Ils ont assisté à la cérémonie au cours de laquelle elle fut faite chevalier par un haut fonctionnaire de l'État français, s'étonnant de repérer dans l'assemblée attentive et émue le consul du Canada et le délégué du Québec, alors que ni le Canada ni le Québec n'avaient encore daigné décerner à Céline leur ordre national. Le même jour, c'était toute l'industrie internationale du disque qui rendait un vibrant hommage à la chanteuse québécoise. Julie et son caméraman ont fait le plein d'images et, le lendemain, Céline leur accordait l'entrevue promise.

Huit minutes, pas plus ! C'était ce qu'avait dit René, mais le ton de la conversation entre Julie et Céline était si heureux, si pétillant, qu'il a décidé de laisser filer. L'entrevue a duré près d'une heure. Julie, qui en principe devait rentrer à Montréal avec un topo d'une dizaine de minutes, considérait qu'elle avait alors assez de matériau pour faire une bonne heure d'émission.

Ce soir-là, à Cannes, Céline devait chanter en duo avec Bryan Adams, incontestablement la grande vedette de cette année-là. René avait obtenu des laissez-passer pour que Julie et son caméraman puissent assister au spectacle, mais il les avait informés que malheureusement ils ne pourraient rien filmer, ni sur scène, ni en coulisses, ni même dans la rue ; aucune image montrant Céline et Bryan ensemble ne devait être prise. Ainsi en avait décidé le manager de Bryan. Julie a voulu le rencontrer, car il était pour elle inconcevable qu'on ne puisse faire des images de Céline Dion chantant avec la plus grande vedette de l'heure, mais le manager de Bryan Adams était resté inflexible.

Julie a convaincu son caméraman de cacher la petite lumière rouge qui indique que la caméra est en marche. Et pendant le spectacle, ils ont pris, mine de rien, de fort belles images de Céline chantant avec Bryan Adams. René a été ravi par l'audace de Julie, mais il lui a rappelé qu'elle ne pourrait, hélas, utiliser ces images.

De retour à Montréal, Julie a préparé le montage de son reportage, qu'elle a fait voir à ses patrons et à René Angélil, et leur a proposé de faire, à partir du matériel amassé, une émission spéciale pour le lancement de l'album *Falling Into You*. Tout le monde s'accordait pour dire qu'elle avait en main un formidable document et qu'il était dommage qu'elle ne puisse y inclure les très belles images clandestines que son caméraman avait prises durant le spectacle de Céline et d'Adams.

Julie a insisté pour que René intervienne de nouveau auprès du manager de Bryan Adams. Charmé par son opiniâtreté, René a joint le manager à son bureau de Vancouver. Rien à faire, celui-ci est resté sur ses positions, mais il a fini par dire à René qu'il refusait parce qu'il n'avait pas vu les images. Dès que Julie en a été informée, elle a demandé à René de lui arranger un rendez-vous avec le manager ; elle prendrait l'avion et irait elle-même lui faire voir ces images le lundi matin.

René l'a rappelée deux heures plus tard pour lui dire que c'était d'accord. En fait, il avait été tellement impressionné par la détermination et l'acharnement de Julie qu'il avait décidé de convaincre le manager de Bryan Adams de la laisser utiliser les images du duo. Il a expliqué à Julie qu'elle l'avait provoqué et stimulé. « C'est pas souvent que je rencontre quelqu'un qui en veut autant que moi, lui a-t-il dit. Je ne pouvais pas te laisser tomber. »

De la part de René Angélil, c'était un très bel hommage. Il a toujours eu énormément de respect et d'admiration pour ceux qui travaillent avec cœur, qui s'investissent réellement dans leurs projets. Il restera lié à Julie qui obtiendra, au cours des années suivantes, de nombreuses entrevues avec lui ainsi qu'avec Céline et son entourage. Ils seront désormais d'indéfectibles alliés, des complices, qui mèneront ensemble de nombreuses campagnes et de mémorables batailles.

Ainsi, Charles Ohayon, le directeur des programmes de Radio-Canada, avait décidé de diffuser le reportage de Julie un dimanche de février, le soir du gala des Grammy Awards au cours duquel Céline devait chanter. René a gentiment tenté de lui faire comprendre qu'il était absurde d'opposer Céline à Céline, mais Ohayon ne voulait rien savoir. Fâché, René a voulu contacter une plus haute autorité, en l'occurrence Michèle Fortin, mais c'était un vendredi soir et les bureaux étaient fermés. Le lundi matin, il serait trop tard : la grille horaire de Radio-Canada serait bouclée et publiée.

Sachant que le mari de Michèle Fortin était un proche de Bernard Landry, alors vice-premier ministre du Québec, Julie Snyder a contacté un ami qui travaillait dans son entourage, lequel a trouvé dans le carnet d'adresses du ministre le numéro personnel de Mme Fortin. Le samedi matin, René l'a appelée, il l'a charmée et l'a convaincue qu'il fallait d'urgence réaménager la grille horaire et reporter le spécial de Julie d'une semaine. Ce qui fut fait, au très grand dam d'Ohayon, qui en a beaucoup voulu à Julie Snyder, laquelle, se sentant mal aimée à Radio-Canada, allait bientôt passer à TVA avec un talk-show de son cru, *Le Point J*.

Cette émission était produite par Coscient (futur Zone 3) qui la vendait clé en main et avec un bon profit à TVA. René a poussé Julie à fonder sa propre compagnie de production, les Productions J. Il a négocié son départ de chez Coscient, et cela s'est fait sans heurt. Pour le plaisir, il a agi comme s'il était l'agent de Julie dont il a proposé les services et à Radio-Canada et à TVA.

Ils sont allés au plus offrant. TVA a remporté l'entente en proposant un budget de production deux fois plus élevé que celui qu'avait obtenu Coscient. René a même exigé pour Julie et ses invités des loges convenables avec toilettes et douches. Tout ça par amitié pour Julie et pour le plaisir de négocier.

Dès qu'elle est arrivée dans la place, Julie Snyder s'est mise à œuvrer à la réconciliation de TVA et de René Angélil, faisant valoir que Céline était désormais l'une des artistes les plus en vue au monde et qu'il serait payant, auprès du grand public, de pouvoir travailler avec elle et avec son manager. Elle a organisé une rencontre entre Daniel Lamarre, président de TVA, André Provencher et René Angélil dans les bureaux de Feeling, à Laval. Les trois hommes se sont bien entendus et ont convenu de travailler désormais ensemble quand l'occasion se présenterait.

Au cours de l'été de 1997, Julie a suivi la tournée des stades d'Europe de Céline Dion et en a ramené des images percutantes dont elle a fait un montage présenté à sa toute première émission à l'automne. René lui donna ensuite un duplex avec Céline pour sa deuxième émission. Julie formait alors équipe avec un jeune réalisateur-coordonnateur, Jean Lamoureux, dont René avait déjà apprécié les talents. Il leur a confié, quelques semaines plus tard, le lancement mondial de *Let's Talk About Love* qui s'est fait depuis les studios de TVA reliés par satellite aux grandes capitales du monde. Encore une fois, ce n'était pas à une institution qu'il s'était associé, mais à des personnes, à deux jeunes dynamiques, brillants, audacieux et travailleurs. Ils lui seront utiles, et il les aidera beaucoup.

Sans être timide, Julie n'osait pas toujours s'affirmer, comme si elle avait peur du succès et honte de gagner de l'argent. René lui a fait comprendre qu'avoir de l'ambition était une qualité et que réussir était un devoir.

En 1998, pour les trente ans de Céline, Julie et Jean ont fait un montage vidéo de témoignages d'amitié recueillis parmi les parents, les amis et les proches collaborateurs de Céline. De même, en janvier 2000, quand René se remettait de son cancer, ils lui ont fait parvenir, à Jupiter, en Floride, un recueil de félicitations et de messages d'amitié de Mohammed Ali, Oprah Winfrey, Jay Leno, Larry King, Gloria Estefan, Lance Armstrong, Michel Drucker... René en a été ému aux larmes. Et les liens de confiance entre Julie et lui se sont considérablement renforcés. Il allait l'associer de plus en plus étroitement à certains projets.

Mais, après avoir vu l'impeccable enregistrement qu'il avait fait d'un show de Tina Turner à Amsterdam, c'est au réalisateur anglais Dave Mallet qu'il a confié, en 2005, la réalisation du DVD de *A New Day*... Cinq soirs de suite, les dix-neuf caméras de Mallet ont enregistré le spectacle du Colosseum. Le résultat était magnifique. Mais René n'a pas aimé. Pour une seule raison : le look de Céline. Elle avait les cheveux courts et teints en blond. « C'est pas toi, lui disait-il. Tu ne peux pas passer à l'histoire en blonde. C'est comme si on voyait un show d'Elvis teint en blond. » Et, malgré toutes les qualités qu'il reconnaissait à la production de Mallet, qui aura coûté 2,2 millions de dollars, il a refusé qu'elle soit mise en marché...

Entre-temps, pour marquer le vingt-cinquième anniversaire de la carrière de Céline, les Productions J ont produit, pour le réseau TVA, une émission spéciale faite d'images d'archives et d'extraits des nombreux reportages réalisés au cours des dix dernières années par Jean Lamoureux et diffusés dans des émissions produites par Julie Snyder. La qualité des images et du montage était tout aussi remarquable que ce qu'avait fait Mallet. René a pris alors la décision de confier à Julie et à Jean le soin de produire un autre DVD, ce qui a fait dire à Céline que sa coupe de cheveux courts et blonds avait sans doute été la plus chère du monde. Le DVD, lui, a été le plus vendu des années 2007 et 2008, partout à travers le monde.

Dès lors, Julie Snyder, que les Québécois se plaisaient à appeler la Démone, est devenue une collaboratrice et une amie très proche en qui René avait toute confiance. Les Productions J seront ainsi régulièrement associées aux opérations de Feeling. En 2000, quand Céline est entrée en congé sabbatique, René a mis cette machine parfaitement rodée au service d'autres artistes, de Marc Dupré notamment. Marc avait fait à plusieurs reprises la première partie des shows de Céline. René a entrepris de lancer sa carrière pour de bon en le faisant connaître du grand public, en le positionnant comme un *performer* hors pair. C'est aux productions J qu'il a confié le soin de dresser un portrait de Marc qui, diffusé par TVA à une heure de grande écoute, a eu un effet d'entraînement extrêmement puissant. Le lendemain, les billets de son spectacle étaient mis en vente et la tournée a attiré quelque 100 000 spectateurs.

En 2009, René utilisera la même stratégie pour lancer la tournée d'une autre artiste entrée chez Feeling, Véronic Dicaire. Brillante chanteuse et imitatrice, Véronic a fait la première partie des spectacles que Céline a présentés à Montréal en août 2008 et en février 2009. Après avoir vu sa performance, René l'a rencontrée et lui a proposé de s'occuper de sa carrière, de la reconstruire, en fait. Il a immédiatement annulé tous les engagements de promotion qu'elle avait pris. Avec la complicité de Stéphane Laporte et de Marc Dupré, les Productions J ont réalisé un documentaire sur elle qui sera diffusé par TVA. Ensuite, les billets seront mis en vente et la tournée sera un énorme succès. Sûr et certain.

Ainsi, en grande partie grâce à Julie Snyder, dont il admire l'audace et l'énergie, René s'est rapproché de TVA. C'est à Julie et à son équipe qu'il a confié la production des DVD de *A New Day…*, de *Céline sur les Plaines* et de la tournée *Taking Chances*. Quand, au printemps de 2008, l'Adisq lui fit savoir qu'elle voulait rendre un hommage spécial à Céline Dion, il a annoncé que le gala, diffusé par Radio-Canada, se tiendrait exceptionnellement au Centre Bell, qu'on y inviterait le grand public et René a exigé que la vidéo racontant en quatre minutes la carrière de Céline soit produite par Julie Snyder et soit montée par Stéphane Laporte, que la musique d'accompagnement composée par André Gagnon soit jouée par l'Orchestre symphonique de Montréal sous la direction de Kent Nagano – un fan inconditionnel de Céline – et que le prix-hommage lui soit remis par Luc Plamondon. Ce dernier avait si bien parlé lors de l'inauguration de la statue de cire au musée Grévin que René en avait été ému. Retenu ce soir-là à Munich, Nagano a tout de même tenu à rendre un vibrant hommage à Céline. Il l'a rencontrée à plusieurs reprises et il entretient avec son manager divers projets auxquels il veut mêler la voix de la chanteuse.

De même qu'il s'était passé de TVA pendant cinq années, au moment où Céline faisait sa grande ascension, René peut aujourd'hui agir en toute liberté face aux médias, choisir avec qui il travaille, avec qui il ne veut pas se commettre.

Depuis quelque temps, de toute évidence, il ne porte plus la société d'État dans son cœur. On peut comprendre. En 2006, pour souligner les vingt-cinq ans de carrière de Céline, le directeur des programmes Sylvain Lafrance lui avait laissé entendre que Radio-Canada proposait de diffuser une émission-hommage à l'automne. Or cette émission, animée par Alain Gravel et réalisée par Georges Amar, allait donner la parole aux plus virulents détracteurs de Céline, qui se sont fait un méchant plaisir de dresser une sorte d'inventaire éminemment subjectif des raisons qu'on pouvait avoir de la détester… René s'était alors promis qu'on ne l'y reprendrait plus.

Il a été solidement conforté dans ses positions quand il a visionné le *Bye Bye 2008* diffusé par Radio-Canada le 31 décembre au soir. Il faisait lui-même, ainsi que Céline et leur fils, René-Charles, les frais d'un sketch inspiré du jeu Cranium, où l'on avait campé Céline en marionnette insignifiante qui lui obéissait au doigt et à l'œil (rien de plus faux que ce cliché) et où l'on voyait René-Charles, affublé d'une perruque ridicule, mettre le feu à des billets de banque. René a été blessé, évidemment, qu'on donne de lui, de sa femme et de son fils une image aussi réductrice que vulgaire. Mais il y avait pire à ses yeux : des numéros proprement injurieux sur les Noirs, sur Obama, sur les Canadiens anglais, manifestant selon lui une stupéfiante étroitesse d'esprit, un chauvinisme grossier, infiniment prétentieux, et beaucoup de mépris pour toute réussite, toute richesse.

Quand, quelques jours plus tard, une journaliste du *Journal de Montréal* l'a contacté pour connaître son opinion, il était toujours porté par une colère incandescente qu'il n'avait aucunement l'intention de laisser s'éteindre. Il a dit haut et fort ce qu'il pensait de ce *Bye Bye*, qui projetait selon lui une image désolante et déprimante du Québec. « Je ne suis pas seulement en colère, disait-il, j'ai honte. »

Il avait de toute manière décidé, comme il l'avait fait autrefois après sa dispute avec Michel Chamberland, de TVA, que les artistes dont il gérait la carrière ne mettraient plus les pieds dans les studios de la société d'État tant et aussi longtemps qu'y séviraient les responsables du *Bye Bye*, qu'il a qualifiés de « purs imbéciles ». Sa colère a redoublé quand, quelques jours plus tard, il a lu les propos d'un journaliste de *La Presse* qui lui conseillait de « respirer par le nez ». Ayant été « utilisé » comme matériau par les auteurs du *Bye Bye*, Angélil se considérait tout à fait en droit de donner son opinion et de manifester son mécontentement haut et fort. Et il a fait savoir qu'il trouvait les conseils et les admonestations de ce journaliste d'une suffisance et d'une prétention inconcevables.

Il n'ignorait pas qu'en s'éloignant ainsi de Radio-Canada, au moment même où il entrait en fonction comme directeur de *Star Académie*, il soulèverait tout un tollé dans le milieu du show-business et dans les médias québécois et s'exposait à des critiques et à des attaques de toutes sortes. Le bagarreur Angélil n'était pas du tout fâché de cela. Il est parfaitement capable d'encaisser. Pas question qu'il change d'idée. Il venait de s'engager dans une autre guerre, la guerre du jour de l'An, dans laquelle personne ne pourra se méprendre sur ses allégeances. Et rien ni personne ne l'empêchera d'agir comme il l'entend, librement, ouvertement, en étant fidèle à ses idées, à ses convictions, à ses amis.

S'il a accepté d'être directeur de *Star Académie,* c'est parce qu'il a envie de travailler avec des jeunes, parce qu'il aime et qu'il retrouve chez eux et avec eux la ferveur et l'émerveillement qui le portaient quand il a commencé dans ce métier.

Deux ans plus tôt, les académiciens de Julie Snyder étaient venus assister au spectacle de Céline à Las Vegas. René les avait reçus comme des princesses et des princes, leur avait fait visiter les loges, les coulisses, et rencontrer Céline, évidemment. Il leur avait beaucoup parlé, il les avait longuement observés, ému; il retrouvait chez eux, dans leurs yeux, la ferveur qui était la sienne lorsqu'il avait leur âge, près de cinquante années plus tôt. Comme eux, il rêvait alors de chanter un jour devant un public conquis et, avec ses amis Labelle, Beaulne et Petit, il courait les concours d'amateurs. Ce qu'il recherchait ultimement, c'était le regard et le sourire des plus belles filles, mais c'était aussi, tout autant inoubliable, l'émotion à nulle autre pareille qu'on éprouve quand on monte sur une scène, qu'on s'avance sous les projecteurs, devant les caméras. Il comprenait, en les voyant, qu'il avait eu la chance de conserver toute sa vie cette fraîcheur et cette ferveur. À soixante-sept ans, il recherche encore et encore cette émotion, cette sensation, en prenant des risques, en se mettant sans cesse en danger. Jouer, que ce soit devant une foule ou un croupier, c'est toujours se mettre en danger... René Angélil est resté un joueur. Il cherche toujours pour son artiste les scènes les plus vertigineusement hautes; au poker, il veut toujours jouer contre les meilleurs, les imbattables, les implacables. Ces jeunes qu'il rencontrait dans les coulisses du Colosseum étaient comme ça, eux aussi. Ils avaient peur, certainement, ils étaient formidablement intimidés, mais ils fonçaient, ils voulaient gagner. Ils lui posaient mille questions, ils voulaient tout savoir, ils avaient faim et soif de savoirs, de pouvoirs, de victoires. Voilà ce qu'il a aimé, chez eux. Voilà pourquoi, plus tard, quand Julie lui en a fait la proposition, il a accepté de diriger l'*Académie*, après avoir consulté Céline Dion, son gouvernement.

René Angélil est aujourd'hui un modèle pour beaucoup de jeunes gens, hommes et femmes, qui veulent réussir comme artiste ou comme agent d'artistes ou d'athlètes. Où qu'il soit, ils essaient tous de le rencontrer, pour lui demander conseil ou, simplement, pour se trouver un moment en sa présence. Il adore, lui, être en contact avec ces jeunes qui entrent aujourd'hui dans le show-business, pleins d'espoirs, d'illusions, de rêves, et qui les regardent, Céline et lui, comme des modèles… Il ne doute pas qu'il peut leur en apprendre beaucoup, que c'est même son devoir de leur donner des conseils… Le premier étant de bien comprendre qu'il n'y a pas de recette miracle ; il faut du talent et du travail. Qui entre dans le show-business en s'imaginant que ce sera un perpétuel party se trompe. Pourtant, René a toujours appliqué à la lettre la maxime de vie que Roland Séguin, le vieux maître de chant, avait proposée aux Baronets. Et sa vie a longtemps été un continuel party.

« Mais Roland Séguin parlait d'avoir du plaisir, dit-il, pas nécessairement de faire le party. Du plaisir, j'en ai trouvé dans mon travail, dans les défis que je me donnais, dans les deals que j'ai faits. Chaque fois qu'on se mettait en danger, Céline et moi, qu'on prenait des risques, j'avais du plaisir, du bonheur. Elle est la seule personne avec qui j'ai pu aller si haut et si loin dans le risque et dans le bonheur. »

Il a eu des modèles, lui aussi. Ses parents ont été des guides qui lui ont inculqué des valeurs morales auxquelles il croit toujours. Eddy Marnay a fait de même. Ben Kaye a été lui aussi, d'une certaine manière, un mentor, qui lui a permis de comprendre certaines règles du jeu du show-business. Dans ce domaine, toutefois, les deux plus importants modèles à ses yeux restent Tom Parker et Brian Epstein, qui ont créé les plus grandes légendes du show-business du xxe siècle, Elvis Presley et les Beatles. Ils ont su tous les deux reconnaître la valeur des artistes qu'ils ont découverts. Ils ont su aussi, en utilisant les médias et les machines de production en place, projeter leurs œuvres dans le monde entier.

Ses modèles, on se les invente toujours un peu, cependant on les idéalise. Souvent, ils stimulent; parfois, ils déçoivent. René a eu la chance de rencontrer à plusieurs reprises le colonel Parker; il a reconnu la grandeur de ce qu'il a fait, mais aussi ses erreurs, dont la plus terrible est de ne pas avoir su rendre son artiste heureux, de l'avoir empêché de s'épanouir vraiment en le laissant croupir dans une gloire factice…

« Pour moi, il reste tout de même un modèle, disait-il aux académiciens. J'ai appris de ses erreurs. Je me suis préoccupé du bonheur de Céline autant que de sa carrière. Ensemble, nous avons réussi sur les deux fronts, selon moi. » Angélil le conteur s'est fait un plaisir de leur rappeler ses rencontres avec son idole de jeunesse, et la leçon qu'il lui a donnée un jour.

Au printemps de 1994, Ben Kaye, resté un proche collaborateur d'Angélil, recevait dans le bureau de Feeling (en fait, un petit espace que le comptable André Delambre avait mis à la disposition de son client), à Laval, un appel d'un inconnu qui prétendait être l'illustre colonel Parker, manager du légendaire Elvis Presley, et qui demandait à parler à René Angélil. Croyant d'abord à un canular, Kaye a fait de sérieuses vérifications avant même de tenter de joindre René qui était en train de jouer au golf. Après enquête, Ben a finalement compris que le colonel avait eu les coordonnées de Feeling par Mel Ilberman, qui était autrefois chez RCA, la maison de disques d'Elvis, et travaillait maintenant chez Sony, la maison de production de Céline Dion.

Mais pourquoi le grand homme voulait-il parler à Angélil? «Parce qu'il avait vu quelques jours plus tôt sur la chaîne Disney l'émission spéciale enregistrée l'automne précédent au Capitole de Québec par Tony Greco», a répondu Ilberman. Céline terminait ce show en interprétant de façon magistrale une chanson qu'Elvis avait rendue plus que fameuse, *Can't Help Falling in Love with You*. Le colonel s'était procuré le dernier album de Céline, il avait repéré sur la pochette le nom de son manager, René Angélil.

Il était passé huit heures du soir quand Ben Kaye a pu joindre Angélil, et minuit, heure de Montréal, quand celui-ci, d'abord incrédule, a consenti à rappeler le colonel à Las Vegas.

Le colonel lui a dit combien il avait été fasciné par la voix, les yeux, les gestes, la présence de Céline. Il n'avait jamais entendu une interprétation de *Can't Help Falling in Love with You* aussi bouleversante, aussi proche de celle d'Elvis... et il a dit à René qu'il aimerait le rencontrer.

«Viens-tu parfois à Las Vegas?»

Angélil se sentait chez lui à Las Vegas, peut-être plus que partout ailleurs au monde. Il y était allé, depuis sa prime jeunesse, plusieurs fois par année, il avait passé des milliers d'heures à jouer au black-jack, aux dés, à la roulette, au poker, au craps... Il accepta donc l'invitation du colonel.

Celui-ci l'ignorait, mais ce serait la deuxième fois qu'il allait rencontrer René Angélil. En août 1987, pour le dixième anniversaire de la mort d'Elvis Presley, René s'était rendu à Las Vegas en compagnie de Ben Kaye et de Marc Verreault. Le colonel Parker produisait alors, au

Hilton de Las Vegas, un show commémoratif dans lequel Wayne Newton interprétait les grands succès du King, à l'endroit même où celui-ci chantait encore quelques semaines avant sa mort. On pouvait d'ailleurs visiter la suite qu'il occupait quand il vivait à Las Vegas. Le colonel en avait fait une sorte de musée où il avait fait disposer quelques souvenirs, des photos, des guitares, des costumes ayant appartenu au King. L'entrée coûtait 5 dollars, et on pouvait y acheter divers souvenirs à l'effigie d'Elvis, photos, chandails, chaussures, foulards, etc.

Avec ses amis Marc Verreault et Ben Kaye, ce dernier muni d'un appareil photo, René s'était rendu au Hilton. C'était la cohue. Un cordon contenait la foule. Lorsqu'ils aperçurent le colonel, ce grand bonhomme coiffé de son éternel chapeau de cow-boy, serrant des mains, Ben franchit le cordon, s'approcha de lui et insista lourdement pour qu'il se laisse photographier avec chacun d'eux, ce que le vieil homme, d'abord réticent, avait fini par accepter.

Une fois la conversation engagée, Ben Kaye avait dit au colonel qu'il était l'idole de son ami René Angélil, lequel était lui aussi gérant d'une grande artiste, qui était une vedette au Québec et en France. Le colonel avait fait signe à René de s'approcher et lui avait demandé de lui parler de son artiste. René lui avait alors parlé avec ferveur et admiration de Céline Dion, de sa voix, de son énergie, de sa présence sur scène. Il avait terminé en disant : « Elle chante dans le style de Barbra Streisand. »

Le colonel lui avait coupé la parole. « Laisse-moi te donner une leçon, mon garçon. Ne compare jamais ton artiste avec qui que ce soit, ni pour dire qu'elle a surpassé celui-ci ou celle-là, ni pour dire qu'elle va les supplanter un jour. Il n'y aura jamais deux Barbra Streisand, et ta chanteuse sera ta chanteuse, pas une autre. Laisse-la être elle-même, c'est sa meilleure chance de réussite. »

Angélil ne l'a jamais oublié. Il allait d'ailleurs, quelques années plus tard, retourner sa leçon à l'ex-gérant d'Elvis.

411

En ce printemps de 1994, à l'invitation du colonel, René est donc parti pour Las Vegas accompagné de Marc Verreault et de Ben Kaye. Ils se sont rendus, cette fois, chez le colonel, dans une banlieue très cossue de Las Vegas. Grande maison basse, style prairies, entourée d'un jardin de cactus et de yuccas. Il y avait un très long corridor aux murs couverts, d'un bout à l'autre et de bas en haut, de photos d'Elvis. Le colonel avait beaucoup vieilli en sept ans. Il est venu vers eux en fauteuil roulant, un plaid sur les genoux. Il n'a reconnu aucun des trois hommes. Ils l'ont suivi dans un grand salon où était partout présent le fantôme d'Elvis, photos, affiches de cinéma, pochettes de disques, guitares, disques d'or et de platine…

Ils se sont assis sur un long divan, René, Marc et Ben tout au bout. Le colonel leur a parlé des bons et des mauvais deals qu'il avait faits, des sommes qu'il avait demandées pour tel ou tel concert d'Elvis ; *money, money, money*. Angélil en était un peu choqué. Il a toujours été pudique à ce chapitre. Il peut négocier âprement, c'est son travail, c'est le jeu, la règle, mais une fois l'entente conclue, on ne parle plus d'argent, surtout pas devant des tiers. C'est vulgaire et, surtout, ça peut porter malheur… Il aurait aimé que le colonel leur parle plutôt d'Elvis lui-même, de la manière dont il vivait, de ce qu'il mangeait au petit déjeuner et aussi de son métier à lui, de son rôle de manager.

Ensuite, le colonel dit à Angélil :

« J'ai vu le show de ta Céline l'autre soir. Laisse-moi te dire une chose, mon garçon : avant longtemps, ta chanteuse sera aussi populaire que Barbra Streisand. »

Angélil lui a alors répondu : « Colonel, vous ne devriez jamais comparer un artiste à un autre. Chacun a sa propre personnalité, son style unique. C'est quelqu'un de très important qui m'a dit ça.

– Qui donc ? a demandé le colonel, après avoir hésité un moment.

– Vous, colonel Parker ! »

Angélil lui a alors rappelé la leçon qu'il lui avait donnée sept ans plus tôt. Le colonel s'est souvenu de leur rencontre. Il s'est brusquement tourné vers Ben Kaye :

« C'est toi qui m'avais harcelé pour qu'on fasse des photos, lui dit-il. Tu m'en as apporté quelques-unes au moins ? »

Kaye les a sorties de sa poche. Le colonel a pris la photo que Ben avait prise d'Angélil et de lui en 1987, les deux hommes côte à côte, souriants, le colonel, déjà âgé, un peu voûté, Angélil, dans la force de l'âge, plus mince. Il a regardé longuement la photo, puis il a levé la tête avec un petit sourire et a fait un semblant de salut militaire à Angélil, comme s'il rendait hommage à un frère d'armes.

Quelques semaines plus tard, le colonel s'est rendu au Thomas & Mac Center, l'aréna de l'université de Las Vegas, voir le spectacle *Time, Love & Tenderness* mettant en vedette Michael Bolton avec Céline Dion en première partie. Au moment où cette tournée avait été organisée, Bolton était de loin le plus populaire des deux artistes. Mais en quelques semaines, grâce à *Beauty and the Beast*, à *Where Does My Heart Beat Now* et surtout à *The Power of Love*, le premier numéro un qu'elle a eu au Billboard, Céline avait infiniment plus de succès que Bolton qui, comme de raison, en prenait ombrage.

Le colonel n'a rien fait pour arranger les choses. À peine Céline avait-elle chanté la dernière note de *Can't Help Falling in Love with You,* avec laquelle elle terminait son numéro, que le colonel se rendait dans les coulisses. Le manager de Bolton, Lewis Levin, l'apercevant, a cru qu'il venait pour son artiste. Il s'est avancé vers lui, la main tendue : « Ton artiste ne m'intéresse pas, lui a sèchement dit le colonel, je suis ici pour voir Céline Dion et rencontrer M. Angélil. »

Cette fois, ils ont parlé comme de vieux amis pendant des heures, non plus d'argent et de contrats, mais du King lui-même, de sa carrière, de sa vie, et de Céline, bien sûr, ainsi que des artistes qu'ils aimaient. Ils avaient tous deux géré des carrières mythiques. Le vieux colonel n'avait plus vraiment de *thrill*, il n'avait plus vraiment de projet et il évitait de se mettre en danger de quelque manière que ce soit, mais il y avait encore de l'admiration dans sa voix et son regard quand il parlait de Céline et de quelques autres artistes qui avaient trouvé grâce à ses yeux. La flamme était encore allumée.

René était alors un jeune imprésario aux commandes d'un rêve géant. Il devisait tranquillement de show-business avec celui qui avait été si longtemps son idole, qu'il avait cru inaccessible à jamais.

Il a aujourd'hui pour beaucoup de gens la stature d'un colonel Parker. Il est le manager qui a réussi. Il veut que son bagage de connaissances, son savoir-faire et son expérience servent aux jeunes. Voilà pourquoi il a accepté de diriger *Star Académie*. Il s'est retrouvé en eux, jeune, pétri de rêves et d'ambition. «Que je leur rende ça, dit-il. C'est la moindre des choses !»

L'agent du P-DG

Au printemps de 1993, René avait passé beaucoup de temps à Las Vegas avec Paul Sara et Jacques Desmarais. Les Canadiens de Montréal rencontraient alors, en grande finale de la coupe Stanley, les Kings de Los Angeles. Les gars regardaient à la télé les matchs disputés à Montréal. Quand les Kings recevaient les Canadiens, René organisait, avec l'aide d'Anna DeMartino, une excursion dans la ville des anges. Ils prenaient l'avion au milieu de l'après-midi, et une limousine les attendait à l'aéroport de Los Angeles pour les déposer au Staple Arena, où René entrait en portant fièrement le chandail des Canadiens de Montréal, ce qui, dans le contexte survolté de la série finale de la coupe Stanley, requérait une certaine audace. Il avait toujours été un fan absolu des Canadiens, même si depuis quelque temps il les trouvait un peu moins sympathiques et n'approuvait pas toujours la façon dont la direction agissait avec les joueurs.

À Los Angeles, Paul, Jacques et René retrouvaient Pierre Lacroix, l'agent, entre autres grands joueurs, du gardien de but des Canadiens, Patrick Roy, qui pour la deuxième fois de sa carrière allait remporter cette année-là la coupe Stanley. Pierre avait quelquefois confié à René que son rêve secret était de diriger une équipe de la LNH et de remporter lui aussi la sacro-sainte coupe. René l'encourageait. Il avait beaucoup admiré Pierre quand celui-ci avait quitté la brasserie O'Keefe pour devenir agent de joueurs. C'était un pari risqué que Pierre avait pris avec un sang-froid admirable, et il avait réussi. Pierre était un champion. De même, ce dernier avait encouragé René quand il avait hypothéqué sa maison et tout misé sur la jeune Céline Dion. Les deux hommes s'admiraient, ils s'entraidaient, chacun encourageant la « folie » de l'autre... René pressait donc Pierre de réaliser son rêve. Celui-ci avait réussi comme agent au-delà de ses espérances, et il était pratiquement indépendant de fortune, libre. Il avait toujours son bureau à Laval, mais il passait une partie de ses hivers à West Palm Beach avec sa femme, Coco. La belle vie !

Quelques semaines après qu'ils eurent assisté à la victoire des Canadiens, Céline et René se trouvaient justement chez les Lacroix, à West Palm Beach. Dans l'après-midi, Céline et Coco étant parties courir les boutiques de mode, les deux hommes se sont installés sur des matelas gonflables qu'ils ont laissé gentiment dériver dans la piscine avec à portée de la main ce qu'ils appelaient leur « médicament », de gros pots de yogourt glacé sans gras, leur projet commun du moment étant de perdre un peu de poids ou de se donner bonne conscience et de mériter de prendre le soir même un copieux repas.

Pierre et René étaient maintenant des amis depuis plus de vingt ans. Ils étaient devenus tous les deux de puissants hommes d'affaires. Ils négociaient avec de grosses organisations américaines, les Rangers de New York, les Black Hawks de Chicago, les Kings de Los Angeles... Sony-International. Ils se racontaient tout, ils se parlaient de leurs plans, de leurs tractations, échangeaient des conseils sur les manières de faire, les attitudes à adopter. Ils étaient ainsi devenus le mentor l'un de l'autre, si bien qu'ils avaient pris l'habitude de s'appeler mutuellement Pôpa, parce qu'ils se protégeaient l'un l'autre, mais aussi sans doute parce qu'ils avaient l'un sur l'autre un effet formateur.

Ce jour-là, donc, Pierre s'était encore mis à parler de son rêve de gagner un jour la coupe Stanley. Comme chaque fois, René lui disait : « Toi, si tu étais directeur-gérant, c'est sûr que tu gagnerais la coupe Stanley. Tout ce qu'il te faut, c'est une équipe. » Comme agent de joueurs, Pierre n'avait vraiment plus rien à prouver. Il venait de terminer, à quarante-cinq ans, sa plus grosse année, en signant pour l'ensemble de ses joueurs des contrats totalisant quelque 53 millions de dollars. Il avait maintenant envie d'autre chose. S'il était directeur-gérant, il gagnerait sans doute beaucoup moins d'argent, mais il serait heureux, il ferait enfin face à un défi magnifiquement stimulant.

« Si c'est ça ton rêve, lui répétait René, fais-le. *Go for it !* »

Ayant vidé son pot de yogourt, René est sorti de la piscine et est entré dans la maison. Pierre le voyait par la grande baie vitrée qui parlait au téléphone, et il a pensé qu'il avait des affaires à régler. En revenant vers la piscine, une quinzaine de minutes plus tard, René lui a dit qu'il venait de joindre Marcel Aubut, le président des Nordiques, l'équipe de hockey de Québec, pour lui parler du rêve de son ami Pierre Lacroix. Les Nordiques étaient alors dans une mauvaise passe. Ils avaient connu une fin de saison catastrophique et ils n'avaient participé aux séries qu'une seule fois au cours des six dernières années.

Aubut avait été fort amusé par la proposition de René Angélil, mais elle ne lui avait pas vraiment semblé réaliste pour plusieurs raisons. La première étant qu'il ne pourrait jamais assurer à Lacroix des revenus comparables à ceux qu'il touchait comme agent. René lui avait répondu que ce n'était pas l'argent qui motivait son ami. « Pierre a un rêve, et c'est moi son agent. »

417

Toutefois, Aubut, en plus de craindre de ne pouvoir payer Lacroix à sa juste valeur, avait déjà un directeur-gérant sous contrat. Il ne pouvait donc prendre sérieusement en considération l'offre de René. Celui-ci n'allait pas pour autant laisser tomber son projet.

Près d'une année plus tard, quand la saison 1993-1994 tirait à sa fin et que le contrat du directeur-gérant était sur le point d'échoir, Angélil a recontacté Marcel Aubut et lui a rappelé que Pierre Lacroix rêvait toujours de diriger une équipe de la LNH, ajoutant que ce n'était toujours pas pour l'argent, mais par goût de l'aventure. C'était un choix de vie.

Un beau matin de l'été de 1994, Marcel Aubut appelait Pierre Lacroix. Les deux hommes se sont rencontrés deux jours plus tard, à l'hôtel Reine Elizabeth, et ils se sont vite entendus.

Toutefois, il fallait encore convaincre Coco, la femme de Pierre, qui n'était pas sûre d'avoir envie d'aller vivre à Québec, où elle ne connaissait pratiquement personne. En outre, il était de plus en plus probable que l'équipe déménagerait tôt ou tard : le Colisée, bâtiment désuet, ne permettait plus de rentabiliser les opérations de l'équipe, dont la masse salariale était devenue trop lourde. Tôt ou tard, la franchise irait donc s'installer quelque part dans l'Ouest canadien ou, plus probablement, aux États-Unis.

Coco a donc demandé à réfléchir, et c'est encore René qui s'est chargé des négociations. Il a convoqué chez lui une réunion à trois au cours de laquelle il a écouté les deux parties et a fait un bilan de la situation : Pierre et Coco, mariés depuis vingt-six ans, étaient bien ensemble, ils étaient en bonne santé, relativement libres et fortunés. Leurs deux garçons étaient autonomes : Martin étudiait en éducation physique à Boston ; Éric jouait au hockey à Terre-Neuve et entrerait peut-être un jour dans la Ligue nationale. Dans le briefing qu'il a fait à Coco, René a joué sur le thème du renouveau, du changement, de l'aventure, et il a insisté pour que Pierre et Coco prennent ensemble une décision de couple.

Le 24 juin 1994, le président Aubut annonçait la nomination de Pierre Lacroix au poste de directeur-gérant de l'équipe des Nordiques de Québec. Ce jour-là, Pierre Lacroix a fait le serment solennel que le jour où il gagnerait la coupe Stanley, son ami René serait le premier à y boire du champagne. Deux semaines plus tard, il embauchait Marc Crawford comme entraîneur en chef. Au cours de la saison 1994-1995, les Nordiques ont connu un regain de vie, et la ferveur s'est de nouveau emparée de leurs fans.

Cependant, on savait que les jours des Nordiques étaient comptés. Au printemps, Pierre et Coco Lacroix déménageaient à Denver, avec l'équipe des Nordiques devenue, en mai 1995, l'Avalanche du Colorado. Pierre allait diriger une équipe jeune et dynamique qu'il avait entrepris de bonifier. Le directeur-gérant compose son équipe comme un musicien compose une symphonie ou un opéra. Pierre Lacroix était reconnu dans toute la Ligue nationale comme un maître incontestable dans cet art. Il allait entreprendre la saison 1995-1996 avec un petit chef-d'œuvre d'équipe qu'il avait soigneusement composée toujours en consultant René Angélil, l'informant des acquisitions et des échanges qu'il voulait faire…

En décembre, il a réussi un coup faramineux. Après le dur conflit qui l'avait opposé à son entraîneur Mario Tremblay, Patrick Roy, le gardien de but qui avait donné déjà deux coupes Stanley aux Canadiens, était remercié par l'équipe montréalaise. Lacroix, qui avait été son agent depuis le début de sa carrière professionnelle, l'a tout de suite pris dans son équipe. Cinq mois plus tard, au printemps de 1996, l'Avalanche du Colorado affrontait les Panthers de la Floride en série finale. Fin mai, Pierre Lacroix n'était plus qu'à une victoire de réaliser son rêve.

Depuis le début des séries, par superstition, René et lui ne se parlaient jamais pendant les rondes qui duraient une dizaine de jours. Ils ne se sont parlé pour la première fois des séries qu'après que l'Avalanche eut passé les huitièmes de finale, puis après les quarts et enfin les demi-finales. Pas un mot, pas un signe pendant les rondes, pour ne pas indisposer la chance.

Fin mai, l'Avalanche menait 3 matchs à 0 dans la grande série finale. Il ne lui manquait plus qu'une victoire pour remporter la coupe. Le quatrième match, qui pouvait donc bien être le dernier, se disputait en Floride, dans le vieil aréna qu'occupaient à l'époque les Panthers. Au début de l'après-midi, René téléphonait à Jacques Desmarais et à Paul Sara, qui se trouvaient à Montréal, pour leur dire qu'il leur avait organisé un voyage. Une limousine passerait les prendre chez eux pour les emmener à l'aéroport de Dorval où des billets d'avion pour Miami étaient réservés à leurs noms.

René les attendait à l'aéroport de Miami. Il avait loué une suite dans un hôtel voisin de l'aréna où, toujours par superstition, il ne pouvait mettre les pieds tant que le match n'était pas terminé et la victoire assurée. Il a demandé au chauffeur de la limousine de les attendre devant l'hôtel, et ils ont suivi le match à la télé dans la suite où René avait fait servir un copieux repas.

Après la première et la deuxième période, le chauffeur de la limousine, qui suivait le match à la radio, est venu frapper à la porte pour dire à René et à ses amis que le match était déjà largement entamé et qu'ils devraient se hâter. De peur de porter malheur à l'Avalanche, René se refusait à lui dire pourquoi il fallait attendre encore.

Dans un sursaut d'énergie, les Panthers ont disputé leur meilleur match de la série. Ils ont même réussi à égaliser la marque en troisième période, de sorte qu'on a dû jouer des prolongations. Il y eut, événement rarissime, trois périodes supplémentaires. Le chauffeur attendait toujours au volant de sa limousine et comprenait de moins en moins le projet de René et de ses amis. Il était près de deux heures du matin quand Uwe Krupp a donné la victoire à l'Avalanche. René,

Jacques et Paul se sont alors précipités hors de l'hôtel et sont montés à bord de la limousine. Ils ont pouffé de rire quand le chauffeur leur a dit qu'il était trop tard, que le match était terminé. René lui a parlé de ses habitudes de superstitieux et lui a expliqué en riant que justement le match s'était bien terminé parce qu'il n'y avait pas assisté en personne.

Ils sont entrés dans l'aréna en remontant le flot des amateurs des Panthers qui sortaient, dévastés. Pendant ce temps, sur la patinoire, Pierre Lacroix était partagé entre l'euphorie et une certaine inquiétude. Son ami René, à qui il avait solennellement promis deux ans plus tôt qu'il serait le premier à boire dans la coupe Stanley, n'était pas là, et il ne pourrait contenir longtemps ses joueurs. Pour un joueur de hockey, boire du champagne dans la coupe Stanley est l'ultime privilège.

Ses gars se promenaient d'ailleurs en la brandissant à bout de bras. Les caisses de champagne, qui avaient été tenues cachées (toujours pour éviter d'incommoder la chance), étaient maintenant dans le vestiaire des joueurs, et les bouchons commençaient à sauter. Pierre aurait fort à faire pour interdire à ses gars de boire à même la coupe.

Soudain, il a aperçu René qui s'avançait sur la patinoire et ils sont tombés dans les bras l'un de l'autre. Ils ont fondu en larmes tous les deux.

Quelques minutes plus tard, René Angélil avait l'honneur insigne et rarissime, pratiquement unique pour un profane, de boire du champagne dans la coupe Stanley.

Conte de fées

Chaque fois que cela leur était possible, Céline et René faisaient de courts arrêts en Floride où, en 1993, ils s'étaient acheté une maison, à Palm Beach, près de chez les Lacroix, au bord d'un terrain de golf. Ils retrouvaient alors pendant quelques jours des couples amis, Murielle et Marc Verreault, Johanne et Paul Sara, Coco et Pierre Lacroix, ainsi que des partenaires de golf de René.

Un jour, dans les jardins des Breakers, le fameux grand hôtel de Palm Beach, avec Pierre et Coco Lacroix, Céline et René ont parlé de leur prochain mariage. René a dit qu'il souhaitait que ce soit simple. Il avait pensé aller passer une petite semaine à Venise, en amoureux, juste eux deux. Ils trouveraient bien sur place un prêtre qui les marierait dans une petite chapelle. Céline l'a tout de suite arrêté. Elle trouvait le projet de René très romantique, mais selon elle ça manquait d'éclat. « Moi, je veux plus, disait-elle. Je suis d'accord pour un voyage d'amoureux, mais je veux aussi une grande fête avec plein de monde. »

Chaque fois qu'il voyait sa conjointe le contredire et manifester ainsi son autorité, René semblait ravi, comme lorsqu'elle le réprimandait devant ses amis parce qu'il mangeait trop. Il en était à la fois flatté et rassuré… Il savait, lui, que Céline Dion était une femme forte et qu'elle veillait sur lui, qu'elle le maternait, d'une certaine manière.

Céline, à vingt-six ans, était une jeune femme sûre d'elle. Face aux choses de la vie, elle tenait tête à son homme de plus en plus souvent. Il resterait bien sûr le seul décideur en matière de show-business et dans l'orientation générale de la carrière de Céline Dion ; c'était l'entente qu'ils avaient conclue au tout début et que jamais ni l'un ni l'autre n'avait remise en question. Pour tout le reste, en revanche, pour tout ce qui concernait leur vie au jour le jour, même les lieux où ils allaient habiter, c'était elle qui choisissait. Et c'est elle qui, ce jour-là, voulait un mariage princier. René a compris que certaines choses dans leur vie commune, leur vie de couple, allaient lui échapper et qu'il n'aurait pas vraiment son mot à dire sur leur mariage, la date, le lieu, les invités. Bien sûr, une fois les grandes décisions prises, il s'emparerait du gouvernail pour faire arriver les choses.

Finalement, l'idée d'un mariage princier lui plaisait bien, parce que c'était démesuré, à l'image de leur vie, parce qu'il aimait aussi prendre les commandes d'une grosse organisation et, bien sûr, parce que c'était ce que voulait Céline. Il fallait donc former une équipe, réserver un hôtel au complet, des traiteurs, penser à tout, dresser la liste des invités, trouver où les loger, comment les divertir.

« Tout ce que je te demande, a-t-il dit à Céline, c'est que ça se passe au Québec. »

À la fin de l'été, ils ont annoncé officiellement que leur mariage serait célébré le 17 décembre 1994, dans la basilique Notre-Dame de Montréal, et que la noce aurait lieu à l'hôtel Westin, rue Sherbrooke. Ils savaient qu'ils seraient jusque-là extrêmement occupés tous les deux. Ils le furent en fait infiniment plus que prévu.

En octobre, Céline donnait trois shows à l'Olympia de Paris, à guichets fermés. Un soir, un certain Jean-Jacques Goldman était dans la salle. Goldman était considéré en France comme une sorte d'antistar. Des millions de jeunes lui vouaient un véritable culte, mais il refusait de faire parler de lui dans la presse *people*, de participer aux mondanités du showbizz, et il n'accordait à peu près jamais d'entrevue. Il avait manifesté le désir d'écrire tout un album pour Céline, dont la voix était, disait-il, le plus bel instrument dont pouvait rêver un compositeur.

Céline et René l'avaient rencontré une première fois, quelques mois auparavant, dans un tout petit restaurant, près de la place de l'Opéra. Pas vraiment pour parler affaires, mais pour faire connaissance, tout simplement. Blue jeans et t-shirt, casque et bottes de moto, Goldman était arrivé seul, alors qu'il figurait déjà à cette époque parmi les plus grosses vedettes en France et qu'on se serait attendu à le voir accompagné d'un gérant ou d'un garde du corps ou de quelque beauté fatale, comme le sont le plus souvent les artistes de cette importance. Cette simplicité avait plu à Angélil. Ils avaient parlé tous les trois de leur famille et de leur enfance. Très peu du projet d'album que leur proposait Goldman, à l'instigation de Valérie Michelin, relationniste de CBS-France.

À l'automne, quand il est venu voir chanter Céline à l'Olympia, Goldman avait écrit pour elle presque toutes les chansons de l'album *D'Eux*, paroles comme musique. Ils se sont revus quelques jours plus tard, dans un restaurant libanais que René connaissait. Goldman semblait nerveux et distrait. Ce n'est qu'au milieu du repas qu'il a sorti de sa poche de grandes feuilles sur lesquelles il avait écrit à la main les paroles de ses chansons. Puis il s'est ravisé, il a dit à René qu'il préférait les garder encore, il devait peut-être encore les retravailler.

«Jusqu'à demain, dit-il. Vous viendrez au studio. Je vous ferai entendre les musiques en même temps que les paroles. »

425

Le lendemain, dans le studio où il les avait conviés, il s'est mis au piano, une guitare sur les genoux. Céline et René étaient assis tout près de lui, à sa droite. Il leur avait remis les quelques feuilles sur lesquelles il avait fait imprimer les paroles, et il s'est mis à chanter *Pour que tu m'aimes encore*. René a été si ému qu'il avait peine à parler. Tous les trois, ils le diront plus tard, ont eu ce soir-là la certitude qu'ils étaient au départ de quelque chose de très grand…

Quand ils sont rentrés à Montréal quelques semaines plus tard, peu avant leur mariage, Céline et René avaient l'album *D'Eux* sur cassette, un trésor unique, qu'ils écoutaient à la maison et que René faisait entendre à ses amis dans sa voiture.

Cet automne-là, au cours des semaines qui ont précédé leur mariage, bien des gens à Montréal entendraient les chansons de l'album *D'Eux* pour la première fois dans la voiture de René, chaque fois que le manager en aurait l'occasion. Avec Pierre Marchand, il s'agissait plus que jamais d'une audition obligée, René considérant toujours qu'il lui portait chance. Marchand, jouant avec plaisir ce rôle d'auditeur privilégié et de porte-bonheur, a donc écouté les chansons de *D'Eux* dans la voiture de René.

Avec le temps, les succès et la fortune, cette voiture avait beaucoup gagné en luxe et en puissance. Marchand, qui se passionne pour les bagnoles (il en a une belle collection), se souvient qu'après la Chrysler d'*Unison*, il y eut de grosses Mercedes, pour *The Colour of my Love*, par exemple, et pour *D'Eux*. C'est ensuite dans des limousines avec chauffeur qu'il entendrait *Let's Talk About Love*… et *D'Elles*. Avec le temps, la technologie acoustique était également devenue plus raffinée, on était passé de la cassette au CD.

En cette fin d'automne de 1994, plusieurs fois par jour, Angélil faisait ce genre d'auditions très privées pour ses amis, mais aussi pour des gens de l'industrie et des médias. La rumeur s'était ainsi répandue, plusieurs mois avant son lancement, que le prochain disque en français de Céline

Dion était une chose absolument incroyable, une merveille, un trésor.

La fête a été grandiose. Un rêve très élégant, très romantique. Dans de somptueux décors, tant à l'église qu'à l'hôtel, avec des milliers de gens massés le long du convoi de limousines qui, au matin du 17 décembre, était parti de l'hôtel Westin escorté par les motards de la police pour se rendre à la place d'Armes où se trouve la basilique Notre-Dame, dont les abords étaient noirs de monde. Un tapis bleu marqué des lettres C et R dorées et entrelacées montait de la rue, traversait le parvis et la nef jusqu'à l'autel où attendait René entouré de ses garçons d'honneur, son frère André, son cousin Paul Sara, ses amis Marc Verreault, Vito Luprano, Pierre Lacroix, Guy Cloutier, Ben Kaye et Jacques Desmarais. Céline est entrée au bras de son père, ses huit sœurs portant sa traîne.

Le décor était magnifique, brillant. Les techniciens de Solotech, qui accompagnaient Céline en tournée, avaient retouché les éclairages et la sonorisation. Quand le Montreal Jubilation Gospel Choir a chanté, Céline, René et plein de gens ont pleuré.

À l'hôtel Westin, on avait l'impression d'être hors du monde et hors du temps, dans une sorte de rêve. Un tapis de pétales de fleurs traversait une loggia dont les murs, les planchers et les plafonds étaient tout blancs. Blanches aussi les grandes cages où volaient des colombes immaculées. Un salon rappelait les Mille et Une Nuits. Il y avait un petit bistrot parisien, un sushi bar, un saloon western, un comptoir à tapas, des flots ininterrompus de champagne, partout des fleurs. Aux quatre coins de tout cela, il y avait des magiciens, des musiciens, un quatuor à cordes par-ci, un groupe de rock par-là et, bien entendu, un casino avec tables de black-jack et roulette. Le programme de la soirée remis aux convives proposait sur huit pages le menu gastronomique et musical, donnait les crédits, la liste des concepteurs, des organisateurs, des fournisseurs et des commanditaires. Tous ceux que Céline et René aimaient, des gens de tous milieux, du sport professionnel, du show-business, bien sûr, mais aussi de la politique, des arts… étaient réunis autour d'eux.

Tous les médias canadiens voulaient évidemment couvrir le mariage et la noce, avoir libre accès à l'intérieur de l'église et de l'hôtel. Or René avait conclu un arrangement avec l'éditeur Claude J. Charron, du groupe Trustar, qui s'était engagé à produire un album commémoratif. Seuls ses photographes auraient donc accès aux lieux. Il y eut, de la part de plusieurs médias écrits et électroniques, de vives protestations. Quebecor avait même réclamé une injonction au nom du droit à l'information et sous prétexte que l'église était un lieu public, injonction qui ne fut levée que quelques heures avant l'événement. René Angélil avait finalement imposé, comme d'habitude, ses quatre volontés aux médias québécois.

Céline et René s'étaient promis de passer deux mois, peut-être trois, tout seuls à Palm Beach, à ne rien faire, ou plutôt à essayer de ne rien faire, ce qui ne paraissait pas du tout évident. Depuis près de dix ans, toujours en mouvement, menant plusieurs projets de front, ils étaient tous deux intoxiqués par le stress et la pression. Ils en parlaient quelquefois ensemble, se disant qu'il leur faudrait bien un jour ou l'autre s'accorder un temps d'arrêt un peu plus long. Ils ne verraient alors que des amis, joueraient au golf, Céline irait courir les boutiques à Paris et à New York, elle mettrait en chantier la maison de ses rêves… ce qui intéressait René autant que les journaux de la veille…

Un dimanche matin de janvier, deux semaines à peine après leur mariage, alors qu'ils se trouvaient dans leur maison de West Palm Beach, Paul Burger, qui avait quitté le Canada pour aller prendre la direction de Sony au Royaume-Uni, téléphonait à René. Il a commencé par lui dire ce que ce dernier savait déjà, soit que les Anglais, étrangement, boudaient *The Colour of My Love*, treize fois platine, qui faisait pourtant un malheur partout ailleurs, au Canada, aux États-Unis, en Australie, au Japon. En fait, Céline n'avait jamais marché bien fort au Royaume-Uni. Ses deux premiers albums en anglais, *Unison* et *Celine Dion*, ne s'étaient vendus qu'à quelques dizaines de milliers d'exemplaires. *The Colour of My Love* ne semblait pas bien parti pour franchir le cap des 100 000 disques vendus. Quand ils s'étaient mariés, en décembre, le single de *Think Twice* s'était hissé en 8ᵉ position. Par l'entremise de Paul Burger, René avait gagé quelques centaines de livres qu'il serait en première position le 1ᵉʳ janvier, mais il avait perdu.

Or Paul Burger pouvait obtenir un passage pour Céline à *Top of the Pops*, une émission de grand prestige de la BBC. Si Céline acceptait de chanter une chanson, *Think Twice* par exemple ou *The Power of Love*, il y avait toutes les raisons de croire que l'album pourrait grimper assez haut dans les palmarès, *Top of the Pops* étant une formidable rampe de lancement.

René a rappelé à Paul la promesse qu'ils s'étaient faite, Céline et lui : deux mois minimum de repos complet, sans show, sans télé, sans voyage, et il a refusé sa proposition. Quand il a raccroché, il avait quand même une petite idée derrière la tête.

Il a commencé par parler à Céline de la grosse peine qu'il venait de faire à son ami Paul. « Tu te rends compte, il était si fier d'avoir obtenu que tu passes à *Top of the Pops*… » Puis il lui a parlé de l'énorme auditoire qu'attirait cette émission enregistrée le mercredi soir et diffusée le lendemain à une heure de grande écoute. Il lui a rappelé que c'était une véritable manufacture à hits. On y voyait chaque semaine, en clip ou en direct, les dix premières chansons du hit-parade, avec en plus l'artiste qui, selon les producteurs, devrait monter au cours des prochaines semaines. Que Céline puisse interpréter *Think Twice* à *Top of the Pops* était une chance inespérée, un très gros coup de promotion.

René comprenait parfaitement, mais il ne voulait pas rompre la promesse qu'il avait faite à Céline. C'est elle qui, ayant compris ce qui se passait, lui a demandé de rappeler Burger pour lui dire qu'elle était d'accord pour faire *Top of the Pops*. Dans de semblables situations, quand il la voit prendre avec courage et audace les bonnes décisions et renoncer à son confort et à sa sécurité dans le seul but de réussir avec lui quelque chose de grand, René est dévoré d'amour pour elle. « J'ai beaucoup d'énergie ; elle aussi, dit-il. Mais quand on unit nos forces et nos volontés, elles ne font pas que s'additionner, elles se décuplent ou se centuplent. »

En prenant en main la réalisation de l'opération, René exigea auprès de Sony que son artiste soit traitée comme la très grande star qu'elle était devenue. Ils quitteraient donc Palm Beach dans la nuit du mardi au mercredi, voyageraient en jet privé et dormiraient dans l'avion. Céline enregistrerait *Think Twice* à *TOTP* le mercredi en fin de journée. Ils reprendraient l'avion tout de suite après l'enregistrement et seraient de retour à Palm Beach en soirée. Un aller et retour en moins de vingt-quatre heures.

Think Twice, une chanson d'amour très adulte, très réfléchie, est devenue dès la semaine suivante un très gros hit au pays des Beatles où *The Colour of My Love*, le dernier album de Céline, a été, avec 2,5 millions de disques vendus, l'album de l'année 1995 au Royaume-Uni, tous genres confondus. De plus, par une sorte d'effet boule de neige, les ventes en Europe, qui semblaient stagner à 5 millions de disques, sont reparties en flèche.

Ainsi, dans certains domaines, René Angélil était très soumis à la femme qu'il aimait et qu'il avait épousée. Il restait cependant le maître d'œuvre absolu de la carrière de son artiste, pour laquelle il prenait toutes les décisions d'affaires, exerçant un droit de regard sur le contenu des albums, les dates de lancement, l'organisation des tournées et des campagnes de promotion. Homme d'affaires, mais aussi artiste, il savait jouer sur les états d'âme de sa chanteuse, la stimuler et la provoquer pour qu'elle soit toujours meilleure, qu'elle aille toujours un peu plus haut, un peu plus loin. À chaque étape, c'était leur amour qui grandissait; il la trouvait brillante, audacieuse, touchante, et elle jouait le jeu, il le savait, elle n'était jamais dupe.

Au cours de l'été qui a suivi, David Foster s'était rendu à Calgary demander à Mégo et à ses musiciens s'ils voulaient venir en studio la semaine suivante pour enregistrer avec Céline une reprise de *All By Myself*, la chanson déjà fameuse d'Eric Carmen.

Trois jours plus tard, le groupe se trouvait au Record Plant, à Los Angeles. La veille au soir, David avait informé Céline qu'il avait modifié les orchestrations de la dernière partie de la chanson. Elle devrait chanter un peu plus haut, en fait jusqu'à un *fa* qui se trouvait presque à la limite de son registre, et tenir cette note (sur le o de *anymore*: « ... *don't wanna live all by myself anymooooore*») pendant plusieurs mesures. On savait qu'elle pourrait difficilement en faire plus de deux prises sans risquer de se casser la voix.

« Si tu n'y arrives pas, ce n'est pas grave, disait David, on reprendra les arrangements originaux. »

Le jour de l'enregistrement, ils se sont disputés, René et elle, pour une vétille dont ils ont tous deux oublié l'origine. Toutes leurs disputes ont toujours pour objet des choses d'une telle insignifiance qu'ils sont rarement capables de s'en souvenir. Si Céline boude, René est catastrophé. Dans l'entourage, on le sent, on le sait, on le dit. René n'a pas la *poker face* dans la vie. Il n'aime pas être en froid avec Céline.

Ce jour-là, elle semblait décidée à le bouder sérieusement, et il avait décidé de ne pas l'accompagner en studio. Elle est donc partie toute seule pour le Record Plant, où elle a retrouvé un David Foster froid, condescendant, presque méprisant, qui ne lui a même pas demandé pourquoi René ne l'accompagnait pas.

Pendant que les techniciens achevaient de placer les pistes d'orchestre, Céline tournait en rond dans le studio, visiblement nerveuse, comme une lionne en cage. Foster est venu près d'elle et, mi-figue mi-raisin, il lui a dit de ne pas s'en faire avec le fameux *fa*; si elle n'y arrivait pas, il pourrait toujours demander à Whitney Houston de le faire. Whitney enregistrait ce même jour dans un studio voisin. D'après Foster, elle était capable, elle, de monter jusqu'au *fa* et de le tenir le temps qu'il fallait. C'était en tout cas ce qu'il disait à Céline.

Celle-ci a chanté *All by Myself* de toute son âme et de toute sa rage. Et à la fin, quand est venu le moment de grimper vers le fameux *fa,* elle a poussé sa voix au maximum, et elle a tenu sa note très longtemps, sans défaillir le moins du monde. Les musiciens de l'autre côté de la baie vitrée se sont levés pour l'applaudir.

Elle est sortie sans saluer David Foster. Sans même demander au technicien si tout avait bien été ou s'il fallait faire une autre prise. Elle savait qu'elle avait réussi un coup parfait, un *eagle,* comme on dit au golf.

Elle venait de monter dans la limousine qui devait la ramener vers l'hôtel quand Foster a appelé René pour lui dire qu'il avait bien fait de simuler cette dispute hautement stratégique et de ne pas venir. Ils avaient réussi leur coup. Céline était dans une rage noire et, quand elle a tenu la note, sa voix a pris une texture qu'on n'avait jamais entendue. Selon Foster, c'était meilleur que tout ce qu'on aurait pu espérer.

Quand Céline est arrivée à l'hôtel, René l'attendait dans le hall, tout sourire, tout miel. Un messager à moto lui avait déjà remis une cassette de l'enregistrement qu'il avait eu le temps d'écouter. Céline s'est jetée dans ses bras; elle venait de comprendre que David et René, de connivence, avaient placé à son insu la barre encore un peu plus haut, lui avaient donné un nouveau défi, l'avaient forcée à se surpasser.

Un homme de confiance

Ce n'est qu'en juillet 1995, six mois après leur mariage, que Céline et René ont enfin pu partir en voyage de noces. Le Wakaya Club des îles Fidji était alors l'un des plus beaux sites de villégiature de la planète, le lieu idéal pour se refaire une santé. Ils étaient très fatigués tous les deux. Ils venaient de vivre une troublante aventure avec l'un des personnages les plus étonnants et les plus inquiétants de la musique pop, Phil Spector, le créateur du fameux *wall of sound* qui a révolutionné les techniques et les procédés d'enregistrement et mis au monde un son tout neuf, très riche, excessif et exubérant. Personnage de légende, il avait travaillé avec les plus grands et produit, entre autres, *Imagine* de John Lennon.

Spector avait entendu Céline chanter au *Late Show* de David Letterman une chanson qu'il avait lui-même produite quelques années plus tôt pour Tina Turner, *River Deep, Mountain High.* Il avait été séduit par son interprétation qui n'était pas une imitation de Tina, mais une véritable création ; et il avait contacté René Angélil pour lui dire qu'il voulait travailler avec eux.

433

Chez Sony, on avait prévenu René que Spector, si talentueux fût-il, était une sorte de détraqué, un génie et un fou, qui voulait toute la place, toute la gloire et qui n'écoutait personne. Même Tommy Mottola, qui n'avait pourtant pas la réputation de s'en laisser imposer par qui que ce soit, considérait qu'il était pratiquement impossible de travailler avec lui. René savait donc à quoi s'en tenir, et Céline aussi. Ils ont quand même voulu tenter l'aventure. Ils avaient déjà enregistré au printemps quelques titres de ce qui allait devenir l'album *Falling Into You*, et René pensait qu'il serait intéressant d'en avoir d'autres signés Phil Spector.

En juin, ils ont rencontré le phénomène, petit homme sombre, parcouru de multiples tics, au regard fiévreux, portant toujours sur lui un revolver qu'il exhibait à tout bout de champ. Il se révélerait très vite plus égocentrique et narcissique, entêté, paranoïaque, intraitable, plus fou que tout ce que Céline et René avaient pu imaginer.

Ils ont quand même réussi à enregistrer trois chansons, mais la tension était montée à un niveau intolérable, et le comportement de Spector était devenu de plus en plus imprévisible et inquiétant. Un jour, sous prétexte qu'il devait préparer sa console ou trouver l'inspiration, il a fait attendre Céline jusqu'aux petites heures du matin. Or, celle-ci devait, pour tourner un clip dans la journée, être belle et reposée. Dave Platel a alors osé demander à Spector quand les bandes seraient prêtes pour que Céline puisse chanter et partir. Spector a serré les dents. Le regard mauvais, il a dit à Platel qu'il se ferait un plaisir de l'écraser contre un mur, de l'écrabouiller, et lui a rappelé qu'il avait un revolver dans sa poche.

Témoin de la scène, René a fait signe à Dave d'emmener Céline. Quand ils furent sortis, il s'est approché de Spector et lui a dit que c'était fini, que Céline était partie et qu'elle ne reviendrait pas, et que les chansons qu'il avait enregistrées ne seraient pas sur le prochain album. Spector a eu beau dire qu'il était désolé, René n'a pas bronché. Il a juste ajouté qu'il ne permettait à personne de traiter ainsi ses amis, et surtout pas la femme qu'il aimait.

C'est ce soir-là qu'ils ont décidé de décrocher quelque temps et d'entreprendre enfin ce voyage de noces qu'ils avaient si bien mérité.

Quand ils ont quitté Los Angeles, Céline était très grippée. Le voyage a été long, pénible, avec escale à Hawaï. Dès que l'avion s'est immobilisé sur le tarmac du petit aéroport fidjien, ils ont vu s'avancer un vieux camion tractant une longue et basse remorque sur laquelle étaient placés deux sofas dont l'un était occupé par un couple portant le costume indigène. Quand Céline et René sont descendus de l'avion, une grosse femme s'est avancée vers eux et une ribambelle d'enfants les ont entourés et leur ont passé des colliers de fleurs au cou, et tous ensemble ils ont entonné des chants de bienvenue. Pendant qu'on portait les bagages du couple sur la remorque, la femme a expliqué à René qu'on accueillait ainsi les visiteurs de marque aux Fidji et que le sofa inoccupé leur était destiné.

Ils commençaient tous les deux à trouver tout cela plus que bizarre, mais la femme les rassura en leur disant qu'ils seraient à leur hôtel en une quinzaine de minutes. On a placé un petit escabeau près de la remorque pour qu'ils puissent monter s'asseoir sur le vieux sofa défoncé, face au couple autochtone, un homme assez enveloppé, très brun, portant la jupe traditionnelle des hommes fidjiens, et une femme mince et élancée qui gardait les yeux baissés. Le vieux camion bringuebalant s'est engagé sur la route poussiéreuse. À chaque changement de régime du gros et poussif moteur diesel, le tuyau d'échappement crachait un épais nuage noir au-dessus de la tête de Céline qui, malade et fatiguée par le long voyage, commençait à trouver tout cela un peu long.

René s'étonnait que son ami Pierre Lacroix, qui en principe était arrivé aux Fidji la veille avec sa femme Coco, ne soit pas venu les accueillir à l'aéroport. C'est alors que la lumière se fit. Il a regardé intensément l'homme qui lui faisait face sur l'autre sofa. Quand leurs yeux se sont croisés, il a laissé échapper un juron. C'était Pierre Lacroix, maquillé de la tête aux pieds, bras, jambes et visage, et les cheveux frisés. Comme Coco, qui à ses côtés avait peine à contenir ses fous rires. Ils avaient tout organisé. Ils avaient loué le camion-remorque, acheté des vieux sofas, engagé la femme qui avait formé un chœur d'enfants, tressé des colliers de fleurs et fait les arrangements nécessaires avec les douaniers.

Aux îles Fidji, Céline fut principalement occupée à guérir de sa grippe, mais il y eut aussi du golf, de la plage, des soirées remplies de rire avec les Lacroix. Céline et René se sentaient en dehors du monde, loin du furieux tourbillon qui partout ailleurs les emportait… et qui, après une dizaine de jours, leur manquait déjà. Comme tous les créateurs, ils avaient besoin de leur dose quotidienne d'adrénaline. Les mois à venir seraient heureusement très chargés. René avait préparé la première grande tournée mondiale de Céline qui allait les emmener dans tous les coins du monde, de l'Australie à la Corée du Sud en passant par l'Europe et l'Amérique. De plus, ils avaient d'autres albums, des clips, des blitz de promotion, des shows de télévision en préparation. Ils allaient donc laisser la quiétude des Fidji pour monter de nouveau dans leur cher train d'enfer.

Avant de repartir pour de bon, René irait cependant disputer un tournoi de black-jack à Las Vegas. Après Hawaï, ils firent escale à Los Angeles. René avait fait un arrangement avec une compagnie de limousines pour qu'un petit camion vienne chercher à l'aéroport les nombreuses valises de Céline et les porter au Four Seasons où ils avaient l'intention de descendre après les quelques jours qu'ils comptaient passer à Las Vegas.

Cependant, René a remporté les premières rondes du tournoi de black-jack, ce qui le forçait à rester deux jours de plus dans la ville du jeu. Céline et sa sœur Manon, venue la rejoindre depuis Montréal, ont alors décidé de partir seules pour Los Angeles. René a téléphoné au Four Seasons pour s'assurer que les bagages cueillis à l'aéroport seraient dans leur suite à l'arrivée des deux femmes. Or, ce jour-là, son amie Carey Bishop était absente, et son remplaçant ne voulut rien entendre. Il refusait tout simplement de faire ce que René lui demandait; il ne ferait monter les valises dans la suite que lorsque Céline serait arrivée à l'hôtel. René a insisté, il a dit qu'il était son mari et son manager.

« *I don't care who you are* », a répondu le jeune homme. Je me fous de qui vous êtes!

René est alors entré dans une colère noire et froide. Il a dit au préposé que s'il ne faisait pas monter les valises avant l'arrivée de Céline, elle et lui ne remettraient jamais les pieds au Four Seasons. « Je te donne une chance. Appelle Carey Bishop, fais ton enquête. Je te rappelle dans un quart d'heure. »

Quand il a rappelé, l'homme n'avait pas changé d'idée, il n'avait pas cherché non plus à joindre Carey et il n'avait toujours pas l'intention d'accéder à la demande d'Angélil.

Ce dernier lui a alors solennellement juré sur la tête de ses enfants qu'il ne remettrait jamais les pieds au Four Seasons. « Et je t'annonce que tu vas perdre ton travail. C'est pas moi qui te le ferai perdre, mais quand tes patrons sauront pourquoi Céline Dion ne vient plus, tu vas passer un très mauvais quart d'heure. »

En disant cela, René sentait qu'il commettait une erreur dont Céline et lui seraient les premiers à souffrir. Le Four Seasons de Los Angeles était, de tous les hôtels et de tous les palaces qu'ils connaissaient, leur préféré, et il venait de leur en interdire l'accès à jamais. Ayant juré sur la tête de ses enfants, il ne pourrait jamais y retourner de toute sa vie.

Désormais, à Los Angeles, Céline et René descendraient au Beverly Hills Hotel, où ils occuperaient chaque fois que ce serait possible la suite autrefois réservée à Marilyn Monroe et à Elizabeth Taylor. C'est un endroit magnifique, qu'ils ont beaucoup aimé, mais ils n'oublieront jamais le Four Seasons où ni l'un ni l'autre ne remettront les pieds dussent-ils vivre cent ans. Ils sont d'ailleurs restés très amis avec Carey, qu'ils continuent de voir et d'inviter aux grandes fêtes qu'ils donnent.

René Angélil n'est pas ce qu'on pourrait appeler un homme religieux au sens conventionnel et traditionnel du terme. Il croit cependant qu'il y a des forces supérieures qu'on ne peut pas toujours vaincre, mais qu'on peut sans doute amadouer, qu'on doit en tout cas éviter d'irriter. Ainsi, il peut parfois s'empêtrer dans un treillis d'interdits, de tabous, de superstitions, qu'il respecte avec la plus grande rigueur. Il ne reviendra jamais sur la parole donnée ; c'est immoral et ça porte malheur. Il ne manquera jamais, quoi qu'il arrive, à un serment fait sur la tête d'êtres chers, que ce soit sous le coup de la colère ou après mûre réflexion. Ce genre de serment a les qualités d'un coffre-fort qui n'aurait pas de clé ou dont personne, pas même son propriétaire, ne connaîtrait la combinaison.

Ces barrières infranchissables, ces coffres-forts absolument inviolables lui sont parfois extrêmement utiles. Il sait par exemple les utiliser pour refréner ses excès. Certaines personnes, qui l'aiment et veulent le protéger contre lui-même, ont également utilisé cette disposition de René à diverses occasions. Le comptable Delambre, quand il voulait que René tienne tête au démon du jeu, lui faisait faire, sur la tête de ses enfants, des serments d'abstinence qu'il n'aurait jamais rompus pour tout l'or du monde.

Le 31 décembre 2005, René Angélil était à Laval au chevet de ce vieux complice qu'était André Delambre, entré dans sa vie vingt-quatre ans plus tôt, au moment où commençait la carrière de Céline Dion. André allait mourir très bientôt, il le savait depuis longtemps. Depuis ce jour de mars 2002 où un médecin lui avait dit qu'il était atteint du syndrome de sclérose latérale amyotrophique, la SLA, également connue comme la maladie de Lou Gherig.

Quand, vingt ans plus tôt, René avait rencontré Delambre, celui-ci, associé au cabinet de comptables Samson Bélair/ Deloitte & Touche, s'occupait, entre autres, des affaires de son grand ami Paul Sara, le cousin de René. Sachant depuis longtemps à quel point les affaires de René étaient mal tenues, Paul lui avait chaudement recommandé de travailler avec Delambre. Laissé à lui-même, René n'avait devant l'argent aucune retenue, aucun sens de la mesure. Recevait-il une avance d'un distributeur de disques, il était capable de partir le soir même pour Atlantic City, Nassau ou Las Vegas, seul ou avec quelques amis, et de jouer pendant des heures, des jours, des nuits, parfois jusqu'à perdre tout l'argent prévu pour la production d'un album. Il parvenait toujours à se refaire, mais il se plaçait souvent dans des situations intenables. Une année, par exemple, il avait emmené sa famille à Aruba. Le soir de leur arrivée sur l'île, il s'était rendu au casino où il avait perdu tout l'argent liquide qu'il avait apporté. Heureusement, l'avion, l'hôtel et les repas étaient déjà payés ; René a fait appel à son cousin Paul qui lui a envoyé de l'argent. Les enfants ont pu faire du *sea-doo* et de l'équitation. Le lendemain, René s'est refait au casino.

Quand Céline Dion est entrée dans sa vie, René avait pris la décision de changer ses habitudes, mais il n'avait tenu que quelques mois. Il se trouvait même à Las Vegas, avec Desmarais et Sara, juste avant les Séries mondiales de baseball de 1981, et quelques semaines avant le lancement du premier album de Céline. Dans les jours précédents, il avait beaucoup perdu au black-jack et il comptait se refaire en gageant sur un match de baseball.

Le 19 octobre, les Expos de Montréal et les Dodgers de Los Angeles disputaient le cinquième match d'une série dans laquelle ils avaient déjà deux victoires chacun. Si les Expos remportaient ce match décisif, ils accéderaient pour la première fois de leur histoire aux Séries mondiales contre les Yankees de New York. René, Paul et Jacques ont suivi le match dans une suite du Caesars Palace.

Tout s'est génialement passé jusqu'à quelques minutes de la fin. À la neuvième et dernière manche, quand les Dodgers ont pris le bâton, les Expos menaient 1 à 0. En l'absence de l'as lanceur de relève Jeff Reardon, blessé au dos, le gérant des Expos Jim Fanning a envoyé Steve Rogers au monticule. Rogers a retiré les deux premiers frappeurs des Dodgers. Mais il y avait un homme sur les buts quand Rick Monday des Dodgers s'est présenté au bâton. Rogers n'avait qu'à l'éliminer pour donner la victoire aux Expos. Mais après avoir lancé 3 balles et 1 prise, il a échappé son tir et Monday a frappé un circuit, donnant une victoire de 2 à 1 aux Dodgers, ruinant les espoirs des Expos de faire les Séries mondiales, ruinant René Angélil… qui de rage lança un oreiller sur la télé et prit, ce soir-là, devant ses amis plus ou moins crédules, la décision de ne pas retourner à Las Vegas tant et aussi longtemps qu'il n'en aurait pas vraiment les moyens.

C'est pendant la période d'abstinence qui avait suivi qu'André Delambre était devenu l'homme de confiance de René Angélil. On ne pouvait, au premier abord, imaginer deux êtres plus dissemblables que ce comptable archisérieux et ce manager gambler. Delambre était un tout petit homme, intransigeant, parfois cassant, sans beaucoup de charme, sans charisme, qui se qualifiait lui-même de pitbull et se targuait d'être incorruptible, mais c'était aussi un gestionnaire avisé, intègre et dévoué, un homme d'ordre. René et lui se sont tout de suite pris d'amitié.

On rencontre beaucoup de comptables dans le showbusiness. Plusieurs se lancent dans le métier de manager où, la plupart du temps, ils subissent des flops retentissants. Delambre, lui, n'a jamais manifesté d'aucune manière le goût de faire carrière dans le spectacle.

Il avait vite compris que René Angélil était un homme d'affaires atypique, et il a su s'adapter à son style très particulier, très artiste, et René a choisi, mais avait-il le choix, d'être transparent avec Delambre, lui avouant, lui confessant ses excès de jeu, l'informant que tôt ou tard il retournerait jouer à Atlantic City, à Nassau, à Las Vegas. L'attitude d'un gambler devant l'argent a de quoi terroriser la majorité des comptables, mais Delambre était lui-même un comptable atypique. Ayant compris que René était et resterait toute sa vie un gambler, il a monté une structure financière qui, sans le contenir tout à fait, ne mettait ni l'entreprise ni la fortune de son client en péril.

Très tôt, dans les premiers mois de leur collaboration, il a fait comprendre à René qu'il était prêt à s'occuper de ses affaires à la condition que celui-ci ne signe pas de chèques tout seul. Jamais ! Bientôt, sans contrat ni mandat clairement définis, et sur la seule parole de René, il a quitté Samson Bélair pour ne plus travailler qu'avec lui. Il allait veiller à la création, en 1986, le jour du dix-huitième anniversaire de Céline, des Productions Feeling, que l'artiste et le manager posséderaient à parts égales. L'entreprise a grossi considérablement au cours des vingt dernières années. Delambre en a été, jusqu'à sa mort, en 2006, le vice-président exécutif, et René Angélil n'a plus jamais signé un chèque tout seul. Il reçoit toujours son salaire de la compagnie et il le flambe à sa guise, mais même dans ses affaires personnelles, il a longtemps fait appel à la sagesse, au bon sens et à l'autorité morale d'André Delambre.

Ainsi, le 20 juin 2005, il lui téléphonait depuis Las Vegas pour lui avouer qu'il venait encore une fois de perdre une somme importante au craps, un jeu très risqué, très dangereux, où le hasard joue un grand rôle et déjoue très souvent les stratégies les plus fines. Ce jour-là, frustré d'avoir été rapidement éliminé d'un tournoi de poker au Bellagio, René s'était arrêté à une table de craps et avait commencé à lancer les dés, perdant à chaque coup, tentant en vain, et contre tous ses principes, de se refaire, et n'y arrivant évidemment pas.

Rentré chez lui au petit matin, il appelait donc Delambre qui se trouvait dans les bureaux de Feeling, à Laval. Déjà très amoindri par la maladie, incapable de marcher, il n'en continuait pas moins de veiller jalousement aux affaires de la compagnie. Devant le désarroi de René, il lui a fait une proposition ; il lui a plutôt donné un ordre : « Prends un bout de papier et écris que tu jures sur la tête de tes quatre enfants que tu ne lanceras plus les dés d'ici au 31 décembre. » René a écrit ce serment sur un bout de papier qu'il a enfermé dans son coffre-fort. Delambre savait que même sous la pire des tortures Angélil ne trahirait jamais son serment.

Le 31 décembre 2005, le jour où la promesse de René à son comptable arrivait à échéance, celui-ci était à l'article de la mort. Une mort annoncée, lente, longue. La sclérose latérale amyotrophique, une maladie neurologique dégénérative peu connue, l'avait d'abord privé de l'usage de ses jambes, puis peu à peu, inexorablement, de ses bras. Ce lent enfermement qu'il subissait depuis trois années, l'impuissance à laquelle il était peu à peu réduit l'exaspéraient et le révoltaient. Toutefois, il a travaillé jusqu'à la fin, même sur son lit de mort. René, en riant, lui disait souvent qu'il devait être un espion ou une taupe à la solde du ministère du Revenu, un agent double qui avait accepté de travailler pour Feeling dans le but de remplir les goussets de l'État. Delambre était toujours resté parfaitement intraitable, méticuleux et prudent.

En ce printemps de 2003, alors qu'il se savait condamné, il avait créé la Fondation André-Delambre dans le but d'amasser des fonds pour venir en aide aux malades atteints de la SLA et à leur famille, mais aussi pour stimuler la recherche sur cette maladie orpheline qui chaque jour lui enlevait un peu de ses forces et de sa vie. René a alors organisé, en août 2003, un tournoi de black-jack au casino de Montréal, puis, en décembre, un méga-spectacle au Centre Bell, avec Marc Dupré, Garou, Céline Dion, dont les profits, plus de un million de dollars, ont été versés à la fondation de son ami.

Quand René s'est rendu au chevet d'André Delambre, celui-ci était dans un état quasi végétatif; il pouvait à peine remuer la tête, à peine articuler quelques mots, mais son regard resté vif rappelait l'énergie et l'intelligence qu'il avait déployées pour faire de Feeling une entreprise saine et équilibrée. Il avait été, pendant vingt-cinq ans, le plus proche et le plus constant collaborateur de René, son homme de confiance, qui partageait tous ses secrets, participait à toutes ses opérations. Il l'avait soutenu dans les difficiles moments des commencements. Il avait quelquefois été franchement étonné et, à bon escient, inquiet quand par exemple René lui avait annoncé, à l'été de 1982, qu'il n'avait pas l'intention de rembourser l'hypothèque qu'il avait levée sur sa maison, préférant réinvestir la presque totalité des profits des deux premiers albums de Céline dans la carrière de son artiste.

« Tu sais que la banque va saisir ta maison », l'avait prévenu Delambre.

C'est ce qui était arrivé. La banque avait saisi la maison de la rue Victoire. Angélil et sa famille avaient dû déménager et s'étaient retrouvés locataires d'un appartement. Il était bien embêté mais, contrairement à Delambre, pas le moindrement inquiet. « J'ai un diamant brut dans les mains », disait-il. Delambre, qui ne connaissait rien à la musique, et peu de chose au show-business, avait accepté de monter à bord du train qu'Angélil allait bientôt lancer à toute allure, dans des contrées parfois fort accidentées. Il était ensuite resté à bord et René, qui aimait son sale caractère, lui en a toujours été reconnaissant.

Partie 8

Question de *feeling*

Le jour de Noël 2007, René Angélil se trouvait à Las Vegas, entouré de ceux qu'il aime, sa femme, ses enfants, ses petits-enfants, comblé, aimé, riche et célèbre, aussi heureux qu'on peut l'être en ce monde. Une semaine plus tôt, il avait remporté un très important tournoi de poker au Caesars Palace ; puis il avait assisté avec ses amis à l'éblouissante dernière du spectacle *A New Day...* dont il avait été le principal instigateur. René Angélil avait tout à fait raison de considérer qu'il avait réussi sa vie. Sur tous les plans : amours, famille, affaires.

Et comme tout homme sensé ayant atteint un âge respectable, il réalisait devant le spectacle du bonheur combien celui-ci est fragile et fugitif. Et il pensait à tous ceux qu'il a perdus, à ses parents (pas un jour de sa vie sans qu'il ne pense à sa mère), à tous ses compagnons disparus, à Eddy Marnay, décédé cinq ans plus tôt, presque jour pour jour, Eddy qui fut comme un père pour lui, à Lloyd, à Adhémar Dion, auquel il était très attaché, et à Ben Kaye, à André Delambre, à ses vieux chums partis, Labelle, Farago, à tous les autres qu'il ne reverrait jamais. Chef de famille et de gang, Angélil n'est vraiment bien que lorsqu'il est entouré de ceux qu'il aime et dont il se plaît à organiser la vie, les loisirs et les jeux. Mais il arrive fatalement un moment où les êtres aimés, qui faisaient partie du cercle de famille ou du cercle d'amis, s'en vont pour ne plus revenir.

Il pensait aussi, en ce jour heureux, à ceux qui n'ont pas eu de chance, ou qui n'ont pas su saisir la chance qui s'offrait à eux. Qu'étaient-ils devenus, tous ceux-là qu'il avait perdus de vue? Où était rendu ce vieux Carlo avec qui il avait connu de si désopilantes mésaventures à Las Vegas, il y a longtemps, si longtemps? Et Petit, par exemple, que faisait-il maintenant dans la vie? Il a pensé fatalement à un vieil ami qui, par sa propre faute, ne pourrait plus jamais connaître un bonheur comparable au sien.

Quatre ans plus tôt, le Québec entier avait été frappé de stupeur quand Guy Cloutier avait été condamné à quarante-deux mois de prison pour avoir sexuellement abusé de son artiste, Nathalie Simard, alors que celle-ci était une toute jeune adolescente. Angélil, d'abord incrédule, avait assuré Cloutier de son amitié. Il l'avait invité tout l'été au Mirage, son terrain de golf, il lui avait parlé, l'avait écouté, il l'avait reçu à sa table… En instance de procès, Cloutier niait tout. Jusqu'à ce que des preuves accablantes et totalement irréfutables soient réunies contre lui. Angélil a dû comme tout le monde se rendre à l'évidence : il s'était trompé. Et il en a voulu à Cloutier. Ce que celui-ci avait fait était odieux ; en plus, il avait menti à ses proches, à ses amis, tentant jusqu'à la fin de nier, puis de minimiser son crime. Au cours des semaines et des mois qui ont suivi, René ne pouvait s'empêcher de penser que, pendant toutes ces années, Cloutier devait avoir été profondément malheureux et terriblement seul et que derrière ses rires et ses blagues il y avait sans doute une grande détresse, une grave blessure.

En ce jour de fête, alors qu'il se trouvait comblé, Angélil pensait à lui, à ce pauvre Cloutier, qui avait purgé sa peine de prison mais qui se voyait condamné à vivre en reclus, banni d'une société qui le condamnait encore et encore. Malgré le mépris que René éprouvait pour ce qu'il avait commis, il ne pouvait s'empêcher de ressentir une certaine sympathie pour cet homme dont il avait été si proche autrefois. On peut, on doit même, détester la faute sans pour autant accabler le pécheur. Angélil voulait comprendre comment Cloutier avait pu vivre si longtemps avec ce lourd secret en lui. Et il se demandait surtout si l'épreuve qu'il avait traversée avait fait de lui un homme meilleur. Il lui a téléphoné. Ils ont parlé pendant une heure, du temps qui passe, de leurs bobos et de leurs angoisses de sexagénaires... et bien sûr de la faute de Cloutier, de la terrible punition que lui infligeait la société.

Quarante ans plus tôt, quand Guy était venu vivre à Montréal, ils avaient tous les deux les mêmes rêves, et ils avaient travaillé fort pour les réaliser, ils avaient réussi ensemble, puis chacun à sa manière, et leurs chemins s'étaient séparés. Guy Cloutier était maintenant hors circuit ; Angélil, lui, était parvenu au sommet, devenu un homme extrêmement riche, très puissant, très en vue. Cloutier n'était sans doute pas ruiné, mais il s'était socialement perdu. Angélil, de son côté, n'avait cessé d'accumuler les succès. Il avait commis des erreurs, certes, il avait connu quelques échecs. Mais il n'avait pas fait de faux pas, jamais rien d'irréparable. Et il avait eu énormément de chance ; sa « bonne étoile », comme disait son vieil ami Eddy Marnay, veillait toujours sur lui.

La bonne étoile de Guy avait peut-être pâli, mais tout n'était pas sombre et détruit dans sa vie. Malgré tout ce qu'il avait perdu, il avait, lui aussi, de quoi vivre des moments de grand bonheur : une famille qui, dans son cas comme dans celui de René, était restée très solidaire, très unie. Chacun a parlé de la femme de sa vie, de ses enfants, de ses petits-enfants. Et René se rendait compte plus que jamais que c'était cela qui désormais constituait le socle de sa vie, de son bonheur, c'était ce qu'il avait de plus précieux, infiniment plus que sa fortune, un milliard de fois plus que ses succès dans le show-business, que ses triomphes aux tables de poker. Il avait vu ses premiers enfants grandir, devenir des adultes responsables, connaître l'amour et être parents à leur tour. Et il avait maintenant cet insigne privilège d'avoir en plus un tout jeune enfant dans sa vie, sa passion, sa folie, son amour, René-Charles.

Avec Cloutier, il a parlé aussi des êtres chers qu'ils avaient perdus. Peu à peu, inéluctablement, les plus âgés de leurs parents et de leurs amis étaient partis. Marie Sara, la doyenne du clan Sara-Angélil, que Cloutier avait bien connue, serait centenaire dans quelques mois. René allait la voir chaque fois qu'il passait à Montréal. Toutes les semaines, quand il était à l'étranger, il prenait des nouvelles d'elle auprès de son cousin Paul ou de son frère André. Depuis quelque temps, Marie disait qu'elle allait bientôt mourir. Et que c'était bien ainsi, c'était dans l'ordre des choses. Personne ne doutait qu'elle irait au ciel et qu'elle y retrouverait sa mère Nour, ses frères Louis et Georges, sa sœur Alice et qu'ils joueraient ensemble aux cartes et au backgammon.

Parmi tout ce qui lie Céline Dion et René Angélil, il y a très certainement cette fibre familiale qui vibre très fort en chacun d'eux. Ils sont tous deux très profondément attachés à leur famille respective; ils ont toujours été l'un et l'autre très proches de leur mère. La famille de Céline est très peuplée, on le sait. Beaucoup moins étendue, celle de René est quand même tricotée extrêmement serré elle aussi. René a toujours été attaché à cette famille au sein de laquelle il a grandi.

Fin mai 2008, Marie Sara est morte, à Montréal, à l'âge de quatre-vingt-dix-neuf ans. René était passé la voir quelques semaines plus tôt. Marie était considérablement affaiblie, mais elle avait encore l'esprit vif et alerte. Elle avait fait elle-même son rapport d'impôt et mis de l'ordre dans ses affaires et ses biens. Marie ne s'était jamais mariée. Après la mort de Tété Nour, elle a entretenu, avec sa sœur Alice devenue veuve, le cocon familial. Ses neveux, René et André, Robert et Paul, sa nièce Ginette lui rendaient régulièrement visite, rue Saint-Denis, dans le quartier de leur enfance.

Depuis la fin des années 1990, quand il est rentré d'Australie où il avait vécu pendant plus d'un an, Jean-Pierre, le fils de René, avait pris l'habitude de passer chez elle tous les jeudis après-midi. Ils jouaient aux cartes, au backgammon, aux échecs ; et ils sortaient ensemble au restaurant ou au cinéma, en copains, lui dans la vingtaine, elle nonagénaire avancée. Patrick aussi allait la voir régulièrement, de même qu'Anne-Marie. Dans la famille, tout le monde voit tout le monde, on est proches les uns des autres, on s'appelle, on se voit, on s'aime. Et on se le dit.

René se trouvait en Europe quand il a appris la mort de Marie. Il est parti le jour même, seul à bord du Global Express qu'il avait loué pour toute la durée de la tournée *Taking Chances*. En route, traversant le ciel atlantique, il pensait à son enfance et à sa jeunesse dont la vieille Marie venait d'emporter avec elle de grands pans. Marie était partout présente dans ses plus lointains souvenirs, toujours attentive, rieuse, bienveillante. Chez les Angélil et chez les Sara, on faisait toujours tout ensemble. Les enfants, même tout jeunes, n'étaient jamais exclus des activités et des travaux des adultes. On allait en famille entendre la messe à l'église Saint-Sauveur, ensemble on allait au marché, dans les restaurants libanais, dans les fêtes nombreuses de la communauté syrienne, ensemble presque tous les jours on jouait aux cartes. Et aux cartes, Marie était, comme Tété Nour et comme sa sœur Alice, une championne.

Depuis la mort de son frère Georges, le père de Robert, de Ginette et de Paul, décédé nonagénaire quelques années plus tôt, elle était la doyenne de la famille. Tous ceux qui avaient connu le vieux pays, tous les Sara et les Angélil de la première génération avaient maintenant disparu. Seule Marie parlait encore couramment l'arabe ; elle seule savait préparer le babaganoush, le hummus, le kibbe. Elle était la mémoire de la famille.

Alice, sa sœur, s'était éteinte le 25 mai 1997, à l'âge de quatre-vingt-deux ans. Elle avait toujours occupé une très grande place dans la vie de son garçon René. Il la voyait beaucoup quand il était à Montréal. Elle l'accompagnait souvent dans ses voyages de vacances ou d'affaires. C'était une grande dame, très vive d'esprit, disciplinée, une femme de principes et de valeurs. Veuve durant trente ans, elle avait choisi, malgré les occasions qui s'étaient présentées, de ne jamais se remarier. Et elle était restée très attentive à la vie que menaient ses deux garçons, le sage André et ce fou de René qui l'avait toujours étonnée, et avec qui elle prenait toujours plaisir à discuter et à se disputer sur tout et sur rien, pour le plaisir. Sans doute que le regard que cette femme admirée posait sur lui, l'opinion qu'elle portait sur ses faits et gestes, a eu dans la vie de René Angélil une très grande importance. «J'ai toujours voulu être, aux yeux de ma mère, un homme honnête et bon, respectueux et responsable. Et encore aujourd'hui, je sens son regard sur moi. »

En se rendant aux funérailles de Marie, René réalisait qu'il était maintenant le plus âgé du clan, le doyen. Bien sûr, même du vivant de sa mère Alice, de sa tante Marie et de son oncle Georges, il avait acquis dans la famille un statut de chef, de parrain. Tout jeune encore, il avait été pour les siens une vedette adulée. Son jeune frère André, ses cousins Robert et Paul, sa cousine Ginette, ses tantes Marie et Anita, la femme de l'oncle Georges, tous, hormis son père peut-être, l'ont applaudi quand il était Baronet, ils ont suivi et encouragé sa carrière de gambler, ils ont été de tous les lancements et de toutes les premières de Ginette Reno ou de Céline Dion. Pour eux aussi, il avait été le grand orchestrateur, le protecteur et le maître des jeux, celui qui veillait toujours à tout, qui organisait toujours tout (noces, baptêmes, anniversaires, funérailles), qui prenait soin de tous.

C'est ainsi également que le perçoivent ses propres enfants. Patrick, Jean-Pierre et Anne-Marie parlent toujours de lui avec beaucoup de respect, une réelle admiration et beaucoup d'humour aussi ; ils sont bien conscients que leur père est habité par ce que lui-même appelle sa « folie », qu'il est un gambler invétéré, un joueur de tours pendables, une sorte d'ado incorrigible et imprévisible. Et qu'il a, comme dit Patrick, une maladie (le jeu) dont il ne souffre pas. Mais en même temps, ils voient en lui le protecteur le plus attentif et le plus fidèle qu'ils puissent espérer avoir dans leur vie ; ils savent que pour eux et pour leurs enfants et leurs proches, même pour les parents de leurs conjoints, il est toujours prêt à se battre, à défendre tous ceux et celles qui appartiennent légitimement à la famille élargie, au clan dont il est, indéniablement, incontestablement, le chef.

Quand Sophie est entrée dans la vie de son fils Patrick, René l'a tout de suite aimée. Comme il aime Marc, le mari d'Anne-Marie, et comme il aime Judith, la copine de Jean-Pierre. Il les aime vraiment, il les respecte et leur fait entièrement confiance, parce qu'ils font partie tous les trois du bonheur de ses enfants, et sans doute parce qu'il sait d'instinct que ses enfants ne peuvent aimer que du bon monde. Il les protégera donc, eux aussi, il les aimera comme il aime ses propres enfants et ses petits-enfants.

En 2001, René Angélil fut père pour la quatrième fois et deux fois grand-père. Aujourd'hui, il a cinq petits-enfants : Anthony, Stella et Lenny, les enfants d'Anne-Marie et de Marc ; Alicia et Justin, ceux de Sophie et de Patrick. Autour de lui, une famille très unie s'est recréée, tricotée tout aussi serré que la première. Voir cette famille réunie autour de lui est son plus grand bonheur.

René avoue pourtant, même devant eux, avoir négligé ses enfants à une certaine époque de sa vie, quand il était en tournée avec les Baronets ou qu'il travaillait au départ de la carrière de Céline, ou encore quand il partait avec ses amis pendant des jours, voire des semaines, jouer au black-jack ou au poker à Las Vegas, à Atlantic City ou à Nassau. Mais il n'était jamais inquiet; il savait que ses enfants n'étaient en aucune manière en danger. D'une part, il avait su rester en bons termes avec leurs mères, Denyse et Anne-Renée. Et, d'autre part, il y avait auprès d'eux, très présentes dans leur vie, sa mère Alice et sa tante Marie, toujours disponibles, qui leur transmettaient les valeurs qu'il jugeait fondamentales. Ces deux femmes, qui l'aimaient tendrement, lui ont ainsi permis de vivre très librement, d'assurer l'éducation de ses enfants sans toujours assumer correctement ses fonctions de père. Auprès d'elles ses enfants étaient, physiquement et moralement, en sécurité. Ils sont aujourd'hui des adultes autonomes, équilibrés, solides et solidaires, capables d'être heureux et généreux.

Patrick, l'aîné, grand amateur de vin et de bonne chère, l'intellectuel de la famille, féru de littérature, de cinéma, de bandes dessinées, gros lecteur de magazines et de journaux, a choisi de travailler dans l'entreprise de son père. Il occupe la fonction de coordonnateur de tournée et, d'une certaine manière, il est le mécanicien de cette grosse machine qu'est devenue Feeling. Il a créé par exemple le département des archives, aujourd'hui remarquablement bien tenues.

Patrick reconnaît qu'il faut être fait fort pour vivre dans l'entourage d'un homme aussi exigeant que son père, qui peut parfois, dans ses relations de travail, être dur et intransigeant, voire de mauvaise foi quand il tient à tout prix à avoir raison… pour le seul plaisir d'avoir raison. Il n'est jamais facile de vivre dans l'environnement d'un géant, d'un homme à qui tout réussit, à qui tous obéissent. Mais il y a, bien sûr, d'inestimables compensations, des débordements d'affection, des moments de pur bonheur.

On dit dans la famille que c'est Jean-Pierre qui ressemble le plus à René, à tel point qu'il s'est éloigné de lui pendant plusieurs années pour affirmer son indépendance. Une fois la chose faite, il a réintégré le cocon familial et renoué avec son père. Il a cependant toujours les intonations de René, son rire, ses gestes, son énorme appétit, son goût du risque et du jeu. Et il a son charisme, son côté enjôleur et enjoué. Il est comme lui un rebelle, un entêté. Champion d'échecs et de poker, bon pianiste, entrepreneur éminemment débrouillard et doué pour le bonheur, il organise sa vie à sa guise.

Anne-Marie est remarquablement belle, intelligente ; la sérénité incarnée, bonne musicienne également et maman attentive, passionnée. Le 25 août 2000, elle a épousé le chanteur et humoriste Marc Dupré. René, comme d'habitude, avait organisé une noce hors de l'ordinaire, au Ritz-Carlton de Montréal. Il avait même obtenu un permis de la ville et du service des incendies pour faire un feu d'artifice dans les jardins de l'hôtel. Anne-Marie a été très émue quand son père a pris la parole pour faire son éloge et dire, entre autres choses, qu'ils ne s'étaient jamais disputés, elle et lui, ce qui était et est toujours la pure vérité. Quand Anne-Marie était petite, son père était souvent absent, mais elle a toujours eu le sentiment, la certitude qu'il la protégeait, même lorsqu'il était à l'autre bout du monde. Matériellement, bien sûr, René peut assurer la sécurité absolue de tous ceux qu'il aime. Mais il n'y a pas que ça. Ce n'est pas qu'une question de finances. René aime conseiller, aider, être un mentor. Si l'un de ses enfants, un ami proche ou lointain a une peine ou un problème, il aime chercher une solution, une consolation.

Le jeudi 8 juin 2000 figurera à jamais parmi les plus mémorables éphémérides de la vie de René Angélil. Il se trouvait, ce jour-là, dans sa maison de Jupiter, en Floride. Sid Neimark, son bon ami, est venu lui dire que son oncologue, Gus Schwartz, qui l'avait examiné quelques jours plus tôt, considérait qu'il n'y avait plus de traces de cancer dans son organisme et qu'il était hors de danger. Et le jour même, le Dr Zev Rosenwaks l'a appelé depuis New York pour lui annoncer que sa femme était enceinte.

Le projet de faire un enfant était le plus cher désir qu'entretenait Céline depuis des années ; elle voulait un enfant de l'homme de sa vie. C'était dans ce but, d'abord et avant tout, qu'ils avaient décidé quelques mois plus tôt de tout arrêter, de décrocher complètement, le temps qu'il faudrait. Depuis dix-huit ans, ils avaient travaillé sans relâche. Le temps était maintenant venu de prendre un repos bien mérité. Et de réaliser ce grand rêve…

Ron Ackerman, le gynécologue de Céline en Floride, devenu lui aussi un partenaire de golf de René, leur avait parlé d'un ami à lui, Zev Rosenwaks, qui avait mis au point, au Center for Reproductive Medicine de New York, un programme de fertilité remarquablement efficace. Grâce à une méthode de fertilisation originale, Zev et son équipe avaient déjà réussi plusieurs milliers de naissances (plus de 15 000 à ce jour).

Au printemps 2000, le couple s'est installé à New York pendant quelques semaines. Céline a effectué une série de tests et s'est soumise au protocole de fertilité du Dr Rosenwaks. Il s'agit d'abord, par divers traitements, de provoquer une sorte de ménopause artificielle. Les ovaires sont ainsi mis au repos pendant un certain temps. Ensuite, par des injections quotidiennes d'hormones, on provoque une surstimulation ovarienne et la production de plusieurs ovules qui, fécondés *in vitro*, seront réintroduits dans l'utérus. Ce sont de très délicates opérations qui requièrent un environnement très paisible.

René a donc interrompu les négociations qu'il menait alors avec les casinos-hôtels de Las Vegas en vue de la production d'un spectacle permanent de Céline. Pendant toute cette période du printemps 2000, il n'était pratiquement plus joignable, même pour son bureau de Montréal, même pour ses amis les plus proches. Victime d'une arnaque perpétrée par un couple d'escrocs qui sévissaient alors à Las Vegas, il a préféré acheter la paix et le silence plutôt qu'engager des poursuites qui risquaient d'être longues et de faire beaucoup de bruit. Il ne voulait pour rien au monde inquiéter ou perturber Céline et risquer de compromettre la réalisation du rêve le plus cher qu'entretenait la femme qu'il aimait. Les escrocs seront plus tard confondus et arrêtés pour d'autres crimes qu'ils avaient commis ; ils ont été jetés en prison où ils croupissent toujours.

À cette époque, un an après avoir été frappé par le cancer, quelques mois à peine après s'être remis des traitements de chimio et de radiothérapie qu'il avait subis, René disait encore, quand on parlait de projets à plus ou moins long terme auxquels il était associé, qu'il ne serait peut-être pas là pour en voir la réalisation. Céline, elle, était persuadée que cet enfant tant désiré, s'ils réussissaient à le concevoir, viendrait parachever la guérison de son mari.

Et voilà que le même jour, ce 8 juin 2000, on leur annonçait sa naissance à venir en même temps que la guérison, la renaissance en fait, de son père. Enfant désiré, bébé-miracle, comme on a beaucoup dit et souvent écrit, René-Charles était aussi apparu comme un sauveur, l'enfant porteur de la bonne nouvelle qui, symboliquement, faisait don à son père d'une nouvelle vie…

René se considère comme un homme comblé par la vie. Il le dit beaucoup. Mais de tous les cadeaux qu'il en a reçu, le plus cher à ses yeux est ce privilège extraordinaire d'avoir près de lui, alors qu'il se trouve dans la soixantaine avancée, cet enfant attachant et intelligent, qu'il adore et qui l'émerveille, et dont la lumineuse présence le rassure et le réconforte, lui donne confiance en lui, confiance en la vie. René Angélil, l'homme fort et solide que tous considèrent comme un protecteur, vit d'une certaine manière sous la garde tutélaire de cet enfant. Celui qui fait partout figure de leader et de décideur se laisse guider par lui. Celui que tant de gens ont adopté comme modèle prend des leçons de vie (et parfois de poker) de son garçon. Ainsi, René-Charles a fait de son père un homme nouveau. Par sa seule présence, il lui fait aimer la vie plus que jamais.

Pourtant, pendant la grossesse de Céline, René était perplexe et inquiet; il doutait en fait de son propre désir d'avoir un enfant. S'il avait accepté, c'était d'abord et avant tout pour faire le bonheur de Céline. Mais il se demandait comment il pourrait aimer ce quatrième enfant autant qu'il aimait ses trois premiers. Or, le jour, la minute où René-Charles est entré dans ce monde, il n'a plus eu de doute. Quand, les larmes aux yeux, il a coupé le cordon ombilical, il savait qu'il l'aimerait toujours. Et il a pensé, au moment où il a pris le nouveau-né dans ses bras pour le déposer sur le ventre de sa mère, qu'il était prêt à mourir pour lui. Il savait alors que sa vie venait de changer fondamentalement, qu'un véritable miracle venait de se produire.

Plus tard, lorsqu'il a raconté à Céline les peurs qu'il avait quand elle était enceinte, elle s'est inquiétée à son tour. Elle se demandait, non sans raison, si René n'avait pas voulu cet enfant uniquement pour lui faire plaisir à elle, par amour pour elle. Et alors, serait-il capable d'aimer vraiment René-Charles pour lui-même? Ses craintes se sont vite dissipées. René n'est pas devenu un homme de maison intéressé à gérer l'espace domestique et à régler au jour le jour la vie de son enfant, mais Céline n'a jamais eu le moindre doute sur l'amour incommensurable qu'il a pour lui.

René a été et reste beaucoup plus proche de René-Charles qu'il l'a été de ses premiers enfants. D'abord, il a plus de temps pour lui. Et quand ils voyagent, Céline et lui, René-Charles est toujours avec eux. Le père et le fils se voient donc tous les jours. Ils s'amusent ensemble, ils sortent ensemble, ils jouent au golf et au poker, ils jouent des tours à la maman, ils regardent des films. «Je lui apprends plein de choses, dit René. Et il m'en apprend lui aussi. Sur le bonheur, sur la vie. »

L'une des motivations qu'avaient Céline et René quand ils ont préparé la tournée *Taking Chances* était de faire voir le monde à leur garçon. René-Charles, sept ans, a ainsi été en contact avec les enfants des ghettos d'Afrique du Sud, il a rencontré Nelson Mandela ; il a vu les femmes voilées de Dubaï, les foules gigantesques qui envahissaient les stades de Shanghai, de Sydney ou de Kuala Lumpur où se produisait sa mère. Posant sur le monde un regard curieux, insatiable, il a pu également constater qu'il y a sur les cinq continents de terribles misères et d'incroyables richesses. Et Céline et René découvraient le monde à travers ses yeux d'enfant.

René aime dire que ce qui l'a le plus impressionné dans ce voyage d'une année, c'est son fils. Il voulait toujours tout voir, tout savoir. À Paris, il a tenu à visiter la Cité des Sciences où, pendant des heures, il a promené son père de salle en salle, pour lui montrer des squelettes, des momies, des idoles précolombiennes et des machines de toutes sortes. À Berlin, il l'a emmené au zoo. En Afrique du Sud, il l'a entraîné dans un safari-photo au cours duquel il a émerveillé tout le monde en maniant la caméra comme un pro.

René-Charles est, comme ses parents, un oiseau de nuit. Comme son père, il aime le jeu, tous les jeux, poker et golf surtout ; il aime les chiffres aussi. Comme tous les enfants, il adore les machines, les moteurs, les ordinateurs et les gadgets électroniques. Il est élevé très librement, entouré, comblé, adulé par des parents qui s'aiment, ce qui, selon Céline et René, est la base la plus solide de l'éducation d'un enfant. « Que mon père et ma mère se soient aimés toute leur vie m'a donné et me donne toujours confiance en la vie et confiance en moi, dit René. Que René-Charles voie aujourd'hui que sa mère et moi sommes en amour, ça me rassure infiniment. En fait, il nous fait nous aimer chaque jour davantage, parce qu'il nous rend heureux. »

Bien sûr, comme tous les amoureux, Céline et René ont traversé des orages, ils ont eu des disputes, mais jamais ni l'un ni l'autre n'ont remis en question leur amour, même au plus fort de ces tempêtes qui ont parfois secoué leur couple.

René-Charles avait deux ans, trois ans. René était chaque jour émerveillé par lui. Mais la relation qu'il entretenait avec cet enfant se limitait à ces moments de pure joie, des jeux, des rires. Tout le reste, la discipline, l'éducation, l'hygiène, le choix des vêtements, d'un pédiatre, il le laissait à Céline et à sa sœur Linda, la marraine et la nounou de René-Charles. Il s'est ainsi quelque peu senti dépossédé et, d'une certaine manière, exclu du cocon familial où mille et une décisions concernant René-Charles se prenaient sans lui. Il a alors recommencé à jouer de manière excessive. Presque tous les soirs. Seul ou avec les amis, il se rendait au casino où il passait une partie de la nuit. Qu'il ait gagné ou perdu, il rentrait fourbu. Et le lendemain, il était fatigué, absent. Il s'endormait partout. René-Charles avait toujours autant d'affection pour lui mais choisissait de plus en plus souvent d'autres compagnons de jeu, d'autres hommes et d'autres femmes, par exemple Nick, le garde du corps le plus proche de la famille, sa marraine, ou encore Alain, son parrain. Et René parfois en prenait ombrage. « Je trouvais ça touchant, dit Céline. Il était possessif, presque jaloux des liens que son enfant pouvait créer avec d'autres. »

Céline, pendant ce temps, cheminait en sens contraire. Elle tenait maison, elle trouvait un pédiatre pour son fils, un dentiste, lui achetait les bonnes chaussures, etc. Le show-business, qui passionnait toujours autant son mari, n'était plus et ne serait plus jamais la base absolue de sa vie à elle.

« Je sentais qu'on s'était éloignés l'un de l'autre, dit-elle. René-Charles restait le lien le plus fort qui nous unissait. Lui seul pouvait nous rapprocher. »

Un beau matin, elle a posé un ultimatum à René : il devait changer de vie. « Je veux que tu sois là pour moi, à la maison. Tu n'es pas que mon manager. Je ne veux pas d'un homme qui ne pense qu'à ma carrière. Et tu n'es pas que mon ami. Tu es mon mari. Et je veux que tu te comportes comme un mari et comme un père, que tu sois à la maison pour moi, et pour René-Charles. »

Le changement s'est fait peu à peu, forcément. René-Charles avait grandi. Plus vite peut-être que la majorité des enfants. Parce qu'il vit la plupart du temps entouré d'adultes, sans doute aussi parce qu'il a une vieille âme, il était déjà à quatre ou cinq ans d'une étonnante maturité, un enfant très réfléchi, curieux de tout, sûr de lui. René l'avait bien sûr toujours aimé ; mais il allait développer avec lui une relation privilégiée, très intense. Aujourd'hui, c'est à René-Charles qu'il consacre le gros de son temps libre. Comme le fait Céline.

« On se voit donc beaucoup moins en amoureux, dit-elle. On ne passe plus de soirées collés l'un à l'autre à regarder un film ou à parler show-business. René-Charles est notre priorité. Il est entre nous, c'est-à-dire qu'il nous lie et nous sépare à la fois. Mais on sait tous les deux qu'il va grandir et s'en aller un jour. Et qu'on va se recoller. Parce que notre amour est toujours aussi fort. »

Le 16 janvier 2009, René Angélil a eu soixante-sept ans. Depuis des mois, il pensait à cet anniversaire comme à un moment fatidique. Son père était mort à cet âge, le 14 mars 1967, un peu plus d'un mois en fait avant son soixante-septième anniversaire. Et René avait peur de mourir comme lui. Dans le moindre malaise ressenti il voyait un signe, un indice, il se trouvait fragile, menacé.

Et quand il pensait à sa mort, ses pensées le ramenaient fatalement à Céline et à René-Charles, à cette femme et cet enfant qu'il aime tant. Qui ferait leur bonheur s'il disparaissait ? Il sait bien que dans la « logique des choses », comme dit Céline, il partira avant eux. Mais que ce soit le plus tard possible ! Et il souhaite laisser à René-Charles autre chose qu'un simple héritage financier ; que son fils garde toute sa vie l'image d'un père aimant, soucieux de lui transmettre de belles grandes valeurs, celles qu'il a lui-même héritées de ses parents.

Consciente de ce désir, Céline lui a offert pour cet anniversaire un cadeau qui l'a beaucoup touché. Elle lui a trouvé, avec l'aide de Sylvie Beauregard, son assistante personnelle, un entraîneur professionnel qui va le suivre au jour le jour, qui lui fera faire de l'exercice de façon régulière et lui imposera un régime alimentaire équilibré. Début mars, à la fin de la tournée *Taking Chances*, quand ils partiront en vacances aux Maldives, le lieu de repos qu'ils préfèrent entre tous, René aura ainsi retrouvé la forme.

« En fait, c'est un cadeau que je fais à notre fils, dit Céline, celui d'un père en santé, solide, bien dans sa peau, qui sera capable de jouer au golf et de nager et de faire des châteaux de sable avec lui… Et je veux aussi que le prochain enfant que nous aurons, si Dieu le veut, connaisse son père et puisse lui aussi ou elle aussi avoir avec lui du temps de qualité. »

René continue bien sûr de jouer, il voit toujours ses amis, en particulier son cercle le plus proche, mais il ne fait plus de grandes virées de plusieurs jours loin de sa famille. En fait, il n'est plus capable de passer deux jours loin de René-Charles sans s'ennuyer terriblement de lui. Quand son travail exige qu'ils soient séparés pendant quelque temps, ils s'échangent des courriels et se parlent au téléphone plusieurs fois par jour.

Ainsi, ce n'est pas que symboliquement que René-Charles a fait don à son père d'une nouvelle vie… C'est pour beaucoup grâce à cet enfant, et à sa maman bien sûr, que René a conservé ce que par moments dans sa carrière il croyait avoir perdu, la passion, le *feeling*, le goût de toujours faire du nouveau, du jamais vu. Ce n'est jamais évident. Il arrive même qu'ayant atteint les plus hauts sommets, ayant réussi au-delà de ses espérances et de ses rêves, on se lasse tout à coup et on ne sache plus retrouver le *thrill*, le goût d'aller encore plus haut, plus loin, que ce soit dans sa vie amoureuse ou professionnelle.

Au début de l'année 1997, quand il a eu cinquante-cinq ans (deux cinq, deux fois son chiffre de chance), René Angélil se trouvait au sommet de sa carrière. Il était satisfait de sa vie, de ses amours, de ses affaires, et il le disait. Quand l'Adisq lui avait décerné le Félix hommage l'automne précédent, il était monté sur scène et avait remercié « le bon Dieu, d'abord », puis sa famille, sa mère en particulier qu'il avait convaincue de monter sur la scène avec lui. Céline Dion et René Angélil étaient devenus au Québec le symbole de la réussite professionnelle, artistique et amoureuse. Quelques mois plus tôt, René avait acheté un terrain de golf au nord de Montréal, le Mirage ; Céline planchait alors avec des architectes et des décorateurs sur un projet de maison à Jupiter, la maison de leurs rêves.

De partout affluaient les propositions pour des tournées, des shows. De partout, à grand flot, entrait l'argent. René Angélil était désormais un manager très respecté, le seul certainement dans l'histoire du show-business qui avait réussi à mener parallèlement deux très vastes carrières, en français et en anglais.

Considérant les gigantesques succès de *Falling Into You*, vendu à trente millions d'exemplaires à travers le monde, et de *D'Eux*, qui avait établi à plus de sept millions le record absolu pour un album francophone, Tommy Mottola, le grand patron de Sony, a proposé à René de mettre un nouvel album en chantier dans les plus brefs délais. René aimait bien l'idée. À l'époque, la grande majorité des artistes ne sortait qu'un album tous les deux ans, parfois plus ; Elvis et les Beatles en sortaient deux, souvent trois par année. C'était excitant et stimulant. Et Céline avait tellement de succès qu'elle attirait les meilleurs compositeurs, les meilleurs paroliers, les meilleurs réalisateurs. Et elle avait envie, elle aussi, d'enregistrer de nouvelles chansons. Par ailleurs, Mottola semblait si pressé que René avait compris qu'il pouvait exiger une avance énorme. Le timing était parfait. Et comme il dit souvent : « Dans un deal, le timing, c'est primordial. » Il est allé rencontrer le grand patron à son bureau de New York et lui a dit qu'une avance de 55 millions de dollars lui semblait raisonnable. Mottola a demandé à réfléchir. Le soir, il retrouvait Céline et René au restaurant Rao's, où ils ont dîné en compagnie de Gloria Estefan, Jim Carrey et Dany De Vito. Pendant le repas, Mottola s'est penché vers René et lui a chuchoté à l'oreille : « *We have a deal.* » Il s'agissait du plus gros deal jamais accordé par Sony à un artiste.

Tout cela était bien sûr extrêmement stimulant, stressant aussi, et en même temps déroutant. Que faire quand on se retrouve ainsi au sommet ? Où aller quand on a tous les pouvoirs, tous les moyens, toutes les libertés ?

Le vrai show-business, selon René Angélil, c'est de faire du jamais vu et du jamais entendu. À ses yeux, rien n'est plus excitant au monde que de faire ce que jamais personne d'autre n'a fait.

En cet hiver de 1997 cependant, Céline et René en avaient tant fait qu'ils se sentaient tous les deux un peu blasés. Un soir, dans une luxueuse suite du Beverly Hills Hotel, ils se sont mis à penser que plus aucun défi ne leur faisait peur dans le show-business. Quelques mois plus tôt, Céline avait chanté à la cérémonie d'ouverture des Jeux olympiques d'Atlanta devant quelque quatre milliards de téléspectateurs, occupant la scène sans doute la plus en vue de toute l'histoire du show-business. Elle était alors la plus importante vendeuse de disques et de spectacles au monde et avait été, à ce titre, sollicitée par les organisateurs de ce grandiose événement pour interpréter l'hymne composé par David Foster, *The Power of the Dream.* Il y avait cependant eu des résistances dans le milieu du show-business ; certains avaient protesté, arguant que Céline Dion n'était pas américaine. Le président Bill Clinton était intervenu, il avait rappelé que l'esprit olympique transcendait les nationalismes et avait invité Céline et René à la Maison-Blanche.

Ainsi, ils avaient réussi au-delà de leurs espérances leurs carrières et leurs amours. Ils étaient heureux ensemble, riches, en bonne santé, mais il n'y avait plus rien dans leur vie professionnelle pour les exciter davantage. René, gambler dans l'âme, avait toujours cherché à mettre la barre plus haut, car il aimait le danger, le risque, le stress, la pression. Céline, elle, n'avait pas comme lui la passion du jeu, mais elle savait affronter le danger, la peur, et elle ne chantait jamais aussi bien que lorsqu'il y avait beaucoup de pression.

Deux jours plus tard, elle irait chanter pour la troisième fois au gala des Oscars. Elle interpréterait la magnifique chanson *Because You Loved Me*, que Diane Warren avait écrite pour le film *Up Close and Personal*, mais tout cela était du déjà vu, du déjà fait.

« Qu'est-ce qui pourrait bien nous arriver, maintenant, qui nous étonnerait ? » René se rappelait de ce que lui avait dit Roland Séguin, son professeur de chant du temps des Baronets. « D'abord avoir du plaisir. Si l'argent entre, tant mieux. » L'argent était rentré à flots. Céline et René menaient la grande vie, donnaient généreusement. Or, voilà que le plaisir venait à manquer parce qu'il y avait moins de danger, moins de défi.

Ils avaient vécu depuis des mois à un train d'enfer, presque toujours en tournée, participant à tous les galas importants, tant en Europe qu'en Amérique et en Asie, les Grammy Awards, les Junos, les Academy Awards, les World Music Awards… Céline avait chanté dans une cinquantaine des plus grandes villes du monde, sur quatre continents, devant toutes sortes de foules. Elle avait fait tous les shows de variétés imaginables, à Tokyo, à Paris, à Londres, à New York. Si bien qu'à la fin plus rien ne les excitait vraiment.

Ils étaient en train de se préparer pour le show le plus *Big Time* qui soit et ils ne ressentaient pas vraiment de frisson. « Parce qu'on n'a plus vraiment de défi », expliquait René. En 1986, quand avec André Delambre ils avaient fondé leur entreprise commune, ils l'avaient nommée Feeling, justement pour ça, parce qu'ils voulaient marcher aux sentiments, carburer toujours à l'émotion dans toutes leurs entreprises, toutes leurs aventures, trouver le *thrill*, la magie. Maintenant, même ce *feeling* s'étiolait.

René était cependant heureux de retrouver Gil Cates, le producteur du gala, avec qui il s'était lié d'une grande amitié quand Céline avait chanté à la cérémonie des Oscars pour la première fois, en 1992, l'année de *Beauty and the Beast*. Ce jour-là, il s'était senti comme un enfant au pays des merveilles. Pendant les trois jours de préparation et de répétition, il avait observé, fasciné, les équipes que dirigeait Cates, tout le travail, les manœuvres, l'excitation, la fébrilité d'un grand gala hollywoodien. Cates lui ayant refilé un laissez-passer, il s'était rendu dans la *Green Room* où les artistes en nomination se retiraient, à l'écart des journalistes. En y entrant, il avait aperçu Elizabeth Taylor et Paul Newman, qui l'avaient salué poliment. Il en était resté un long moment interdit. Pour se donner une contenance, il s'était préparé un café, lui qui n'en boit strictement jamais. Il se tenait debout, cherchant toujours sa contenance, laissant presque sa tasse lui échapper des mains quand Richard Gere était entré. Surexcité, il s'était vite rendu dans la loge de Céline, qui était en train de se maquiller. Il voulait l'entraîner dans la *Green Room* pour qu'elle voie l'incroyable, des stars en chair et en os qui mangeaient des canapés et buvaient du café et du coca comme tout le monde. Céline savait, bien sûr, reconnaître la grandeur et la gloire, mais elle n'avait jamais eu une aussi grande fascination pour les stars, et elle n'avait pas le temps d'aller contempler celles-là. Dans moins d'une heure, elle allait chanter en duo avec Peabo Bryson devant tout un parterre de stars.

Elle ignorait alors que son père et sa mère seraient mêlés à cette illustre foule. René lui avait en effet ménagé une surprise en les invitant à Los Angeles, après leur avoir trouvé deux fauteuils dans le Dorothy Chandler Pavilion. Quand, à l'insu de Céline, il était allé les chercher pour les faire passer dans la grande salle, ils ont croisé Liz Taylor et Paul Newman qui, ayant reconnu René, l'ont gentiment salué comme une vieille connaissance.

Cinq années plus tard, Céline et René étaient devenus des habitués des grands galas. Ils faisaient désormais partie de ces gens vers qui se tournaient les regards. Céline figurait parmi les plus grandes chanteuses du monde. Elle allait interpréter au gala des Oscars cette chanson, *Because You Loved Me*, qui figurait depuis des semaines en tête de tous les palmarès.

La veille du gala, Ellen et Kim, les deux attachées de presse américaines de Céline, les rejoignaient à leur hôtel. Ils avaient rendez-vous tous les quatre à vingt heures au restaurant Matsuhisa avec une représentante de la maison Chanel venue à Los Angeles proposer à Céline une robe et des bijoux qu'elle pourrait porter pour monter sur la scène. Céline avait repéré déjà dans le magazine *Vogue* une robe qui lui plaisait infiniment, mais dont René ne voulait rien savoir, car elle était trop osée à son goût.

Céline était dans sa chambre, en train de se changer et de se maquiller. Ellen et Kim attendaient dans le salon de la suite, où René avait allumé la télé et zappait distraitement. Lorsque le téléphone a sonné, il a demandé à Ellen de répondre. Il a vite compris qu'elle parlait à Danette Herman, l'assistante de Gil Cates, et que quelque chose de très étonnant venait de se produire. Il a coupé le son de la télé quand il a entendu les noms de Whitney Houston, de Mariah Carey, de Toni Braxton... Puis Ellen a dit à Danette : « J'en parle à Kim. Si on pense à quelqu'un d'autre, je te le ferai savoir. »

Elle a raccroché et s'est tournée vers Kim et René pour leur annoncer que Natalie Cole venait d'appeler Cates depuis Montréal où elle était retenue par une vilaine grippe. Elle devait interpréter *I Finally Found Someone*, la chanson du film *The Mirror Has Two Faces* réalisé par Barbra Streisand.

Gil Cates et Bill Conti, le chef d'orchestre, étaient catastrophés. Ils avaient vingt-quatre heures pour lui trouver une remplaçante.

René n'écoutait plus, il s'était levé et était allé dans la chambre raconter à Céline ce qui se passait.

« Qu'est-ce que tu penses de ça ? lui demanda-t-il.

– La même chose que toi, mon amour », avait-elle répondu avec un large sourire.

Dans ces moments-là, il l'aimait terriblement, quand ils se comprenaient parfaitement, qu'ils prenaient ensemble en même temps, sans même se consulter, les mêmes décisions. Elle seule avait cette force, cette audace, l'intelligence de ces situations extrêmes. Elle seule savait toujours saisir la chance quand elle passait, prendre des risques et sauter dans le vide.

« Je pense comme toi que je peux faire leur chanson », lui disait-elle.

Il s'est alors souvenu de cette journée de janvier 1995, moins d'un mois après leur mariage et alors qu'ils avaient pris la décision de ne voir personne pendant deux mois, à Palm Beach, quand elle avait voulu qu'il rappelle Paul Burger à Londres pour lui annoncer qu'elle acceptait de participer à *Top of the Pops*, à peine quarante-huit heures plus tard.

Voilà pourquoi ils s'aimaient si fort, voilà pourquoi ils réussissaient si bien tout ce qu'ils entreprenaient. Lui, il était un gambler dans l'âme, il cherchait le *thrill*, le danger, il provoquait son artiste, lui mettait toujours la barre plus haut… Elle, elle avait l'audace et le courage de le suivre, le talent pour aller jusqu'au bout, toujours un peu plus haut, un peu plus loin.

René est retourné dans le salon et a dit à Kim et à Ellen :

« Imaginez que Billy Crystal, l'animateur des Oscars, revienne après une annonce publicitaire et dise : "Mesdames et messieurs, Natalie Cole, qui devait interpréter la prochaine chanson, est tombée malade. Avec seulement vingt-quatre heures pour se préparer, Céline Dion a bien voulu la remplacer." »

– Mais ça ne s'est jamais fait ! a dit Kim. Jamais personne n'a chanté deux fois au même gala depuis que les Oscars existent.

– Justement, dit René, il faut faire du jamais vu. Il n'y a que ça qui compte. Je vais appeler Gil Cates. Je suis sûr qu'il va aimer mon idée. »

En entendant sa proposition, Cates a crié sa joie tellement fort dans l'oreille de René que Kim, Ellen et Céline ont entendu clairement ce qu'il disait : « *I love it, René, I love it. That's a real Hollywood story. I love you !* » De plus, il a confirmé ce qu'avait dit Kim : jamais, en soixante-neuf ans, un artiste ne s'était produit deux fois dans un même gala des Oscars. Hollywood est folle des premières de ce genre, folle du jamais vu...

Gil Cates allait rester à jamais un très fidèle ami de René et un grand admirateur de Céline. Quand on a gravé une étoile au nom de Céline dans le trottoir du Hollywood Boulevard, ce sont Gil Cates et Jay Leno, un autre bon ami du couple, qui se sont chargés des discours d'usage. Et en 1998, quand, à la dernière minute, Céline a de nouveau chanté aux Oscars (*My Heart Will Go On*), Gil donnera à René six billets d'entrée au gala dont les détenteurs n'avaient pu se présenter.

Ces billets n'ont pas de prix ; seules les stars, les grands réalisateurs et les gros producteurs peuvent en avoir. René a offert les siens à des proches qui, sinon, n'auraient jamais eu accès à cet événement, car ils n'étaient ni stars, ni réalisateurs, ni producteurs. C'est ainsi que des centaines de millions de téléspectateurs à travers le monde ont pu voir, ce soir-là, en gros plan, devant Robin Williams, Robert De Niro et compagnie, Suzanne Gingue, alors l'assistante personnelle de Céline Dion, sa massothérapeute Rollande Savard, Martin Lacroix, responsable de la logistique de la tournée. René Angélil adore donner des laissez-passer et des passe-droits à des gens qui n'ont pas vraiment l'occasion d'en avoir, leur ouvrir des portes, introduire ceux qui en rêvent dans le *Big Time*...

Lors du gala de 1997, il a tenu à faire lui-même la mise en scène de la deuxième chanson qu'allait interpréter Céline. Comme elle aurait chanté *Because You Loved Me* debout, il a voulu qu'elle fasse *I Finally Found Someone* assise devant un lutrin où serait posé le texte de la chanson. Dans l'après-midi, il s'est rendu au Tower Record pour acheter l'album de Barbra Streisand. Ils sont ensuite allés chez Matsuhisa avec la styliste et les attachées de presse. Céline a écouté plusieurs fois la chanson de Cole.

Bill Conti, le chef d'orchestre, est arrivé un peu avant minuit. Il apportait à Céline la cassette des arrangements qu'il avait préparés pour Natalie Cole. C'était évidemment très différent de ce qu'elle avait entendu sur l'album de Streisand, mais, heureusement, ces orchestrations prévues pour Cole étaient dans une tonalité qui convenait parfaitement à sa voix. Dans la nuit, ils se sont rendus chez Conti et Céline a répété quelques fois avec lui. Rentrée à l'hôtel, elle a écouté la chanson de nouveau, et encore le lendemain à son lever. Ils étaient enfin excités et exaltés. Le grand *feeling*, le *thrill*, était de retour.

Le jour du gala, Céline a essayé des robes qu'avaient apportées les représentants de plusieurs maisons de haute couture.

« Que penses-tu de celle-ci, mon amour ?
– Magnifique, a répondu René.
– Avais-tu déjà vu cette robe quelque part ?
– Non, jamais. »

Elle est allée chercher son magazine *Vogue* pour lui montrer qu'il s'agissait de la fameuse robe Chanel qu'il avait tant détestée. Il a eu la bonne idée d'en rire. Comment aurait-il pu faire autrement dans ce contexte, quand tout dans la vie lui souriait ? Il était parvenu là où, jeune artiste, il avait rêvé d'aller. Il se trouvait parmi ses idoles. Et il participait à toute cette effervescence, à cette magie hollywoodienne qui fascine tant.

Elles étaient toutes là, au Dorothy Chandler Pavilion, ces grandes stars, toutes ces idoles que René avait toujours rêvé de rencontrer ; elles ont vu et applaudi chaleureusement Céline Dion, son artiste, qui venait de réaliser une prouesse qui resterait à jamais dans les mémoires.

Dans un grand gala télévisé comme celui des Oscars, il règne toujours une intense activité pendant les annonces publicitaires. Enfin soustraits aux regards des caméras, les gens se lèvent, se saluent, se félicitent, versent quelques larmes de dépit ou de joie. Quelques secondes avant le retour en ondes, les portes sont fermées, plus personne ne peut circuler dans l'amphithéâtre. Quand Céline est entrée en scène pour chanter *I Finally Found Someone*, René, resté dans la salle, a remarqué que Barbra Streisand n'y était plus. Elle était probablement sortie pour aller aux toilettes et n'avait pu réintégrer sa place à temps. René était déçu. Sa femme avait relevé un sérieux défi. Et Barbra, son idole, la première interprète de *I Finally Found Someone*, n'avait pas été là pour entendre sa performance.

Pendant l'une des pauses, un grand Noir très élégant et poli s'était approché de Céline et de René et leur avait dit qu'il aimait beaucoup ce qu'elle faisait. René l'a suivi des yeux et a vu qu'il était de l'entourage de Mohammed Ali. Celui-ci accompagnait l'équipe qui, avec le réalisateur Leon Gast, avait produit *When We Were Kings*, mis en nomination dans la catégorie documentaire. René s'est levé, il a entraîné Céline avec lui, il a demandé au grand Noir élégant de leur présenter Ali. « C'est mon idole et mon jumeau, disait-il. Nous sommes nés le même jour, lui et moi. » En fait, René est du 16 janvier 1942 ; Ali, du 17. Mais René Angélil n'est pas homme à s'embarrasser d'aussi infimes détails. Mohammed Ali lui a fait un grand sourire et a dit quelque chose que René ne comprenait pas. Ali lui a fait signe de se pencher vers lui. Et René a presque collé son oreille sur la bouche d'Ali qui lui a dit de sa voix lente, feutrée :

« *We're getting old, we're getting old.* » On se fait vieux, on se fait vieux.

Puis il lui a fait un grand sourire, et un clin d'œil.

Pour René, il y a énormément de bonheur dans ce type de rencontres. Il a échangé quelques mots avec Ali et l'a invité chez lui, n'importe quand, à Jupiter, à Vegas ou à Montréal. Ali a promis qu'il passerait le voir avant la fin de l'été. Il l'a fait, en août, lors d'une escale à Montréal, en route pour l'Afrique du Sud.

René l'a reçu au Mirage, son terrain de golf situé dans les contreforts des Laurentides. Ne connaissant pas les goûts du grand boxeur, il a fait préparer par le chef tous les mets qu'il y avait au menu : entrées, plats principaux, desserts. Ali n'a pas beaucoup mangé. Mais il était d'excellente humeur, très chaleureux ; il a fait des tours de magie et de prestidigitation qui ont ravi Céline. Puis ils ont regardé ensemble le film *When We Were Kings* relatant la mémorable victoire remportée sur George Foreman, à Kinshasa, en 1974, qui en a fait le champion mondial des poids lourds... et l'une des plus grandes légendes du sport.

Deux jours après les Oscars de 1997, où il avait rencontré Ali pour la première fois, René est parti avec Marc Verreault perdre un peu de poids et faire le plein d'énergie dans un spa, aux confins du désert de l'Arizona. Il rentrait d'une longue marche avec son ami quand Céline l'a appelé du Ritz Carlton de San Francisco, où elle avait un show le soir. Elle venait de recevoir un énorme bouquet de fleurs avec un mot de la main de Barbra qui lui disait qu'elle avait visionné l'enregistrement du gala des Oscars, qu'elle regrettait de ne pas avoir été dans la salle... et qu'elle souhaitait chanter un jour avec elle.

« Next time, let's do one together. »

René a demandé à Céline de lui faire cadeau de la note de Streisand, précieux artefact qu'il a gardé dans son portefeuille pendant des semaines et qu'il lisait à ses amis ou aux journalistes qu'il rencontrait. Puis il leur parlait du projet de Streisand de chanter un jour avec Céline.

C'est David Foster qui a finalement fait le lien entre elles en proposant la chanson *Tell Him*, dont il avait écrit la musique. L'idée de produire un album de duos était née.

Enregistré à Londres, New York et Los Angeles, *Let's Talk About Love* réunit autour de Céline des invités de grand prestige dont les plus grandes voix de la musique mondiale, les meilleurs compositeurs et producteurs : Luciano Pavarotti, les Bee Gees, Carole King, Barbra Streisand, sir George Martin. Pour René Angélil, cet album a été non seulement un grand succès financier, mais aussi une réussite artistique, et l'occasion de rencontrer des hommes et des femmes pour qui il avait toujours eu énormément d'admiration. Travailler dans les mythiques studios Abbey Road, avec le légendaire George Martin qui avait créé le son des Beatles, était un insigne honneur.

Quelques jours après l'enregistrement du duo *I Hate You, Then I Love You*, au studio Hit Factory de New York, Luciano Pavarotti a invité Céline et René à dîner dans son appartement new-yorkais. Il avait lui-même préparé le repas, les antipasti, les pâtes, le veau… Entre René et lui, ce fut une véritable joute. Ils se sont relancés tous les deux pendant toute la soirée. Et ils ont parlé bouffe pendant des heures. Pavarotti voyageait avec son huile d'olive, ses fromages et ses vins. Et il faisait lui-même son marché. Qu'il soit à New York, à Modène ou à Rome, il tenait à choisir ses viandes, ses pâtes, ses fruits, ses légumes. René, qui ne fait pas à manger, a été émerveillé par le savoir-faire et la culture gastronomique de son hôte.

Après chaque plat, Pavarotti lui demandait s'il en voulait encore. Et René, pour lui faire plaisir et lui donner l'occasion d'en reprendre lui aussi, acceptait, de sorte qu'ils ont pris l'un et l'autre deux ou trois fois de tout. Sous le regard inquiet de leurs épouses, filiformes toutes les deux, jeunes et sobres.

Dix années plus tard, René se souvient de tout ce qu'il a mangé ce soir-là. Il a une mémoire phénoménale pour ce genre de choses, comme pour les chiffres. Il se souvient aussi que Pavarotti avait été étonné (et peut-être même un peu peiné) que René refuse les vins qu'il lui proposait et qu'il avait choisis avec beaucoup de soin.

Tout grandissait, à cette époque, tout grossissait, tout allait plus vite, plus haut, plus loin que prévu. Un soir de juin 1997, dans un restaurant indonésien d'Amsterdam, René, rêveur, a fait avec ses proches le bilan de la tournée *Falling Into You* qui devait s'achever quelques jours plus tard à Zurich. Il disait que depuis 1981, depuis les premiers jours où il avait commencé à s'occuper de la carrière de Céline Dion, ils avaient tous les deux travaillé très fort, sans arrêt, toujours l'épaule à la roue… Et puis cette année-là, après quinze ans, ça s'était mis à débouler tout seul, la roue tournait plus vite qu'il n'aurait cru.

Cette tournée des stades d'Europe que Céline était en train de terminer, il ne l'avait pas planifiée. C'étaient des promoteurs qui l'avaient contacté pour lui proposer des shows dans les plus grands stades. Quand un jeune producteur néerlandais avait parlé de présenter le show *Falling Into You* au Zuid-oost d'Amsterdam, un stade de quelque 45 000 places, René avait d'abord cru avoir affaire à un illuminé. Et puis d'autres s'étaient manifestés : Copenhague, Bruxelles, Berlin, Stockholm. « Le rêve nous a dépassés », disait alors René.

Les premiers spectacles de cette tournée commencée en Australie, dans l'est des États-Unis et dans l'Ouest canadien étaient présentés dans des arénas de 15 000 à 20 000 personnes qui se trouvaient le plus souvent près des centres-villes. On était ensuite passé à des *sheds*, ces grands amphithéâtres à ciel ouvert qu'on trouve maintenant un peu partout dans le sud, le Mid-West et l'ouest des États-Unis et qui peuvent accueillir de 20 000 à 40 000 personnes, parfois plus. Finalement, il y avait eu ces grands stades d'Europe (40 000 à 75 000 spectateurs) situés le plus souvent, en raison de leurs dimensions, à l'écart des villes. La troupe que dirigeait René comptait au début une quarantaine de personnes (musiciens, techniciens, cantiniers, relationnistes, etc.) et près de cent pour la grande finale de l'été de 1997 en Europe.

De temps en temps, quand ils étaient en tournée, des parents et des amis venaient se joindre à eux. René faisait évidemment figure de *pater familias*, celui qui bien sûr avait booké les shows, mené les négociations, signé les contrats, mais aussi celui qui assurait le confort et orchestrait les loisirs de la petite société qu'il avait constituée autour de Céline. Les jours de congé, il proposait une série d'activités à ses hôtes, une partie de golf, une promenade en péniche, un pique-nique… Il avait tout organisé, trouvé des billets, réservé des autocars, fait préparer les lunchs et, pour le soir, au retour, un banquet.

Dans la journée, un messager collectait les menus des bons restaurants de la ville où ils se trouvaient. Chinois, indonésiens, japonais, italiens, français, libanais, marocains, thaïs, il lisait tout cela, très attentivement, comme d'autres lisent des romans ou des poèmes.

Une fois son choix arrêté, il s'occupait lui-même de faire les réservations et de choisir le menu. Puis il briefait longuement le chef et les serveurs de l'établissement qu'il avait retenu. Il exigeait toujours que tout soit sur la table en même temps, pour que chacun puisse, comme dans la tradition moyen-orientale, goûter à tout et qu'on puisse ensemble parler de ce que l'on goûte. Les plats formaient sur les tables un paysage qui le ravissait et qui créait une convivialité et une intimité très grandes. Il y tenait mordicus, même quand le restaurateur considérait que ça n'avait aucun sens.

Un soir, il a menacé de quitter l'hôtel Bristol du Faubourg-Saint-Honoré, à Paris, parce que le chef ne pouvait concevoir que l'on serve en même temps le potage, le poulet, les poissons et les viandes, les fromages et les fruits. René est allé le rencontrer, il a eu avec lui une longue et très ferme discussion. Les serveurs, stupéfaits, sont retournés aux cuisines avec les potages et les soupes, ils ont attendu que le reste soit prêt et ils ont tout apporté en même temps. Pour finir, René a commandé plusieurs portions de tous les desserts à la carte. Pour que chacun puisse goûter à tout et qu'il y ait beaucoup de restes.

Pour René Angélil, tout repas est un spectacle, une cérémonie qui tient du sacré. C'est surtout une manière de mettre tout le monde ensemble, sur la même longueur d'onde, et de créer des liens entre tous, une façon de faire connaissance, de célébrer l'amitié, de vivre enveloppés tous ensemble dans ce même bon vieux *feeling*. Il aime que tout le monde autour de lui soit bien, que tout soit confortable et rassurant, bien organisé.

Certains jours, l'idée de la misère qui sévit un peu partout dans le monde le déprime au plus haut point. Et alors, lui qui n'en a pas, lui qui est entouré d'amour, il a beaucoup de difficulté à vivre son bonheur. Comme pour conjurer la misère, il fait des dons, rend des services, cherche des solutions. Si quelqu'un de ses amis, même une connaissance lointaine, a une grande peine, un deuil douloureux à vivre, il va prendre contact avec lui, immanquablement, lui parler, le consoler, lui offrir toute son aide et, s'il le faut, mobiliser pour lui les meilleurs médecins du monde, lui envoyer un avion-ambulance, ou lui parler, chercher, trouver les mots qui apaisent et réconfortent. Tout est là, dans cette relation de profonde tendresse qu'Angélil entretient non seulement avec femme et enfants et avec ses très proches amis, comme Marc, Paul, Rosaire, Pierre, Jacques ou Aldo, mais aussi avec tous ceux qu'il croise dans la vie. Il veut toujours que tout soit correct. Et s'il sent qu'il peut faire quelque chose pour que ce soit réellement correct, rien ni personne ne l'empêchera de le faire. Face au bonheur comme dans le malheur, il n'aime pas vivre tout seul. Il aime avoir près de lui ses amis, ses amours. Et savoir que, pour eux aussi, tout est (et restera) correct. Il aime savoir qu'autour de lui tout le monde est heureux. Question de *feeling*.

Douze ans ont passé depuis la performance du gala des Oscars 1997. Il y eut d'autres prouesses, d'autres tournées mondiales, d'autres vertigineux sommets, d'autres deals faramineux. Mais il y eut aussi, après une grave maladie, un enfant qui est venu changer fondamentalement la vie de René Angélil et de Céline Dion, changer leurs priorités, leur vision du monde, leurs projets. René restera sans doute toujours un passionné du show-business, mais ce n'est peut-être plus de ce côté qu'il recherche désormais ce beau grand *feeling*, cette magie qui donne un sens à sa vie ; c'est ailleurs qu'il campe maintenant son bonheur, dans les choses de la vie, dans cette famille qu'il aime tant et qui pourrait bien s'élargir de nouveau au cours de la prochaine année.

Le plus beau come-back

René Angélil aime les médecins. Il les respecte et les admire, il a confiance en eux, il a beaucoup d'admiration pour leur savoir-faire. Ils lui ont plusieurs fois sauvé la vie, ils ont protégé la voix de Céline, ils leur ont permis d'avoir un enfant qui fait leur bonheur.

Depuis une vingtaine d'années, il en a donc croisé beaucoup, des très bons, et de toutes sortes, dans sa vie, dans celles de Céline et de son fils: oto-rhino-laryngologistes, oncologues, gynécologues, pédiatres, gastro-entérologues, obstétriciens, chirurgiens, cardiologues... Avec la plupart d'entre eux, il a établi des liens d'amitié. Il leur envoie un mot à leur anniversaire, un cadeau à Noël, il les invite aux premières, les reçoit chez lui, est reçu chez eux... En 1999, plusieurs se sont mobilisés pour le guérir d'une terrible maladie.

Dans les dernières secondes du xxᵉ siècle, quand René Angélil est monté sur la scène du Centre Bell à Montréal et que, sur le coup de minuit, il a pris sa femme dans ses bras devant 22 000 personnes et les caméras de TVA qui diffusaient l'événement en direct dans tout le Québec, il venait de réussir, beaucoup grâce à eux, le plus étonnant come-back de sa vie. Il venait de passer l'année la plus éprouvante et la plus douloureuse de toute sa vie mais aussi, d'une certaine manière, l'une des plus enrichissantes. À peine était-il sorti de cette longue et douloureuse épreuve qu'il s'était mis à répéter autour de lui ce que disaient sa mère Alice et sa grand-mère Nour : à quelque chose malheur est bon. Même un cancer de la gorge qui avait nécessité une terrible opération et des traitements de chimio et de radiothérapie extrêmement pénibles avait eu quelque chose de bon...

Pendant sa convalescence, il avait pu prendre la mesure de tout l'amour et de toute l'amitié qu'on lui portait. De toutes parts lui étaient parvenus des mots d'encouragement et de sympathie, non seulement de sa famille et de ses proches amis, mais de plein de gens qu'il avait croisés au cours des récentes années, des gens comme Lance Armstrong, Larry King, Mohammed Ali, Oprah Winfrey, tous ses amis français, américains, japonais, québécois, qui l'avaient appuyé, entouré, qui avaient prié pour lui...

C'était donc un vainqueur, encore ébranlé peut-être par la lutte qu'il venait de mener, mais tout de même solide et radieux, que saluait ce soir-là la foule du Centre Bell. Ils saluaient aussi ce couple mythique qui faisait vivre aux Québécois un extraordinaire voyage autour du monde. La maladie de René avait été l'une de leurs grandes préoccupations de l'année.

Le 23 mars 1999, Céline et René partaient passer deux jours sur le plus prestigieux et le plus sélect terrain de golf au monde, à Augusta, en Georgie, où se dispute chaque année le tournoi des Masters. Ils ont été reçus là-bas avec tous les égards. Angélil est bien connu dans les milieux américains du golf, et Céline avait fait la publicité des bâtons

Callaway. Ils se sentaient donc chez eux dans ce magnifique environnement.

René n'était cependant pas très en forme. Le soir, après souper, il faisait même un peu de fièvre, ce qui l'ennuyait beaucoup, parce que l'occasion de jouer de nouveau sur ce terrain de golf pourrait bien ne pas se présenter avant longtemps. Le lendemain, heureusement, il était frais et dispos. Il a bien joué. Il a eu la joie de converser au 16e trou avec Arnold Palmer, l'une des plus grandes légendes du golf. Il a fait ensuite une véritable razzia dans la boutique du club-house, où il a acheté pour 10 000 dollars de cadeaux à ses amis, des balles, des casquettes, des chandails marqués du logo des Masters.

Ils ont quitté ce lieu de rêve le 24 au soir pour se rendre à Milwaukee où Céline chantait le surlendemain. Le show s'est terminé par ce qu'on appelle un *runner*; quand Céline a fait son rappel, les limousines étaient déjà en attente juste derrière la scène et, avant que les applaudissements ne diminuent, elles roulaient déjà vers l'aéroport. À bord de l'avion qui les emmenait à Dallas, Céline a remarqué que René avait une bosse dans le cou, sous l'oreille, du côté droit. Il l'a touchée. C'était dur, sans douleur, tout de même inquiétant. Ils sont descendus au Four Seasons de Dallas, charmant hôtel situé sur un magnifique terrain de golf où René retrouvait de bien tristes souvenirs. C'était dans ce même hôtel que, quelques années plus tôt, il avait appris que son ami Pierre Labelle avait eu un ACV qui allait bientôt l'emporter. C'était encore au Four Seasons de Dallas que, le 31 juillet 1997, il apprenait la nouvelle de la mort de Johnny Farago. Il pensait à eux, en cette nuit de mars 1999, à ses vieux amis disparus.

Le lendemain cependant, il préparait la fête du trente et unième anniversaire de Céline qu'on devait célébrer quelques jours plus tard, le mardi 30 mars. Réservation de billets d'avion et de chambres pour les parents, les amis. Préparation d'une salle de réception, d'un menu. Dans la journée, un médecin est venu l'examiner à l'hôtel et lui a conseillé de se rendre à l'hôpital pour y subir un examen au scanner. René avait l'impression que la bosse avait encore grossi et durci au cours des dernières heures. Céline a joint à New York son oto-rhino-laryngologiste, Gwen Korovin, qui s'est mise à la recherche du meilleur ORL de Dallas.

Le lundi 29 au matin, René est parti pour l'hôpital en compagnie de Martin Lacroix, le fils de Pierre et de Coco, qui s'occupait de la logistique de la tournée. Quand René a demandé si cette masse qu'il avait dans le cou pouvait être d'origine cancéreuse, le médecin qui l'a examiné lui a simplement répondu qu'il faudrait faire une biopsie pour le savoir. Et qu'on n'en connaîtrait pas les résultats avant une grosse semaine, parce qu'il devait partir pour Londres le lendemain matin.

René Angélil est un homme d'action. Il ne pouvait comprendre qu'on ne puisse pratiquer cette biopsie sur-le-champ et en connaître les résultats quelques heures plus tard. Le médecin lui rétorqua que cette intervention serait pratiquée sous anesthésie générale et qu'il devait être à jeun. Or René était à jeun, et fermement décidé à connaître la nature de cette bosse le plus rapidement possible. Il a convaincu le médecin de l'opérer le jour même, à dix-huit heures. Il s'est rendu à l'admission de l'hôpital voisin, d'où il a appelé Sid Neimark, à West Palm Beach. Sid, gastro-entérologue, avait soigné Céline lorsqu'elle avait eu des reflux gastriques pendant la tournée *Falling Into You*. René et lui étaient devenus de très bons amis et des partenaires réguliers au golf. Sid a tout de suite dit à René qu'il prenait son dossier en main et qu'il lui trouverait le meilleur chirurgien de Dallas. Même pour pratiquer la biopsie.

René est donc resté à l'hôpital. Dans l'après-midi, Céline a pris l'avion sans lui pour aller chanter à Kansas City. Comme convenu avec René, elle n'a parlé à personne de ce qui se passait. Elle a seulement dit à ses musiciens et à son entourage que René ne pouvait être du voyage parce qu'il avait des affaires à régler… À l'hôpital, celui-ci se trouvait en compagnie d'un petit homme extrêmement énergique, au regard vif, le Dr Robert Steckler, qui lui annonçait sans ménagement que son cas lui semblait sérieux et qu'il allait lui-même faire une biopsie de la bosse qu'il avait dans le cou…

Au même moment, vers quatre heures de l'après-midi, à Denver, Coco et Pierre Lacroix vivaient eux aussi des moments fort intenses. Ils s'étaient rendus aux funérailles du garçon du photographe de l'Avalanche du Colorado, l'équipe de hockey que dirigeait Pierre. Le garçon s'était tué, à dix ans, dans un accident de ski. Tout le monde pleurait à chaudes larmes. Pierre et Coco, qui devaient partir le lendemain à Dallas pour fêter les trente et un ans de Céline, se trouvaient avec les parents éplorés sur le parvis de l'église quand le cellulaire de Pierre a sonné. C'était Martin, son garçon, qui lui apprenait qu'il était avec René et que quelque chose de grave était arrivé. Il lui a passé René qui lui a dit : « Prie pour moi, Pôpa, je vais me faire opérer, ça va pas bien. » Martin a reparlé à son père. Il lui a décrit l'état dans lequel se trouvait René. Il a dit qu'on lui ferait une biopsie dans quelques heures, mais qu'on n'en connaîtrait les résultats que le lendemain matin.

Pierre et Coco ne sont même pas passés chez eux. Dans leurs habits de deuil, ils sont partis directement pour l'aéroport. En chemin, Pierre a téléphoné à sa secrétaire qui leur a trouvé des billets d'avion pour Dallas. Quatre heures plus tard, ils entraient dans l'hôpital de Dallas. René avait subi son opération, mais n'était pas encore sorti de la salle de réveil.

Il ne s'est réveillé que vers vingt et une heures. Le médecin de garde a demandé à Pierre et Coco qui ils étaient et il leur a dit que ça ne se présentait pas bien. Mais avant de se prononcer, il fallait attendre le Dr Steckler qui entrait en service toujours très tôt le matin, vers cinq ou six heures, et qui prendrait alors connaissance du rapport des laboratoires.

Plus tard, vers minuit, Martin est allé chercher Céline à l'aéroport. Elle rentrait de Kansas City où, malgré son désarroi, elle avait donné son spectacle. Pierre, qui avait l'habitude de ce genre de choses, avait fait les arrangements avec l'hôpital pour qu'elle puisse y entrer sans passer par la réception. Quand elle est arrivée, René dormait sous sédatif, il était intubé et avait un gros pansement dans le cou. Céline était en état de choc. Après qu'on lui eut dit qu'on ne saurait rien avant l'arrivée du Dr Steckler, elle est restée assise sans un mot, sans une larme. Coco et Pierre l'ont convaincue de rentrer à l'hôtel pour qu'elle prenne un peu de repos.

Une fois les femmes parties, Pierre a fait installer un lit dans la chambre de René. Vite parti de Denver, il n'avait pas de vêtements de rechange ; il s'est donc couché en boxers et avec un t-shirt de l'Avalanche sur le dos. Il ne parvenait pas à s'endormir. René commençait à s'agiter, il sortait tranquillement des brumes de l'anesthésie. Pierre lui a fait boire un peu d'eau à quelques reprises. Même confus, René voulait savoir où il était, ce qui se passait, ce qu'avaient dit les médecins. Pierre l'a rassuré, il lui a dit qu'on attendait le docteur… « Dors, tu as le temps. » Enfin, Pierre est parvenu lui aussi à s'endormir. C'est la voix de René qui l'a réveillé. Bien que très affaiblie par les médicaments et la biopsie, la voix disait : « Non non, non. *It's me, it's me.* » Pierre s'est alors aperçu que l'infirmière allait lui injecter un sédatif à lui plutôt qu'à René.

« Heureusement que tu ronflais, lui a dit René. Ça m'a tenu réveillé. » Ils ont pensé tous les deux que l'événement les ferait rire abondamment plus tard quand ils seraient sortis de cet enfer.

Le Dr Steckler, qui avait opéré René, est arrivé à cinq heures.

« Qui tu es, toi ? demanda-t-il à Pierre.

– Je suis son ami. »

Alors le docteur a dit à René : « T'as un ami, toi. Tu es bien chanceux. »

Ce qu'il a dit ensuite a jeté René et Pierre dans une muette stupeur. Il leur a confié que tout ça se présentait très mal. « Et je sais de quoi je parle, a-t-il dit à Pierre. Je ne sais pas ce que tu fais, toi, dans la vie. Moi, je sais ce que je fais. Dans ce genre de cancer, c'est moi le meilleur, et je peux te dire que c'est plutôt mal parti. »

René s'est mis à trembler, à pleurer. Le Dr Steckler a regardé Pierre, debout à côté du lit :

« Qu'est-ce que t'attends, toi ? Tu prétends être son ami, fais quelque chose. Aide-le ! »

Alors Pierre s'est allongé près de son ami et l'a pris dans ses bras. Il a pleuré avec lui un moment, puis il lui a répété : « Tout va bien aller, champion, tout va bien aller. »

Le docteur cependant insista : « Je suis dur, parce qu'on n'a pas trop le temps pour les sentiments. Ton ami est là pour s'occuper de ça. Tu as une heure, pas plus, pour prendre une décision. As-tu un docteur que tu voudrais voir ? »

René lui a parlé de Sid, son ami médecin qui vivait à West Palm Beach.

« Branche-toi, lui a dit Bob Steckler. Va le voir, si tu veux. Appelle-le. Moi, je suis un chirurgien. Je peux te dire que tu as besoin de chirurgie avant la fin de la journée. »

Devant les gars stupéfaits, il a ajouté :

« *I'm sorry guys, that's the reality*. C'est mauvais, ce que tu as. Faut faire vite, faut t'opérer. »

Pierre a joint Sid à West Palm Beach, qui a parlé à René. Puis ce dernier a demandé à Steckler de tout préparer pour l'opération, mais il ne voulait pas qu'on en parle à Céline, c'était son anniversaire et elle avait un show le lendemain soir.

Pierre et René avaient tous deux de la difficulté à absorber les informations que leur donnait le docteur, tant c'était

483

effrayant. René a enfin repris ses esprits et a demandé quelles étaient ses chances, ses *odds*, comme on dit au jeu.

« Je dirais 70 % », a laissé tomber Bob Steckler.

René a réfléchi un moment. Il a eu un faible sourire. Il a pensé que 70 % de chances de réussite au black-jack, ce n'était pas à négliger, au contraire, c'était très bon, très bien. « Alors, allons-y ! »

Pierre a expliqué au docteur ce que faisait René dans la vie, qu'il était le manager de Céline Dion. Les infirmières présentes ne cachaient pas leur ébahissement. Le Dr Steckler, lui, ne semblait pas le moins du monde impressionné. Il a simplement dit à Pierre, en aparté, que s'il aimait vraiment son ami, il devrait s'arranger pour qu'il décroche de tout et que, pendant les mois à venir, il ne pense qu'à sa guérison.

Il était sept heures du matin. Pierre a appelé Coco et lui a demandé d'aller réveiller Céline et de venir à l'hôpital avec elle.

« Céline, ton mari a besoin de toi. »

Pierre est resté seul auprès de René toujours secoué de spasmes et de sanglots. Il s'est assis à ses côtés, il l'a pris dans ses bras et a préparé avec lui ce qu'il a appelé « la mise au jeu ». La guérison commençait. Il lui a répété ce que lui avait dit le docteur : qu'il devait tout laisser, ne plus penser qu'à sa guérison, plus jamais à la business.

« Qui veux-tu que j'appelle pour prendre ta place ?

– Dave.

– Je l'appelle. Il va être ici aujourd'hui même. Tu vas lui transférer tous les pouvoirs. »

René lui a donné le téléphone de Dave Platel à Toronto.

Puis Céline et Coco sont arrivées.

René était assis sur son lit. Il tremblait encore.

Ils l'ont entouré bien tendrement, Pierre, Coco et Céline. Ils l'ont bercé comme un enfant, et ils sont restés ainsi très longtemps, tous les quatre, enlacés.

C'était le 30 mars 1999, le jour des trente et un ans de Céline. Au cours des jours précédents, René avait organisé une grande fête à laquelle il avait convié la famille Dion, sa famille à lui, plein d'amis. Il avait réservé pour le soir même une grande salle au Four Seasons où on dresserait un banquet. Ainsi, tous ces gens partis de Montréal avec l'idée qu'ils allaient participer à une somptueuse fête découvriraient en arrivant à Dallas qu'ils entraient plutôt dans une tragédie.

Céline, elle, voulait tout arrêter. Plus de show, plus de tournée, plus de clip. René lui a répété ce qu'il lui avait dit sept ans plus tôt, à Los Angeles, quand il avait fait son infarctus : « Si tu arrêtes, tout ce qu'on a préparé sera un flop. » On était alors au beau milieu de la tournée *Let's Talk About Love*. La chanson thème du film *Titanic* était en passe de devenir la chanson la plus vendue et la plus écoutée de toute l'histoire de la chanson. Les deux carrières de Céline, anglophone et francophone, connaissaient un succès sans précédent. De partout les demandes affluaient. Gilbert Coullier, le producteur français, croyait même qu'on pourrait remplir le Stade de France (90 000 places) deux jours d'affilée.

« On ne peut pas laisser ça en plan, disait René. Si tu arrêtais, c'est pas ça qui me guérirait, au contraire. J'aurais l'impression de mourir pour vrai. »

Anne-Marie, sa fille, était de l'autre côté du lit, de grosses larmes roulant sur ses joues.

« Je suis là, moi, a-t-elle dit à Céline. Je vais rester, je vais m'occuper de papa quand tu ne seras pas là. »

En disant cela, elle a tout de suite cessé de pleurer. Rien de mieux pour canaliser un chagrin que d'avoir un devoir, une mission.

Des infirmiers sont venus chercher René. Ils étaient tous autour de lui, toute la smala, une douzaine de personnes, à le suivre dans le corridor jusqu'à la porte du bloc opératoire.

Ils sont retournés en silence dans le bureau du Dr Steckler. À deux ou trois reprises, il allait les appeler depuis la salle d'opération pour leur dire que tout allait bien. Dans l'action, quand il opère, Bob Steckler est un homme brusque, expéditif; dans la vie, c'est un optimiste, un motivateur, un gagnant.

Après l'opération, il a dit à Céline qu'il était sûr qu'il avait enlevé tout le mal et que la guérison de René venait de commencer pour de bon.

Mais tous ressentaient un grand désarroi : pour la première fois, leur grand organisateur serait absent... Les amis de René sont proches les uns des autres, ils se voient bien sûr même quand il n'est pas là, ils jouent aux cartes et vont au golf ensemble, mais René reste leur lien le plus fort, celui qui les motive, qui les embarque dans toutes sortes d'aventures.

Dave Platel est arrivé à Dallas le jour même. Pierre lui a transmis les observations et les ordres du médecin. Il parlait comme s'il était devenu le manager personnel ou le gourou de son ami René Angélil. Il fut entendu que, pendant les six mois à venir, Dave allait prendre toutes les décisions concernant la carrière de Céline et les affaires de Feeling, et ce, sans jamais consulter René.

Pierre a fait entrer Dave dans la chambre. René était toujours agité, extrêmement angoissé. La passation des pouvoirs s'est faite en quelques minutes. Dave a promis de tenir le gouvernail et, malgré les protestations de René, de ne jamais lui parler affaires, ne fût-ce qu'une seule fois, pendant sa convalescence.

« Quand j'appellerai, ce sera l'ami qui te demandera des nouvelles. »

Dave a cependant promis que ce serait « *business as usual* », c'est-à-dire qu'on n'annulerait aucun des spectacles prévus.

Au cours des jours suivants, Céline rentrait dormir, après ses shows, à l'hôpital avec son mari. Elle s'allongeait à son côté, ils restaient ainsi des heures dans la pénombre, sans parler. Quelques jours après l'opération, très tôt le matin, alors qu'ils s'étaient assoupis, la porte de la chambre s'est ouverte sans qu'on ait frappé. C'était le Dr Steckler.

« *Hello Lovers*, comment ça va ? »

Il les appelait toujours *Lovers*. Il parlait très vite, avec un fort accent de New York qu'il semblait prendre un malin plaisir à exagérer.

Il s'est assis sur le lit avec brusquerie. René avait toujours un gros pansement sur le cou d'où sortait un drain ou un cathéter. Depuis une semaine, il bougeait à peine, il parlait peu.

« Qu'est-ce que tu fais ce soir ? lui a demandé le docteur. Moi, je vais voir chanter ta femme. Je peux t'avoir un billet, si tu veux ? »

René a ri faiblement. Il a répondu un peu éberlué qu'il aimerait bien l'accompagner, mais qu'avec ce pansement et ce drain…

« Ah ! si c'est rien que ça », a dit le docteur.

Il a tendu la main, a tout arraché d'un coup, pansement et drain.

« Si tu ne viens pas voir chanter ta femme ce soir, je vais finir par croire que tu n'es pas un bon mari. »

La guérison, selon Bob Steckler, n'est pas une activité passive. Il faut vouloir, foncer, se battre de toutes ses forces… Il faut aller volontairement au-devant de sa guérison. René a été séduit et stimulé par cette façon de penser si proche de sa philosophie de vie. Pour gagner, il faut vouloir gagner.

À l'hôtel Four Seasons, où il a poursuivi sa convalescence, il passait des journées entières en compagnie de Marc et de Pierre. Ils ont suivi à la télé les Masters d'Augusta dont le grand champion a été cette année-là José Maria Olazabal et, une dizaine de jours après l'opération, ils sont allés jouer au golf ensemble. Le drive de René n'était pas trop fort, mais il était détendu, concentré, et il a bien joué, autour de 85.

Pendant ce temps, Sid Neimark montait une équipe de médecins (ORL, radiothérapeutes, oncologues) qui attendaient René en Floride, où allait se poursuivre sa convalescence. Il y eut une première rencontre pour planifier les traitements. Gus Schwartz, l'oncologue désigné, a été très brutal, comme le sont souvent les médecins. Sans regarder Céline ni René assis à la même table, il expliquait à Sid Neimark que le cas de René était très grave, et que même si Bob Steckler, l'un des meilleurs chirurgiens du pays, avait tout enlevé, il recommandait les traitements de chimiothérapie et de radiothérapie les plus puissants et les plus pénibles. Quand ceux-ci, déjà dévastés par ce qu'ils venaient d'entendre, se sont levés pour partir, l'assistante de Schwartz, pensant bien faire, a dit à René que si elle était lui, elle commencerait par prendre une bonne cuite le soir même. René est resté sans voix, incapable même de sourire ou de pleurer, encore moins d'expliquer à la jeune femme qu'il ne buvait jamais d'alcool. Gus Schwartz, en plus, venait de lui annoncer qu'il pouvait manger n'importe quoi et même qu'il ne devait se priver de rien, ce qu'il ne trouvait pas du tout rassurant.

Sid a pris l'ascenseur avec eux. Il a parlé à René, doucement. Il lui a dit qu'effectivement il devait être en bonne forme parce qu'il aurait une terrible bataille à mener, mais qu'il avait toutes les chances de s'en sortir. Avec Sid dans les parages, René se sentait protégé, et le Dr Steckler appelait régulièrement depuis Dallas pour prendre de ses nouvelles. Il l'encourageait à sortir, à se battre.

Dans les jours qui ont suivi la nouvelle que René Angélil avait été opéré pour un cancer à la gorge, des messages de sympathie sont parvenus à Feeling de partout dans le monde. On avait des dizaines de propositions de programmes de guérison à lui proposer. Plein de gens qui étaient passés par là voulaient raconter leur expérience à René, discuter avec lui, le conseiller, le consoler, voire l'accompagner personnellement dans sa guérison.

Bien que touché par toute cette sollicitude, René avait pris la décision de suivre les conseils de ses médecins. Sous l'implacable supervision de Pôpa qui, même s'il avait dû rentrer à Denver où il gérait toujours l'Avalanche, restait continuellement en contact avec l'hôpital où se reposait René, en compagnie de Sid Neimark, de la famille, de Dave…

Et puis peu à peu, la vie a repris le dessus. Après l'opération qu'il avait subie à Dallas, pendant deux semaines peut-être, René n'a pu avaler que des purées, mais il a rapidement retrouvé l'appétit. Il pouvait enfin, pour la première fois depuis des années, manger sans remords tout ce qu'il voulait et tant qu'il en avait envie. C'est donc ce qu'il a fait avec plaisir pendant un certain temps. L'oncologue avait prévu trente-huit séances de radiothérapie, à raison de cinq par semaine, ce qui allait lui prendre énormément d'énergie. Il s'entraînait donc, comme un athlète, visualisant, imaginant les réactions de son corps au poison qu'il devrait bientôt absorber.

Ses amis continuaient à lui rendre visite, certains venant de Montréal. Ses vieux complices de toujours, Marc, Jacques, Pierre, Paul, Ben et Rosaire venaient passer deux, trois jours, une semaine en Floride, l'entourant de leur affection et de leur humour.

Certains jours, cependant, c'était lui qui les rassurait. Il leur disait qu'il avait choisi de guérir. «Le docteur m'a dit que le bonheur était bon pour la santé. Alors, j'ai décidé que j'étais heureux. »

Il voyait la vie, la santé, le salut, comme un pari. Il se forçait à voir le beau côté des choses. Il disait aussi parfois que ce qui lui arrivait n'était que justice et que le bon Dieu savait ce qu'il faisait.

«J'ai été comblé par la vie ; *I have to pay back.* »

Mais il avait aussi des moments d'effroi, des pensées qui le traversaient comme un glaive et le menaient au bord de la panique. Il disait alors, quand on évoquait devant lui des événements à venir, qu'il ne serait peut-être pas là pour les vivre.

En mai, il continuait de jouer au golf avec ses amis. Il portait un foulard et un chapeau pour ne pas trop s'exposer au soleil. Ils partaient tôt le matin pour profiter un peu des restes de fraîcheur de la nuit. Dans l'après-midi, ils regardaient la télé pendant des heures : hockey, golf, baseball, même les courses de Formule 1, dont la saison venait de commencer. Ils jouaient aux cartes. Ils parlaient, parlaient, riaient. Quand René soudain s'endormait, ses amis baissaient la voix et sortaient sur la pointe des pieds. Puis les traitements ont commencé.

Tous les matins, cinq jours par semaine, Céline et René partaient ensemble à l'hôpital. Toujours adepte des rituels, il insistait pour qu'on prenne chaque fois la même voiture, qu'on emprunte le même itinéraire, qu'on parte toujours à la même heure exactement, 9 h 10, qu'en chemin on se recueille un court moment devant un grand arbre qu'ils avaient appelé l'arbre de la vie, et sous lequel ils iraient pique-niquer plus tard, quand René serait guéri… Chaque jour, il était lié en pensée à un ami (un couple bien souvent) qu'il avait prévenu et à qui il avait demandé de penser à lui, pendant une minute. Souvent, quand ils roulaient sur l'autoroute 95, l'ami téléphonait à René pour lui rappeler qu'il pensait à lui et qu'il s'en sortirait. « Ça va bien se passer, champion, tu le sais bien. »

Quand son oncologue, le terrible Gus Schwartz, a vu qu'il réagissait bien à la radiothérapie, il lui a proposé autre chose. « Pour mettre toutes les chances de notre côté, disait-il, il faudrait faire un peu de chimio. Quelques séances seulement, mais ça risque d'être très dur. Il y aura des effets secondaires très désagréables, mais ce serait plus sûr. À toi de décider ! » Étrange métier que celui de Schwartz, forcé de faire subir de si grands maux à ses patients ! René avait cependant fini par s'attacher à lui, à cet homme dur qui lui infligeait tant de douleur, mais qui s'ingéniait à lui sauver la vie.

Les trois enfants de René étaient à la maison le jour où René dut prendre la décision de suivre ou non une chimiothérapie. L'ami Sid Neimark est venu les rencontrer et leur a donné son avis. Il aurait souhaité épargner à son ami René des traitements extrêmement pénibles qui n'étaient peut-être pas absolument nécessaires, mais il croyait qu'il devait mettre toutes les chances de son côté. René a demandé à Céline et à ses enfants ce qu'ils en pensaient. Chacun a donné raison au médecin et a promis son aide.

Toutefois, dans la lutte qu'il allait entreprendre, René serait seul. On ne peut pas vraiment partager la douleur ni la peur, pas jusqu'au bout en tout cas. Il aurait donc un nouvel enfer à traverser, le plus terrible, le plus long.

Parmi les effets secondaires dont avait parlé le médecin, il y avait la perte d'appétit, des nausées intenses, des difficultés articulaires et de déglutition, un déchaussement des dents… Il y avait surtout le danger que René soit stérile pendant un temps plus ou moins long, peut-être pour toujours, et qu'il ne puisse plus jamais avoir d'enfant. Avant de commencer ces traitements, il s'est donc rendu avec Céline dans une banque de sperme. Ils avaient désormais l'assurance que, quoi qu'il arrive, leur rêve d'avoir un enfant serait toujours réalisable.

René a bien réagi aux premiers traitements de chimio. Et puis peu à peu, il a commencé à trouver que les aliments avaient un goût de vase et de craie, de fer, et il n'a plus voulu manger. Il avait des nausées presque en permanence. Il a évidemment cessé de jouer au golf. Il ne sortait plus que pour aller à ses traitements. Céline et ses amis le forçaient à faire la sieste, puis à prendre un peu d'exercice et à manger alors qu'il n'avait plus faim du tout, ce qui chez lui était totalement nouveau. Il faisait de gros efforts, mais bientôt il ne put plus avaler que des purées. À la fin, tout lui soulevait le cœur. Pendant des jours, il n'allait manger que des popsicles, ne boire qu'un peu de thé très léger.

Les médecins l'avaient prévenu qu'il ressentirait tôt ou tard une extrême fatigue, mais quand cette fatigue lui est tombée dessus, même s'il s'y attendait, il l'a trouvée épouvantablement lourde et écrasante. Il vivait dans une sorte de léthargie qui lui était imposée par les poisons qui, dans son corps, luttaient contre le mal.

Parfois, ils restaient seuls, Céline et lui, comme des naufragés sur une île, très loin du monde, sans nouvelles de l'extérieur, pendant des jours entiers. Ils ne lisaient pas les journaux, ne regardaient pas les actualités à la télévision, ni même les matchs de base-ball. De temps en temps, ils recevaient de leur bureau de Montréal des liasses de télécopies et de cartes de bons vœux que Céline lisait à René quand ils prenaient le thé sous leur palmier à cinq branches.

Quand il avait transmis ses pouvoirs à Dave, il avait bien spécifié qu'il n'était pas question de reporter la tournée des stades d'Europe qui commençait début juin.

« Quand Céline partira, début juin, je serai guéri. »

Effectivement, il était alors encore faible, il avait beaucoup maigri, mais il avait retrouvé un certain appétit. Et on voyait dans ses yeux, sur ses joues, dans ses gestes, les signes de la guérison.

Pierre et Coco Lacroix, qui venaient régulièrement passer quelques jours à Jupiter, lui trouvaient chaque fois meilleure mine. Quand Céline est partie, ils se sont installés à demeure. René ne sortait pas encore, il dormait beaucoup, mais la présence de Pôpa le rassurait et le réconfortait. Les autres n'étaient pas loin, Marc, Paul, ils étaient presque continuellement à West Palm Beach et passaient régulièrement voir leur ami René. Comme Rosaire, qui avait une maison dans le voisinage et dont la femme, Michèle, luttait elle aussi contre le cancer.

Ils étaient là pour voir en direct, en plein cœur de l'aprèsmidi, les shows que donnait Céline en Europe. René avait fait installer un relais satellite qui lui permettait de suivre sa femme au jour le jour. Et ils pouvaient ensuite se parler, se voir, elle dans les coulisses ou sous la scène qu'elle venait de quitter, à Londres, à Paris ou à Zurich, lui avec ses amis, dans le cinéma de leur maison de Jupiter.

C'est ainsi qu'il a assisté à l'un des plus mémorables spectacles qu'a donnés Céline, les 19 et 20 juin 1999, au Stade de France, deux fois 90 000 personnes, deux soirées magiques, survoltées, pleines de tendresse.

Après qu'elle eut chanté *Pour que tu m'aimes encore*, il y a eu des applaudissements assourdissants. Des gens brandissaient des affiches sur lesquelles on pouvait lire : « On t'aime René. On pense à toi. » Il voyait et entendait tout ça lui aussi, à Jupiter. Il avait demandé à Daniel, le sonorisateur, de le brancher sur les écouteurs de Céline. Et soudain, elle a entendu sa voix au creux de son oreille, sa voix encore faible, mais douce comme du velours, qui lui disait des mots d'amour.

Quand Jean-Jacques Goldman est monté sur scène, quelques minutes plus tard, il y a eu un tonnerre d'applaudissements. Il a remercié Céline d'être là, comme s'il parlait au nom de toute la France. René et ses amis, à Jupiter, les voyaient tous les deux, de dos, faisant face à la foule debout, qui portait ici et là ces pancartes de vœux et de souhaits destinés à René.

Céline est rentrée à Jupiter début juillet. René allait déjà beaucoup mieux. Ils ont voulu encore passer du temps seuls. Ils préparaient leurs repas ensemble. Même René épluchait, écrasait, tranchait et touillait. Parfois il s'approchait de Céline, la prenait dans ses bras, il lui disait des « je t'aime » et faisait avec elle quelques pas de danse, sans autre musique que la leur, dans la cuisine, seuls et heureux.

Un jour, enfin, il a demandé des pâtes. Céline a alors compris qu'il était, cette fois, réellement sur la voie de la guérison. En quelques jours, il allait retrouver l'appétit.

Puis un beau matin, pendant que Céline terminait le dernier segment de sa tournée américaine de *Let's Talk About Love*, il est allé disputer un neuf trous à Denver, avec Pierre, Marc et Paul. Il s'est ensuite rendu avec eux à Las Vegas où Céline les a rejoints. Il a passé quelque temps à une table de black-jack. Heureux, vraiment heureux et exalté. Il venait très certainement de réussir le plus difficile, le plus sublime, le plus important come-back de sa vie.

Le retour à Montréal angoissait terriblement René. Il se trouvait changé, amaigri. Sa voix déjà feutrée était plus rauque et plus sourde que jamais. Il lui arrivait souvent de s'étouffer en parlant, parce qu'il avait, à la suite de son opération et de ses traitements, beaucoup de difficulté à déglutir et à saliver.

Avant la conférence de presse qui s'est tenue au Centre Molson quelques jours avant le show que devait y donner Céline, il était tendu et nerveux. Il savait que tous les yeux seraient braqués sur lui et qu'on lui poserait plein de questions sur sa maladie, sur sa voix, sur les traitements qu'il avait subis, sur ceux qu'on allait encore lui infliger, sur cet enfant qu'ils voulaient toujours avoir. Tout ça l'affolait au plus haut point. Il était encore très fatigué et il avait peur de se mettre à pleurer ou de ne pas savoir quoi répondre aux questions qu'on allait inévitablement lui poser.

Heureusement, ça s'est merveilleusement bien passé. Il a fait, d'entrée de jeu, une mise au point.

« Tout va bien. Nous avons traversé Céline et moi une dure épreuve. Nous sommes plus proches, plus amoureux que jamais et, pour ne rien vous cacher, nous sommes très heureux. »

Les journalistes ont applaudi et, pendant une heure, Céline et René ont parlé du show qu'ils préparaient pour le 31 décembre 1999, car ils s'étaient promis de fêter le grand passage au troisième millénaire parmi leurs amis et leurs fans québécois, chez eux, à Montréal, entourés d'artistes qui feraient des duos avec Céline.

Ils ont annoncé aussi la grande décision qu'ils avaient prise en cet été 1999 : tout arrêter pendant un temps indéterminé, un long congé sabbatique de six mois, un an, toute la vie peut-être.

Congé sabbatique il y eut, mais il fut extraordinairement actif et fécond. René allait en profiter pour réaliser certains de ses rêves les plus fous, il allait aussi connaître quelques épreuves, faire des deals faramineux, et devenir un excellent gambler.

Maître ès deals

René Angélil a un très grand pouvoir d'attraction et de persuasion. Tous ceux qu'il aime et admire, il tente de les emmener dans son univers pour qu'ils découvrent son monde et partagent ses passions, ses émotions, pour qu'ils goûtent au même bonheur que lui. Il a fait de tous ses amis des habitués heureux de Las Vegas, des amateurs éclairés d'un certain show-business, des adeptes d'un mode de vie bien particulier qu'il aime passionnément. Il a également entraîné son artiste, encore toute jeune, dans le monde des casinos, où elle se sent tout à fait à l'aise, même si elle ne joue pas. On ne saura jamais quel type de carrière aurait faite Céline Dion si son manager avait été un homme sage et raisonnable, sans cette fantaisie audacieuse et débridée qu'a toujours eue René Angélil... Mais il est indéniable qu'elle s'est épanouie, comme artiste et comme femme, dans l'univers de cet homme.

Quand, à l'été de 1996, il lui a proposé de chanter au Circus Maximus du Caesars Palace, une petite salle de spectacle très sélecte où n'entrent que quelques centaines de personnes, elle a accepté d'emblée. Quelques jours plus tôt, le 19 juillet, pendant qu'elle chantait à la cérémonie d'ouverture des Jeux olympiques d'Atlanta, des orages combinés avaient provoqué un véritable déluge au Saguenay. Le soir du 23 août, quand elle allait monter sur la scène du Circus Maximus, une trentaine d'artistes québécois présentaient au Centre Molson un spectacle télédiffusé par Radio-Canada au bénéfice des sinistrés du Saguenay. Sollicité par les organisateurs, Angélil a proposé que Céline chante, pendant son tour de chant présenté au Circus Maximus, une chanson de Jacques Brel, *Quand on n'a que l'amour,* qui serait intégrée au show du Centre Molson. C'était une opération délicate, exigeant une logistique complexe et un appareillage de haute technologie, un relais satellite, un réaménagement du spectacle à Montréal comme à Las Vegas. Cela mettait beaucoup de pression sur l'artiste, les musiciens, tous les techniciens de scène, mais Céline était toujours partante pour ce genre d'aventure, ce qui émerveillait encore Angélil.

Céline avait alors atteint les plus hauts sommets. Elle a triomphé ce soir-là, simultanément, sur deux scènes distantes de plusieurs milliers de kilomètres. Au Caesars Palace, les recettes ont été stupéfiantes. Le casino a enregistré le plus gros *drop* de son histoire. Le *drop* est la somme des mises faites en une journée aux tables et aux machines à sous d'un casino. On aurait pu penser que c'était dû au hasard mais quand, quelques mois plus tard, Céline a chanté de nouveau au Circus Maximus et qu'une fois de plus le *drop* du jour a établi un nouveau record, tout le monde a pensé qu'il y avait là quelque chose, une rencontre possible. À quelques reprises, la direction de l'hôtel-casino a souhaité qu'elle revienne au Circus, ce qui n'était jamais faisable, Céline étant alors entrée dans sa grande tournée *Falling Into You* qui allait l'emmener à l'autre bout du monde. Mais dès lors, dans la tête de René Angélil, germa le projet de faire un jour chanter son artiste dans un grand casino de Las Vegas… Il savait la valeur inestimable qu'elle avait pour les propriétaires des casinos. Belle donne qu'il avait en main !

Deux ans plus tôt, à l'été de 1994, quand il avait rencontré le colonel Parker, celui-ci, qui agissait alors comme consultant artistique du Hilton, lui avait dit qu'il aimerait bien y produire Céline dans un one woman show. René lui avait alors répondu qu'il était déjà engagé moralement auprès du Caesars Palace, ce qui était plus ou moins vrai. En fait, il n'avait alors aucune entente précise avec Tom Wilkinson, le responsable des spectacles du Caesars, mais il savait que celui-ci rêvait de produire un show de Céline. En plus, René avait depuis toujours un faible pour ce casino qui traversait à l'époque une passe difficile. Quand il pensait à un show de Céline dans un grand casino, c'était toujours au Caesars qu'il le voyait, il en aimait l'atmosphère, il en connaissait les patrons et, surtout, il y avait là l'indispensable Anne DeMartino dont René et ses amis n'auraient voulu pour rien au monde se passer. Elle organisait leur vie, leurs jeux, leurs sorties. Elle était pratiquement une des leurs…

Le temps n'était pas encore venu de travailler à de semblables projets. En 1994, la fusée Céline Dion venait de décoller pour de bon. Pas question d'aller sauver des casinos en péril.

Dans la nuit du 1er janvier 2000, tout de suite après le mémorable show du Centre Molson, Céline Dion et René Angélil partaient pour Las Vegas avec quelques-uns de leurs proches. Ils chérissaient alors une idée, la plus importante sans doute de leur vie d'amoureux : ils voulaient faire un enfant. Ils prendraient donc un long congé, au cours duquel leur priorité serait cet enfant. La formidable machine Feeling, maintenant bien rodée, ne pouvait tourner à vide. Elle devrait pouvoir accueillir quelques artistes dont René surveillerait de loin la carrière. Céline et lui pensaient, bien sûr, à Marc Dupré, l'amoureux d'Anne-Marie. Il y avait aussi ce cheval fou, Garou, avec qui Céline avait chanté au spectacle du tournant du millénaire au Centre Molson et qu'elle trouvait extraordinaire. Elle l'avait vu quelques semaines plus tôt au Palais des congrès dans la comédie musicale *Notre-Dame-de-Paris* où il faisait un malheur ; elle l'avait croisé ensuite sur un plateau de télévision parisien. Luc Plamondon, qui l'avait découvert, avait dit à René, ce jour-là, que Garou avait besoin d'un manager comme lui. René ne voulait pas, ne pouvait pas gérer la carrière d'un autre artiste que Céline, mais il voulait bien mettre Feeling à leur service et superviser les opérations. Quand il a quitté Montréal, dans la nuit du 31 décembre 1999 au 1er janvier 2000, des pourparlers étaient déjà en cours. Garou entrerait bientôt dans le giron de Feeling, de même que Marc Dupré, dont les performances d'imitateur et de chanteur avaient fasciné René.

Le 3 janvier 2000, Céline et René allaient se remarier à Las Vegas au cours d'une cérémonie digne des Mille et Une Nuits. René avait nolisé un avion qui avait quitté Montréal le jour de l'An, bondé d'amis et de parents. D'autres arrivaient de Paris, de New York, de Los Angeles pour faire la fête à Las Vegas.

Céline avait voulu que le décor, la musique et les chansons, la cérémonie religieuse, la réception, le banquet, tout le déroulement de cette grande fête rappellent les origines libanaises et syriennes de René. L'étoile et le croissant, symboles de la culture du Moyen-Orient, étaient partout présents. Les danses, les costumes et les jeux proposés aux invités rappelaient les différentes cultures arabes. Il y avait des oiseaux exotiques dans de grandes volières et... deux chameaux qu'Anna DeMartino avait trouvés et qu'elle avait réussi à faire monter dans la salle de bal du Caesars Palace.

L'aménagement de la chapelle où a eu lieu la cérémonie religieuse était inspiré de l'architecture et de l'atmosphère des mosquées, et on a recréé un immense jardin oriental où se dressaient six tentes berbères, chacune proposant un décor différent.

Assis à l'orientale sur des coussins, les invités ont pris un repas de cinq services préparé par des chefs libanais, syriens et marocains. Tous les hommes étaient en noir ; les femmes portaient des robes aux couleurs de l'émeraude, du saphir, du rubis et du diamant.

Le lendemain, tout ce beau monde était invité au spectacle *O* que présentait le Cirque du Soleil au casino voisin, le très tendance Bellagio qui faisait dangereusement pâlir l'étoile du Caesars. Pour Céline, ce spectacle fut une révélation. Les chorégraphies, la mise en scène, les éclairages, la scénographie surtout, cette flamboyante mise en scène dirigée par Franco Dragone, les numéros de fast-track et de trapèze, où tout n'était que mouvements harmonieux et haute voltige, couleurs, rythme et suspense, toute cette matière acrobatique très riche avec laquelle Dragone comme un peintre remplissait son espace, créant, sans un mot, de l'émotion forte, pure.

Déjà, au tout début du spectacle, Céline a été conquise par une image qui lui est restée en tête. Aux premiers accords de musique, quand les lumières de la salle se sont éteintes, le rideau rouge qui fermait la grande scène a disparu comme par magie. Céline avait déjà eu l'idée d'un tel rideau escamotable. Elle en avait parlé à divers scénographes qui lui avaient tous dit la même chose : « Impossible. » Or elle venait de voir l'impossible se réaliser sous ses yeux.

Au milieu du show, elle s'était penchée vers René pour lui dire que si jamais elle remontait sur scène, c'était dans de semblables conditions qu'elle voulait le faire, avec de la haute technologie comme celle-là, dans ce décor éclaté, avec des danseurs comme ceux-là, dans ce genre de mise en scène.

Sachant que Céline Dion et René Angélil assistaient au spectacle, les artistes leur ont fait savoir qu'ils aimeraient les rencontrer dans les coulisses. Céline ne tarissait pas d'éloges. Elle les félicitait, les embrassait.

Pendant qu'ils rentraient au Caesars, elle continuait de dire à René à quel point elle avait été impressionnée et à quel point elle désirait qu'on lui monte un jour un show de ce genre. Ils savaient bien tous les deux que le seul endroit au monde où un spectacle de cette facture et de cette envergure pouvait se faire, c'était à Las Vegas. Il fallait pouvoir bâtir un théâtre, l'équiper.

« Serais-tu prête à vivre deux ou trois ans à Las Vegas ?

– Bien sûr ! » répondit-elle.

Quelques jours auparavant, elle était allée chez son amie Coco Lacroix, à Lake Las Vegas, à une quarantaine de kilomètres au nord-est du Strip. C'était un magnifique environnement, tout neuf, très paisible et sûr... Et leur priorité n'était-elle pas de faire un enfant ? Si avec l'aide de Dieu et du Dr Rosenwaks, la chose devenait possible, il ne pourrait être question de partir en tournée pendant quelques années, quatre ou cinq au minimum. De plus, l'idée d'un show permanent plaisait infiniment à Céline.

Deux semaines plus tard, Céline et René recevaient chez eux, à Jupiter, une lettre de Franco Dragone qui avait été touché qu'ils aient assisté au spectacle *O*. Il était lui-même au Stade de France quand Céline y avait chanté en juin 1999 et, depuis ce temps, il rêvait de monter un spectacle avec elle.

Franco vient du théâtre et du cirque. Né en Italie en 1959, il a passé son enfance et son adolescence en Belgique. À quinze ans, il se sentait chez lui plus que partout ailleurs dans ce monde, depuis les Ardennes jusqu'à Amsterdam, des pays wallons aux Flandres, où tant de très grands peintres ont vécu et travaillé, Bosch et Breughel, Rembrandt, Van Eyck, Van Dyck, Rubens, Van Gogh, tous ces visionnaires qui depuis cinq siècles ont représenté le monde dans tous ses états, corps et âme, anges et démons. Il s'est nourri de leurs images, il a adopté leurs monstres, leurs chimères, leurs fantasmes qu'il a plus tard libérés dans ses mises en scène. Dragone est un cérébral, un intellectuel... mais d'abord et avant tout un grand artiste.

Il avait signé la mise en scène des sept derniers spectacles du Cirque du Soleil, dont *Mystère,* qui tenait déjà l'affiche d'un théâtre de 1 500 places au Treasure Island de Las Vegas, et *Saltimbanco,* stationné en permanence à Tokyo.

Sans même en parler à Céline, René a répondu à Dragone et l'a invité à passer chez eux, en Floride, fin février 2000. Au téléphone, Dragone lui avait appris qu'un autre show, *La Nouba,* dont il avait fait la conception et la mise en scène, était maintenant présenté à Disney World, à une heure de route de Jupiter. Ils sont allés le voir, et Céline en a été encore plus excitée à l'idée de travailler avec Franco.

Fin février donc, celui-ci se présentait à Jupiter, accompagné de son assistant Mario Bourdon. Franco est un garçon à la fois timide, très réservé et très volubile. Il a longuement dit à Céline ce qu'il avait trouvé beau dans son show au Stade de France. René, comme il le fait souvent au début d'une opération, se tenait à l'écart et observait ces deux créateurs qui lançaient leurs idées. Chaque fois que Céline émettait un désir de mise en scène, Dragone lui disait que c'était possible. Toute idée lui semblait bonne. René a évidemment beaucoup aimé cette attitude. Dragone avait une pensée, de l'expérience, beaucoup de moyens.

Entre Céline et lui, tout a cliqué formidablement bien. Et ils se sont dit, en se regardant dans les yeux, qu'ils avaient la plus grande envie de travailler ensemble. Puis ils se sont tournés tous les deux vers René pour lui dire que c'était à lui de rendre ça possible, et ce dernier a tout de suite eu envie de le faire. C'était un gros défi, un gros projet qui hypothéquerait sans doute un peu leur congé sabbatique, mais l'occasion était trop belle, et il pouvait prendre son temps.

Mario Bourdon, qui avait participé à l'aventure de *O*, avait des chiffres en tête, des ordres de grandeur, de quoi faire un budget. En parlant, ils ont d'abord pensé qu'un show de cette envergure devait pouvoir tenir au moins un an… Mario évaluait qu'il faudrait dans les 24 millions pour la préproduction, et quelque 140 millions pour la production. René nota 30 millions, pour se couvrir. Ils ignoraient alors qu'ils allaient se lancer dans une aventure dont les coûts seraient sans commune mesure avec ceux des productions auxquelles ils avaient déjà participé.

Vieil habitué de Las Vegas, René savait que la plupart des casinos avaient furieusement besoin de gros shows capables d'attirer les foules. Le Bellagio faisait l'envie de tous avec *O*, un spectacle que voyaient quelque 20 000 personnes par semaine, qui jouaient dans le casino du Bellagio, louaient ses chambres, mangeaient dans ses restaurants, achetaient dans ses boutiques… Le Treasure Island se débrouillait également fort bien avec *Mystère*. Quant à leur voisin, le Caesars Palace, si cher à René, il n'avait rien de bien affriolant à offrir, il avait vraiment besoin de quelque chose de neuf, et il n'était pas le seul.

Or René avait une très bonne carte dans son jeu. Quand Céline avait chanté au Circus Maximus du Caesars, en 1996 et en 1998, le casino avait connu les plus gros *drops* de son histoire. De plus, le show que le Caesars avait produit avec elle au Thomas & Mack, un amphithéâtre voisin de l'université de Las Vegas, avait été un incontestable succès. Tom Wilkinson aussi le savait, très certainement, et Dean Harrold, le directeur du Caesars…

Or Dragone avait lui aussi de bons contacts à Las Vegas. Mais pas du tout les mêmes que René, pensait-il. Selon lui, le gars qui le premier avait cru au Cirque du Soleil et s'était trouvé à l'origine du show *Mystère* au Treasure Island était maintenant le directeur artistique de l'hôtel-casino MGM. Dragone et Bourdon insistèrent pour que René le rencontre. Franco le contacta d'ailleurs le jour même, depuis Jupiter, et lui parla un moment au téléphone. Quand il revint vers René, il lui annonça qu'il avait arrangé un rendez-vous avec Bill Hornbuckle, le président du MGM.

« Bill Hornbuckle ! »

René le connaissait fort bien, Bill avait été président du Caesars avant de passer au MGM. Il était d'ailleurs présent au fameux remariage de Céline et de René deux mois plus tôt. Il savait bien, lui aussi, que Céline avait été la cause des deux plus gros *drops* de l'histoire du Caesars.

Il a tout de suite appelé le Caesars et a parlé à Anna DeMartino, son *casino host* depuis plus de quinze années. Anna connaissait tout le monde à Las Vegas. Elle pouvait réserver un avion privé, un départ au golf, une table chez Robuchon, trouver un tailleur, un styliste… René l'a d'abord informée de la nature de son projet, puis il lui a dit qu'il avait un rendez-vous avec des gens du MGM, à la mi-mars, et lui a demandé d'organiser une rencontre avec les patrons du Caesars, la veille de ce rendez-vous. Une demi-heure plus tard, elle lui avait arrangé un rendez-vous avec le président du Caesars, Dean Harrold, avec le responsable des spectacles Tom Wilkinson et avec le très puissant Arthur Goldberg, le président de Park Place, la compagnie propriétaire du Caesars et de nombreux autres hôtels-casinos. René avait rencontré Goldberg à plusieurs reprises, un homme charmant et chaleureux, très liant, qui lui avait chaque fois fait bonne impression. Ils avaient longuement discuté un soir où Céline avait chanté au Caesars Palace d'Atlantic City. Goldberg, qui était un peu plus âgé que René, était comme ce dernier fiancé à une femme qui avait vingt-six années de moins que lui, le même écart qu'entre Céline et René.

Pour se préparer à ces rendez-vous de la mi-mars, René a fait demander à Patrick Bergé, président de Scéno Plus, l'entreprise québécoise qui avait construit le théâtre du Bellagio, de venir travailler avec lui à Jupiter. Ils ont longuement parlé à Dragone, ils ont beaucoup écouté Céline, afin de savoir ce qu'ils voulaient : une scène en rond, un rideau escamotable, des danseurs, des écrans géants... Bergé a préparé un premier devis. En travaillant, en se consultant, ils ont vite compris que ce que Céline et Franco avaient en tête ne pouvait se caser dans un théâtre de 3 000 places. Il en fallait au minimum 1 000 de plus. Les coûts de préproduction s'élèveraient donc à 50 millions, et tout ça pouvait encore changer beaucoup. Il faudrait sans doute investir, en plus des sommes requises pour la construction du théâtre, quelque 140 millions au moins dans la production du show.

René s'est présenté aux rendez-vous de Las Vegas, à la mi-mars 2000, avec Bourdon et Bergé. Ils ont d'abord rencontré, comme convenu, les gens du Caesars Palace. René leur a annoncé qu'il voulait produire un gros show avec Céline Dion, mis en scène par Franco Dragone, qui tiendrait pendant deux ans au moins l'affiche d'un théâtre de 4 000 places. Patrick Bergé a fait sa présentation. Il a décrit le théâtre. Bourdon a parlé des coûts, fait des projections d'occupation du théâtre à 70 %, 90 % et 100 %. Tout cela a été fort bien reçu. Arthur Goldberg, le grand patron, était passionné par ce projet. Il était un fan de Céline et il n'ignorait sans doute pas qu'elle avait attiré un public très payant quand elle avait chanté au Circus Maximus. Tout de suite, il a proposé de mettre à la disposition de Céline et de René une villa d'un luxe pharaonique avec piscine et green de golf privé sur la terrasse.

Quand ils se sont laissés, il a affectueusement serré la main de René en lui disant qu'il était heureux de faire affaire avec lui. Il savait que René rencontrait les gens du MGM le lendemain, mais il savait aussi que René était très attaché au Caesars et il ferait le nécessaire pour qu'il le reste.

Ce soir-là, René a joué au black-jack et il a gagné, comme de raison. Il était sûr de gagner. Il se savait dans une bonne séquence.

Le lendemain matin, au MGM, même scénario. René a présenté le projet. Bourdon a produit les devis. Les réactions ont été tout aussi positives. Bill Hornbuckle, le président, connaissait le pouvoir de Céline, puisqu'il dirigeait le Caesars au moment où elle avait chanté au Circus Maximus, et l'idée de produire un show avec elle au MGM semblait vivement l'intéresser. Le MGM disposait d'une salle de spectacle de 3 000 sièges où l'on présentait à ce moment-là un show à l'ancienne qui ne marchait pas très bien. René a fait savoir qu'un théâtre de cette taille ne serait pas assez grand, il faudrait donc l'agrandir.

Au fond, il n'était pas vraiment intéressé par le fait d'aller au MGM, mais il laissait aller pour faire plaisir à Franco, mais aussi et surtout pour faire monter les enchères. Dans le monde des hôtels-casinos, on saurait bien vite qu'il avait un projet de spectacle avec Céline Dion et Franco Dragone; il irait au plus offrant en espérant, secrètement, que ce serait le Caesars Palace. Il est rentré en Floride avec l'impression d'avoir de très belles cartes en main. Son ami le hasard, gentil croupier, allait lui en proposer de plus belles encore.

Quelques jours plus tard, Linda Crane, qui avait été directrice artistique du Caesars et qui était depuis peu consultante à l'hôtel-casino Aladin, l'appelait à Jupiter. Elle avait pris connaissance de son projet. Elle avait, disait-elle, une proposition à lui faire.

L'Aladin disposait d'un théâtre de 7 000 places qui ne marchait pas très fort. René n'était pas très chaud à l'idée de s'associer à cet hôtel-casino. Mais il n'en a rien laissé paraître. Il allait au contraire profiter de cette proposition pour faire encore monter les enchères. Linda Crane a organisé une rencontre avec les patrons de l'Aladin. Il leur a fait le même boniment qu'aux autres, leur a fait voir les mêmes chiffres, les plans et les devis qu'il avait fait préparer par Bergé et Bourdon. À eux aussi il a dit que leur salle ne conviendrait pas: elle était trop grande et, surtout, trop mal équipée. Il faudrait donc investir une somme considérable pour l'adapter ou pour construire une nouvelle salle. Il croyait que l'Aladin n'aurait pas les moyens de réaliser un tel projet.

Or, deux semaines plus tard, Linda Crane rappelait René pour lui dire que ses patrons voulaient à tout prix produire le show de Céline. Ils avaient un associé prêt à investir les sommes nécessaires pour réaménager le théâtre, peut-être même en construire un tout neuf. De plus, ayant appris que le Caesars offrait une villa à Céline et à René, on leur proposait une maison à Lake Las Vegas, cette banlieue de très grand luxe située à une demi-heure du Strip où les Lacroix avaient une maison que Céline adorait.

Linda avait déjà contacté John Meglen, le patron de Concert West, un gros producteur de spectacles et de tournées, qui s'était montré très intéressé à travailler avec Céline Dion et brûlait du désir de rencontrer René.

René souhaitait toujours au fond de son cœur faire affaire avec le Caesars. Au cours de l'été, ils avaient rencontré Arthur Goldberg à quelques reprises. Un soir, entre autres, dans un chic restaurant de Manhattan, Chez Daniel. Non seulement pour parler affaires, mais parce que de réels liens d'amitié s'étaient noués entre les deux couples. Plus tard, dans le courant de l'été, ils se sont revus à Jupiter. Arthur avait alors une grosse bosse dans le cou. Il devait être opéré sous peu. En août, René apprenait que son allié, son ami Arthur Goldberg, était décédé.

Deux semaines plus tard, le président du Caesars Palace, Dean Harrold, appelait René pour lui dire que le nouveau grand patron de Park Place, Tom Gallagher, n'était pas prêt à investir les 140 millions requis pour monter le show. Il voulait bien construire le théâtre, mais pas investir dans le spectacle. René pouvait donc se sentir libre de poursuivre ses négociations ailleurs. Il a jonglé un moment avec l'idée d'investir lui-même et de faire construire le théâtre à ses frais. Mais Linda Crane lui rappela qu'elle avait un bailleur de fonds qui possédait apparemment des ressources illimitées.

René avait réfléchi, pesé le pour et le contre, il envisageait de plus en plus sérieusement de faire affaire avec l'Aladin, le seul joueur qui semblait avoir des ressources et qui se disait prêt à investir ce qu'il fallait pour produire un show de très grande qualité ainsi que pour construire un théâtre sur mesure et parfaitement bien équipé. Quand René avait tenté de savoir d'où provenait tout cet argent, Linda Crane était restée évasive.

Or voilà qu'un joker s'est présenté, qui allait encore une fois changer la donne.

Un beau jour, Pôpa Pierre téléphona à René pour lui dire que son voisin à Denver, un certain Phil Anschutz, aimerait entrer en contact avec lui. Il a rappelé à René qu'il lui avait déjà présenté cet homme quand Céline avait chanté à Denver, quelques mois plus tôt. René avait le vague souvenir d'un homme un peu plus jeune que lui, mince, chaleureux.

Anschutz était l'un des hommes les plus riches des États-Unis. Son entreprise, AEG, était propriétaire, entre autres, des Kings de Los Angeles, du Staples Center, de plusieurs équipes de football et de nombreux stades en Amérique et en Europe. Il n'avait pas vraiment d'expérience dans le show-business, mais il venait d'acheter Concert West, l'entreprise de John Meglen. C'était donc lui, le financier derrière le projet de l'Aladin !

Anschutz avait vu Céline en spectacle, il connaissait les shows du Cirque du Soleil et il trouvait cette chimie géniale. Il avait dit à Pierre Lacroix qu'il n'était pas attaché à l'Aladin et que si René Angélil voulait que le show soit produit ailleurs, au Caesars Palace, par exemple, il serait toujours prêt à investir.

Quelques semaines plus tard, les gouverneurs de la Ligue nationale de hockey, dont Anschutz faisait partie, devaient se réunir en Floride, à l'hôtel Breakers, près de Jupiter. Pierre Lacroix, directeur-gérant de l'Avalanche du Colorado, devait participer à cette réunion. Il allait en profiter pour organiser un brunch chez Céline et René, qui feraient ainsi plus ample connaissance avec Anschutz. Trois jours auparavant, celui-ci avait délégué John Meglen auprès de René pour qu'ils parlent chiffres et agenda. René avait alors fait venir de Montréal Lloyd Breault, qui avait été directeur de tournées pour Donald K. Donald puis pour Feeling et qui avait donc une bonne connaissance dans ces matières. La rencontre fut fort agréable : Meglen connaissait déjà les budgets et les devis par Linda Crane, de l'Aladin.

Quand Phil Anschutz et Pierre Lacroix sont venus à la réunion des gouverneurs de la LNH, tout ce monde s'est retrouvé chez Céline et René à Jupiter. Phil Anschutz, Tim Lieweke, son bras droit, et John Meglen, resté à la tête de Concert West.

En fait, Anschutz venait rencontrer René uniquement pour savoir à qui il avait affaire. Son idée était déjà faite. Au cours de ce brunch très détendu, on a beaucoup parlé, beaucoup ri, et on a fait le plus gros deal de l'histoire du show-business de Las Vegas. Il a été décidé que puisque le Caesars ne voulait pas investir dans le spectacle, AEG et Feeling allaient ensemble en assurer la production et, bien sûr, en recueillir les profits.

Par la suite, les avocats rédigeraient un contrat qui ferait plus de cent pages, qui ne serait jamais signé ni par Anschutz ni par Angélil, et il n'y eut jamais d'accroc. Tout le monde y trouva son compte. « C'est ça un bon deal, disait Angélil. Tout le monde, sans exception, y trouve son profit. »

Il avait cependant bluffé Dean Harrold, le président du Caesars, qui ne voulait toujours pas investir dans la production du show. Il a fait valoir que l'Aladin avait offert de mettre gratuitement son théâtre à la disposition d'AEG et de Feeling s'ils amenaient leur show chez eux. Ce qui était vrai. Ils exigeaient donc, Anschutz et lui, que le Caesars fasse de même, c'est-à-dire qu'il ne leur demande pas de loyer. Mieux encore ! Quand, en l'absence de Céline, d'autres shows seraient présentés dans ce théâtre baptisé Colosseum (ce sera le cas par exemple de ceux d'Elton John ou de Bette Midler), les producteurs devraient payer des frais de location à Feeling et à AEG, et le Caesars accepta. AEG et Feeling n'auraient d'autres dépenses que celles inhérentes à la production du spectacle dont ils allaient partager moitié-moitié les profits, de même que les revenus provenant de la boutique Celine attenante au théâtre, dont les frais de construction avaient été également assumés par le Caesars Palace.

Dès que *A New Day...* a pris l'affiche, au printemps de 2003, et qu'on a su le grand succès qu'il allait connaître, les gens du Caesars se sont rendu compte qu'ils avaient fait une erreur en ne participant pas à la production. Bien sûr, avec le million de personnes que ce spectacle attirait chaque année, l'hôtel a gagné énormément d'argent, pratiquement toutes ses chambres étaient louées en permanence, ses restaurants étaient pleins, ses boutiques faisaient de bonnes affaires et le casino avait tous les jours de formidables *drops.*

Anna DeMartino avait été extrêmement importante dans les tractations qui avaient mené au deal de *A New Day...* Elle avait été l'intermédiaire par excellence entre René et la direction du Caesars Palace. René croyait qu'il en serait ainsi pendant les deux années et demie au cours desquelles le théâtre serait en chantier et le show en préparation.

Or peu après la conclusion de l'entente, Dean Harrold quittait la présidence du Caesars. Son remplaçant, John Groom, jaloux peut-être du grand pouvoir qu'exerçait Anna ainsi que de l'amitié et de la confiance que lui portait

René, l'a fait muter au Ballys, un casino de second ordre appartenant à Park Place. Anna était catastrophée. René est allé rencontrer Groom et a tenté de le faire changer d'idée. Groom l'a rassuré en lui disant qu'Anna reviendrait dès qu'elle se serait acquittée de sa mission au Ballys. Puis, le temps a passé sans que les choses changent. René a fini par comprendre que Groom voulait définitivement écarter son amie Anna.

Il a donc proposé à celle-ci de présenter sa démission à Park Place et de venir travailler avec lui. Puis il s'est fait un malin plaisir de faire savoir à John Groom qu'Anna était redevenue l'intermédiaire obligée entre le Caesars et lui. Tout devait désormais passer par elle. Groom n'eut d'autre choix que d'accepter. Au Caesars Palace, René Angélil avait désormais autant sinon plus de pouvoir que le directeur même.

On n'écarte jamais si facilement les collaborateurs de René Angélil, surtout lorsqu'ils sont devenus de véritables amis. Quand, par exemple, en 2007, Sony-France et Sony-Canada ont sabré dans leur budget et remercié Valérie Michelin et Vito Luprano, tous deux associés depuis de nombreuses années à la carrière de Céline, il a manifesté haut et fort son désaccord et fait savoir qu'ils resteraient des collaborateurs. La compagnie Sony dut garder ainsi d'étroits contacts avec des gens qu'elle avait congédiés. René Angélil mène sa barque comme il l'entend.

En fin de compte, au cours de ce congé sabbatique amorcé le 1ᵉʳ janvier 2000, René Angélil aura été tout autant sinon plus occupé qu'au cours des années précédentes. Il y eut d'abord ces négociations très longues et par moments très ardues qui ont conduit au spectacle *A New Day...*, mais aussi, la même année, celles qui ont mené à une nouvelle entente avec Sony-International, de manière à assurer la carrière sur disque de Céline. « Dans un bon deal, il y a toujours une question de timing », professe-t-il. Il avait fait un deal très avantageux en 1997 pour *Let's Talk About Love*. Il fit encore mieux en 2000.

À ce moment-là, on commençait à parler du déclin des ventes de disques que l'Internet et les logiciels de transmissions numérisées allaient considérablement perturber. Pressentant que ce déclin serait irréversible, René a signé avec Sony une entente royalement satisfaisante pour cinq nouveaux albums de Céline en anglais, et trois en français... au prix du marché de l'époque. Quelques mois plus tard, la chose eût été impossible. Tout le monde savait que le disque était en déclin et qu'on ne vendrait sans doute plus jamais des dizaines de millions d'exemplaires d'un même album.

René avait également l'intuition que, si le disque était en déclin, les shows *live* allaient par contre connaître un bel avenir. On a su rapidement que *A New Day...* serait un formidable succès qui allait changer non seulement le Caesars Palace, mais aussi tout Las Vegas. Entre mars 2003 et décembre 2007, quelque trois millions de personnes, venues des quatre coins du monde, ont assisté au spectacle de Céline au Colosseum. Le public ainsi atteint a été d'une extraordinaire diversité culturelle, ethnique et sociale. L'image de Céline, déjà considérable, en a été magnifiée. De plus, du monde entier parvenaient également des demandes de producteurs qui voulaient présenter Céline dans de grands stades...

René n'a donc pas hésité quand, quelques mois avant que se termine *A New Day...*, Céline a émis l'idée de partir en tournée pendant plusieurs mois. La maison qu'ils venaient de mettre en chantier en Floride ne serait pas prête avant l'automne de 2009. Céline ne se voyait pas rester à Las Vegas à ne rien faire pendant tout ce temps. Elle voulait visiter le monde, voir des villes, des visages, des paysages nouveaux... Surtout, ils voulaient tous les deux passer beaucoup de temps avec leur fils.

Début 2008, quand commencerait la tournée, René-Charles aurait sept ans, l'âge idéal pour voir le monde en compagnie de ses parents. Et Céline a pensé aussi qu'elle devrait voyager en compagnie de sa mère, qui aurait quatre-vingt-un ans pendant cette tournée et qui voulait elle aussi voir le vaste monde. Entre les villes où Céline se produirait, ils allaient se ménager des moments de détente, de repos… Et elle a demandé que Snakatak, le traiteur qui avait été des tournées *Falling Into You* et *Let's Talk About Love*, soit également du voyage.

René a formé une équipe de tournée. Denis Savage serait directeur de production, Lapin, responsable de la scénographie, Mégo, chef d'orchestre. Il a confié à Rob Prinz, représentant de CAA, l'agence de booking qui produit les shows de la tournée de Céline Dion partout dans le monde, sauf dans l'Europe francophone et au Québec, le soin de structurer la tournée. Prinz avait l'embarras du choix. Comme il disait à la blague : « *Taking Chances*, c'est un *sure bet*. »

Les deux hommes ont dressé la liste des pays qui seraient visités entre février 2008 et février 2009. René exigeait de démarrer en Afrique du Sud où ils participeraient à une grande collecte de fonds pour les œuvres de Nelson Mandela, un fan de Céline. Par la suite, traversant l'Asie, l'Europe, l'Océanie et l'Amérique, ils feraient en sorte d'être toujours à la chaleur. En été pendant toute une année. Depuis sa maladie, René supportait mal le froid. Voilà pourquoi, quand il pensait à ses vieux jours, il se voyait au Québec en été et en Floride en hiver.

Ils allaient donc quitter une ville qu'ils aimaient profondément et où, en cinq ans, ils étaient devenus des citoyens en vue, très influents, impliqués dans diverses causes sociales. Pour le Caesars Palace, où Céline attirait 20 000 personnes par semaine, ce serait une perte importante. Le succès de *A New Day…* avait créé une tendance dans le monde du show-business. Beaucoup d'artistes et de producteurs désiraient expérimenter cette formule : un show permanent dans une salle construite sur mesure.

Quelques-uns, dont Prince, s'y étaient essayés; aucun n'avait tenu aussi longtemps que Céline, aucun n'avait obtenu un succès comparable.

Maintenant, tous les artistes rêvaient d'un deal semblable, d'avoir un théâtre à leur disposition et les moyens d'y monter un super-spectacle. Michael Jackson était venu rencontrer René, un soir, pour parler affaires, prendre conseil. Il était arrivé en retard. René avait dû retarder le show pour que Michael Jackson n'en rate rien. Ce dernier avait été très impressionné par la performance de Céline, mais aussi par l'organisation et par le deal que René avait conclu avec le Caesars. Il songeait à produire un show permanent dans de semblables conditions. Une semaine plus tard, il était arrêté, et sa vie prenait une tout autre tournure.

Céline allait donc quitter un environnement dont beaucoup de grands artistes rêvaient, et Las Vegas, dont elle avait fait le bonheur pendant près de cinq ans, la voyait sans doute partir à regret.

Partie 9

Champion !

Un soir de mai 2008, quelques jours avant la fête des Mères, René Angélil se promenait sur les Champs-Élysées en compagnie de ses amis Marc Verreault, Rosaire Archambault et Paul Sara. Quelques jours plus tôt, la tournée *Taking Chances* était rentrée d'Asie. Elle allait passer les deux mois suivants en Europe avant de rentrer au Québec y faire une courte pause, puis elle irait écumer l'Amérique du Nord, d'Edmonton à Mexico, de Los Angeles à Québec.

Les quatre amis s'étaient arrêtés devant les vitrines de la boutique Louis Vuitton, à l'angle des Champs et de la rue George-V, où René était entré avec l'idée d'acheter des cadeaux pour Céline et pour Mme Dion. Rosaire l'a suivi, il a essayé des verres fumés qu'ils ont trouvés très beaux tous les deux. René en a acheté quatre paires (à 1 000 dollars pièce), une pour lui et pour chacun des amis qui l'accompagnaient, et ils ont repris leur promenade, leurs lunettes Vuitton sur le nez.

Plus tard, ce soir-là, René allait participer à un tournoi de poker, à l'Aviation Club. Il avait décidé qu'il n'y porterait pas ses lunettes fétiches, des Von Zipper, qui depuis plusieurs mois lui portaient chance, mais qu'il essaierait, en l'honneur de ses amis, celles qu'il venait d'acheter…

Le tournoi a plus que bien commencé. Il avait deux as en main. Il a joué prudemment, doucement, laissant croire qu'il n'avait pas un très beau jeu, cachant sa joie. Le donneur a présenté le *flop*. Un des joueurs a relancé. Quand ils ont montré leurs cartes, il avait en main deux 10… et il y en avait un dans les cinq cartes communes. Il avait donc trois 10 qui battaient les deux as de René, qui était *de facto* éliminé. Il a tout de suite pensé aux lunettes, et à ses Von Zipper qu'il avait négligé de porter.

Il en avait acheté une première paire, quelques mois plus tôt, à Disneyland, près de Los Angeles, où il était allé passer l'après-midi avec son fils René-Charles. Ces verres fumés allaient tout de suite lui porter chance. Il le sentait, il le savait. Il les avait d'ailleurs quelques semaines plus tard quand il a remporté coup sur coup deux tournois de poker au Bellagio mais, un jour, par mégarde, il les a cassés. Il a tout de suite téléphoné à Disneyland, il a obtenu la lunetterie où la préposée, qui se souvenait de lui, a dit qu'il n'y avait plus de Von Zipper et qu'il n'y en aurait probablement plus jamais, ce modèle étant épuisé. Catastrophe!

La dame a quand même accepté de vérifier auprès d'autres boutiques. Elle a rappelé au bout d'un quart d'heure pour dire que le magasin de lunettes du casino Aladin, à Las Vegas, avait des Von Zipper du même modèle. René a joint tout de suite la boutique de l'Aladin, où il y avait effectivement huit paires de Von Zipper du même modèle en stock. Il les a toutes achetées et, jusqu'à ce soir fatidique à l'Aviation Club de Paris, il ne jouait jamais sans elles. Ces verres fumés étaient devenus son porte-bonheur, son amulette. Il en avait une paire dans la maison de Lake Las Vegas, une paire au Caesars Palace, une paire dans le Global Express, une paire à Montréal, une paire qu'il a donnée à son fils Jean-Pierre, lui-même maître gambler.

Il les portait, évidemment, ces fameuses Von Zipper, lors de ce grand tournoi de décembre 2007, quand il a remporté la plus grosse bourse jamais donnée par le vénérable casino du Caesars Palace.

Il s'était bien entraîné pour ce tournoi. Dans la semaine qui l'avait précédé, il avait vécu presque en reclus, loin de toutes les affaires de bureau qui les derniers temps l'avaient parfois occupé dix à douze heures par jour, et l'avaient souvent stressé, tendu, fatigué… Mais tout était bien en place désormais. Les gros projets à venir étaient déjà sur leurs rails, les gros contrats étaient négociés et signés. Et, comme il dit souvent, comme il dit tout le temps : « Tout va être correct. » C'est sa devise : « Tout va être correct. » Lorsqu'il vivait à Jupiter Island, en Floride, c'était le nom qu'il avait donné à son bateau, le TVEC, le *Tout Va Être Correct*.

Tout va être correct, c'est la loi d'Angélil, l'inverse exactement de la loi de Murphy qui dit que, tôt ou tard, le pire va arriver. S'il y a plus d'une façon de faire quelque chose, et que l'une d'elles conduit à un désastre, alors il y aura, selon Murphy, quelqu'un pour le faire de cette façon un jour ou l'autre. La loi d'Angélil stipule au contraire que, tôt ou tard, le meilleur va arriver. « Tu vas finir par gagner, champion, fatalement ! » Mais il faut le vouloir de toutes ses forces, il faut tenter sa chance, la saisir quand elle passe, et quand elle n'est plus là, quand on la sent s'éloigner, on ramasse ses petits et on rentre chez soi.

La première journée du tournoi, tout s'est effectivement très bien passé. Et ce matin, un peu avant onze heures, les joueurs qui avaient survécu à la première journée de ce tournoi, la moitié environ des quelque quatre-vingts inscrits (au coût de 100 000 dollars), se sont présentés au *poker room*, dans ces quartiers du casino feutrés de tapis doux, où l'atmosphère est toujours délicieusement cool, les lumières doucement tamisées, la sécurité comme de raison renforcée. Loin du clinquant et des stridulations des machines à sous, on avait dressé les cinq tables autour desquelles allaient tout à l'heure se retrouver les meilleurs joueurs qui disputeraient entre eux les dernières rondes. Tout autour des tables de jeu, il y avait de profonds fauteuils de cuir, des tables basses chargées de fleurs, un bar, un buffet bien garni, des serveurs qui s'affairaient, attentifs, souriants. Deux géants imperturbables étaient postés à l'entrée.

Cinq des joueurs présents se partageraient ce soir, à l'issue de l'ultime duel, près de trois millions de dollars, les plus grosses bourses jamais offertes par le Caesars Palace. Ils se partageraient aussi beaucoup de gloire. Au meilleur de tous, au grand champion, le Caesars remettrait un bracelet serti de diamants. C'est ce bracelet qu'ils convoitaient tous. C'est un symbole, une icône. Celui qui ce soir porterait ce bracelet à son poignet ferait l'envie de tous. On parlerait de lui dans les casinos et les clubs de poker de Paris et de Londres, de Macao et de Dubaï, de partout…

Parmi les survivants qui, de l'avis des observateurs, étaient en très bonne posture se trouvait René Angélil, figure très connue de Las Vegas qu'il fréquentait assidûment depuis près de quarante années. Manager, imprésario, homme d'affaires, mais aussi gambler, joueur de black-jack, de craps, de poker surtout, pour ne pas dire exclusivement, depuis cinq ou six ans, René Angélil a fait ses classes, en jouant d'abord dans ce qu'on appelle des *cash games*. Il a appris avec les meilleurs, des pros comme Doyle Brunson, Jennifer Harman, Phil Ivey, comme le grand Chip Reese décédé quelques mois plus tôt. Il a participé, en 2002, à ses premiers tournois. Et il s'est vite révélé un excellent joueur, patient, insaisissable, agressif quand il le faut, *poker face, poker person*.

À ce jeu, il est infiniment plus prestigieux de remporter un tournoi dans lequel tout le monde commence avec un nombre égal de jetons que de ramasser une fortune, si grande soit-elle, en participant à des parties à l'argent, des *cash games*, où l'on peut miser et renchérir tant qu'on a des fonds. C'est beaucoup plus difficile aussi. Un tournoi de poker qui dure deux ou trois jours est extrêmement exigeant, physiquement, psychologiquement et parfois, comme dans ce cas-ci, financièrement aussi. Il faut donc être bien préparé, bien reposé, solide ; le poker est un jeu extrême. Pour un homme comme Angélil, c'est également un art de vivre. En toutes choses, Angélil aime le challenge, le risque, le défi. Il aime se retrouver dans une situation critique et savoir que s'il fait une erreur, s'il joue trop vite ou pas assez vite, il peut être éliminé.

Il s'est bien entraîné pour ce tournoi. Il a commencé par décrocher, quelques jours auparavant, de ses activités. Il a débranché son portable. La veille, il n'a pas joué de la journée, il a passé l'après-midi avec son fils et sa femme, à ne rien faire. Il s'est reposé, il a regardé un peu de télé, du golf, distraitement, puis un match de hockey qu'il a suivi avec détachement, puisque ni les Canadiens de Montréal ni l'Avalanche du Colorado, ses deux équipes préférées, n'étaient sur la glace. Le soir, contrairement à son habitude, il n'a pas trop mangé. Il s'est couché de bonne heure, et il a très bien dormi, ce qui l'a mis en confiance. Un joueur fatigué risque d'être impatient, de mal évaluer les situations, de laisser paraître ses émotions.

Ce matin, il s'est levé très tôt. Toujours contrairement à son habitude, il ne s'est pas mis au téléphone, il n'a pas regardé ses courriels, pas lu les journaux, pas écouté la radio, pas regardé la télé. Il a goûté la paix de la maison tranquille. Sa femme Céline et son fils René-Charles dormaient encore. Il s'est préparé du thé vert qu'il a bu debout en regardant au loin les montagnes enneigées du Nevada, entrant dans sa bulle, tranquillement, sereinement. Quand le chauffeur est arrivé, il se sentait tout à fait détendu, et en même temps un peu impatient et excité, comme il se doit. Il avait hâte que recommence le tournoi, il avait hâte de voir sa première main, hâte d'entrer dans la zone, de voir tomber le *flop*, le tournant, la rivière. Il a pensé en riant à ce que sa femme lui avait dit la veille au soir, le voyant manger peu et se lever pour aller marcher et faire un peu d'exercice : « Je vais finir par croire que le poker est bon pour ta santé ! »

Il a pensé aussi à ses amis, à ceux qu'on appelle les Quatre Mousquetaires, Paul, Marc, Rosaire et Pierre, et à tous les autres qui, à cette heure matinale, étaient déjà en route depuis Montréal et qui seraient là le soir avec lui pour, espérait-il, assister à sa victoire et la fêter avec lui... Ce tournoi est le plus important auquel il ait jamais participé. Les autres, ceux par exemple qui se tiennent au Bellagio les vendredis et les samedis, ne présentent pas un si grand défi. L'inscription ne coûte que 1 000 dollars. Et les bourses ne sont jamais supérieures à 100 000 dollars. Cette fois, le gagnant risquait gros, de perdre gros, de gagner gros, mais ce qui pour René Angélil importait le plus, c'est que ce tournoi se déroulait à un moment charnière de sa vie.

Ce matin, l'air est vif et bon, le ciel d'hiver est d'une parfaite netteté, le ciel pur et très bleu, sans aucun nuage, le beau ciel d'hiver de Las Vegas. La voiture roule tout doucement sur l'autoroute où la circulation est fluide. Le chauffeur sait où il va et ne parle pas à son passager. « *Good morning* », c'est tout. On ne déconcentre pas un gars qui s'en va dans un important tournoi de poker. René a quelques centaines de dollars dans ses poches (pour les pourboires), pas de portefeuille, pas de clés, mais ses Von Zipper, ses verres fumés fétiches sans lesquels il ne met plus jamais les pieds dans un *poker room*.

À portée de sa main, il a aussi une bouteille d'eau. Il lui faut toujours de l'eau. Depuis les traitements de chimio et de radiothérapie qu'il a reçus au printemps de 1999, après le cancer de la gorge pour lequel il a été opéré, il ne salive presque plus. Sa bouteille d'eau le suit donc partout, jour et nuit, elle fait partie de lui, où qu'il soit.

Angélil a toujours été, dans l'âme, un joueur, un gambler. Il a joué toute sa vie, comme jouent les enfants et les ados, pour le plaisir du jeu, le plaisir de gagner. Il a gagné parfois, et il a perdu parfois, mais il a toujours gardé le goût du jeu, de tous les jeux. Il a toujours été libre, toujours un homme libre. Sauf, il y a très longtemps, presque à l'autre bout de sa vie, quand il avait des jobs d'été dans une banque ou à la Société de transport de Montréal, il n'a jamais eu de patron, jamais de boss… À part, évidemment, sa femme qui aujourd'hui met des balises, lui impose des interdits ou lui fait des propositions qu'il ne peut refuser (« Tu as assez mangé », « Tu ne peux plus porter ce chandail », « Ce soir, tu restes à la maison »), et qui régente sa vie comme le font souvent les femmes, qui lui donne des devoirs familiaux à remplir, ce qu'il fait presque toujours avec plaisir, avec soumission et reconnaissance.

Personne au monde n'exige qu'il soit ici, ce matin, au Caesars Palace de Las Vegas, et qu'il affiche devant tous un air calme et serein, alors qu'il est excité, de plus en plus tendu au fur et à mesure qu'approche l'heure. Il est là pour le plaisir. Pour jouer et pour gagner. Gagner pour le plaisir, mais aussi pour que sa femme, qui ne comprend pas vraiment sa passion du jeu, soit fière de lui. Et ses amis, bien sûr.

Il aime profondément et irrémédiablement le monde des casinos. Pas les grandes salles bruyantes où sont alignées des centaines de machines à sous, mais ces salons retirés et gardés par des armoires à glace et de gentils gorilles élégamment vêtus, à qui il faut montrer patte blanche, devant qui il faut être bien mis, discret, hautement civilisé.

Le poker requiert en effet de la discrétion, le sens du secret… et une immense curiosité pour le genre humain. Tous les joueurs de poker cherchent à connaître leurs adversaires, à déceler sur leurs visages ou dans leurs gestes, dans leur moindre tic, toute trace de peur ou de trac, tout ce qui peut révéler leurs états d'âme, de la nervosité, de la peur, de l'hésitation ou de l'euphorie, une trop grande confiance. Au poker, il ne faut rien laisser paraître de ses émotions et ne pas avoir peur de perdre. C'est un étrange paradoxe, une bizarre mystique. On joue pour gagner, mais on doit pouvoir jouer avec désinvolture, comme si perdre (et donc gagner) n'avait pas vraiment d'importance. Il faut atteindre cet état d'équilibre et de grâce, de sérénité absolue…

Les grands joueurs qui ont été ses maîtres attendaient souvent de pouvoir lire les autres joueurs avant de s'engager vraiment dans le jeu et de miser de gros montants. Au cours des vingt ou trente premières minutes d'un tournoi, on doit prendre calmement la mesure des autres joueurs et ne jamais tomber amoureux des cartes qu'on a en main. C'est ce que lui disait souvent Doyle Brunson : « *Never fall in love with your hand.* Apprends à les confronter à tous les jeux que tu peux imaginer pouvoir former avec les cartes que tu ne vois pas, pense à ce que les autres peuvent avoir en main. »

Les règles du poker sont archisimples. Chaque joueur reçoit deux cartes qu'il ne laisse voir à personne. Le donneur ouvre pour tous trois cartes, ce qu'on appelle le *flop*. Puis une quatrième carte, *the Turn* ou le tournant. Et une dernière, qu'on appelle la rivière, *the River*. Avec les deux cartes qu'il a reçues et les cinq qui sont sur la table, chaque joueur compose une main de cinq cartes, sa main. À chaque étape de la donne, chacun peut également miser, renchérir, se retirer…

Simple, donc ! Ce qui ne l'est pas du tout, ce sont les réactions des adversaires, leurs projets, leurs stratégies… Le poker n'est pas un vulgaire jeu de hasard, c'est un jeu d'observation, de déduction, d'imagination, de manipulation, d'agression aussi. Et c'est un art de morpho-psychologie. Le joueur observe chez les autres les gestes réflexes qui révèlent un trouble, quel qu'il soit, euphorique ou dépressif… Le poker, c'est la quintessence de l'art du business…

René Angélil a quelques connaissances parmi les participants à ce tournoi, des hommes et des femmes qui le connaissent assez bien, mais même face à eux, quand il est à une table de poker, il essaie d'être impénétrable. René Angélil ?

Connais pas ! Un mystère ! Un homme crypté, indéchiffrable, illisible et imprévisible. Il a su changer de tics, de gestes ou de manies chaque fois que c'était nécessaire. Par exemple, après que deux ou trois fois on lui a fait remarquer qu'il avait l'habitude, quand il était nerveux, ennuyé ou fâché, de se mordiller la lèvre inférieure, il a cessé de le faire. C'est ça qui est beau et grand dans le poker. Tout commence nécessairement par la connaissance de soi.

Ainsi, ce matin, devant les autres, il affiche un calme souverain. Il se sent en pleine maîtrise de ses émotions. Si, tout à l'heure, à la table de jeu, il se mordille la lèvre, ils vont sans doute croire qu'il est nerveux parce qu'il se trouve en mauvaise posture… et ils auront tort de penser ainsi. S'il se mordille la lèvre, il l'aura fait exprès, pour confondre les autres, les dérouter, les mystifier, pour qu'ils croient qu'il a un mauvais jeu…

Angélil adore, lorsqu'il est à une table de poker, bluffer, cacher son jeu, ses émotions et lire celles que les autres laissent plus ou moins volontairement paraître sur leurs visages. Voir les autres sans être vu : voilà le secret. Voir chez eux les faiblesses, les défauts, imaginer leur jeu, évaluer leurs cartes. Hier après-midi, par exemple, il a vu perler quelques gouttelettes de sueur sur la lèvre d'un des joueurs qui se trouvaient à sa table. À un moment donné, à travers leurs verres fumés, leurs yeux se sont croisés, le temps d'un éclair. Angélil avait au préalable vidé son regard de toute émotion et l'autre n'a sans doute perçu chez lui qu'une totale indifférence. Au même instant, il a eu le temps, lui, de voir dans les yeux de cet adversaire un certain désarroi, de la peur, et il a pensé qu'il était fini. Le gars était effectivement fini. Vingt minutes plus tard, il n'était plus dans le match.

Dans la vie, René Angélil est l'être le plus lisible et le plus transparent qui soit. Il pleure souvent quand il entend ou voit quelque chose qu'il trouve beau, quand on lui manifeste une vive sympathie, quand un ami est dans la peine. Dans le monde du poker, par contre, il a la réputation, dont il n'est pas peu fier, d'être pratiquement impossible à lire, imprévisible, et en même temps d'être capable de lire les autres. Le poker exige une bonne connaissance de soi, mais aussi une grande connaissance du monde. Pour bien jouer, il faut avoir énormément d'empathie, être attentif aux autres, savoir se mettre à leur place, être capable de voir et de comprendre ce qu'ils ressentent. Le poker, c'est une manière de communiquer avec ses frères humains, même s'ils ne parlent pas la même langue, même s'ils n'ont pas du tout la même culture. Hier matin, quand s'est ouvert ce tournoi, au Caesars Palace, il y avait des joueurs russes, chinois, allemands, brésiliens, saoudiens, finlandais, des hommes et des femmes qui passent des heures ensemble, des jours, communiquant par gestes, mimiques, signes, n'ayant en commun que quelques mots appartenant au vocabulaire du poker et la passion du jeu…

Mais il ne suffit pas de cacher ses émotions ; il faut parfois en montrer certaines qu'on n'éprouve pas. Feindre le désarroi quand on est sûr de soi ou simuler la joie quand on a reçu un coup dur. Parfois, pour dérouter plus encore, montrer ce qu'on éprouve vraiment, jamais de façon trop ostensible, mais par de petits soupirs ou de légers sourires qu'on laisse s'échapper, des regards subtilement chargés de frayeur ou de satisfaction. Alors les autres ne savent plus qui on est, ce qu'on a, on n'est plus lisible pour personne.

Tous les joueurs qui se trouvent ici ce matin savent ces choses, qu'il faut de l'audace, qu'il faut se connaître et connaître les autres, évaluer justement ses chances et ses forces, ne jamais avoir peur de faire tapis, de prendre des risques, d'avancer sur la corde raide. Il faut aimer le danger, le risque.

René Angélil connaît l'histoire de plusieurs des participants à ce tournoi, et eux connaissent la sienne. Ils savent qu'il est arrivé une vingtaine de fois à la table finale et qu'il a déjà remporté plusieurs trophées (sept en fait) au cours des dix-huit derniers mois, dont certains contre des joueurs professionnels.

Un joueur allemand, pas plus tard que la veille, lui a rappelé la formidable remontée qu'il avait effectuée pendant les Séries mondiales de poker qui se sont tenues au Bellagio, le printemps précédent. Il était mal parti, il avait fait quelques erreurs ; en plus, il avait été victime d'une rivière malchanceuse (la rivière est la dernière carte révélée par le croupier). Quand il avait aperçu cette mauvaise rivière, il avait compris qu'il ne pouvait gagner, et qu'il serait tout au plus deuxième. Mais il n'a rien laissé paraître. Il a fini bon deuxième, derrière Juha Helppi, l'un des meilleurs joueurs scandinaves. À l'issue du match, c'est lui presque autant que Helppi que les gens présents dans le Bobby's Room, la salle de poker du Bellagio, avaient applaudi, parce qu'il avait remarquablement bien joué, peut-être mieux que tous, même s'il n'était pas le grand champion.

Il était content de lui, ce jour-là, à cause du désarroi qu'il avait su cacher et de la remontée qu'il avait réussi à faire pendant le tournoi. Voilà pour lui la marque d'un bon joueur, ne jamais s'avouer vaincu, savoir garder son sang-froid quand on vient de perdre une main et qu'on est dans une mauvaise passe ou que le croupier tourne une mauvaise carte.

Et ce matin, en se présentant au Caesars, c'est encore ce qu'il a en tête : gagner, quitter les lieux avec le bracelet de diamants à son poignet et, dans quelques jours, quitter la capitale mondiale du jeu la tête haute, comme un grand, un vrai champion.

Cinq minutes avant le début du tournoi, on a ouvert les portes du *poker room* et les joueurs sont entrés dans un silence tendu, souriants, chacun se dirigeant vers la table qui lui a été assignée par le hasard et présentant au croupier ses papiers d'identité. Au centre de la salle, foyer de tous les regards, posé sur un feutre écarlate dans une châsse illuminée, brillant de mille feux : le bracelet serti de diamants qui le soir même serait remis au vainqueur.

Le matin précédent, à l'ouverture du tournoi, chacun des joueurs avait devant lui un nombre égal de jetons,

100 000 unités ; par commodité, on dit 100 000 dollars, mais en fait, ces jetons n'ont qu'une valeur symbolique. La moitié environ ayant été éliminée, les joueurs restants ont en moyenne ce matin quelque 200 000 dollars en main ; certains cependant ont beaucoup plus, d'autres beaucoup moins.

Le maître-croupier fait son petit baratin, rappelle les règles de courtoisie, souhaite bonne chance à tous et dit, bien haut, bien fort, cette phrase qui fait monter l'adrénaline : « *Dealers, shuffle up and deal !* » Sans plus tarder, à chaque table, le donneur brasse ses cartes et les distribue. Angélil est dès lors dans son élément.

Autour de la salle, un peu à l'écart, de grands espaces sont réservés aux gens qui assistent au tournoi. Parmi eux, René reconnaît et salue d'un sourire plusieurs des joueurs qui ont été éliminés la veille, les défaits, les morts. Il y a aussi des visages amis, Paul, Marc, Rosaire, quelques autres, Rock Cloutier, Richard Paquet…

Bientôt, il ne reste plus qu'une vingtaine de joueurs, dont René Angélil. Quand on interrompt le tournoi pour le lunch, sept autres joueurs ont été éliminés. Plutôt que d'aller manger dans un restaurant du casino, Angélil se retire dans une chambre qu'il a réservée et où il se fait servir un repas léger. Puis il dort un peu, une vingtaine de minutes. Qu'il ait pu dormir lui semble de bon augure. Il est parfaitement détendu quand il redescend au casino.

Deux heures plus tard, il n'y a plus que cinq joueurs à la table. Angélil a alors quelque 700 000 unités, disons 700 000 dollars en jetons. Le meneur en a trois fois plus, près de deux millions. Le donneur distribue les cartes. René reçoit un 10 et un valet, un beau jeu. Avant que ne tombe le *flop*, le meneur mise 15 000 unités, René est tenté de renchérir, mais il se contente de suivre, après avoir fait semblant d'hésiter un tout petit peu. Le donneur tourne le *flop* : il s'agit d'un as, d'un roi et d'une dame. René a donc une quinte, un très beau jeu, pratiquement imbattable. Quand, par la suite, tombent le tournant et la rivière, deux petites cartes, René sait qu'il a le meilleur jeu possible. Et qu'il ne peut pratiquement pas perdre. Mais plutôt que miser fort, ce qui révélerait qu'il a un jeu imbattable et qui ferait se coucher les autres joueurs, il se contente d'égaliser, de suivre. Le meneur relance en poussant 90 000 dollars sur le tapis.

« C'est là que j'ai joué le jeu qui m'a permis de gagner, dira René. J'étais sûr d'avoir le meilleur jeu. J'étais à peu près sûr aussi que le gars avait en main un assez bon jeu lui aussi, moins beau que le mien, mais quand même assez bon pour qu'il soit prêt à risquer gros, et c'était ce gros montant que je voulais aller chercher. »

Chip Reese, considéré par beaucoup comme le meilleur joueur de poker de tous les temps, lui avait enseigné l'art de ce qu'il appelait le *slow play*. Quand on a une super belle main, on se fait patient, on n'en laisse rien paraître, on laisse les autres croire en leur chance et miser gros. Si René suivait tout de suite, trop vite, et avançait lui aussi 90 000 dollars, son adversaire se douterait qu'il avait une main gagnante.

Il lui a fait un véritable numéro d'acteur, en prenant tout son temps. Il a pris un air très songeur. Il a regardé sa montre, il a mis 90 000 jetons de côté, considérant longuement ce qu'il lui restait, soupesant, soupirant. Il a fait semblant de vouloir enlever ses lunettes et de se raviser.

« Fallait que je sois consistant, ne pas montrer que j'avais le jeu parfait. Quand tu bluffes, faut que tu te mettes à la place de l'autre. J'imaginais ce qu'il pouvait penser quand il me voyait compter mes jetons, je voulais qu'il croie que j'étais en train de calculer combien il allait m'en rester si je perdais ce coup-là. Je ne voulais pas qu'il croie que j'avais de très bonnes cartes en main. Mon défi, c'était de l'amener à gager gros. »

Au Bellagio, quelques semaines plus tôt, il s'était trouvé à la table d'un joueur qui avait passé la première demi-heure du tournoi sans jamais rien miser et qui s'était mis tout à coup à miser gros, trop gros. Il était transparent, tellement excité que lorsqu'il a placé ses jetons sur le tapis, il en a fait tomber toute une pile. Il était évident qu'il avait en main une très grosse paire, et que ce n'étaient pas des rois. Parce que les rois, c'était René Angélil qui les avait dans son jeu. Le gars avait donc, très certainement, une paire d'as. Angélil en était si sûr qu'il n'a rien misé et a jeté ses cartes ouvertes devant tous, ses deux rois. Tout ce que le gars a ramassé, à part sa honte… c'était ce qu'il avait lui-même mis en jeu. Ce soir, René Angélil, lui, veut aller chercher le plus gros montant possible. *Slow play*, donc.

En relevant la tête, il aperçoit ses amis, Marc, Rosaire, Paul et les autres, et ça lui fait infiniment chaud au cœur. Il pense, pendant un moment, qu'il est invincible. Ses amis ne peuvent que lui porter chance.

Finalement, l'un des trois autres joueurs dit « *Time !* » et le donneur signifie à René qu'il lui reste une minute. René hésite encore, puis il dit : « *Raise* » (Je relance). Et il fait glisser ses 90 000 dollars au centre de la table, lentement, presque en hésitant. Puis après un moment, comme s'il se ravisait et se jetait à l'eau, comme s'il se disait soudainement que, tant qu'à y aller, mieux vaut tout risquer, il avance tous ses jetons, *all in*, comme ils disent, tout ce qu'il lui reste, environ 700 000 unités, son tapis. L'autre suit tout de suite et alors, avant même que son rival ouvre ses cartes, René sait qu'il a en main un très beau jeu. Il s'agit effectivement de deux as, plus celui du *flop*, trois as, un brelan d'as. Ainsi, s'il a pensé que René avait une paire, ce qui est plus que probable, il sait que cette paire est inférieure à son jeu. Il a donc bien joué, lui aussi. Or dans sa main, René n'a pas une paire, mais les deux cartes, un 10 et un valet, qui lui permettent de construire avec les cartes du *flop* une quinte (10, valet, dame, roi, as), qui bat le brelan d'as de son adversaire.

C'est le point tournant du tournoi. L'autre est écrasé. Il se sent sans doute trahi par la chance, et que reste-t-il d'un gambler, si expérimenté et si brillant soit-il, quand il se met à croire que la chance n'est plus avec lui ?

René Angélil vient de doubler son tapis, il se retrouve alors en possession du plus gros magot de jetons, confortablement installé dans la position de *chip leader*. Par la suite, il continue de faire de bons placements.

Vers dix-neuf heures, il ne reste plus que deux joueurs. Comme le veut l'usage, des croupiers viennent déverser sur la table l'argent des deux lots que se partageront les gagnants, soit 1 650 000 dollars au champion et 825 000 dollars à celui qui finira deuxième, tout ça en billets verts. René possède alors un très gros tas de jetons. Il considère qu'il a au moins 80 % de chances de remporter le gros lot et le bracelet.

Il sait que ses amis ont été impressionnés par son jeu et qu'ils sont fiers de lui. Il a bien manœuvré, il a été patient quand il le fallait, agressif quand il le devait. Ils sont émus autant que lui. René sait que c'est sa dernière chance avant longtemps de participer à un tournoi de cette importance. Dans moins d'un mois, il partira pour Paris où il dirigera l'organisation de la tournée du spectacle *Taking Chances* qui débutera en Afrique du Sud à la mi-février pour traverser les cinq continents. Il pourra peut-être jouer au poker à Macao, à Berlin ou à Paris, peut-être même participer à des tournois, mais cela n'aura rien à voir avec le prestige des grands tournois de Las Vegas. C'est donc ce soir ou jamais. Si près du but, il ne doit pas s'emballer…

À la table finale des tournois de poker, il y a souvent des deals qui se font, de façon tout à fait légale, entre joueurs. D'habitude, c'est celui qui tire de l'arrière qui offre au meneur de lui laisser le bracelet en échange d'un dédommagement en argent. René n'attend pas que l'autre lui fasse une telle proposition. Même s'il a alors près de quatre millions en jetons, il peut toujours perdre. S'il a deux ou trois mauvaises mains de suite, s'il prend une ou deux mauvaises décisions, il peut y avoir un renversement dramatique. C'est peu probable, mais possible. Il ramasserait alors la bourse du deuxième, mais il ne pourrait pas dire qu'il est le champion. Il n'aurait pas le bracelet. Il serait cruellement déçu.

Il pense à Céline, qui va monter sur la scène du Colosseum dans moins d'une demi-heure pour y donner son avant-dernier show. Elle ne lui a jamais reproché ses habitudes de gambler, mais elle trouve sa passion du jeu un peu ridicule, un peu enfantine. Il ne peut pas, à ce moment de sa vie, se permettre de ne pas remporter ce tournoi. S'il finit deuxième, il passera pour un looser aux yeux de ses amis, aux yeux de sa femme, à ses propres yeux... Il veut donc vraiment remporter ce tournoi et aller voir Céline avant qu'elle monte sur scène. Voilà pourquoi il décide de conclure un deal avec son adversaire.

« Quand tu es excité et euphorique, tu peux prendre une mauvaise décision. Moi, cette fois-là, j'ai fait ce qu'il fallait faire. »

Il offre 175 000 dollars à son adversaire pour qu'il abandonne la partie et lui concède la victoire et le bracelet. L'autre partira donc avec un million de dollars. Et Angélil, avec 1 475 000 dollars au lieu de 1 650 000 dollars. Le gars regarde sa femme, qui lui signifie qu'elle souhaite qu'il refuse parce qu'elle aimerait bien avoir le bracelet, mais un de ses amis intervient et lui dit : « *Take the deal.* » Il accepte alors sans regarder sa femme : « *I don't care about the bracelet, I care about the money !* » Je me fous du bracelet, je veux l'argent.

Le tournoi est terminé. Tout le monde applaudit.

Ce soir-là, René Angélil a atteint son but. Il est devenu un vrai champion. Il avait investi dans ce tournoi, comme il le fait dans sa vie, tout son talent et toute son énergie, il s'était bien préparé, il a bien joué. Et en plus, la chance a été de son côté. « J'en ai profité et j'ai fait de mon mieux, conclut-il. Il n'y a pas d'autres secrets. »

Table des matières

Crédits photographiques

Cet ouvrage a été composé en ITC New Baskerville 12/14,7 et achevé d'imprimer
sur les presses de Marquis imprimeur, au Canada en février 2009.

certifié   procédé sans chlore   100 % post-   archives   énergie biogaz
                                    consommation permanentes

Imprimé sur du papier 100 % postconsommation,
traité sans chlore, accrédité Éco-Logo et fait à partir de biogaz.